YEHUDA KARMON · ISRAEL

WISSENSCHAFTLICHE
LÄNDERKUNDEN

HERAUSGEGEBEN
VON
WERNER STORKEBAUM

BAND 22

WISSENSCHAFTLICHE BUCHGESELLSCHAFT
DARMSTADT

ISRAEL

EINE GEOGRAPHISCHE LANDESKUNDE

VON

YEHUDA KARMON

Mit 33 Figuren im Text, 22 Tabellen, 22 Fotos

2., überarbeitete und aktualisierte Auflage

WISSENSCHAFTLICHE BUCHGESELLSCHAFT
DARMSTADT

1. Auflage 1983

Bildnachweis: Die Figuren 2–4, 6–9, 14, 15, 17–19, 24, 26 und 32 wurden direkt dem Titel Yehuda Karmon, Israel, a Regional Geography, 1971, John Wiley & Sons Ltd., London–New York–Sydney–Toronto entnommen. Die übrigen sowie die Fotos im Anhang wurden vom Verfasser zur Verfügung gestellt.

Die Deutsche Bibliothek – CIP-Einheitsaufnahme

Karmon, Yehuda:
Israel: eine geographische Landeskunde / von Yehuda Karmon. – 2., überarb. und aktualisierte Aufl. – Darmstadt: Wiss. Buchges., 1994
(Wissenschaftliche Länderkunden; Bd. 22)
ISBN 3-534-08675-9
NE: GT

Bestellnummer 08675-9

2., überarbeitete und aktualisierte Auflage

Gedruckt auf säurefreiem und alterungsbeständigem Offsetpapier
Gesamtherstellung: Wissenschaftliche Buchgesellschaft, Darmstadt
Printed in Germany
Schrift: Linotype Garamond, 9.5/11

ISSN 0174-0725
ISBN 3-534-08675-9

INHALTSVERZEICHNIS

Verzeichnis der Figuren im Text IX
Verzeichnis der Tabellen im Text X
Verzeichnis der Fotos im Anhang XI
Vorwort des Herausgebers zur 1. Auflage XIII
Zusatz zum Vorwort des Herausgebers XIV
Vorwort des Verfassers zur 1. Auflage XV
Vorwort des Verfassers zur 2., überarbeiteten Auflage XIX

ERSTER TEIL: DER GESAMTRAUM IM ÜBERBLICK 1

1. Konstante Elemente 3
1.1. Großräumige Lagebeziehungen 3
1.1.1. Physisch-geographische Gegebenheiten 3
1.1.2. Die geopolitische Situation 7
1.2. Die physiographische Struktur 9
1.2.1. Transgressionen und Orogenese 9
1.2.2. Pleistozäne Landschaftsentwicklung 13
1.3. Klima 19
1.3.1. Luftmassen 19
1.3.2. Temperaturen 25
1.3.3. Niederschläge 27
1.3.4. Sonnenenergie 31
1.4. Böden und Vegetation 33
1.4.1. Böden 33
1.4.2. Vegetation 36

2. Das Erbe der Vergangenheit 38
2.1. Vor- und Frühgeschichte 38
2.2. Die israelitische Epoche 41
2.3. Tausend Jahre Mittelmeerherrschaft 43
2.4. Die Arabisierung Palästinas 47
2.5. Zwischenspiel: Kreuzzüge 49
2.6. 400 Jahre im Osmanischen Reich 52
2.7. Das britische Mandat (1920–1948) 56

3. Der Staat Israel 61
3.1. Grenzen 61
3.2. Bevölkerungsstruktur 63
3.2.1. Demographie 63
3.2.2. Religion 68
3.2.3. Geographische Verteilung der Bevölkerung 71
3.3. Ländliche und städtische Siedlungen 72
3.3.1. Ländliche Siedlungsformen 72
3.3.2. Städtische Siedlungen 83
3.4. Landwirtschaft 90
3.4.1. Die Parameter 90
3.4.1.1. Böden 90
3.4.1.2. Klimatische Einflüsse 95
3.4.1.3. Der Einfluß des Marktes 96
3.4.2. Die landwirtschaftliche Produktion 99
3.4.2.1. Tierische Produkte 100
3.4.2.2. Baumpflanzungen 103
3.4.2.3. Feld- und Gartenbau 106
3.5. Der Wasserhaushalt 107
3.5.1. Die Landeswasserleitung 111
3.5.2. Neue Wege der Wasserversorgung 115
3.6. Industrie 115
3.7. Das Verkehrswesen 123
3.8. Touristik 128

ZWEITER TEIL: DIE EINZELLANDSCHAFTEN 133

4. Prinzipien der landschaftlichen Gliederung 135

5. Der Norden – Landschaft der Kontraste 138
5.1. Der Jordangraben 138
5.1.1. Der Jordan 138
5.1.2. Das Hulatal 142
5.1.3. Kinrot 146
5.1.4. Das Bet-She'an-Tal 150
5.2. Galiläa 153
5.2.1. Obergaliläa – Problem einer gebirgigen Landschaft . 153
5.2.2. Untergaliläa – Hügel- und Beckenland 161
5.2.3. Das Yizre'el-Tal (Emeq) 167
5.2.4. Das Karmelgebirge 169
5.3. Die Küstenzone des Nordens 171
5.4. Haifa – der Zentralort des Nordens 175

6. Das Mittelland – der historische Kern 182
6.1. Die Küstenebene 182
6.1.1. Der nördliche Sektor (Sharon) 182
6.1.2. Der südliche Sektor (Judäische Küste) 190
6.1.3. Der Ballungsraum Tel Aviv 200
6.1.3.1. Die ländlichen Randgebiete 200
6.1.3.2. Yafo (Jaffa) 203
6.1.3.3. Tel Aviv 204
6.1.3.4. Der Ballungsraum 212
6.2. Das zentrale Bergland 215
6.2.1. Das Bergland von Samaria 215
6.2.2. Judäa 218
6.2.2.1. Die Shefela 220
6.2.2.2. Das Bergland Judäa 221
6.2.2.3. Die Judäische Wüste 227
6.2.3. Jerusalem 230
6.2.3.1. Die ›Ewige Stadt‹ 230
6.2.3.2. Die Altstadt – Topographie von Menschenhand 233
6.2.3.3. Geschichte in Stein geprägt 238
6.2.3.4. Die Neustadt – ein ethnisches Mosaik . . . 242
6.2.3.5. Die geteilte Stadt 244
6.2.3.6. Die Wiedervereinigung 248

7. Der Süden – Die Urbarmachung der Wüste 255
7.1. Der nördliche Negev – die Siedlungsgrenze 255
7.1.1. Die Küstenzone 255
7.1.2. Die Beckenlandschaft 258
7.1.3. Das Faltengebirge 261
7.1.4. Das Tote Meer 263
7.2. Der aride Negev 266
7.3. Die Arava und Elat 270
7.4. Schlußbetrachtung 276

8. Die restlichen Teile des Mandatsgebiets (Bevölkerung und Wirtschaft nach 1948) 278
8.1. 1948–1967 278
8.1.1. Chaos 278
8.1.2. Die Westbank Jordaniens 279
8.1.3. Der Gazastreifen 283
8.2. Nach 1967 286
8.2.1. Die Westbank 286

8.2.2. Der Gazastreifen 290
8.2.3. Die Problematik 291

9. Das Jahrzehnt zwischen 1983 und 1993: Die Wende (?) 295

Historische Zeittafel 299

Literaturverzeichnis 301
Vorbemerkung 301
Allgemeine Literatur und Informationsquellen 302
Karten 302
Historische Luftbilder 302
Erster Teil 303
Zweiter Teil 307
Neuere Veröffentlichungen seit 1982 310

Orts- und Sachregister 313

Bildtafeln

VERZEICHNIS DER FIGUREN IM TEXT

Fig. 1: Die geographische Situation Israels 3
Fig. 2: Struktur und Reliefformen 10
Fig. 3: Hydrographie 10
Fig. 4: Geologie 11
Fig. 5: Aufbau der Küstenebene 15
Fig. 6: Geologischer Querschnitt durch die Küstenebene 17
Fig. 7: Luftdruck auf Meereshöhe über den östlichen Randgebieten des Mittelmeeres im Juli 20
Fig. 8: Luftdruck auf Meereshöhe über den östlichen Randgebieten des Mittelmeeres im Januar 21
Fig. 9: Züge der mediterranen Depressionen 24
Fig. 10: Jahresmittel der Niederschläge 28
Fig. 11: Klimatypen und Feuchtigkeitsindex 32
Fig. 12: Grenzveränderungen im 20. Jahrhundert 64
Fig. 13: Alterspyramiden der jüdischen und der nichtjüdischen Bevölkerung 69
Fig. 14: Typen ländlicher Siedlung (zur Zeit der Gründung) 76
Fig. 15: Plan des Moshav Nahalal (Prototyp der Rundsiedlung) 79
Fig. 16: Bewässerungssysteme (national und regional) 114
Fig. 17: Regionale Aufteilung innerhalb der Grenzen des Mandatsgebiets . . 136
Fig. 18: Der Norden. Physiographische Einheiten 139
Fig. 19: Obergaliläa. Struktur 155
Fig. 20: Untergaliläa. Struktur 162
Fig. 21: Der Ballungsraum von Haifa. Flächennutzung 179
Fig. 22: Das Mittelland. Regionale Gliederung 183
Fig. 23: Ashdod. Hafen und Stadt 199
Fig. 24: Die Anfänge von Tel Aviv (1912) 205
Fig. 25: Der Ballungsraum von Tel Aviv. Flächennutzung 213
Fig. 26: Das Bergland von Samaria. Struktur 216
Fig. 27: Das Judäische Bergland 219
Fig. 28: Jerusalem. Der Talkessel des Kidron (Qidron) 234
Fig. 29: Jerusalem. Physiographische und städtische Struktur 247
Fig. 30: Jerusalem. Munizipalgrenze nach 1967 250
Fig. 31: Der Süden. Regionale Einteilung 256
Fig. 32: Der nördliche Negev 257
Fig. 33: Elat. Flächennutzung 275

VERZEICHNIS DER TABELLEN IM TEXT

Tab. 1: Temperaturen 26
Tab. 2: Jahresniederschläge 28
Tab. 3: Klimaregionen 30
Tab. 4: Bodengruppen in den nichtariden Teilen Israels 36
Tab. 5: Die Fluktuation in der jüdischen Einwanderung 66
Tab. 6: Bevölkerung Ende 1990 67
Tab. 7: Regionale Verteilung der jüdischen Bevölkerung 71
Tab. 8: Formen der jüdischen landwirtschaftlichen Siedlungen 80
Tab. 9: Der Ballungsraum von Tel Aviv. Bevölkerungswachstum 84
Tab. 10a: Haifa – städtische Bezirke (1990) 86
Tab. 10b: Der Ballungsraum von Haifa. Bevölkerungswachstum 86
Tab. 11: Potential der landwirtschaftlichen Nutzung der Böden Israels . . 92
Tab. 12: Rangordnung der Landwirtschaftszweige nach Wert und Fläche (1990) 100
Tab. 13: Zitruskultur (1980) 104
Tab. 14: Wasserhaushalt 109
Tab. 15: Industriezweige. Zahl der wichtigsten Betriebe mit mehr als 5 Beschäftigten, Zahl der Beschäftigten und Wert der Produktion (1990) 118
Tab. 16: Kraftfahrzeuge 125
Tab. 17a: Güterumschlag in den Häfen 1988/89 127
Tab. 17b: Güterumschlag in den Häfen 1990 128
Tab. 18: Wasserzufuhr des oberen Jordan 140
Tab. 19: Bevölkerungsverteilung in Untergaliläa (1990) 166
Tab. 20: Siedlungsgeschichte der Sharonebene 184
Tab. 21: Die Urbanisierung der Moshavot: Wachstum ehemaliger landwirtschaftlicher Siedlungen in der Küstenebene 188
Tab. 22: Verbreitung von Dauergütern in der Westbank und im Gazastreifen 288

VERZEICHNIS DER FOTOS IM ANHANG

Bild 1: Lissanmergel im Jordangraben am Rande des Toten Meeres
Bild 2: Höhlen im Kalkstein des Karmelgebirges
Bild 3: Der ›Cañon der Inschriften‹ im Nubischen Sandstein
Bild 4: Der Turm der ›Weißen Moschee‹ in Ramla
Bild 5: Tel Bet She'an
Bild 6: Das Judäische Bergland vor dem Beginn der Aufforstung
Bild 7: Fischteiche im Bet-She'an-Tal
Bild 8: Blick auf Haifa und den Hafen vom Karmelberg
Bild 9: Die moderne ›Kirche der Verkündigung‹ in Nazareth
Bild 10: Die Altstadt von Akko
Bild 11: Erdbeerpflanzung im östlichen (arabischen) Sektor des Sharon
Bild 12: Die Stadt Ashdod
Bild 13: Hebron, die Hauptstadt des südlichen Judäischen Berglandes
Bild 14: Jerusalem mit ›Felsendom‹
Bild 15: Jerusalem mit der ›Klagemauer‹
Bild 16: Die ›Via Dolorosa‹ in Jerusalem
Bild 17: Jerusalem mit Jaffator, Zitadelle und Rundturm
Bild 18: Jerusalem. Wiederaufbau des ›Jüdischen Viertels‹ in der Altstadt
Bild 19: Die Festung Herodion mit Überresten der vier Rundtürme
Bild 20: Der isolierte Felsen von Masada
Bild 21: Die Senke des Nahal Zin
Bild 22: Elat. Moderne Wohnviertel

VORWORT DES HERAUSGEBERS
ZUR 1. AUFLAGE

Die vorliegende Länderkunde Israels ist die erste geographische Gesamtdarstellung dieses Landes in deutscher Sprache. Sie weist in mancher Beziehung Besonderheiten auf, die mehr den Hintergrund einer solchen Darstellung als deren unmittelbaren Inhalt betreffen. Einige dieser Aspekte seien hier erwähnt:

1. Schwer ins Gewicht fällt für den deutschen Leser, was kaum hervorgehoben werden muß, der besondere Bezug dieses Landes und seiner Bevölkerung zu der dunkelsten Phase der deutschen Geschichte. Zwar geht die jüdische Kolonisation in Palästina weit zurück in die Zeit türkischer Herrschaft, die diesen Prozeß sogar begünstigte, doch erhielt der Grundgedanke, einen Zufluchtsort für die Juden in der gesamten Welt einzurichten, um ihnen angesichts jahrtausendelanger Verfolgungen eine Heimstatt in ihrem Lebensraum zu gewähren, durch die rassistische Vernichtungspolitik der nationalsozialistischen Zeit eine ganz besondere Qualität, eine für alle Juden unabdingbare Notwendigkeit. Der Selbstbehauptungswille des jungen Staates Israel, sein Vertrauen auf seine eigene Kraft mögen aus diesen Wurzeln zu erklären sein. Die besondere Bedeutung, die das Schicksal dieses Staates für den Deutschen unserer Tage hat, erschöpft sich sicher nicht im rational-wissenschaftlichen Verständnis der Raumprobleme dieses Landes oder gar im touristischen Interesse an Land und Leuten. Die unheilvolle Verquickung des jüdischen Schicksals mit der deutschen Geschichte bedingt ein in ganz andere Tiefenschichten zielendes Verhältnis, es zwingt zur Stellungnahme.

2. Die aktuelle politische Situation des Nahostkonfliktes, dessen friedliche, für alle Parteien tragbare Beilegung noch nicht abzusehen ist, markiert eine besondere, teilweise auch formale Schwierigkeit jeder länderkundlichen Darstellung Israels zum gegenwärtigen Zeitpunkt. Die Frage der unter israelischer Verwaltung stehenden Gebiete ist noch offen. Dennoch muß im Rahmen einer regionalgeographischen Darstellung Israels auch ein Blick auf diese Regionen gerichtet werden. Der Status quo ist hier der Bezugspunkt, nicht die wünschenswerten möglichen Lösungen, die für das Sicherheitsbedürfnis des Staates Israel einerseits, dessen Grenzen, ja zum Teil dessen Existenz von einigen arabischen Staaten bestritten werden, für das Lebensrecht der arabischen Bevölkerung andererseits denkbar sind. Eine geographische Raumanalyse wäre hier überfordert, wollte man von ihr Aussagen im Hinblick auf politische Lösungsstrategien verlangen. Obwohl die vorliegende Länderkunde

aus der israelischen Perspektive geschrieben ist, die sie nicht verleugnet, bemüht der Autor sich bei Aussagen über den Nahostkonflikt um Ausgewogenheit. Dafür sei ihm an dieser Stelle besonders gedankt. Auch wenn das Buch mit der etwas resignierenden, aber realistischen Feststellung schließt, daß bei der Radikalisierung des israelisch-arabischen Konfliktes, die beklagt wird, eine erlösende Kompromißformel trotz des Friedenswillens des größten Teiles der betroffenen israelischen und arabischen Bevölkerung nicht in Sicht ist, darf die Hoffnung auf eine friedliche Entwicklung, die weitere kriegerische Auseinandersetzungen erspart, nicht aufgegeben werden.

3. Eine Länderkunde Israels berührt noch andere historische Dimensionen, als sie unmittelbar im heutigen Konflikt zum Ausdruck kommen. Palästina ist drei Weltreligionen im Kern verbunden, ist der Entstehungsort für zwei von ihnen. Hier in Palästina, einem schon im Altertum bedeutsamen Brückenland zwischen Afrika und Asien, kreuzen sich wichtige historische Leitlinien, in die Europa immer wieder einbezogen wurde. Die Durchdringung der verschiedenen religiösen und kulturellen Elemente auf engem Raum macht die besondere Bedeutung, aber auch den Reiz dieser Region aus. Der Faszination eines solchen geschichtlich reichen Landes wird man sich nicht entziehen können.

Dimensionen dieser Art spiegeln sich in einer Länderkunde wider, deren eigentliche Aufgabe es ist, die Mensch-Raum-Beziehungen in einem regional begrenzten räumlichen Kräftefeld sichtbar und erklärbar zu machen. Herrn Prof. Karmon sei dafür gedankt, daß er eine regionalgeographische Darstellung Israels vorlegt, die im deutschen Sprachraum so dringend erwünscht ist und die vieles zur Kenntnis dieses Raumes und zum Verständnis israelischer Kolonisationsleistung beitragen kann.

Oldenburg, im März 1982 Dr. Werner Storkebaum

ZUSATZ ZUM VORWORT DES HERAUSGEBERS

Die bilateralen Gespräche über einen Frieden zwischen Israel und der Palästinensischen Befreiungsfront (PLO) seit 1992 haben zu ersten Ergebnissen geführt, die einen friedlichen Ausgleich erhoffen lassen, der so lange Zeit fern aller Realität schien. Das Gaza/Jericho-Abkommen gewährt den Palästinensern eine Teilautonomie. Dennoch wird die Region weiter unser erhebliches Interesse fordern. Herrn Y. Karmon ist sehr zu danken, daß er seine Länderkunde nun in aktualisierter und erweiterter Form vorlegt.

Oldenburg, im Februar 1994 Dr. Werner Storkebaum

VORWORT DES VERFASSERS ZUR 1. AUFLAGE

Die Darstellung einer Länderkunde Israels ist wohl eines der schwierigsten Unterfangen, das ein Geograph auf sich nehmen kann, nicht nur wegen methodischer Schwierigkeiten, die dabei auftauchen, sondern vor allem wegen der emotionellen Assoziationen, die mit den Namen Israel und Palästina verbunden sind. Es gibt wohl nur wenige Leser, die nur aus kühlem wissenschaftlichem Interesse an der Analyse einer Mensch-Raum-Beziehung ein solches Buch in die Hand nehmen. Trotz der geringen Ausmaße des Raumes (der etwas kleiner ist als der des Bundeslandes Hessen oder Belgiens oder Siziliens) und einer Bevölkerung, die etwa der Norwegens (im Staatsgebiet) oder Dänemarks (im gesamten Verwaltungsgebiet) entspricht, steht Israel in einem der Brennpunkte des politischen Interesses der Welt, und die Meinungen über das Land schwanken zwischen den Extremen von Identifizierung bis zu totaler Ablehnung.

Das wichtigste emotionelle Element ist die Tatsache, daß das Land auf das stärkste mit den Traditionen der drei großen monotheistischen Religionen verbunden ist, und religiöser Eifer spielte in seiner langen Geschichte immer eine entscheidende Rolle, die oft zu kriegerischen Auseinandersetzungen führte und in den Kreuzzügen die Ausmaße eines Weltkrieges annahm. Daher ist heute der Großteil der Literatur, die sich mit Israel beschäftigt, von politisch-polemischer Natur.

Auch bei dem besten Willen, eine Länderkunde Israels ›sine ira et studio‹ zu schreiben, kann sich der Verfasser nicht von der Tatsache freimachen, daß er, nachdem er die Anfänge des nationalsozialistischen Regimes als Jude in Deutschland miterlebt hatte, seit über 40 Jahren in Jerusalem lebt und den Übergang vom Mandatsgebiet Palästina zum Staate Israel mit den damit verbundenen Kriegen bewußt mitgemacht hat. Trotzdem bemühte er sich, sich von seinem wissenschaftlichen Gewissen und seiner geographischen Schulung leiten zu lassen und sich in der Darstellung der Tatsachen so objektiv, wie menschlich möglich, zu verhalten und keine subjektiven Schlußfolgerungen zu äußern. Dabei unterscheidet er sich von anderen Verfassern in dieser Schriftenreihe, die imstande waren, ihre Länderkunden als außenstehende Beobachter zu bearbeiten.

Aber auch methodisch ergeben sich bei einer Länderkunde Israels besondere Probleme. Im allgemeinen wird die Aufgabe einer Länderkunde darin gesehen, eine gegenseitige Beziehung zwischen den Erscheinungsformen menschlicher Tätigkeiten und deren physischen Grundlagen zu konstruieren, wobei sich bei längerer Zeitdauer ein gewisses deterministisches Element erkennen läßt. Im Falle Israels ist diese Methode noch nicht anwendbar, da mit der Staatsgründung im Jahre 1948 ein Umbruch erfolgte, der zu starken Veränderungen in der Zusammensetzung und Größe der Bevölkerung führte. Der politische Raum des Mandatsgebietes Palästina wurde aufgeteilt, Flüchtlingsströme zogen aus Teilen Palästinas in arabische Länder und aus arabischen Ländern nach Israel, das zusätzlich noch die Überlebenden der Kriegskatastrophe Europas aufnahm. Die Bevölkerung Israels stieg innerhalb eines Zeitraums von 30 Jahren auf das Fünffache – ein Bevölkerungswachstum, das nirgendwo auf der Erde seinesgleichen findet.

Dadurch wurden völlig neue Beziehungen zwischen Mensch und Raum geschaffen, die noch nicht zu einer regionalen Stabilisierung gekommen sind, und der Versuch, statisch-mathematische Analysen anzuwenden, wäre verfehlt.

Der Verfasser hat sich daher bemüht, eine genetische Forschungsmethode anzuwenden, die den gegenwärtigen Zustand als einen gegebenen Punkt in einem Fließprozeß ansieht und höchstens aus der Erkenntnis der Prozesse, die zu der augenblicklichen geographischen Situation geführt haben, Vermutungen über die Fortsetzung des Prozesses äußern kann.

Man könnte diese Analysen als ein Musterbeispiel für geographischen Possibilismus ansehen, aus dem sich erkennen läßt, wie Unterschiede im Charakter und der Technologie der Bevölkerung – unter gegebenen natürlichen Bedingungen – zu völlig verschiedenen gesellschaftlichen und wirtschaftlichen Organisationsformen führen. Diese Unterschiede zeigen sich nicht nur im Vergleich des Staates Israel mit der Situation zur Zeit des britischen Mandates, sondern auch mit der Lage in denjenigen Teilen des Landes, die 1948 an Jordanien angeschlossen wurden oder unter ägyptischer Militärverwaltung standen.

Das Prinzip des Possibilismus läßt sich aber auch in historisch-geographischer Beziehung anwenden. In der 4000 Jahre langen Geschichte des Landes gab es Perioden höchster Kultur- und Wirtschaftsblüte, die mit Zeiten tiefsten Kulturrückganges abwechselten. Diese Untersuchung ist nicht nur von historischem Interesse, da die Auswirkungen der Veränderungen bis in die heutige Zeit spürbar sind, in Form von Bodenerosion, Versumpfung, Fluraufteilung und noch mehr in den Standorten von dörflichen und städtischen Siedlungen, in Ruinen und in religiösen Traditionen. Daher behandelt dieses Buch nicht nur das Land als Ganzes, sondern jede Einzellandschaft zunächst in ihrer historischen Entwicklung, wobei als wichtigster genetischer Faktor die Entwicklung der letzten hundert Jahre angesehen wird.

Die Struktur des Buches entspricht diesen methodischen Richtlinien. Der erste Teil beschäftigt sich mit dem Gesamtraum, der zweite mit den Einzellandschaften. Das erste Kapitel untersucht diejenigen Elemente, die von Zeiträumen oder politischen Veränderungen unabhängig sind, d. h. im wesentlichen die physiographischen Grundlagen der Region. Das zweite Kapitel beschäftigt sich mit der Mensch-Raum-Beziehung vergangener Epochen. Es will nicht eine Übersicht über die Geschichte des Landes liefern, sondern solche geschichtliche Ereignisse oder längere Perioden darstellen, die einen bleibenden Einfluß auf die Bevölkerung, Siedlung und Wirtschaft des Landes hinterlassen haben. Der Zeitraum dieser Untersuchung reicht von der Vorgeschichte bis zum Ende des britischen Mandates (1948). Das dritte Kapitel bringt eine genetische Analyse der menschlichen Erscheinungsformen des Staates Israel – Bevölkerung, Siedlung, Wirtschaft – und enthält gleichzeitig die hauptsächliche statistische Information über alle Zweige des Lebens im Staate.

Der zweite Teil ist dadurch charakterisiert, daß er das Land in zahlreiche, verhältnismäßig kleine Landschaftseinheiten aufteilt. Der Grund dafür liegt darin, daß der Raum Israels, trotz seiner geringen Fläche, außerordentliche, zum Teil extreme topographische und klimatische Unterschiede aufweist, die selbst kleinsten Landschaftseinheiten einen ausgeprägten eigenen Charakter geben, der stark von Nachbarräumen abweicht und in der Gegenwart oder in bestimmten geschichtlichen Epochen eine besondere Rolle spielt. Die Grenzen dieser Einheiten sind nicht immer auf physischen Elementen aufgebaut; so sind die drei großen Städte als selbständige Regionen behandelt, und die Gebiete unter Militärverwaltung werden, soweit es sich um allgemeine Grundlagen handelt, im Rahmen der physiographischen Einheiten behandelt, zu denen sie gehören, aber in ihrer anthropogeographischen Entwicklung seit 1948 in einem eigenen Kapitel (Kap. 8) analysiert.

Jede der Einzellandschaften wird von ihrer Genese wie von ihrer heutigen Struktur her dargestellt, wobei besonderer Wert auf die Herausbildung einer städtischen Hierarchie gelegt wird, und den einzelnen Städten wird im Gesamtraum ein größerer Raum zugewiesen, als dies normalerweise bei Länderkunden der Fall ist.

Die Schreibweise der geographischen Namen, die sich entweder aus dem Hebräischen oder dem Arabischen ableiten, ist der englischen Aussprache angepaßt, also z. B. *sh* anstatt *sch*. Die Rechtschreibung der Namen ist den offiziellen englischsprachigen Karten des ›Survey of Israel‹ entnommen. Allerdings wurden bei den arabischen Namen die in der Karte vorkommenden diakritischen Zeichen, die feine Unterschiede in der Aussprache von arabischen Lauten andeuten, im Buchtexte weggelassen, da sie zum Verständnis des Textes oder zum Auffinden des Ortes auf der Karte nicht beitragen.

Bei der Bearbeitung des Materials für dieses Buch konnte ich mich neben eigenständiger Forschungsarbeit, die sich über drei Jahrzehnte erstreckte, auf unzählige Veröffentlichungen und Forschungsarbeiten meiner ehemaligen Schüler – und heutigen Berufskollegen – sowohl im Bereich der Geographie als auch der Bibelkunde und Archäologie stützen. Es ist mir unmöglich, sie alle bei Namen zu nennen. Die wichtigsten Veröffentlichungen – mit Ausnahme der hebräisch geschriebenen – sind im Literaturverzeichnis angeführt. Aber allen sei hier mein herzlichster Dank für ihre Mitarbeit ausgesprochen.

Für die vorliegende deutschsprachige Ausgabe verdanke ich viel den Fragen und Anregungen deutscher Geographen oder Studenten, die ich bei Gastvorlesungen in der Bundesrepublik oder bei deren Exkursionen nach Israel getroffen habe, und die mir halfen, diejenigen Themen und Probleme zu behandeln, für die das Interesse der deutschen Geographen mir am größten erschien.

Von israelischen Behörden, die mir gestatteten, Material, das von ihnen veröffentlicht war, zu benutzen und zu zitieren, möchte ich das Central Bureau of Statistics, den Survey of Israel und die Herausgeber des ›Atlas of Israel‹ besonders erwähnen. Die Photos für die Bilder wurden mir vom Government Press Office und vom Jüdischen Nationalfonds zur Verfügung gestellt. Die Kartenskizzen wurden von Frau R. Baumann, Frau B. Ben Arzi, Frau M. Karmon und Herrn N. Z. Bear hergestellt.

Allen oben Genannten und vielen anderen, die mir bei der Herstellung des Buches behilflich waren, gebührt mein herzlichster Dank und Anerkennung.

Jerusalem, den 10. 1. 1982 Yehuda Karmon

VORWORT DES VERFASSERS
ZUR 2., ÜBERARBEITETEN AUFLAGE

Ein Jahrzehnt nach dem Erscheinen der Erstauflage erwies es sich als notwendig, eine zweite Auflage herauszugeben, die die Veränderungen der letzten zehn Jahre und deren Gründe darstellen soll.

In dieser Zeit veränderte sich das Landschaftsbild Israels in beträchtlichem Maße, was sowohl den jüdischen wie auch den arabischen Sektor betrifft. Im arabischen Sektor machte sich die Herausbildung eigenständiger wirtschaftlicher und kultureller Institutionen bemerkbar, begleitet von einem starken Bevölkerungswachstum, das vor allem auf Kinderreichtum beruht. Diese Entwicklung führte allmählich zu einer eigenständigen Struktur, die das Streben nach einer eigenstaatlichen Entwicklung bis hin zur Forderung eines eigenen Staates ermöglichte.

Dies wurde in der zweiten Hälfte des Jahrzehnts durch die ›Intifada‹ gestört, die durch politische Ungeduld das Ziel mit der Anwendung von Gewalt schneller zu erreichen suchte, was aber in Wirklichkeit zu einer wirtschaftlichen Verarmung und auch zu einer politischen Umwälzung führte, in der die traditionelle Führungsschicht der Sippen durch radikalisierte jugendliche Elemente abgelöst wurde.

Im jüdischen Sektor machten sich vollständig andere Entwicklungen bemerkbar, die zu weitreichenden Veränderungen führten. Die ›auslösenden Faktoren‹ dieser Entwicklungen kamen von außen. Der erste Faktor war der ›Golfkrieg‹, in dem Israel das ausgesuchte Opfer der irakischen Scud-Raketen war (siehe S. 297). Der zweite, entscheidendere Faktor war der Zusammenbruch der Sowjetunion, der ja auch auf Deutschland entscheidend eingewirkt hatte. Folge war die Genehmigung der Auswanderung von Juden aus allen Teilen der Sowjetunion, und diese führte zu einer nie gekannten Einwanderungswelle von Juden nach Israel. Im Jahre 1990 wanderten 195 000 Juden ein, und innerhalb der nächsten drei Jahre stieg die jüdische Bevölkerung Israels um 500 000 Einwohner (den natürlichen Bevölkerungszuwachs nicht eingerechnet).

Es war klar, daß eine solche Masseneinwanderung große Probleme mit sich bringen würde, aber unter den Einwanderern aus Rußland befand sich ein hoher Prozentsatz von Akademikern und Technikern (im Gegensatz zu der jüdischen Einwanderung der 50er Jahre). Diese Einwanderung war begleitet von hohen Investitionen sowohl seitens der Juden der Welt wie auch seitens anderer Länder, vor allem der Vereinigten Staaten. Dieses Wachstum an Arbeitskräften und Finanzen führte zu einem ungeahnten Aufschwung der Wirtschaft Israels.

Für den Geographen ist die Widerspiegelung dieses Aufstiegs im Landschaftsbild von besonderer Bedeutung. Als erste Folge dieser Veränderung ist die Bautätigkeit zu erwähnen. Es entstanden in allen Teilen des Landes Neubauten aller Typen, von Wohncontainern für Neueinwanderer bis hin zu Luxusvillen. Eine besondere Änderung des städtischen Bildes entstand durch den Übergang zu roten Ziegeldächern, die noch vor wenigen Jahren kaum zu sehen waren. Gleichzeitig entstanden Hochhäuser (mit bis zu 30 Stockwerken) für Wohnzwecke, aber hauptsächlich als Geschäftsgebäude und Hotels. All dies führte zur Bildung einer ›City‹ in den meisten Städten.

Eine zweite Folge des Bevölkerungswachstums war das zahlenmäßige Anwachsen von Kraftfahrzeugen aller Art (siehe S. 125 und Tab. 16), das eine völlige Umgestaltung des Straßennetzes erforderte, so daß Hunderte von Kilometern autobahnähnlicher Straßen angelegt werden mußten.

Die Entwicklung der Industrie hatte einen völligen Umbruch des Wirtschaftslebens zur Folge, wobei die traditionellen Industrien, wie z. B. Textil- und Lederwaren, durch High-Tech-Industrien ersetzt wurden. Bezeichnend ist dabei das Fehlen von Schornsteinen, die nur noch bei Kraftwerken zu sehen sind.

Inzwischen hat der Tourismus fast den ersten Rang unter den Wirtschaftszweigen erreicht und macht sich in vielen Formen bemerkbar, z. B. in Museen oder Ausgrabungen, Wäldern, Hotels und vor allem durch den Badebetrieb entlang der Küste.

Durch diese Veränderungen des Landschaftsbildes hat Israel in großem Maße die Erscheinung einer nahöstlichen Region abgelegt und nähert sich immer mehr dem Charakter einer Mittelmeerlandschaft.

Es ist die Aufgabe dieser zweiten Auflage, die großen Veränderungen des letzten Jahrzehnts darzustellen und zu erklären. Die meisten Illustrationen und Figuren im Text wurden von der ersten Auflage übernommen, der Dank des Autors dafür wurde bereits im Vorwort der ersten Auflage ausgesprochen. Für die zweite Auflage ist der Autor Frau Almuth Lessing für die fachgerechte schriftliche Bearbeitung des Textes zu großem Dank verpflichtet.

Jerusalem, den 10. 1. 1994 YEHUDA KARMON

Erster Teil

DER GESAMTRAUM IM ÜBERBLICK

1. KONSTANTE ELEMENTE

1.1. Grossräumige Lagebeziehungen

1.1.1. Physisch-geographische Gegebenheiten

Israel, und historisch gesprochen: Palästina, ist in jeder Hinsicht ein Land der Übergänge. In der geologischen Neuzeit bildet es das einzige Verbindungsglied zwischen Asien und Afrika, aber es ist faktisch das letzte Glied in der geodätischen Entwicklungskette, dem Loslösungsprozesse der Kontinente von der ursprünglichen Landmasse des Planeten Erde. Israel liegt am Nordostrande des Urmassivs, das von der Erdwissenschaft als Gondwana bezeichnet wird. Dieses Massiv, das das heutige Afrika, Arabien und Indien umfaßte, besteht im wesentlichen aus Urgestein, umgeben von einem Kranz

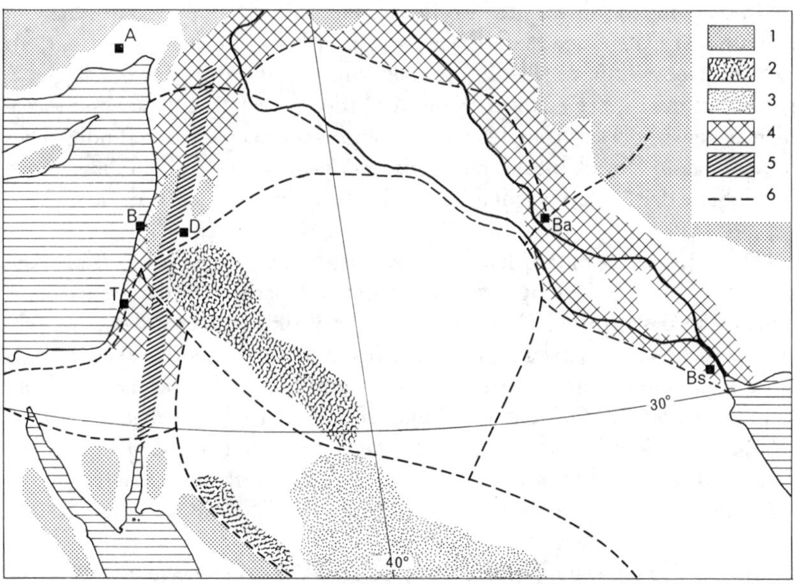

Fig. 1: Die geographische Situation Israels.
1 Gebirge über 1500 m Höhe. 2 Lavaströme. 3 Die Nafudwüste. 4 Der ›Fruchtbare Halbmond‹. 5 Jordan-Arava-Graben. 6 Historische Verkehrsrouten (A Adana, B Beirut, Ba Bagdad, Bs Basra, D Damaskus, T Tel Aviv).

von Sandsteinablagerungen, die im Raume des Roten Meeres als sog. Nubischer Sandstein auftreten. Das Rote Meer selbst stellt eine weitere Trennungslinie im Wanderungsprozeß der Kontinente dar.

Die Nordgrenze des Gondwanamassivs reicht bis in den Süden und Osten der Sinaihalbinsel und greift mit einem schmalen Ausläufer über die Südspitze Israels hinweg nach dem südlichen Jordanien hinüber (Beaumont et al. 1975, S. 17–32).

Als zweite Großlinie in der geodätischen Entwicklung sind die Faltenketten der alpinen Orogenese zu nennen, die als gewaltige Bergmassen das Mittelmeer von Westen und Norden umklammern und ihre Fortsetzung in den Faltengebirgen West- und Zentralasiens finden. Diese Auffaltung der Erdoberfläche umfaßt den Nachbarraum Israels als die Gebirgssysteme des Taurus und Zagros. Ein Nebensystem des Faltungsprozesses erstreckt sich vom Nordostende des Mittelmeers südwärts entlang der Küste und bildet die Gebirgszüge des Djebel Ansariye und Libanon, die nach Süden zu in die Hügelländer Palästinas und Transjordaniens auslaufen. Die Gebirgszüge von Libanon, Taurus und Zagros formen einen Halbkreis um die Plateaus und Ebenen von Syrien und Mesopotamien, die den historischen Rahmen für Palästina bilden.

In den letzten Jahrzehnten ist die Kontaktlinie zwischen Gondwana und den alpinen Faltenzügen zu größter wirtschaftlicher Bedeutung gelangt, als sich die Geosynklinale, die die Kontaktzone fast in ihrer ganzen Länge begleitet, als das größte Erdölreservoir der Erde erwies. Auch Israel und Jordanien liegen in dieser Kontaktzone, waren bisher aber nicht ölfündig. Dies könnte darauf zurückzuführen sein, daß der geologische Aufbau dieser Zone im Gebiete der beiden Nachbarländer durch die Existenz des Jordangrabens gestört ist.

Das dritte wesentliche Element, durch das Israel an den großen Linien der geologischen Entwicklung der Erde Anteil hat, ist der Jordangraben, eine Teilstrecke des größten Grabenbruches der Erdkugel, der als der Syrisch-Afrikanische Graben bekannt ist und sich von der südlichen Türkei durch das Rote Meer und Ostafrika über eine Länge von ca. 7000 km bis nach Moçambique erstreckt. Im Gebiete Israels und Jordaniens ist der Graben im Jordantal und der Aravasenke ausgeprägt (mit Fortsetzung im Golf von Elat/Aqaba). Das Mittelstück der Senke ist das Tote Meer, dessen Ufer (400 m unter dem Meeresspiegel) das tiefste Gebiet des Festlandes überhaupt darstellt.

Der Einbruchs- und Verschiebungsprozeß der Grabensenke verursachte tiefgehende Störungen der Erdkruste. In ihrer Folge finden sich vor allem östlich des Grabens zahlreiche erloschene Vulkane und vor allem weitausgedehnte Lavafelder, die sich von Damaskus bis nach Mekka über eine Länge von ca. 1500 km erstrecken und eine durchschnittliche Weite von 30–60 km erreichen. Diese Lavaanhäufungen sind für den Verkehr undurchdringlich und weisen nur auf der Arabischen Halbinsel einige Lücken auf, die die historischen Karawanenwege bestimmten.

Palästina hat an all den obengenannten Großformen der Erde in der einen oder anderen Form Anteil, und seine Oberflächenformen sind stark vom Zusammentreffen der verschiedenen geologischen Formationen und Bruchlinien bestimmt worden (Fig. 2). Vor allem wirkten diese Linien auf die Verkehrsbeziehungen des Landes ein. Die wichtigsten Strukturlinien laufen von Norden nach Süden, unter dem Einfluß der Bruchlinien der Mittelmeerküste und des Jordangrabens, schwenken aber im südlichsten Teil des Landes (der Negevwüste) nach Westen um, weil mit Annäherung an den Sockel des Gondwanamassivs der Faltungsprozeß der weicheren Gesteine nach Westen abgedrängt wurde und auch die Mittelmeerküste dieselbe Schwenkung unternahm.

Das Auftauchen des massiven Urgesteins im südlichen Negev und vor allem in der Sinaihalbinsel setzte jeder Möglichkeit eines Festlandsverkehrs über Elat hinaus ein Ende.

Auch die Verkehrsverbindungen nach dem Osten sind durch natürliche Gegebenheiten stark behindert. Das Tote Meer bildet eine absolute Verkehrssperre, da es von Steilufern, die senkrecht bis 700 m über den Spiegel des Toten Meeres aufragen, umgeben ist. Auch die Steilhänge, die den Jordangraben auf beiden Seiten begleiten, stellen den Verkehr vor große Schwierigkeiten, bieten aber doch gewisse Verbindungsmöglichkeiten zwischen Cis- und Transjordanien. Dahingegen formen weiter östlich die Lavafelder eine absolute Barriere, die zum ersten Mal in der Geschichte durch die Ölleitung von Mossul nach Haifa im Jahre 1936 überwunden wurde. So verhinderten die Lavaströme eine Verbindung zwischen Palästina – oder sogar Transjordanien – und Mesopotamien auf dem geraden Wege, und alle Verkehrsrouten umgingen sie von Norden her, d. h. auf dem Umwege über Damaskus. Daher wurde Damaskus zum Hauptknotenpunkt des Verkehrs in Vorderasien.

Aufgrund dieser Bedingungen folgt die Hauptachse des Verkehrs in Palästina der Richtung der Faltungs- und Bruchsysteme. Sie beginnt in Ägypten, folgt der Meeresküste oder dem Hügelland zuerst in westöstlicher Richtung (auf der Sinaihalbinsel) und schwenkt mit der Landesstruktur nach Norden um. Für die Südnordrichtung stehen drei Routen zur Verfügung: die Mittelmeerküste, die Wasserscheiden des Hügellandes und die Jordansenke nördlich des Toten Meeres.

Im stärker gegliederten nördlichen Teile Palästinas konnten die Verkehrslinien sich auflockern und zwei Hauptziele auf verschiedenen Routen erreichen: die phönizischen Hafenstädte an der Libanonküste oder Damaskus. Die politische Geschichte Palästinas wurde in stärkstem Maße von diesen Verkehrsrichtungen bestimmt (vgl. das folgende Kapitel).

Die Bezeichnung des Charakters Palästinas als Übergangslandschaft trifft auch auf die klimatischen Verhältnisse zu, die zwei der grundlegenden Klimatypen zugeteilt werden können: der Wüste und dem Mittelmeerklima, wobei die Wüste den größeren Flächenanteil einnimmt, da der Süden Palästinas dem durch die subtropische Hochdruckzone bestimmten Wüstengürtel der Erde angehört, der sich durch ganz Nordafrika, Arabien und über Iran und Afghanistan bis Pakistan erstreckt. Als zweiter Faktor ist der orographische Einfluß des Jordangrabens zu nennen, der aride Verhältnisse zungenförmig vom Wüstengürtel aus nordwärts bis fast an den Genezarethsee heranbringt.

Die Besonderheit des Klimas Palästinas liegt in der geringen Breite der Übergangszone zwischen diesen beiden Klimatypen begründet. Unter kontinentalen und vor allem ebenen topographischen Gegebenheiten erstreckt sich die Übergangszone von humiden zu ariden Bedingungen im allgemeinen über eine Strecke von 100 km oder mehr, in Israel sind es jedoch nicht mehr als 30 km. Dies trifft wiederum nur für den Übergang zum Wüstengürtel zu, der im Süden des Landes bei etwa 31° nördlicher Breite beginnt. Im Steilabfall des Jordangrabens aber vermindert sich die Niederschlagsmenge so stark, daß bei einem Abstieg von etwa 500 m – was einer horizontalen Entfernung von 3–5 km entspricht – bereits wüstenhafte Bedingungen erreicht werden. So beträgt die Entfernung von Jerusalem, das am Westrande des Abfalls zum Toten Meer liegt, bis zur Wüste etwa 5–7 km.

Trotz des Bestrebens der modernen Geographie, sich von Ideen eines klimatischen Determinismus freizumachen, sollte sie den Einfluß der klimatischen Unterschiede auf die Geschichte und Wirtschaft Palästinas nicht unterschätzen. Jeder Klimatyp hat seine eigene Lebensform hervorgebracht: die Wüste den Nomadismus, das ›Regenland‹ den mediterranen Feld- und Obstbau. Nach der Weltanschauung der Antike, wie sie z. B. in der Bibel zum Ausdruck kommt, besteht zwischen diesen beiden Existenzformen ewige Feindschaft.

Allerdings war die ethnische – oder politische – Grenze zwischen dem Wüstengürtel und dem nördlicher gelegenen Siedelland nicht konstant, vielmehr konnte in Perioden gesicherter Herrschaft das Siedelland seine Grenzen mit Hilfe von Bewässerung oder anderer agrotechnischer Mittel weit in das Nomadenland hinein verschieben; und umgekehrt drangen in Perioden politischer Schwäche die Nomaden weit in das Agrarland ein.

Auch im heutigen Israel ist das Klima einer der maßgebendsten Faktoren des Wirtschaftslebens, sowohl im Hinblick auf die Auswahl der landwirtschaftlichen Produkte als auch hinsichtlich der Entwicklung bestimmter Wirtschaftszweige, wie z. B. des Tourismus.

1.1.2. Die geopolitische Situation

Die physisch-geographischen Übergangselemente wirkten sich auch historisch-politisch aus.

Seit frühgeschichtlicher Zeit erfüllt Palästina eine doppelte Brückenfunktion: es ist die einzige Landbrücke zwischen Afrika und Asien einerseits und zwischen dem Mittelmeer und dem Roten Meer, das heißt zwischen dem Atlantischen und dem Indischen Ozean, andererseits (Hitti 1961; 1966). Als wichtige Kreuzung zweier Weltstraßen wurde es zum Brennpunkt kultureller Ausstrahlungen, wie der drei großen monotheistischen Religionen, aber auch zum Streitobjekt fast aller großen Weltmächte, die in ihren Ausdehnungsbestrebungen diesen wichtigen Engpaß nicht umgehen konnten (Brice 1966, S. 88–101).

Die Zahl der Feldzüge, in denen gewaltige Heere das Land durchzogen, ist mit fünfzig nicht zu hoch gegriffen. Aus dem Südwesten, wo Ägypten das längstbestehende Staatswesen auf der Erde darstellt, zogen Pharaonen vieler Dynastien durch Palästina, gefolgt von den Ptolemäern. Im Mittelalter kämpften ägyptische Heere gegen die Kreuzfahrer. Am Ausgang des 18. Jahrhunderts eroberte Napoleon von Ägypten her die Küste des Landes für kurze Zeit, und im 19. Jahrhundert beherrschte der ägyptische Thronfolger Ibrahim Pascha das Land für acht Jahre (1832–1840). Im Ersten Weltkriege entriß die britische Armee in Ägypten, unter dem Befehl des Generals Allenby, das Land der Türkenherrschaft, und nach der Schaffung des Staates Israel besetzten ägyptische Truppen die Südhälfte Palästinas und drangen bis an die Tore von Jerusalem und Tel Aviv vor.

Nicht geringer war die Zahl der Feldzüge und Eroberer, die von Norden kamen: Hethiter, Hyksos, Aramäer, Assyrer, Babylonier; Cyrus, Alexander der Große und seine seleukidischen Nachfolger; Pompeius und Vespasian. Die Eroberung Palästinas durch die Araber im Jahre 637 unserer Zeitrechnung war eine Ausnahme. Entsprechend der geographischen Situation erfolgte der Einfall der Truppenmacht im wesentlichen aus dem Südosten. Aber in den späteren Kämpfen zwischen den verschiedenen arabischen Nachfolgestaaten bildete wieder der Norden das Haupteinfallstor.

Auch die Kreuzfahrer eroberten Palästina von Norden her (1099). Die religiöse und weltstrategische Bedeutung Palästinas in dieser Epoche wird dadurch unterstrichen, daß sich an den verschiedenen Kreuzzügen die wichtigsten Herrscher europäischer Staaten persönlich beteiligten, darunter die französischen Barone Gottfried von Bouillon und sein Bruder Balduin und später die französischen Könige Ludwig VII., Philipp II. und Ludwig IX.; die Könige Englands Richard Löwenherz und John (Lackland), die Hohenstaufenkaiser Friedrich Barbarossa (der auf dem Wege seinen Tod durch Ertrinken fand), Heinrich VI. und Friedrich II.

Die moslemischen Gegner der Kreuzfahrer kamen gleichfalls aus dem Norden, darunter Saladdin, der im Jahre 1187 Jerusalem für die Moslems zurückeroberte.

Die letzte große Invasion aus dem Norden erfolgte im Jahre 1517, als das Osmanische Reich unter Selim I. Palästina eroberte und für genau 400 Jahre beherrschte. Diese Türkenherrschaft war – abgesehen von der römisch-byzantinischen Periode – die längstdauernde Regierung unter einer politischen Einheit.

Bedenkt man, aus welchen Himmelsrichtungen die Heere der verschiedenen Mächte Palästina eroberten, so zeigt sich, daß niemals in der Geschichte der Versuch einer Invasion von der See her unternommen wurde. Die Mittelmeerküste wurde von feindlichen Flotten erst dann benutzt, wenn ihre Häfen vom Lande her erobert waren.

Auch vom Osten her marschierten fast nie feindliche Heere in Palästina ein, was im wesentlichen auf topographische Gegebenheiten zurückzuführen ist, wie weiter oben erklärt wurde. Die einzige bedeutende Ausnahme war der Einfall der israelitischen Stämme im 13. vorchristlichen Jahrhundert.

Palästina, dessen Geschichte sich bis auf etwa 4000 Jahre zurückverfolgen läßt, wurde insgesamt 3000 Jahre lang von auswärtigen Mächten regiert oder kontrolliert. Eigenständig war das Land nur periodenweise, insgesamt nur für wenige hundert Jahre. So existierte im 2. vorchristlichen Jahrtausend eine große Zahl von Klein- oder Stadtstaaten, die aber meistens unter ägyptischem Einfluß standen. Die längste Periode selbständiger Staaten dauerte 400 Jahre; sie begann mit der Errichtung des davidisch-salomonischen Königreiches (etwa 1000 v. Chr.). Die Nachfolgestaaten Israel und Juda existierten bis zum Jahre 722 bzw. 586 v. Chr. Ein zweites Mal war das Land zur Zeit der Makkabäerkönige und deren herodianischem Nachfolger selbständig (141–63 v. Chr.; 40–4 v. Chr.), und zur Zeit der Kreuzzüge (1099–1291) wurde das ›Königreich Jerusalem‹ ausgerufen, wobei etwa 200 Jahre lang christliche Feudalherren über verschiedene Teile des Landes herrschten. Aber es ist fraglich, ob man darin eine eigenständige Regierung sehen kann. Abgesehen von diesen drei Geschichtsperioden stand Palästina bis zum Jahre 1948 immer unter Fremdherrschaft.

Allerdings kann man geopolitische Beziehungen nicht nur unter militärischen und machtpolitischen Gesichtspunkten betrachten. In Friedenszeiten – und auch diese währten manchmal Jahrzehnte hindurch – begünstigte die Lage Palästinas an einer wichtigen Verkehrskreuzung den intensiven Karawanenverkehr, der sich später allerdings nicht zu einem Eisenbahn- oder Straßenverkehr weiterentwickelte. Die Haupthandelsstraße – Via Maris – führte von Ägypten nach Damaskus und fächerte von dort nach allen Richtungen aus, zu bestimmten Zeiten sogar bis nach Indien und von dort nach China.

Das Vorland der Seehäfen beschränkte sich meistens auf Küstenverkehr nach Ägypten und Syrien, wo die großen internationalen Häfen Alexandria und Tyrus oder Antiochia lagen, und erstreckte sich nach Griechenland oder Süditalien nur zur Zeit der hellenistisch-römischen Herrschaft und nach Norditalien zur Zeit der Kreuzzüge. Erst nach dem Ersten Weltkriege wuchs das Vorland über das Mittelmeer hinaus.

1.2. Die physiographische Struktur

1.2.1. Transgressionen und Orogenese (Picard 1943)

Die geologische Geschichte der Oberflächenformen Palästinas ist relativ jung und unkompliziert: die großen Reliefeinheiten wurden erst im Neogen geformt. Wichtige Landschaftselemente entstanden sogar erst im Pleistozän (d. h. seit etwa 1 Mio. Jahren), so daß deren Formenentwicklung fast parallel zur Urgeschichte der Menschheit verläuft.

Der überwiegende Teil der heutigen Landfläche war während des gesamten geologischen Mittelalters von Meeren überspült, deren jeweilige Ablagerungen mehrere Hunderte von Metern erreichten. Nur im äußersten Süden treten die Urgesteine des Gondwanablocks in Erscheinung. Die Meere, die generell Tethys genannt werden, trennten diesen Block von Laurasia, dem nördlichen Urkontinent. Der Meeresboden senkte sich stark von Süden nach Norden, so daß die Mächtigkeit der marinen Sedimente rapide nach Norden zunimmt.

Urgesteine, die in der Gegend von Elat eine Höhe von 700 m über dem Meeresspiegel erreichen, verschwinden 25 km weiter nördlich (bei Timna) unter marinen Sedimentgesteinen und wurden durch geodätische Messungen 100 km weiter nördlich erst 2500 m unter dem Meeresspiegel, d. h. ca. 3000 m unter der Landoberfläche, registriert. Noch weiter nördlich konnten sie bisher durch keine Messung erreicht werden.

Die obere Grenze von Gesteinen des Jurazeitalters, der mächtigsten marinen Schicht, befindet sich (unterirdisch) im zentralen Negev etwa auf Meereshöhe, wurde aber 100 km weiter nördlich bei Ölbohrungen erst in 1500 m Tiefe festgestellt. Die darüberliegenden Sedimente der Kreidezeit bestehen zum größten Teil aus Kalkgestein und Dolomit verschiedener Dichte- und Härtegrade. Nur in Zeiten von Regressionen des Meeres deponierten die Küstengewässer Ablagerungen von Kreide und Mergel (Blake & Goldschmidt 1943).

Terrestrische Ablagerungen, die in den meisten Ländern der Erde die Hauptmasse der Sedimente bilden, fehlen fast vollständig, z. B. Sandstein (außer dem Nubischen Sandstein des Gondwanamassivs), Schiefer oder Ton.

Die tiefste Transgression erfolgte in der oberen Kreidezeit und hinterließ

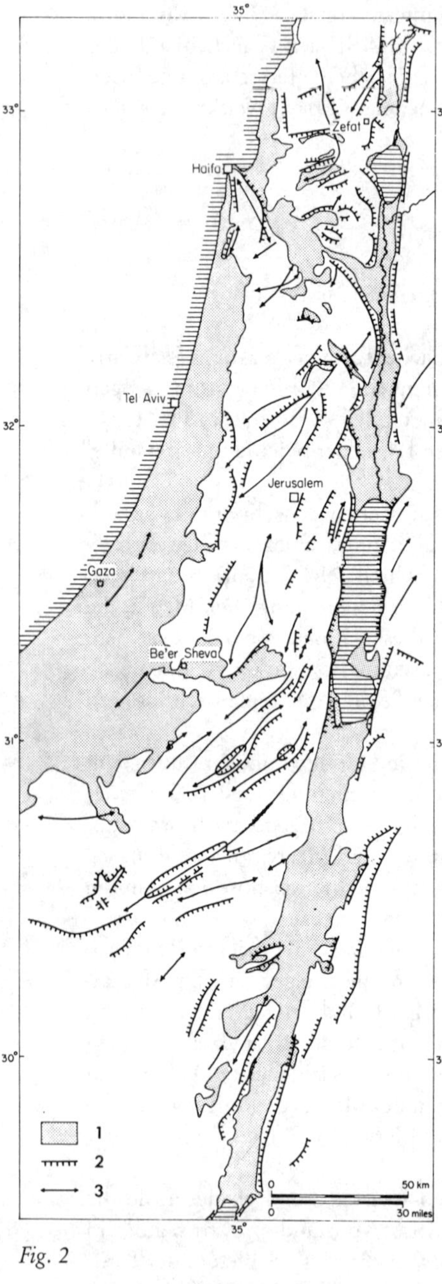
35°
33°
32°
31°
30°
Zefat
Haifa
Tel Aviv
Jerusalem
Gaza
Be'er Sheva
1
2
3
0
50 km
30 miles

Fig. 2

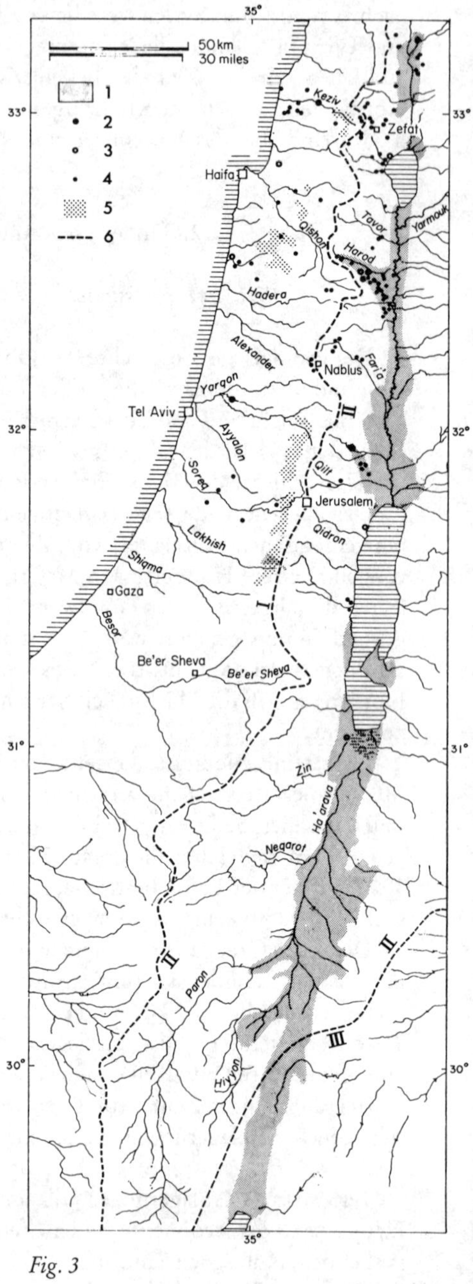
35°
33°
32°
31°
30°
50 km
30 miles
1
2
3
4
5
6
Keziv
Zefat
Haifa
Qishon
Tavor
Yarmouk
Harod
Hadera
Alexander
Nablus
Far'a
Yarqon
Tel Aviv
Ayyalon
Soreq
Qilt
Jerusalem
Qidron
Lakhish
Shiqma
Gaza
Besor
Be'er Sheva
Zin
Ha'arava
Neqarot
Paron
Hiyyon
I
II
III

Fig. 3

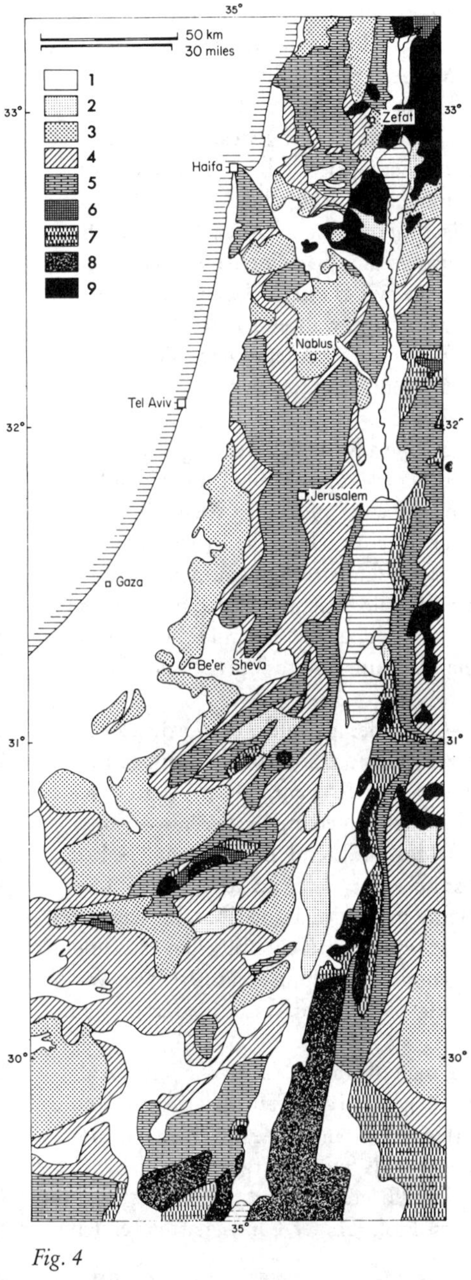

Fig. 4

Fig. 2: Struktur und Reliefformen.
1 Täler und Becken. 2 Steilhänge. 3 Achse von Antiklinalen.

Fig. 3: Hydrographie.
1 Jordan-Arava-Graben. 2 Wichtige Quelle. 3 Wichtige Quelle (brackig). 4 Quelle mittlerer Stärke. 5 Fläche mit zahlreichen kleinen Quellen. 6 Hauptwasserscheiden (I Entwässerung zum Mittelmeer, II Entwässerung zum Toten Meer, III Entwässerung zum Roten Meer oder zu abflußlosen Becken).

Fig. 4: Geologie.
1 Quartär (Alluvium, Sand, Löß). 2 Neogen (Festlandssedimente). 3 Unteres Tertiär (Kreide, Mergel, Kalkstein). 4 Oberste Kreidezeit (Senon) (Kreide, Mergel, weicher Kalkstein). 5 Obere Kreidezeit (Cenoman-Turon) (Dolomit, Kalkstein, Mergel). 6 Jura – Trias (Kalkstein). 7 Nubischer Sandstein. 8 Präkambrium. 9 Vulkanisches Gestein (Basalt).

Sedimente in einer Mächtigkeit von mehreren hundert Metern, während das darauffolgende Tertiärmeer flacher war und während des Eozäns im wesentlichen die Ablagerung von Kreide und Mergeln verursachte.

Der Prozeß der Landbildung begann im Oligozän und spielte sich vor allem im Pliozän ab, und zwar als Folge der alpinen Orogenese (s. Kap. 1) in der Form von zwei bis vier parallelen Faltenzügen, die im allgemeinen von Südwesten nach Nordosten streichen und nur im südlichen Negev und auf der Sinaihalbinsel in eine Ost-West-Richtung umschwenken (Fig. 2). Die Kämme der Antiklinalen bestehen meistens aus Gesteinen des Cenomans und stellenweise der unteren Kreidezeit (bewirkt durch das Aufreißen der Schichten an den Stellen der stärksten Spannung), während Turon und Senon an den Flanken oder in den synklinalen Becken erscheinen. Die Schichten des Eozäns sind an den Rändern des Gesamtsystems oder in den größeren Synklinalen zu finden.

Die zweite Stufe der Landbildung war eine allgemeine Hebung des Geländes im Rahmen einer weiträumigen Epirogenese. Spuren einer miozänen Küste wurden in 500 m Höhe gefunden und die einer pliozänen Küstenlinie auf etwa 200–300 m Höhe. Dieser Prozeß verursachte zahlreiche Bruchlinien mit Horst- und Grabenbildung, und diese Landschaftsformen sind vor allem im Norden des Landes zu finden, wo sie völlig die Strichlinien der Faltung verwischen. Der höchste Horst ist der Hermon, der etwa 3000 m Höhe erreicht. Dort wurden mächtige Juraformationen bis auf eine topographische Höhe von 2000 m emporgehoben.

Der Jordan-Arava-Graben (s. S. 140) ist der gewaltigste Ausdruck der Grabenbildung, die im Miozän einsetzte und im Pliozän ihren Höhepunkt fand. Die Gesteine der Kreidezeit, die an den Grabenrändern bis zu einer Höhe von 1200 m aufsteigen, wurden bei Messungen im Graben nur an einer Stelle in einer Tiefe von 3000 m gemeldet, während im übrigen Graben tertiäre terrestrische Formationen selbst bei einer Tiefe von 4000 m noch festgestellt wurden. Geologen stimmen heute in der Meinung überein, daß der Einbruch die Folge einer Lostrennung von Kontinentalblöcken ist, und Quennell (1958) nimmt an, daß diese Trennung nicht in einer Ost-West-Verschiebung über etwa 20 km vor sich ging, sondern daß die Ostflanke sich über 100 km nach Norden verschob.

In der Nähe des Toten Meeres findet man die terrestrischen Sedimente als Salzablagerungen, die von Bändern aus Gips und Schiefer durchzogen sind und eine Mächtigkeit von 2000 m erreichen. Reines Salz erscheint an der Oberfläche nur in Form eines Salzdoms, der als Sodomberg bekannt ist.

Der Einbruch des Grabens erfolgte in mehreren Phasen, die sich deutlich als Stufen von mehreren hundert Metern Höhe in der Landschaft erkennen lassen.

Die Entstehung des Grabens zerstörte das vorher bestehende Entwässerungssystem vollständig. Flüsse, die in Transjordanien oder sogar in der Arabischen Wüste entsprangen und sich vor der Grabenbildung ins Mittelmeer ergossen, stürzten nun in tiefeingeschnittenen Tälern zu ihrer neuen Erosionsbasis. Am Westrand des Grabens änderten die Flüsse in ihrem Mittellauf die Richtung und flossen – gleichfalls in Steiltälern – nach Osten anstatt nach Westen. Die Flüsse, die weiterhin ins Mittelmeer flossen, verloren einen großen Teil ihrer Wasserzufuhr und damit ihrer Erosionskraft. Westlich des Grabens entstand eine neue Wasserscheide, die sich östlich der Mittellinie zwischen dem Mittelmeer und dem Graben befindet (Fig. 4). Da die neuen, nach Osten gerichteten Flüsse einen größeren Höhenunterschied über eine weitaus kürzere Entfernung zu überwinden haben, ist ihre Erosionskraft stärker als die der nach Westen fließenden Wasserläufe, und die neue Wasserscheide zeigt bis in die jüngste geologische Zeit zahlreiche Zeugnisse von Anzapfungen.

1.2.2. Pleistozäne Landschaftsentwicklung

Mit dem Ende der Tertiärzeit wurde die tektonische Tätigkeit stark verlangsamt, und die Erosion wurde zum wichtigsten landschaftsformenden Faktor. Nur im Nordosten – im Golan und im östlichen Galiläa – traten Landschaftsveränderungen als Folge vulkanischer Tätigkeit in Erscheinung. Die Erosion drückte sich im wesentlichen in einer Vertiefung der Flußtäler und Verstärkung der Karsterscheinungen im weitverbreiteten Kalkgestein aus. Das abgetragene Material wurde in den Gräben abgelagert, die das Hügelland im Westen und Osten begrenzen. Da der Sedimentationsprozeß von besonderer Art war und Landschaftsformen schuf, die sich von den pleistozänen Erscheinungen in Europa stark unterscheiden und auch anthropogeographisch gesehen wichtige Folgen hatten, soll er hier detaillierter behandelt werden.

Der pleistozäne Ablagerungsprozeß wurde auf der ganzen nördlichen Halbkugel durch die Klimaschwankungen der Eiszeit stark beeinflußt. Perioden intensivster Vergletscherung wurden von längeren Interglazialen abgelöst. Zwar erreichten die Gletscher nicht die Breitengrade Palästinas, aber die Kälteperioden drückten sich im Mittelmeerklima durch verstärkte Niederschläge aus und werden daher in diesen Breiten als Pluviale bezeichnet, während die wärmeren Perioden, die größere Trockenheit brachten, Interpluviale genannt werden (Butzer 1957).

Doch die für das Mittelmeer wichtigste Erscheinung des Eiszeitalters waren die eustatischen *Schwankungen des Meeresspiegels* mit Höhenunterschieden bis zu 200 m. In den Kälteperioden entzogen die Gletscher dem Meere gewaltige Wassermengen, was eine Senkung des Spiegels verursachte. Das Auftauen der Gletscher in den Interglazialen verursachte ein Wiederansteigen des Meeres, das sich zeitweilig bis 30 m über den heutigen Spiegel hob. An der Küste Palästinas zog sich das Meer während der Pluvialperioden bis zu 30 km Entfernung zurück, während in den Interpluvialen das durch die Hebung des Meeresspiegels verursachte Eindringen des Wassers durch Sanddünen aufgehalten wurde (Pfannenstiel 1952; s. unten).

An der *Küste Palästinas* läßt sich eine Synchronisierung mit den Eiszeiten der nördlichen Breiten nur in den letzten Phasen des Pleistozäns konstruieren, da die Spuren früherer Phasen durch weit ins Land reichende Ingressionen zerstört worden sind.

Am Ende des Tertiärs reichte das Meer bis an den westlichen Fuß der Berge heran, wo eine tiefgehende Bruchlinie die alte Kontinentalgrenze anzeigt. Auf dem sich sanft senkenden Meeresboden hatten sich im Laufe des Pliozäns Schichten von Mergel und Tonen abgelagert (›Saqieh‹ genannt), die eine Mächtigkeit von mehreren hundert Metern aufweisen. Diese Schicht spielt heute eine wichtige Rolle, da sie die Basis für den Grundwasserspiegel der Küstenebene bildet (s. Kap. 6.1).

Der eiszeitliche Rückzug des Meeres hinterließ eine völlig flache Küstenebene, die am Bergrande von alluvialen Ablagerungen bedeckt wurde, da die Flüsse des Inlands infolge der verstärkten Regenmengen des Pluvials ihre Erosionstätigkeit steigerten. An der Küste setzte das Meer gewaltige Mengen von Sand ab, die von starken Winden weit ins Land hineingetragen wurden und auf ihrem Wege Dünen bildeten, die stellenweise eine Höhe von über 100 m erreichten. Bei ihrem weitesten Vordringen näherten sich die Dünen dem Bergland bis auf eine Entfernung von 2–10 km, so daß zwischen den Dünen und dem Gebirge eine Alluvialebene entstand, die früher zum wichtigsten Ackerland der Küstenebene gehörte.

Als Ursprungsgebiet der Sandmassen wird im allgemeinen der Nil angesehen (Emery & Neev 1960), und bei Untersuchungen der schweren Minerale im Sand wurden große Ähnlichkeiten mit den Mineralen des Nilquellengebietes, vor allem des Äthiopischen Berglandes festgestellt. Ein weiteres Ursprungsgebiet des Sandes ist die Sinaiwüste, von wo die durch Winderosion entstandenen Sandkörner im Flußgebiet des Wadi el Arish zum Meer getragen wurden. Beide Sandgruppen wurden durch die Küstenströmung des Mittelmeers, die an der Nordküste Afrikas von Westen nach Osten führt, an der Küste Palästinas abgelagert. Da die Sandzufuhr an dieser Küste mit steigender Entfernung von den Ursprungsgebieten, d. h. von Süden nach Norden, abnimmt, ist die Küstenebene im Süden breiter als im Norden; daher rührt auch ihre heutige gekrümmte Form. Im Norden des Landes ist die Sandablagerung nur noch 1–2 km breit und hört an der libanesischen Grenze völlig auf, wo die typischen Landformen des nördlichen Mittelmeeres beginnen und die Berge in Kliffs bis an das Meer herantreten (Butzer 1958). Israel ist daher außerhalb der Wüstenzone das einzige Land mit einer größeren zusammen-

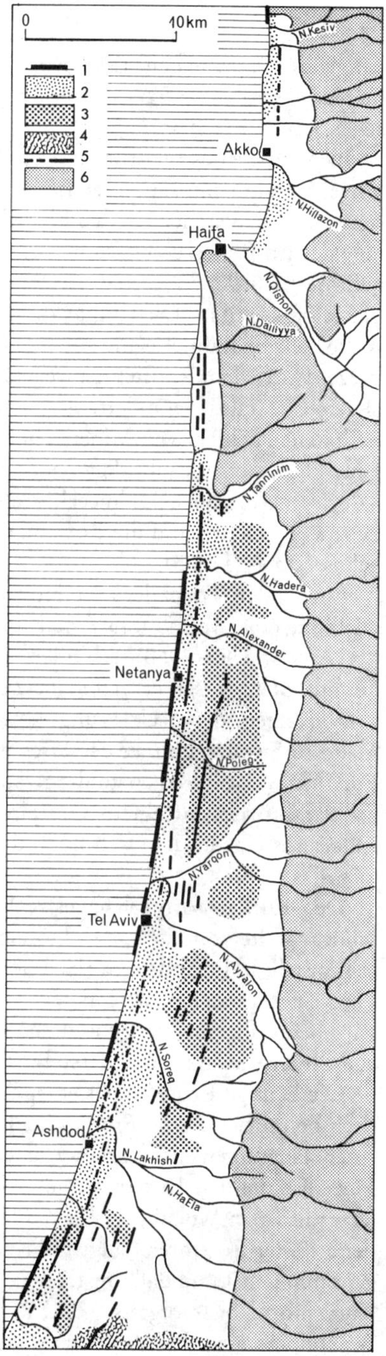

Fig. 5: Aufbau der Küstenebene.
1 Steilküste
2 Sanddünen
3 Rotsand
4 Löß
5 Kurkarrücken
6 Bergland
(Weiß = Alluvium).

hängenden Küstenebene (abgesehen von den sumpfigen Deltas der Flußmündungen); und diese Tatsache erklärt zum Teil die Besonderheit der israelischen Landwirtschaft.

Im Verlaufe des Pleistozäns erfuhren die Sandmassen der Küstenebene gewisse Metamorphosen, die ihrerseits in Zusammenhang mit den Klimaschwankungen stehen. In den Pluvialzeiten ermöglichten die höheren Regenfälle das Entstehen einer Dünenvegetation, deren Entwicklung auch dadurch gefördert wurde, daß sich das Meer weiter zurückzog und die Dünen sich stabilisieren konnten. Die Klimax dieser Vegetation war ein Eichenwald, dessen Reste sich bis zum Beginn des 20. Jahrhunderts erhalten haben (Eig 1926/1927). Unter dem Einfluß der Vegetation (und vielleicht auch von windgetragenem Lößstaub) veränderte der Sand seine Konsistenz und wurde von einer kolloidalen Schicht von Mineralien bedeckt, die jedes einzelne Sandkorn umgibt. Diese Schicht gibt dem Sande eine brennend rote Farbe und ist außerhalb Israels an der Mittelmeerküste nur noch in kleinen Flecken auf Zypern zu finden. Heute sind die Rotsandablagerungen das wichtigste Zitrusanbaugebiet Israels (Fig. 5).

Eine andere Form der Metamorphose erfolgte in Küstennähe, wo die Entwicklung einer Vegetationsklimax durch das Sprühen salzhaltiger Wassertropfen (Avnimelech 1960) verhindert wurde und daher kein Rotsand sich bilden konnte. Statt dessen erfolgte eine Zementierung der Sanddünen durch Kalkablagerungen, deren Ursprung die unzähligen Muschelschalen sind, die das Meer zu Sturmzeiten an das Ufer wirft und dabei zertrümmert. Unter der Einwirkung von Regen und Salzsprüh löst sich der Kalk auf und bindet die Sandkörner zu einem Gestein, das ›Kurkar‹ genannt wird, eine Art Kalksandstein, in dem sich noch deutlich die Dünenstruktur erkennen läßt (Ya'alon 1967).

Der Kurkar formt langgestreckte Rücken, die sich bei einer Durchschnittsbreite von 0,5 km zu Höhen von 20–80 m erheben. Im allgemeinen lassen sich drei parallele Kurkarhöhenzüge erkennen, die sich über die ganze Länge der Küstenebene hinziehen und genau küstenparallel verlaufen. Es wird heute allgemein angenommen, daß jeder dieser Rücken die Meeresküste einer Interpluvialperiode darstellt (Fig. 6).

Die heutige Küste Israels entspricht der obengenannten Situation. Klimatisch befindet sich die Erde in dem Stadium einer Zwischeneiszeit, das von einem langsamen eustatischen Ansteigen des Meeresspiegels begleitet ist. Das Meer hat die den Küsten vorgelagerten Sanddünen überwunden und prallt jetzt mit voller Wucht gegen einen Kurkarrücken. Dies hat zur Folge, daß für den größten Teil ihrer Länge die Küste die Form einer felsigen Steilküste angenommen hat und daß, im großen gesehen, die Küste zu der obenerwähnten Kurvenform begradigt ist (Bild 25). Nur an zwei Stellen, wo tektonische Bruchlinien ein Absenken der Küstenebene verursacht haben, sind Buchten

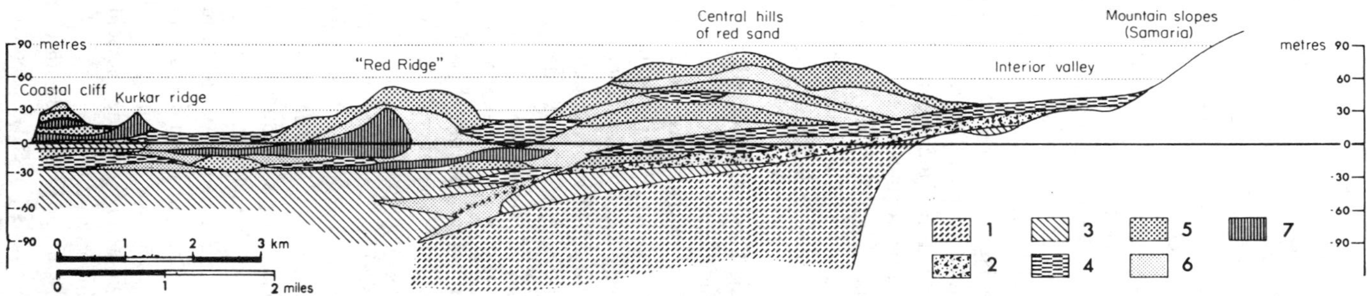

Fig. 6: Geologischer Querschnitt durch die Küstenebene.
1 Pliozäner Ton (Saqieh). 2 Kies. 3 Mariner Sandstein. 4 Lehm. 5 Rotsand. 6 Dünensand. 7 Kurkar. Die Bezeichnungen in der Abbildung bedeuten (von links nach rechts): Coastal cliff = Steilküste. Kurkar ridge = Kurkarrücken. "Red ridge" = ›Roter Rücken‹. Central hills of red sand = Zentrale Rotsandhügel. Interior valley = Innerer Trog. Mountain slopes (Samaria) = Abhänge des Berglands von Samaria.

zu finden. Die südliche liegt bei Jaffa, von wo die Ayyalonsenke ins Inland führt, und die zweite bei Haifa, wo die große Senke des Yizre'el- und Bet-She'an-Tales die gesamte Breite des Landes durchschneidet. Es ist daher kein Zufall, daß zwei wichtige historische Häfen sich in Jaffa und in der Haifabucht (Akko) befinden, da dort nicht nur die Küste günstigere Hafenbedingungen schafft, sondern auch die besten Verbindungswege ins Landesinnere bestehen. Abgesehen von diesen beiden Punkten ist die Küste nicht für Naturhäfen geeignet. Die Steilwand der Kurkarrücken erschwert die Verbindung mit dem Landesinneren und ist nur durch Flußmündungen unterbrochen. Diese Mündungen bilden zugleich Pforten für das Eindringen von Dünensand und sind daher von Sandablagerungen bis zu 8 km Breite begleitet.

Heute bietet der Küstensand Gelegenheit für Badestrände. Im Sommer lagert das Meer am Fuße des Kurkarkliffs Sand in einer Breite von 10–50 m ab, so daß die Küste heute fast in ihrer gesamten Länge als Badestrand genutzt werden kann; aber im Winter peitschen die Wellen bis an den Fuß des Kliffs, tragen den Sand wieder ab und verursachen zahlreiche Einstürze des Kurkars, so daß der Prozeß des Vordringens des Meeres weitergeht und das Land etwa 4 m im Jahrhundert zurückweicht.

Im *Jordangraben* nahmen die Landschaftsveränderungen andere Formen an als in der Küstenebene, da das Element des Vordringens und Rückzugs des Meeres fehlte. Zwar gibt es Zeichen dafür, daß noch im Pliozän zeitweilig eine Verbindung des Grabens mit dem Meer bestand, aber im Pleistozän formte sich ein abgeschlossenes Becken mit interner Dränage. Das Niveau des Endsees wurde durch ein Gleichgewichtsverhältnis zwischen Wasserzufuhr und Verdunstung geregelt. Seine weiteste Ausdehnung fand dieser Binnensee in einer Pluvialzeit, die als Pluvial B bezeichnet wird. Der Spiegel dieses Sees, ›Lissanmeer‹ genannt, lag etwa 215 m über dem Spiegel des heutigen Toten Meeres, d. h. etwa 180 m unter dem Spiegel der Weltmeere. Auf dieser Höhe dehnte sich die Oberfläche des Sees über den größten Teil des Jordangrabens aus, vom Nordende des heutigen Genezarethsees bis nach Hazeva, etwa 30 km südlich des Toten Meeres. Der Umfang des Meeres kann aus den Ablagerungen, die es auf seinem Boden in einer Mächtigkeit bis zu 50 m hinterlassen hat, abgelesen werden. Diese Sedimente, ›Lissanmergel‹ genannt, formen ein weiches Gestein, das sich aus alternierenden Schichten von etwa 1 mm Dicke zusammensetzt. Jede Schicht besteht aus einem graufarbenen tonhaltigen Element, anscheinend Zeichen für das Alluvium des regenreichen Winters, und einem weißen Belag, wahrscheinlich das Produkt der starken Verdunstung im Sommer. Zwischen diesen Elementen befinden sich Ablagerungen von Salz und Gips. Die Mächtigkeit der Schicht läßt eine Ablagerungsdauer von etwa 50000 Jahren vermuten.

Dort, wo der Lissanmergel auf der Oberfläche ansteht, d. h. faktisch in der ganzen Länge des Jordangrabens (innerhalb der Grenzen der Ausdehnung des Lissanmeeres), ist er durch Erosion so stark zerschnitten (Bild 1), daß eine Landschaft von ›badlands‹ mit an vielen Stellen phantastischen Formen entstanden ist, die wie zerstörte Städte oder Paläste wirken oder Pyramiden und Pilze bilden. Zur landwirtschaftlichen Nutzung ist der Mergel unbrauchbar, da er zu salzhaltig ist.

In der letzten interpluvialen Phase ist das Lissanmeer allmählich bis zu dem heutigen Umfang des Toten Meeres zusammengeschrumpft, hat aber an seinem Nordende in einer tektonischen Senke 210 m unter dem Meeresspiegel einen Restsee hinterlassen, den heutigen See Genezareth (Kinneret), der einen Abfluß besitzt und der einzige Süßwassersee Israels ist. Den See Genezareth und das Tote Meer verbindet eine Wasserrinne, die sich in zahlreichen Mäandern durch die Hügel des Lissanmergels geschnitten hat, der heutige Jordanfluß.

Die letzte Entwicklung im Jordangraben erfolgte anscheinend in historischer Zeit und wird in der Bibel als ein Ereignis zur Zeit Abrahams, d. h. im 18. Jahrhundert v. Chr., erwähnt. Es ist das Auftauchen des Salzdomes, der als Berg Sodom bekannt ist und sich bis etwa 160 m über den Spiegel des Toten Meeres erhebt. Er besteht aus Steinsalz und Gips, sein Kamm ist aber von einer mächtigen Schicht von Lissanmergel überdeckt, was auf eine rapide Hebung schließen läßt.

Weitere Einzelheiten über die pleistozänen Landschaftsformen und deren Nutzung durch den Menschen sind im zweiten Teil des Buches dargestellt.

1.3. Klima

1.3.1. Luftmassen

Die geographische Position Israels zwischen dem Ostende des Mittelmeeres einerseits und dem großen Wüstengürtel der Erde andererseits bestimmt auch die klimatischen Eigenschaften des Landes als Übergangsgebiet zwischen dem mediterranen und dem Wüstenklima (Beaumont et al. 1957, S. 49–54, meteorologische Daten werden jährlich in den ›Statistical Abstracts of Israel‹ veröffentlicht). Beide Klimatypen stehen in engem Kontakt, fast ohne Übergangszonen, und die Unterschiede zwischen ihnen hängen sowohl von örtlichen (ozeanischen und orographischen) wie von globalen Einflüssen ab.

Im wesentlichen gibt es zwei ausgeprägte Jahreszeiten, Sommer und Winter, jede von etwa viereinhalbmonatiger Dauer, und zwei Übergangzeiten von etwa je sechs Wochen Dauer.

Der *Sommer* zeichnet sich durch Stabilität der Luftmassen aus. In der oberen Atmosphäre herrscht ein thermodynamisches Hoch, das das Eindringen kalter Luftmassen aus dem Norden verhindert, aber auch den Aufstieg der

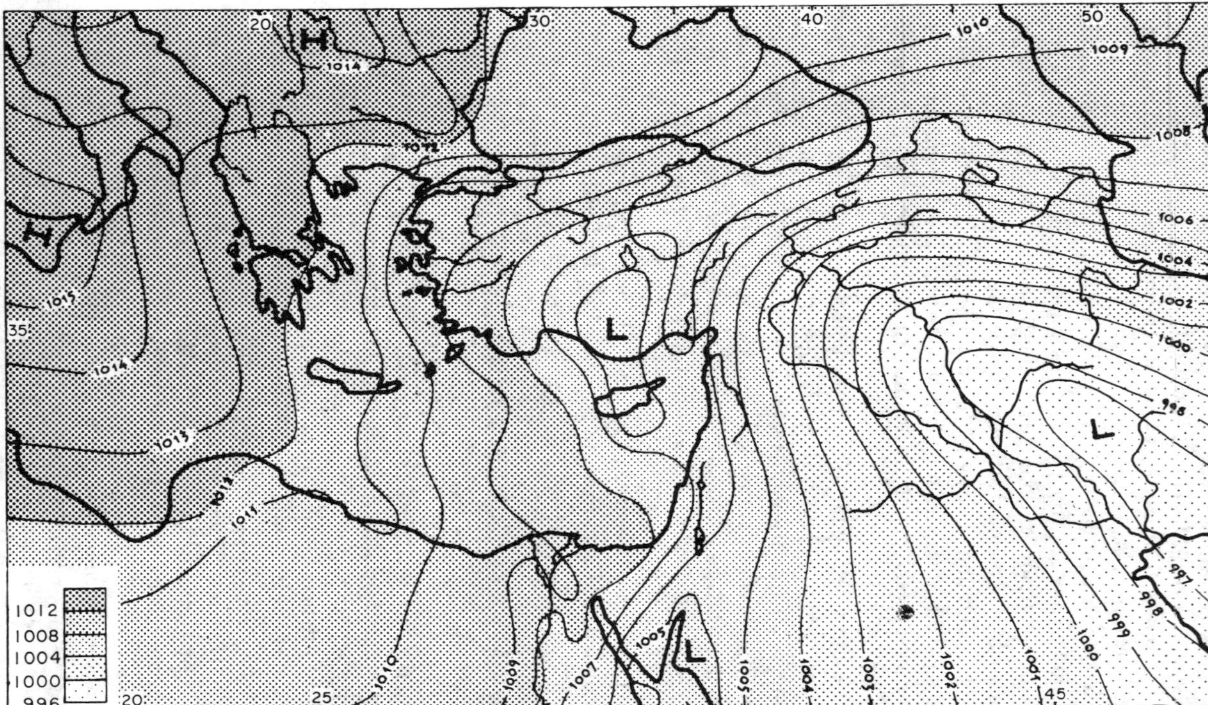

Fig. 7: Luftdruck auf Meereshöhe über den östlichen Randgebieten des Mittelmeeres im Juli (Isobaren in Millibar). – Quelle: Atlas of Israel.

Zu beachten sind die Tiefs über Zypern und dem Persischen Golf, die im Sommer wetterbestimmend sind.

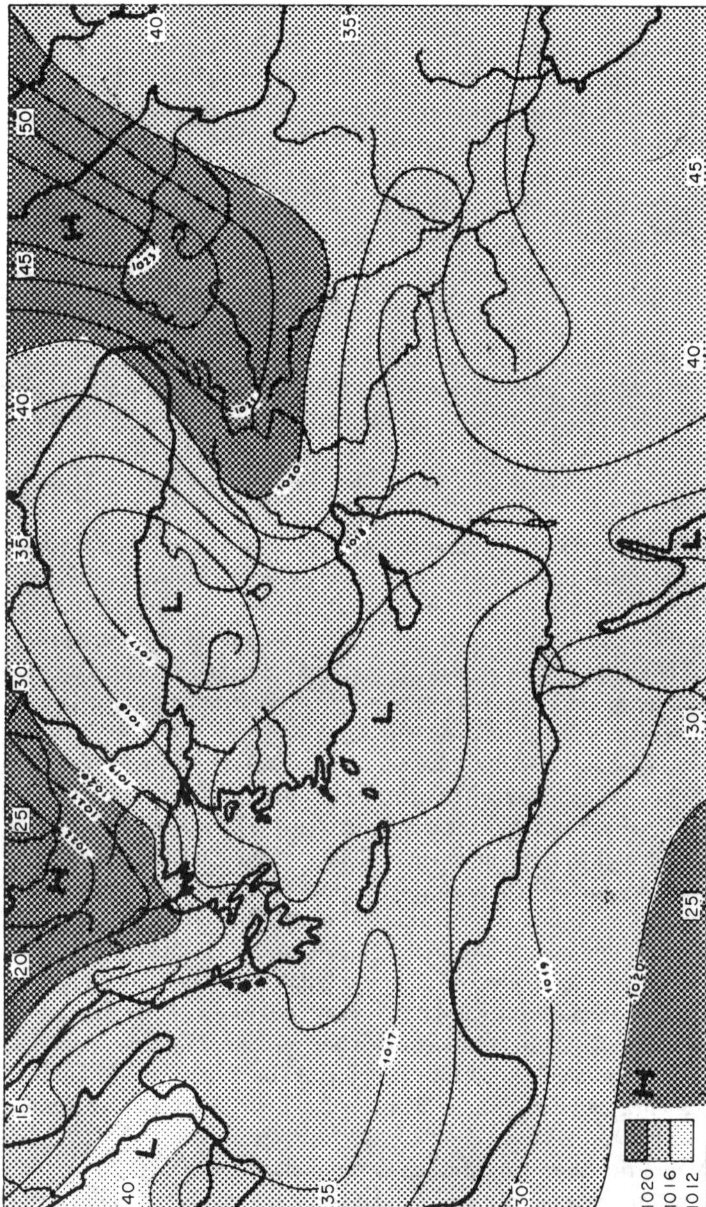

Fig. 8: Luftdruck auf Meereshöhe über den östlichen Randgebieten des Mittelmeeres im Januar (Isobaren in Millibar). – Quelle: Atlas of Israel.
Der Tiefdrucktrog vom Ägäischen Meer in Richtung Südosten zeigt Niederschläge an.

unteren Luftmassen erschwert, so daß es nicht zur Bildung von Wolken oder Gewittern kommen kann. Die Luftmassen stehen unter dem weiträumigen Einfluß eines stark ausgeprägten Tiefs, das sich über Mesopotamien entwikkelt und mit dem indischen Monsuntief in Verbindung steht. Dieses Tief strahlt bis zum südlichen Anatolien aus, wo es sich in einer Nord-Süd-Strömung auswirkt, die über Zypern nach Osten umschwenkt und Israel von Nordwesten her erreicht (Fig. 7). Da sie über das Meer streicht, erreicht sie die Küste Israels als maritime Luft, die über der Küstenebene einen Feuchtigkeitsgrad von maximal 85 % verursacht und nachmittags eine fast unerträgliche Schwüle hervorruft. Vormittags entsteht unter dem Einfluß der höheren Atmosphäre oft eine Temperaturinversion, die sich in Dunst oder Nebel ausdrückt.

Über dem Festland südlich von Israel entwickelt sich im Sommer das subtropische Hoch, von welchem zeitweilig Ausläufer nach Norden streichen und die Temperaturen bis 10° über die Normaltemperatur ansteigen lassen.

Im allgemeinen zeichnet sich das Sommerwetter durch Stabilität aus, und während der ganzen Jahreszeit strahlt die Sonne aus einem wolkenlosen Himmel.

Im *Winter* ändern sich alle diese Bedingungen grundlegend. Das mesopotamische Tief löst sich auf, und der bestimmende globale Faktor ist das sibirische Kältehoch (1035 mbar), dessen Ausstrahlungen bis nach Osteuropa reichen und manchmal von Norden her über das östliche Mittelmeer hinwegstreichen. Diese Strömung erreicht Israel als kontinentale polare Luft und bringt die tiefsten Temperaturen des Winters, verbunden mit großer Klarheit der Luft, mit sich.

Auch in der höheren Atmosphäre treten große Veränderungen auf. Der für den Nahen Osten dominante Strahlstrom verlegt seine Achse auf die Südseite des Himalayas und bewegt sich in großer Geschwindigkeit ostwärts, wobei er Wellenschwingungen von etwa 2000 km Länge verursacht.

Das subtropische Hochdruckgebiet zieht sich nach Süden zurück und stabilisiert sich etwa zwischen 20° und 28° nördl. Breite (Fig. 8). Zwischen dem sibirischen und dem subtropischen Hoch formt sich entlang des Mittelmeers ein Trog, der dadurch verursacht wird, daß selbst im Winter das Meer eine Oberflächentemperatur von 13° aufweist. Dies ist eine Folge der fast absoluten Isolation des Mittelmeers von den angrenzenden Meeren. Seine Tiefengewässer besitzen eine konstante Temperatur von 13°, und bei Abkühlung der Oberfläche steigt das wärmere Wasser auf, bis wieder ein Temperaturausgleich erreicht ist.

Das Wintertief über dem Mittelmeer kann als ein Ausläufer der polaren Front betrachtet werden, die zur Bildung von Zyklonen führt, deren Großteil über dem Mittelmeer ostwärts streichen. Die aus dem wärmeren Mittelmeer aufsteigende Luft schafft ein Durchzugsgebiet, in welchem tropische

Luft aus Afrika mit asiatischer Kaltluft zusammenstößt, so daß faktisch über dem östlichen Mittelmeerbecken eine neue Zyklonenbildung zu verzeichnen ist. Ein solcher Zyklon hat einen mehr oder minder regulären Ablauf, der sich über etwa 5 Tage erstreckt. Er beginnt mit dem Einströmen von trockener Warmluft aus dem Südosten. Dann setzt – mit der Annäherung der Kaltfront – ein plötzlicher starker Temperatursturz ein, der von starken Winden und Niederschlägen begleitet ist. Diese Periode dauert etwa zwei Tage und endet mit dem Einströmen trockener Kaltluft. Diese letzte Phase des Zyklons bringt die klarsten und sonnigsten Tage des Winters mit sich.

Während des Winters streichen etwa 25 Zyklone über das östliche Mittelmeer, aber nur etwa deren Hälfte erreicht die Küste Israels; der Rest wird über das Zyperntief nach Nordosten abgelenkt oder ist bereits zu schwach, um stärkere Niederschläge zu produzieren (Fig. 9). Der Verlauf der Bahnen aller dieser Depressionen ist wahrscheinlich auch von den Wellenschwankungen des Strahlstroms beeinflußt. Die Zyklonenbahnen folgen jedes Jahr einer anderen Linienführung; die Anzahl der Zyklone, die jeweilig die Küste Israels erreichen, ist starken Schwankungen ausgesetzt, und die Divergenz der Regenmengen einzelner Jahre vom (mathematischen) Jahresmittel kann mehr als 50 % ausmachen.

Auch das tägliche Wetter zeigt im Winter große Unterschiede, je nach der Lage des Zyklons. Auf heitere Tage mit Temperaturen bis 20° an der Küste folgen stürmische Regentage, an denen selbst an der Küste die Temperatur nicht über 10° steigt und im Bergland Frost oder Schnee auftritt. Oder, wenn eine Depression nur den nördlichen Teil des Landes überquert, können im Norden winterliche Bedingungen herrschen, im Süden aber heiteres Frühlingswetter. Trotz der geringen Ausdehnung des Landes können Temperaturunterschiede von 15° zwischen verschiedenen Landesteilen gemessen werden.

Die Südhälfte des Landes wird nur selten von dem Kaltsektor der Zyklone berührt und empfängt so geringe Niederschläge, daß das Klima wüstenhaft wird.

Zwischen den beiden Hauptjahreszeiten liegen kurze *Übergangsperioden*, die in den Monaten April/Mai und Oktober auftreten. Im April bricht das asiatische Hoch infolge schneller Erwärmung plötzlich zusammen; andererseits hat sich das mesopotamische Tief, das die westliche Luftzirkulation des Sommers in Bewegung setzt, noch nicht über dem östlichen Mittelmeer stabilisiert. Dies ermöglicht die Bildung eines Trogs über Nordafrika, in dem kontinentale Warmluft nach Osten strömt. Sie erreicht Israel als ein heißer Wüstenwind (›Sharav‹), der starke Trockenheit (8–20 % Luftfeuchtigkeit) und statische Elektrizität mit sich bringt und sich manchmal zu Sandstürmen steigert. Die Dauer eines Sharav kann 2–7 Tage betragen, und während dieser Zeit werden die höchsten Temperaturen eines Jahres gemessen.

Ähnliche Verhältnisse herrschen im Oktober (Ashbel 1935).

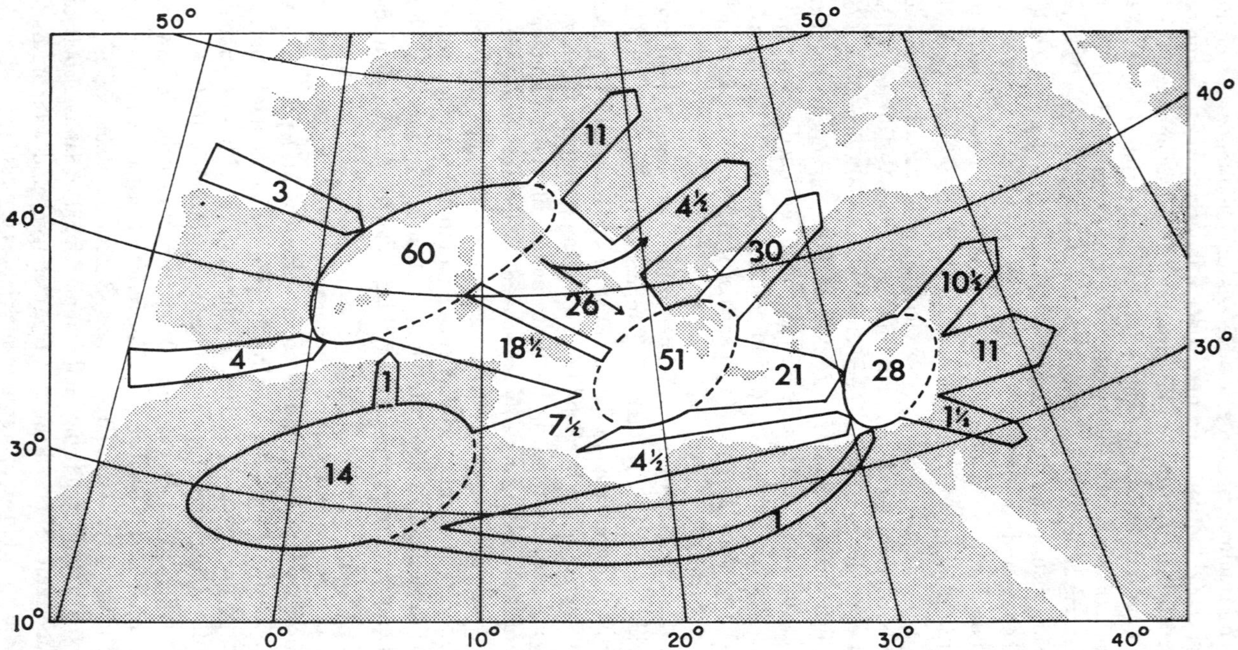

Fig. 9: Züge der mediterranen Depressionen.
Die elliptischen Flächen zeigen Entstehungsgebiete an, die Pfeile die Strichrichtung. Die Zahlen geben die durchschnittliche jährliche Häufigkeit an. – Quelle: Weather in the Mediterranean. Air Ministry, Meteorological Office, London, Vol. 1, 2. Aufl. 1962.

1.3.2. Temperaturen

Da im *Sommer* alle Luftmassen tropischen Ursprungs sind, herrscht Wetterbeständigkeit, und die monatlichen Temperaturschwankungen sind gering. Die Lufttemperaturen erreichen ihr Maximum im August und fallen bis Oktober nur geringfügig.

Die Abweichungen der einzelnen Tagestemperaturen vom Monatsmittel sind gleichfalls gering, außer in den Monaten Mai und Oktober, in denen unter Sharavbedingungen an einigen Tagen ein starker Ausschlag nach oben zu verzeichnen ist. An diesen Tagen kann das absolute Maximum bis auf 38° (Mai) oder sogar 42° (Oktober) ansteigen, während es im Juli/August 32° nicht übersteigt (Ashbel 1950).

Im Tagesverlauf der Temperaturen bestehen starke regionale Unterschiede, die durch Höhenunterschiede bedingt sind und vor allem von der Seebrise beeinflußt werden, die sich in die allgemeine, nach Osten streichende Bewegung der Luftmassen einfügt und sich daher auf die gesamte Breite des Landes auswirkt. Dahingegen ist der orographische Temperaturunterschied geringer als die adiabatische Abkühlung aufsteigender Luft, und dies infolge der Inversion an der Küste. So ist die Durchschnittstemperatur der Sommermonate in Jerusalem (826 m) nur wenig geringer als in Tel Aviv. Andererseits wirkt sich auf der Ostflanke des Berglandes der Höhenunterschied von über 1000 m (z. B. von Jerusalem – 850 m ü. M. – zum Toten Meer – 400 m u. M.) in einem starken Temperaturanstieg aus, den man mit einem Föhneffekt vergleichen könnte.

Die Seebrise weht an der Küste etwa seit 10 Uhr morgens und ist bis 17 Uhr wirksam. Während dieser Zeit bleibt die Temperatur einheitlich, so daß Orte an der Küste ihr Tagesmaximum am späten Vormittag verzeichnen, während die Abende kaum Abkühlung bringen und wegen der erhöhten Luftfeuchtigkeit die unangenehmste Zeit des Tages sind.

Die Brise bewegt sich ostwärts mit einer Durchschnittsgeschwindigkeit von 10–15 km/h und erreicht den Kamm der Berge zwischen 13 und 14 Uhr, wenn diese gerade das Maximum der Tagestemperatur erreicht haben. Dieses ist deshalb trotz des Höhenunterschiedes im allgemeinen höher als das der Küste. Beim Aufsteigen hat die Brise eine höhere Energie erhalten und ist trockener und kühler als an der Küste. Sie tritt plötzlich als Wind mittlerer Stärke auf, der sofortige Abkühlung bringt, die bis in die Abendstunden anhält. Daher ist der Nachmittag im Bergland angenehm, und die Abende sind sogar kühl. Dieser Temperaturablauf trägt viel dazu bei, das Bergland – trotz des hohen Maximums – zu einem Erholungsgebiet zu machen.

Am Ostrande des Berglands erreicht die Brise zwischen 15 und 17 Uhr den Steilhang, der zum Jordangraben abfällt. Im Absturz erreicht die Luft eine große Geschwindigkeit (Fallwind) und einen Temperaturanstieg von über

Tabelle 1: Temperaturen (in °C)

a) Sommer (M = Mittel. Max. = Maximum)

Ort (Höhe in m	Mai		Juni		Juli		August		September		Oktober	
über NN)	M	Max.	M	Max.	M	Max.	M	Max.	M	Max.	M	Max.
Tel Aviv (3)	20,0	24,8	22,4	27,2	24,7	29,0	25,4	29,7	24,0	28,8	21,6	27,1
Jerusalem (785)	20,8	26,4	22,4	28,1	23,6	29,2	23,8	29,6	22,2	27,8	20,2	25,3
Deganya (−200)	24,2	31,7	27,5	34,9	29,7	36,6	30,4	37,1	28,1	35,0	25,2	31,8

b) Winter (M = Mittel. Min. = Minimum)

Ort (Höhe in m	November		Dezember		Januar		Februar		März		April	
über NN)	M	Min.	M	Min.	M	Min.	M	Min.	M	Min.	M	Min.
Tel Aviv (3)	18,7	13,2	14,7	9,8	13,2	8,5	13,2	8,6	14,6	9,9	16,5	11,6
Jerusalem (785)	16,4	12,0	11,0	7,3	8,8	5,2	9,5	5,5	11,1	6,5	15,5	10,3
Deganya (−200)	20,2	14,8	15,6	11,2	13,6	8,9	14,4	9,2	16,6	10,7	20,0	13,2

Quelle: Y. Katznelson, Climate, Encyclopaedia of Agriculture (hebr.), Tel Aviv 1966.

10°. Daher herrschen im Jordangraben schwere – und manchmal unerträgliche – Temperaturverhältnisse den ganzen Tag hindurch, die nur in den späten Abendstunden eine Linderung finden.

Die *Wintertemperaturen* zeigen nichts von der Einheitlichkeit des Sommers. Der Monatsdurchschnitt ist nur eine mathematische Zahl, und die Tagestemperatur kann bis über 10° in beiden Richtungen vom Monatsmittel abweichen. Temperaturen werden ausschließlich vom Wechsel der Luftmassen bestimmt, und die westliche Luftströmung wird oft durch eine östliche ersetzt. Damit verliert auch die Seebrise ihren landesweiten Einfluß, aber in der Küstenebene wirkt das Mittelmeer – mit seiner gleichmäßigen Temperatur von 13° – als Wärmespeicher.

Die warme Luft, die vom Meere her weht, wirkt sich im Inland bis auf eine Entfernung von etwa 15 km aus, verhindert die Frostgefahr und ist daher der entscheidende Faktor für den Anbau subtropischer Gewächse.

Im Bergland kommt der Höhenunterschied im Winter zu voller Auswirkung. Temperaturen sind um 8°–10° niedriger als an der Küste, und das Schwanken der Tagestemperatur beträgt während des Durchzugs einer Depression – wenn die Sonne von Wolken bedeckt ist – nicht mehr als 4°–5°. Aber in einer Hochdrucklage kann die Differenz bis 15° erreichen.

Der Jordangraben ist bedeutend wärmer, nicht nur wegen seiner Lage unter dem Meeresspiegel, sondern auch wegen der Erwärmung der absteigenden Luft. Die Temperaturen sind im allgemeinen um 10° wärmer als im Bergland und auch wärmer als an der Küste. Daher gibt es auch hier keine Frostgefahr, und der gesamte Graben ist ein potentielles Wintererholungsgebiet.

Eine Temperaturprovinz besonderer Art ist die Wüste des *Negev.* Hier herrschen extreme kontinentale Bedingungen, da der Einfluß der Seebrise nur im äußersten Nordwesten der Landschaft zu spüren ist. Temperaturunterschiede zwischen Tag und Nacht sind groß. Der jährliche Temperaturablauf ähnelt dem des Berglands, aber mit höheren Temperaturen, je weiter südlich man kommt. Der Aravagraben wiederholt die Bedingungen des Jordangrabens, ist aber infolge seiner südlichen Lage noch wärmer, und im äußersten Süden – in der Gegend von Elat – sind Temperaturen über 40° keine Seltenheit, während Frost unbekannt ist.

1.3.3. Niederschläge

Für ein Land, das am Wüstenrande gelegen ist, ist die Frage der Häufigkeit und Regelmäßigkeit der Niederschläge von schicksalhaftem Charakter (Feige & Rosenan 1947), und die Bibel erwähnt zahlreiche Fälle, in denen eine Reihe von Dürrejahren schwerwiegende wirtschaftliche und politische Folgen nach sich zog.

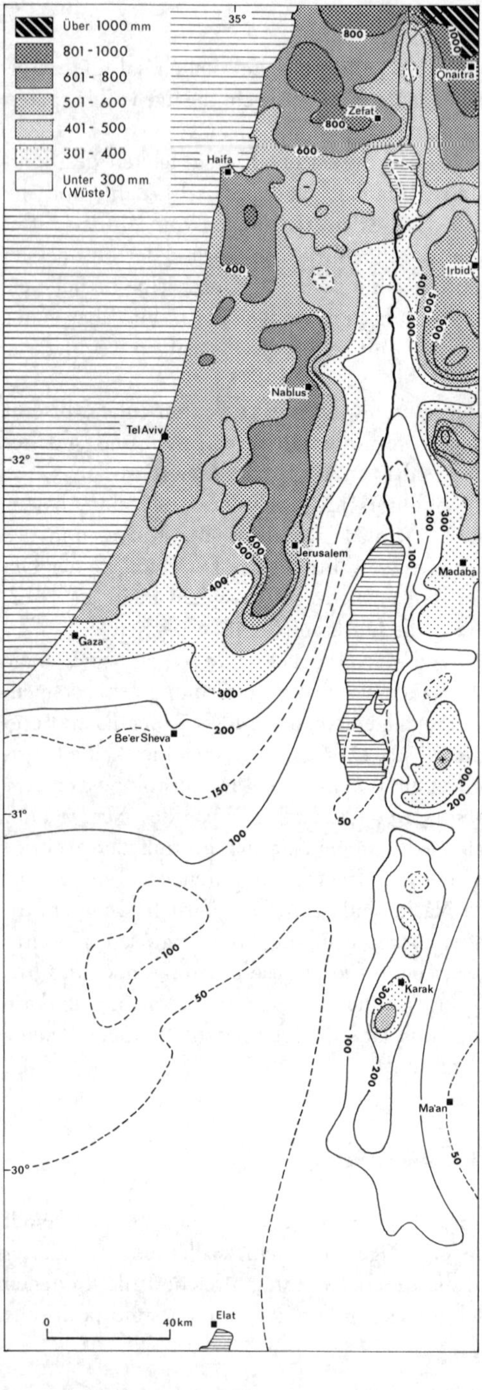

Fig. 10:
Jahresmittel der Niederschläge.
Quellen:
ATLAS OF ISRAEL; IONIDES.

Tabelle 2: Jahresniederschläge (Mittel)

Region	Küste	mm	Bergland	mm	Jordangraben	mm
Norden	Nahariyya 5 m	625	Har Kena'an 935 m	728	Ayyelet HaShahar 175 m	482
Nördl. Zentrum	Hadera 20 m	580	Nablus 490 m	638	Tirat Zevi −220 m	288
Südl. Zentrum	Be'er Toviyya 55 m	467	Jerusalem 785 m	509	Totes Meer, Norden −385 m	87
Süden	Gaza 45 m	376	Hebron 930 m	468	Totes Meer, Sedom −380 m	74

Wie bereits oben erwähnt, sind Niederschläge auf die Wintermonate beschränkt und direkt mit dem Durchzug von atmosphärischen Depressionen verbunden. Wie aus Fig. 9 ersichtlich ist, erreichen nicht alle Depressionen, die sich über dem östlichen Mittelmeer regenerieren, die Küste Israels; etwa die Hälfte wird unter Einwirkung des Strahlstroms über Zypern nach Nordosten abgelenkt. Doch ist es möglich, daß von den abgelenkten Depressionen noch ein Teil des Südsektors über den Norden des Landes streicht und dort Regen verursacht. Dahingegen nimmt die Anzahl der regenführenden Depressionen nach Süden zu rapide ab, da die Meeresküste südlich von Gaza nach Westen umschwenkt und ein starker Niederschlagsgradient von Norden nach Süden festzustellen ist, der sich auf alle Teile des Landes auswirkt (s. Fig. 10 u. Tab. 2).

Die geographische Verteilung der Niederschläge wird zusätzlich durch orographische Einflüsse geregelt. Die Westflanke der Berge erhält weitaus mehr Regen als deren Ostabhang, und der Steilabfall zum Jordangraben verursacht Unterschiede in der Regenmenge von Hunderten von Millimetern im Jahre.

Die Regenzeit dauert von Ende Oktober bis Anfang Mai; aber 70 % aller Niederschläge sind auf die drei Monate Dezember bis Februar konzentriert. Die Regenzeit setzt zuerst an der Küste ein, da die wärmere See größere Unstabilität der Luft hervorruft. Mit fortschreitender Abkühlung der See wirkt sich der orographische Faktor stärker aus, und das Bergland erhält mehr Regen als die Küste, und die Regenzeit endet später.

Die in Tabelle 2 angegebenen Zahlen geben einen 30-Jahres-Durchschnitt wieder. Die Abweichung von der Norm – sowohl mengenmäßig wie in monatlicher Verteilung – beträgt im Norden des Landes bis zu 20 % und im Zentrum bis zu 30 %. Im semiariden und ariden Süden nehmen die Abweichungen extreme Formen an, und die Regenmenge eines regenreichen Jahres kann das Mehrfache von der eines Dürrejahres betragen.

Unstabilität kann auch in der monatlichen Verteilung der Niederschläge auftreten, und selbst in einem Jahre, in dem ausreichender Regen fällt, kann ungünstige Verteilung – landwirtschaftlich gesehen – eine Dürre verursachen. Selbst in den niederschlagsreichsten Monaten gibt es eine Reihe von sonnigen Tagen, und der Regen konzentriert sich auf diejenigen Tage, in denen eine Front über das Land streicht. Auch die Anzahl von Regentagen ist dem Prinzip des Nordsüdgradienten unterworfen. Im Norden werden im Durchschnitt etwa 60–70 Regentage im Jahre gemessen, im Zentrum etwa 40–60 Tage, im Süden 20–40, im Negev 0–15. Aber auch im Verlauf eines Regentages sind während der einzelnen Stunden die Regenmengen ungleich verteilt. Die Intensität des Regens steigt von der Küste landeinwärts an (infolge des starken Luftauftriebs) und erreicht im Bergland in extremen Fällen 200 mm an einem Tage. In Tiberias wurden 109 mm innerhalb von 90 Minuten gemessen.

Infolge dieser ungleichmäßigen Verteilung ist es schwer, eine genaue Grenze zwischen Ackerland und Wüste festzulegen. Im allgemeinen wird eine durchschnittliche Jahresmenge von 300 mm Regen als südliche Grenze des Ackerlandes angenommen, doch ist auch bei 250 mm Regen in einzelnen Jahren bei günstiger Verteilung noch eine Getreideernte zu erwarten. Aber die Unregelmäßigkeit dieser Erscheinung hat dazu geführt, daß in der Vergangenheit feste Bauernsiedlungen nicht angelegt wurden, da der Anteil der Dürrejahre in dieser Gegend etwa 50 % beträgt.

Aufgrund all dieser Tatsachen weist Israel trotz seiner geringen Ausdehnung eine große Anzahl von Klimaregionen auf, die in Tabelle 3 zusammengestellt sind.

Tabelle 3: Klimaregionen

Region (vgl. auch Fig. 11)	Feuchtigkeit	Temperatur	
		Sommer	Winter
1. a) Nördl. Küstenebene	subhumid	warm	mild
b) Mittl. u. südl. Küstenebene	semiarid	warm	mild
2. a) Obergaliläa	humid	warm	kalt
b) Untergaliläa, zentrales Bergland	subhumid	warm	kühl
c) Östl. Untergaliläa, Emeq Yizre'el	semiarid	heiß	kühl
3. a) Hulatal	subhumid	heiß	kühl
b) Jordantal (Kinrot)	semiarid	heiß	mild
c) Bet-She'an-Tal	arid	heiß	kühl
4. a) Nördl. Negev	semiarid	warm	kühl
b) Südl. Negev, Arava, Totes Meer	arid	heiß	mild

1.3.4. Sonnenenergie

Einer besonderen Eigenschaft des Klimas Israels wurde erst in den letzten zwei Jahrzehnten besondere Aufmerksamkeit zugewandt: der Energie der Sonnenstrahlung. Der Sommer ist fast völlig wolkenlos, und auch im Winter gibt es zahlreiche Sonnentage. Selbst an Regentagen kann es einige Stunden Sonnenschein geben.

Die Jahressumme der Stunden mit klarem Sonnenschein in Israel und bei seinen nächsten Nachbarn gehört zu den größten in der Welt und erreicht ca. 3200 Stunden oder 80% des Gesamtpotentials von 4000 Tagesstunden (Ashbel 1937). (Zum Vergleich seien erwähnt: Manchester 900; Greenwich 1500; Singapore 1750; Hochgebirge der Schweiz 2200.)

Das Ausmaß der jährlichen Sonnenenergie hängt nicht nur von der Dauer des Sonnenscheins ab, sondern auch vom Strahlungswinkel. Je höher die Sonne über dem Horizont steht, um so stärker ist die Energie der Strahlung, die in Grammkalorien pro Quadratmeter gemessen wird.

Der indische Subkontinent, der gleichfalls einen Zwei-Jahreszeiten-Rhythmus besitzt, weist auch eine große Anzahl von Sonnenstunden auf, aber dort fallen die heiteren Tage in die Winterzeit, in der die Sonne verhältnismäßig tief über dem Horizont steht (etwa 45° in der Mittagszeit) und die Tage kürzer sind. In Israel hingegen tritt die trockene Jahreszeit im Sommer auf, wenn die Tage länger sind und die Sonne mittags einen Neigungswinkel bis zu 80° aufweist. Daher erreicht hier die Sonnenenergie an einem Sommertage 7,5 Mio. Grammkalorien/m^2 und an einem klaren Wintertage 3 Mio., im Jahresmittel etwa 5 Mio. Zum Vergleich seien einige Orte – gleichfalls mit hoher Sonnenenergie – angegeben (in Grammkalorien/m^2): Nizza 4,6 Mio.; Davos 4,1 Mio.; Miami 3,9 Mio.; oder Orte mit normaler Sonnenenergie: New York 3,0 Mio.; Helsinki 2,1 Mio.

Der hohe Energiefaktor der Sonnenstrahlung wirkte sich natürlich immer aus, auch wenn er nicht wissenschaftlich erforscht war. Faktisch sind alle typischen landwirtschaftlichen Erzeugnisse des Mittelmeers Produkte der hohen Sonnenenergie, vor allem die Olive und der Wein, und auch die gewaltige Entwicklung des Tourismus gerade an der Mittelmeerküste ist im wesentlichen dem ›Drang nach der Sonne‹ zuzuschreiben. Auch die negativen Eigenschaften der Sonnenstrahlung waren bekannt, vor allem die starke Verdunstung, die die Waldentwicklung unterband und die Landschaft im Sommer braun und kahl erscheinen ließ.

Heute wird die Sonnenenergie bewußt ausgenutzt. Die israelische Landwirtschaft ist darauf in steigendem Maße ausgerichtet (s. Kap. 3.4.1.2), und die Ausnutzung der Sonne als technische Energiequelle macht große Fortschritte. So beruht die Warmwasserversorgung für den Großteil der Wohnungen auf solaren Wärmespeichern, und die hohe Verdunstungsrate des Toten

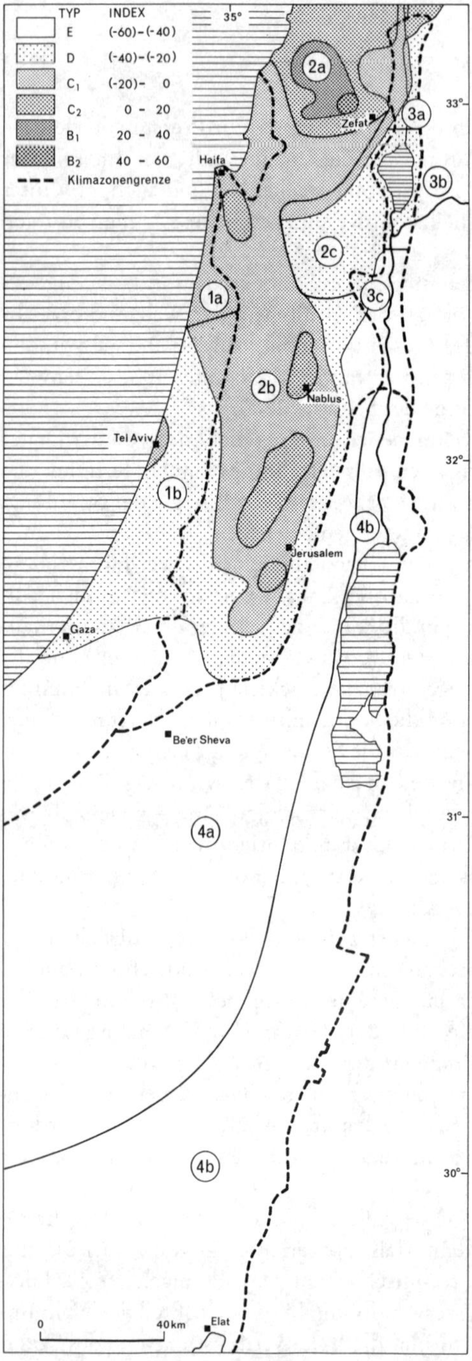

Fig. 11: Klimatypen und Feuchtigkeitsindex (nach THORNTHWAIT). Die Ziffern 1 a, 1 b usw. bezeichnen Klimazonen entsprechend der Tabelle 3.

Meeres ist die Grundlage für die Produktion von Kali, Brom und anderen Mineralien und für eine Kette von chemischen Industrien.

1.4. Böden und Vegetation

1.4.1. Böden

Böden und Vegetation sind grundlegende Faktoren für das Gesicht einer jeden Landschaft, aber die Vielfalt der Typen und deren jäher Wechsel über kurze Entfernungen verlangen derartig spezialisierte Untersuchungen, daß der Rahmen eines länderkundlichen Buches dafür zu eng ist. In diesem Zusammenhang soll nur eine allgemeine Übersicht gegeben werden, die vor allem auf geographische Gesichtspunkte und die Nutzbarkeit der Böden und Pflanzen ausgerichtet ist (Reifenberg 1947). Detaillierte Boden- und Vegetationskarten sind im ›Atlas of Israel‹, 1970, Blatt II/3 und VI/1 zu finden, wo auch weitere Literatur angegeben ist.

Den wichtigsten Einfluß auf die Bildung und Entwicklung von Böden hat das Klima; das zweite bestimmende Element ist das Gestein, durch dessen Verwitterung sich der Boden gebildet hat; die Eigenschaften der Böden können aber durch Transport verändert werden, so daß – geographisch gesehen – eine Einteilung in ortsgebundene (autochthone) und transportierte Böden angemessen ist (Dan et al. 1962).

Die *autochthonen* Böden bedecken den Großteil des Landes und können im wesentlichen in Wüsten- und mediterrane Böden unterteilt werden. Da etwa 60 % der Fläche Israels Wüste sind, bilden die Wüstenböden quantitativ die wichtigste Gruppe, aber hinsichtlich ihrer Nutzbarkeit die unbedeutendste. Der Großteil der Wüste ist kahler Fels, weil die feineren Verwitterungspartikel durch Wind, Regen oder Felsrutsch von ihrem Ursprungsort entfernt worden sind und sich nur in Depressionen oder im Boden der Trockentäler angesammelt haben.

Aber auch diese Böden bestehen meistens aus Kies und Sand mit einer Zumischung von Löß. Andere Böden, wie z. B. der Lissanmergel, sind zu salzhaltig, um für die Landwirtschaft nutzbar zu sein.

Nur im Gebiet des mediterranen Klimas oder semiarider Übergänge sind die autochthonen Böden landwirtschaftlich nutzbar, aber auch dort sind sie oft flach und steinig. Alle leiden unter den Folgen starker Bodenerosion, die oft auf jahrhundertelange menschliche Nutzung zurückzuführen ist. In diesen Böden spielt das Gestein, aus dem sie verwittert sind, noch eine große Rolle, und die verschiedenen Bodengruppen reflektieren die drei hauptsächlichen Gesteinsarten. Aus Kalkstein und Dolomit haben sich *Terra-rossa-Böden* entwickelt, die mehr als die Hälfte aller Böden im Gebirge stellen. Sie sind von rotbrauner oder leichtbrauner Farbe und von mittelschwerer Textur. Obwohl sie sich aus Kalkgestein entwickelt haben, fehlt ihnen Kalk, da dieser sich unter dem Einfluß des Regens aufgelöst hat. Die Terra rossa ist die fruchtbarste Bodengruppe im Gebirgsland, aber infolge ihrer geringen Tiefe schwer zu bearbeiten. Das Kalkgestein findet sich meist in den Antiklinalen des höheren Berglandes (s. Kap. 1.2.1). Es ist stark verkarstet, so daß häufig Steilhänge, Klippen und Höhlen auftreten, die für jede Art von Kultivierung ungeeignet sind. Andererseits findet man in manchen Gegenden, vor allem im Bergland von Judäa, natürliche Terrassen, die seit frühgeschichtlicher Zeit von den Bewohnern für landwirtschaftliche Zwecke ausgebaut wurden. Der Verfall dieser Terrassen nach der Zerstörung Judäas durch die Römer im 1. Jahrhundert n. Chr. war einer der wichtigsten Gründe für die Bodenerosion und das Verschwinden fast jeder Vegetation in Judäa (Bild 6).

Auf der Kreide und dem Mergel des Tertiärs und des Senon haben sich graue Böden entwickelt, die *Rendzina* genannt werden; sie sind von leichter bis mittelschwerer Textur, kalkhaltig, aber nur schwach tonig. Mineralgehalt und Fruchtbarkeit sind geringer als bei den Terra-rossa-Böden. Die Rendzinaböden sind aber leichter zu bearbeiten, da sie tiefer und weniger felsig sind. Sie sind mit Steinen durchsetzt, die von einem primitiven Hakenpflug leicht umgangen werden können, aber der Traktorbearbeitung gewissen Widerstand entgegensetzen.

Das Landschaftsbild der Gesteine, aus denen sich die Rendzinaböden entwickelt haben, ist weniger zerklüftet als das der Terra rossa und weist gerundetere Formen auf; daher ist ein größerer Prozentsatz der Fläche landwirtschaftlich nutzbar, was wiederum eine größere Bevölkerungsdichte ermöglicht. Diese Böden sind am weitesten in Judäa im Hügelland westlich der Gebirgskette verbreitet und in Samaria in der weiten Synklinale, die das Kernstück dieser Landschaft ausmacht. Daher war Samaria schon immer der am dichtesten besiedelte Teil Palästinas, während die Bevölkerungsdichte Judäas je nach der Intensität der Terrassenkultur schwankte. Die vorherrschende Landnutzung auf Rendzinaböden in der arabischen Landwirtschaft ist Getreide und Tabakanbau – auch auf winzigen Parzellen – mit dazwischen verstreuten Ölbäumen. Die jüdische Landwirtschaft Israels entwickelte die Nutzung der Rendzinaböden erst nach gründlicher Ameliorierung durch Entsteinen und Flächenbegradigung, und zwar hauptsächlich für Wein- und Obstbau.

Die dritte – allerdings wenig verbreitete – Gruppe örtlicher Böden hat sich auf Gestein vulkanischen Ursprungs entwickelt, das in den östlichen Teilen von Unter- und Obergaliäa auftritt. Dort besteht die Landschaft aus ebenen Plateaus, die in Steilabhängen enden. Während die Abhänge meistens von gewaltigen Lavablöcken übersät sind, sind die Plateaus von einem schweren, verhältnismäßig tiefen, dunkelbraunen Boden bedeckt, der sich bei Regen leicht vollsaugt. Daher sind diese Böden für Baumpflanzungen ungeeignet, aber ausgezeichnet für Weizenanbau. Sie waren zu allen Zeiten eine der wichtigsten Quellen für die Getreideversorgung und immer dicht besiedelt.

Die *Schwemmlandböden* kommen naturgemäß nur in Tälern und Ebenen vor, wo sie von Wasser und Wind deponiert worden sind. Sie haben meistens die charakteristischen Eigenschaften ihres Ursprunggesteins verloren und variieren in weitem Maße entsprechend der Umstände, unter denen sie bewegt wurden. Die wichtigste Gruppe sind die alluvialen Böden, deren Eigenschaften hauptsächlich von der Dränage abhängen. Sie rangieren von Sumpfböden bis zu gut dränierten und durchlüfteten Alluvialböden. Die letzteren waren schon immer die besten Ackerböden, während die Ausnutzung der verschiedenen Stadien der Sumpfböden von den jeweiligen technologischen Kenntnissen abhing. Unter künstlicher Dränage – wie z. B. zur Römerzeit oder in der Gegenwart – waren auch sie ausgezeichnete Ackerböden, während sie in anderen Zeiten nicht nur ungenutzt blieben, sondern auch als Brutstätten für Malaria und dadurch ausgesprochen siedlungsfeindlich wirkten.

Die vom *Wind* transportierten Böden – außerhalb der ariden Zone – können in drei Gruppen eingeteilt werden. Die erste sind die Sanddünen der Küste, die sich streckenweise bis auf 8 km ins Binnenland erstrecken. Sie sind meistens unkonsolidiert und nicht landwirtschaftlich nutzbar. In der Planung Israels sind sie hauptsächlich als Flächen für Stadtentwicklung und Industrie vorgesehen (Bild 12).

Die zweite Gruppe sind die konsolidierten Dünen des Rotsandes, die im Laufe der Geschichte in weitem Maße bewaldet waren, aber seit etwa 1920 zum wichtigsten Anbaugebiet für die jüdische Landwirtschaft wurden (s. Kap. 6.1.1).

Die dritte Gruppe umfaßt die Lößböden, die nur unter semiariden Bedingungen im Süden Israels angetroffen werden. Auch sie waren für die Landwirtschaft ungeeignet, vor allem aus Gründen der unzureichenden Niederschläge, wurden aber von Beduinen als Risikowirtschaft zur Aussaat von Weizen und Gerste benutzt. Im Staate Israel wurden auch sie durch Amelioration in Ackerland umgewandelt (s. Kap. 7.1).

Die flächenmäßige Verteilung der verschiedenen Bodengruppen konnte aufgrund des ›Soil Survey of Israel‹ (Gil-Rosensaft 1965; vgl. auch Tab. 6) berechnet werden. Der ›Survey‹ erstreckt sich im nichtariden Teil Israels (etwa 45 % der Gesamtfläche des Staates) über ein Gebiet von 950 000 ha. Die prozentuale Verteilung der verschiedenen Bodengruppen auf diesem Gebiete ergibt sich aus Tab. 4.

Da sich die Untersuchung nur über die Fläche des Staates Israel erstreckte, liegen keine Unterlagen für eine Berechnung der Bodenverteilung in den übrigen Gebieten des Mandatslandes Palästina vor. Bei einer Schätzung ist zu berücksichtigen, daß diese Teile fast ausschließlich im Berg- und Hügelland

Tabelle 4: Bodengruppen in den nichtariden Teilen Israels

Region und Bodengruppe	Prozentsatz	Prozentsatz der Region
Küstenebene und Täler		
Dünensand	4	36
Rotsand	8	
Schwemmböden der Küstenebene	15	
Schwemmböden der Täler	9	
Berg- und Hügelland		
Terra rossa	23	41
Rendzina	12	
Basaltböden	6	
Nördlicher Negev		
Löß	8	23
Löß-Sand	6	
Sterile Böden	9	
	100	100

liegen und nur der Gazastreifen (30000 ha) sich in der Küstenebene befindet. Von dessen Gesamtfläche sind etwa 50% als unfruchtbare Sandböden anzusehen.

Im Bergland dieser Gebiete sind Basaltböden überhaupt nicht anzutreffen, während das Verhältnis zwischen Terra-rossa- und Rendzinaböden etwa als 3:1 anzunehmen ist.

1.4.2. Vegetation

Es ist schwierig, im Zusammenhang einer Länderkunde Israels überhaupt von natürlicher Vegetation zu sprechen. Außerhalb der ariden Zone ist fast die gesamte Vegetation die Folge menschlichen Eingreifens. Seit der Frühgeschichte findet ein ständiger Prozeß der Zerstörung der natürlichen Vegetation zugunsten der Befriedigung wirtschaftlicher Bedürfnisse der Bevölkerung (Landwirtschaft, Weide, Hausbau, Brennmaterial) statt, und selbst als das Land infolge von Kriegen oder Mißregierung nur dünn besiedelt war, bestand keine Möglichkeit für eine Regeneration der natürlichen Pflanzenwelt.

Daher ist eine Untersuchung der Pflanzenwelt Israels mehr von botanischem als geographischem Interesse. Infolge der Diversität des Klimas sind vier der großen Pflanzenregionen der Welt in Israel vertreten: die saharosindische (Wüste), die irano-turanische (Steppe), die sudanische (Tropensavanne) und die mediterrane Flora, und Botaniker haben das Vorkommen von

2250 Pflanzenarten festgestellt – eine sehr große Anzahl, selbst wenn man von den kleinen Ausmaßen des Landes absieht (ZOHARI 1947).

Die Wüstenvegetation besitzt die weiteste Verbreitung (ZOHARI 1953) während für den Menschen die mediterrane Vegetation am wichtigsten ist. Ihre Klimax war ein Wald, dessen wesentliche Komponente eine immergrüne Eiche und die Terebinthe (Pistazie) waren. Fast alle noch bestehenden Waldreste sind zu einer Form von ›Maquis‹ degeneriert, deren Klimax Zwergeichen und dornige Büsche sind. Diese Reste sind meistens auf den felsigen Terra-rossa-Böden zu finden. In zahlreichen Gegenden wurde die Waldvegetation durch mediterrane Obstbaumpflanzungen ersetzt, vor allem durch Olive, Wein, Granatapfel, Feige und Johannisbrotbaum, während in den Ebenen subtropische Pflanzungen angelegt wurden, hauptsächlich Zitrus.

In den letzten Jahrzehnten, und vor allem seit der Gründung des Staates Israel, wurden große Flächen des Berg- und Hügellandes wiederaufgeforstet, aber die einheimischen Baumsorten wurden dabei durch Nadelbäume (Pinie, Zypresse) oder Eukalyptus ersetzt (s. S. 94).

2. DAS ERBE DER VERGANGENHEIT

2.1. Vor- und Frühgeschichte (Neuville 1934)

Es gibt wenig Landschaften auf der Erde, die ein solch weitgehendes historisches Interesse erwecken wie Palästina, nicht nur unter der örtlichen Bevölkerung, sondern auch in aller Welt. Trotz der geringen Größe des Landes reicht die Zahl der Ruinenstätten in die Hunderte, und zahlreiche Ausgrabungen bereichern jährlich das Wissen um die Vergangenheit des Landes und seiner Bevölkerung (Encyclopedia; vgl. zu diesem Kap. auch die historische Zeittafel im Anhang).

Die in Kapitel 1.1.2 geschilderte geographische Lage Palästinas führte dazu, daß bereits im frühen Pleistozän das Land, und vor allem der Jordangraben, ein Durchzugsgebiet für menschenähnliche Wesen war, die ihre Spuren in Form von Artefakten und Gebeinen hinterlassen haben. Die Fundstelle bei Ubeidiya, einige Kilometer südlich des Kinneretsees, gilt als eine der ältesten nach den Funden Leakeys in Olduwai (Kenia) und anderen Stellen im Afrikanischen Grabensystem, zu dem ja auch der Jordangraben gehört. In Ubeidiya wurden Schädelteile von Hominiden *(Homo habilis)* zusammen mit fossilen Knochen von etwa 40 ausgestorbenen Tierarten sowie Artefakten der Kieselsteinkultur gefunden, deren Alter auf 700000 bis 1 Mio. Jahre geschätzt wird (Steckelis 1966).

Die untere paläolithische Epoche ist an etwa 50 Plätzen vertreten, von denen der wichtigste am Jordanfluß, südlich des trockengelegten Hulasees, zu finden ist. Hier, nahe der Jordanbrücke, die im Mittelalter von den Arabern Jisr Banat Ya'aqub (Brücke der Jakobstöchter – der Name leitet sich von einem Nonnenkloster aus der Kreuzfahrerzeit [St. James] her) genannt wurde, wurden neben menschlichen Überresten Knochen von tropischen Tieren (Elefanten, Nashorn) gefunden. Der wichtigste Fund des mittleren Paläolithikums waren Höhlen am Karmelberge (Bild 1), nach denen der dort gefundene Menschentyp *Homo Carmelensis* benannt wurde (Steckelis und Haas 1952). Er stellt einen Übergang vom Neandertaler zum *Homo sapiens* dar, und sein Alter wird auf 42000–50000 Jahre geschätzt (Garrod & Bate 1937).

Die mittlere und die jüngere Steinzeit sind in so vielen Funden vertreten, daß eine Aufzählung zu weit führen würde. Manche Gruppen zeigten eine eigenständige Kultur, die mit dem Namen des Fundorts bezeichnet wurde (Steckelis 1950). Aus dem Wechsel der Fundstätten – Höhlen, Sümpfe,

Waldgebiete – sowie aus der Art der tierischen Überreste lassen sich wichtige Schlüsse über den Wechsel des Klimas und des Pflanzenkleides ziehen.

Der klimatische und topographische Grenzcharakter des Landes führte bereits im Mesolithikum zu einem Nebeneinander der beiden Hauptformen der wirtschaftlichen menschlichen Existenz: Nomadismus und Landwirtschaft. Das Besondere an der prähistorischen Entwicklung Palästinas ist das räumliche Nebeneinander und die gegenseitige Durchdringung beider Lebensformen, das sich auch in historischer Zeit fortsetzte (Reifenberg 1955). Die Grenze zwischen diesen beiden Formen war niemals fest und auch nicht nur durch klimatische Unterschiede bestimmt. Sie schwankte je nach Stärke und Organisationskraft, wobei zu gewissen Zeiten eine Zone der Symbiose bestand, in der entweder die Nomaden die Landwirte beherrschten oder umgekehrt. Die Bibel als die literarische Ausdrucksform der Siedler sieht im Konflikt der beiden Lebensformen den wichtigsten politischen Trennungsfaktor, was sich bereits in der Geschichte von Kain und Abel ausdrückt, während in späteren Zeiten der Name Amalek zum Sammelbegriff für die nomadischen Feinde wurde.

Landwirtschaft entwickelte sich verhältnismäßig früh, was vielleicht darauf zurückzuführen ist, daß manche der Wildpflanzen, aus denen sich die Kulturpflanzen entwickelten (z. B. Urweizen) in Palästina oder der näheren Umgebung zu Hause waren. Aber die Landwirtschaft ließ bereits in protohistorischer Zeit den primitiven Zustand hinter sich und entwickelte Baumpflanzen, die einen hohen Standard an Agrotechnik verlangten, wie z. B. der Ölbaum und die Rebe, die später zum wichtigsten landwirtschaftlichen Produkt wurden. Daneben kam es zu einer Art Gemischtwirtschaft von Ackerbau und Weide. Großvieh wurde nur als Arbeitstiere benutzt; und Kleinvieh wurde nur in solchen Mengen gehalten, als Weide im Umkreis einer Tageswanderung gefunden werden konnte.

Bereits früh wurde eine Siedlungsform entwickelt, die landwirtschaftliche und städtische Elemente miteinander verband. Schon in der frühen Bronzezeit (es empfiehlt sich, statt dieser dem europäischen Modell entnommenen Bezeichnung den im Nahen Osten gängigen Begriff ›Frühe Urbane Zeit‹ anzuwenden) war der am weitesten verbreitete Siedlungstyp das befestigte Dorf, das meistens einen topographischen Vorteil (Spornlage, Akropolis, Sumpfinsel) mit der Nähe zu einer permanenten Quelle verband. Da diese halbstädtischen Siedlungen, deren Häuser meist Lehmbauten waren, oft zerstört wurden, wuchs im Laufe von Jahrhunderten jede Siedlung nach oben, da neue Bauten auf den Ruinen ihrer Vorgänger aufgebaut wurden, und so ist der Standort einer antiken Siedlung durch einen ›Tel‹ gekennzeichnet (Bild 5). Die Landschaft Palästinas ist von Hunderten dieser Tels übersät, deren größte bis zu 20 Schichten von Zerstörung und Wiederaufbau aufweisen (Albright 1949).

Der älteste dieser Tels ist Tel-es-Sultan, das antike Jericho, dessen früheste Befestigungen durch Radiokarbonmessungen auf etwa 7000 v. Chr. datiert werden und damit noch zum Mesolithikum gerechnet werden müssen (KENYON 1957). Die Frage nach den Gründen für eine so frühe Notwendigkeit zur Befestigung wird von ANATI (1963) damit beantwortet, daß diese Siedlung nicht nur eine tropische Oase darstellte, sondern in der Nähe lebenswichtiger Rohstoffe lag, die das Tote Meer lieferte, vor allem Salz, Asphalt und Schwefel.

In der Verteilung der frühen Stadtsiedlungen machen sich geographische Einflüsse spürbar, die zu einer stärkeren Konzentration in Gebirgsgegenden führten. Das Bergland erhält mehr Regen als die Ebenen oder die Jordansenke und hat im Winter mehr Frost als die anderen Gegenden. Der letztere ist aber von besonderer Wichtigkeit für das Gedeihen der Baumpflanzungen, die alle einen bestimmten Grad von Kälte im Winter benötigten. Dazu kommt, daß das Bergland quellenreich ist, während in den Ebenen weniger Quellen auftauchen, die meistens in Sumpfgebiete ausfließen. Das Bergland liefert auch Steine zum Bau sowie Holz als Brenn- und Baumaterial.

Der größte Vorteil der Siedlungen in den Ebenen dagegen ist ihre Lage an internationalen Verkehrswegen oder an der Küste. Diese Siedlungen konnten also landwirtschaftliche oder auch militärische Nachteile durch die Entwicklung von Handel wettmachen, waren aber dadurch viel krisenanfälliger. Ihre Existenz hing vom Bestehen einer starken Zentralmacht und dem ungestörten Verlauf des internationalen Land- und Seehandels ab. In frühen Zeiten setzte sich auch die Bevölkerung der Ebenen aus anderen ethnischen Elementen zusammen als die der Berge.

Im Verlaufe der Geschichte erwies sich das Bergland immer als der stabilere Teil des Landes. Die Bergfestungen ließen sich besser verteidigen, und eine Subsistenzlandwirtschaft konnte auch Wirtschaftskrisen überleben. Die Städte der Küste und der Ebenen erreichten in Zeiten geordneter Herrschaft und Wirtschaftskonjunktur große Ausmaße und Reichtum, konnten aber in Zeiten von politischem und wirtschaftlichem Chaos nicht weiterexistieren und verkümmerten zeitweilig zu kleinen Landstädtchen oder verschwanden vollständig.

Der Unterschied in der Stabilität der Siedlungen zwischen Bergland und Ebenen kommt unter anderem darin zum Ausdruck, daß die meisten Bergsiedlungen ihre biblischen Namen – wenn auch unter gewissen phonetischen Veränderungen – bis heute beibehalten haben, während die niedrig gelegenen Siedlungen – mit Ausnahme der historischen Hafenstädte – oft den Namen gewechselt haben.

2.2. Die israelitische Epoche (Noth 1954; Wright 1962)

Die frühstädtische Epoche (auch als Bronzezeit bezeichnet) legte die Grundlagen für die Landwirtschaft und die Siedlungsstreuung in Palästina, die – mit gewissen Änderungen – über Jahrtausende bis zur Neuzeit wirksam waren. Aber über die politische Organisation der Bevölkerung, über führende Persönlichkeiten und geistige Strömungen dieser Zeit ist nur weniges, meist Sagenhaftes, bekannt. Das Land und seine Städte werden jedoch bereits in Inschriften oder Annalen der Nachbarländer, vor allem Ägyptens, erwähnt. Eine neuentdeckte Quelle, die weitgehenden Aufschluß über die Ereignisse dieser Zeit geben könnte, nämlich die Tontafeln von Ebla in Nordsyrien, ist noch nicht der Öffentlichkeit zugänglich gemacht worden.

In dieser Zeit bestanden bereits die wichtigsten Städte, die immer eine entscheidende Rolle spielen sollten, so die Häfen von Akko, Dor, Jaffa, Ashqelon und Gaza, die Festungen von Bet She'an und Meggido sowie die Inlandstädte Sichem (Shechem), Jerusalem und Hebron (Aharoni 1968).

Die frühstädtische Epoche endete mit einer totalen Umwälzung aller politischen Gegebenheiten, die in ihren Einzelheiten noch nicht geklärt ist. Der Umbruch wurde mit der Vernichtung der minoischen Seeherrschaft eingeleitet, die mit dem Vulkanausbruch von Santorin in Verbindung gebracht wird. Ihr folgte der Einfall mysteriöser Stämme (als ›Seevölker‹ bezeichnet), der zum Niedergange des Hethitischen Reiches wie auch Ägyptens führte. Diese Veränderungen hinterließen in Palästina ein politisches Vakuum, das das Eindringen verschiedener Völkergruppen ermöglichte, unter denen die wichtigsten die Philister und die Israeliten waren. Nördlich von Palästina bauten die kanaanitischen Phönizier eine neue Seemacht auf, und die Aramäer errichteten Festlandstaaten mit Zentren in Aleppo und Damaskus. Die Geschichte Palästinas in den folgenden tausend Jahren wurde im wesentlichen von den Konflikten dieser vier Gruppen bestimmt, allerdings unter häufiger Einmischung der Großmächte Ägypten, Assyrien, Babylonien und schließlich Persien.

Die Ereignisse dieser Periode, die von den Archäologen als Eisenzeit definiert wird, sind weit besser dokumentiert als die der vorhergegangenen Epoche; neben archäologischen Funden, Inschriften und Annalen gibt auch die zusammenhängende Geschichtsschreibung des ›Alten Testamentes‹ darüber Auskunft (Baly 1957).

Es ist nicht die Absicht dieses Kapitels, einen Ablauf der geschichtlichen Ereignisse zu geben, sondern es sollen nur diejenigen Entwicklungen dargestellt werden, die einen dauernden Einfluß auf das Leben des Landes in den folgenden Epochen ausübten.

Am bedeutendsten ist dabei die Entwicklung der jüdischen Religion, die sich nicht nur zu einer geistigen Macht entfaltete, sondern auch durch ihre Sozialgesetzgebung völlig neue Lebensformen zur Folge hatte. Als Mutterreligion der drei großen monotheistischen Religionen wurde ihr Einfluß in späteren Jahrhunderten weltumspannend und spielt natürlich als das geistige Band des modernen Staates Israel auch eine entscheidende Rolle in diesem Buch. Eine Folge dieser Entwicklung war die Sonderstellung, die Jerusalem als Standort des Tempels und als religiöses Weltzentrum erhielt. Diese wurde auch vom Christentum anerkannt und übernommen, und später verlieh auch der Islam der Stadt den Rang des dritten Platzes in der Hierarchie der mohammedanischen heiligen Stätten. Diese Sonderstellung begleitete Jerusalem über drei Jahrtausende bis in unsere Zeit, wobei die Stadt manchmal zum Mittelpunkt des Weltinteresses wurde, wie zur Zeit des jüdischen Aufstandes gegen die Römer oder der Kreuzzüge und im heutigen Konflikt zwischen Israel und seinen Nachbarn. Noch öfter aber war Jerusalem der Hebel für die wirtschaftliche Entwicklung des ganzen Landes, indem es Investitionen und geistige Kräfte aus der ganzen Welt anzog.

Wirtschaftlich gesehen bestand die wichtigste Entwicklung in einem weiteren Ausbau der Baumpflanzungen, die in der jüdischen Religion geradezu Gesetz waren. Olivenöl und Wein wurden zu wichtigen Ausfuhrartikeln. Zur Erweiterung der Pflanzungen wurden Terrassen, vor allem im judäischen Bergland, angelegt, was zu einer starken Vergrößerung der Siedlungsfläche führte. Auf dem Gebiete der Wasserwirtschaft führten die israelitischen Stämme die Anlage von getünchten Zisternen ein, die Regenwasser auch im Karstgelände auffangen konnten, sowie den Bau von unterirdischen Zugängen zu Quellen oder zum Grundwasser, um die Wasserversorgung von Städten – vor allem im Falle einer Belagerung – sicherzustellen. Der bekannteste dieser Zugänge ist der Tunnel, den König Hiskija im Jahre 703 v. Chr. in Jerusalem bauen ließ, um das Wasser der einzigen Quelle der Stadt in ein Gebiet innerhalb der Mauern zu leiten.

Bevölkerungsmäßig und politisch lassen sich drei Zeiträume erkennen. Von etwa 1300 bis 1000 v. Chr.: die Aufteilung des Landes in eine große Anzahl von Stammes- oder Stadtstaaten mit israelitischer, kanaanitischer oder philistäischer Bevölkerung; von 1000 bis etwa 700 bzw. 600: die Existenz von Nationalstaaten, zuerst unter jüdäischer Herrschaft, deren Höhepunkt im Reiche des Königs Salomo (965–928) erreicht wurde, und nach Salomos Tode in zwei getrennten Staaten (Israel im Norden und Juda im Süden). In dieser Zeit wurde fast die gesamte Bevölkerung an die noch unausgebildete jüdische Religion assimiliert.

Die dritte Epoche, die bis zur Eroberung Palästinas durch Alexander den Großen (332 v. Chr.) dauerte, war eine Zeit der Fremdherrschaft, Verbannung und Zerstörung. Als erstes fiel das Königreich Israel. Es wurde 722 v. Chr. von Assyrien erobert, und fast die gesamte Bevölkerung wurde in die

Verbannung geführt. Langsam füllte sich das Vakuum durch Siedler aus allen Teilen des assyrischen Großreiches. Ein Teil der Neusiedler übernahm Grundelemente der jüdischen Religion und wurde später mit dem Namen Samaritaner gekennzeichnet. Heute leben in dem von Israel beherrschten Gebiet noch etwa 1500 Samaritaner.

Der Staat Juda wurde nach der Zerstörung Jerusalems durch Babylonien im Jahre 587 aufgelöst, und die gesamte Bevölkerung ins ›Babylonische Exil‹ verbannt. Ein Teil kehrte im Jahre 537 v. Chr. nach der Eroberung Babylons durch den Perserkönig Cyrus zurück und bildete die autonome Provinz Judäa im persischen Großreich. Der wichtigste Staatsakt der Rückkehr war der Wiederaufbau des Tempels, der weitaus kleiner war als der zerstörte erste Tempel.

Von dieser Zeit datiert die jüdische Diaspora, die zahlenmäßig weitaus größer war als die Einwohnerschaft Judäas und für 1000 Jahre ihr Zentrum in Mesopotamien und später auch in Ägypten und Rom hatte.

Die archäologischen Überreste der gesamten Epoche von etwa 1000 Jahren sind zahlreich, aber unansehnlich. Die Zerstörung der Städte war so durchgreifend, daß nur Grundmauern oder Teile von Türmen und Toren übrigblieben. Die wichtigsten Ergebnisse der Ausgrabungen, die noch immer in großem Umfang durchgeführt werden, sind Geräte, beschriebene Tonscherben und Inschriften, die weitgehend Einsicht in das Leben der betreffenden Zeit ermöglichen. Selbst in Jerusalem sind einige wenige Überreste aus dieser Zeit entdeckt worden, aber vom ersten Tempel ist bisher noch nichts gefunden worden.

2.3. Tausend Jahre Mittelmeerherrschaft

Die Eroberung des Persischen Reiches (und damit Palästinas) durch Alexander den Großen (332 v. Chr.) hatte eine Revolution von weltpolitischer Bedeutung zur Folge. Der gesamte Nahe Osten wurde dem Machtbereich asiatischer Kontinentalmächte entrissen und unter den Einfluß europäischer Seemächte gebracht. Griechisches Denken in Religion, Philosophie und Naturwissenschaft beherrschte das Geistesleben, griechische Kunst, Architektur und Städteplanung formten das Bild der Landschaft und wurden kurz darauf durch römische Rechtsbegriffe und Technologie ergänzt.

Judäa und das übrige Palästina wurden sofort aus der relativen Ruhe der Perserherrschaft gerissen und in den Streit der Nachfolger Alexanders (Diadochen) verwickelt. Judäa kam abwechselnd unter die Herrschaft der Seleukiden (Syrien) und Ptolemäer (Ägypten). Die griechische Lebensform führte zum Konflikt mit jüdischem religiösen Denken; es entstand eine jüdische Nationalbewegung (die Makkabäer = Hasmonäer), die nach einem blutigen Aufstand und zahlreichen Kämpfen (165–141 v. Chr.) ein selbständiges Priesterkönigreich Judäa errichtete, das einen Großteil Palästinas wieder unter jüdische Herrschaft brachte. Aber im Jahre 63 v. Chr. wurde Judäa von Pompeius für Rom erobert; trotzdem existierte der Staat Judäa unter den Hasmonäerkönigen als Vasall Roms weiter fort und erreichte einen erneuten Höhepunkt unter Herodes I. (37–4 v. Chr.), der seine Macht von Rom erhielt und seine Legitimität als jüdischer König durch seine Hochzeit mit der Hasmonäertochter Mariamne erreichte. Nach seinem Tode übernahm Rom wieder direkt die Herrschaft über Palästina als Provinz unter Prokuratoren; und in diese Zeit fällt die Aktivität Jesu.

Die immer strenger werdende Römerherrschaft führte im Jahre 66 n. Chr. zu einer Revolte, die sieben Jahre dauerte und Rom in seinen schwersten Krieg dieser Epoche verwickelte. Die Revolte endete mit der totalen Zerstörung Jerusalems und des Tempels im Jahre 70 und mit dem Selbstmord der Verteidiger der letzten jüdischen Festung (Masada) im Jahre 73. Die Zerstörung des Tempels wurde zu einem derartig traumatischen Erlebnis für die Juden der ganzen Welt, daß sie ihre Gedankenwelt fast 2000 Jahre lang beherrschte. Die Trauer über den Verlust des jüdischen Staates und das messianische Wunschbild seiner Wiedererrichtung überdauerten die Zeit der Diaspora und wurden zum stärksten geistigen Faktor, der im Jahre 1948 zur Gründung des Staates Israel führte.

Nach der Zerstörung des Staates Judäa und der Verbannung eines großen Teiles seiner Bevölkerung wurde das Land in mehrere Provinzen aufgeteilt, für die die Römer einen neuen Namen erfanden: Palästina – eine Erinnerung an die inzwischen längst verschwundenen Philister.

Rom behandelte Palästina wie rebellische Militärprovinzen, bis ein Ereignis eintrat, das die Situation grundlegend veränderte. Im Jahre 325 erhob der römische Kaiser Konstantin das Christentum zur Staatsreligion, und damit wurde plötzlich das unbedeutende Palästina zum ›Heiligen Land‹, und alle Anstrengungen wurden unternommen, um diese Tatsache den Augen der Welt und der neuen Gläubigen klarzumachen. Gewaltige Summen wurden mobilisiert, um Prachtbauten an allen Stätten zu errichten, die in irgendeiner Beziehung zum Leben und Wirken Jesu standen, aber auch die Wirtschaft des Landes genoß große Vorteile und erhielt staatliche Zuschüsse. Da der Sitz des Herrschers in Byzanz war, das zu Ehren des Kaisers in Konstantinopel umbenannt wurde, ist diese Zeit der Christenherrschaft in Palästina als ›byzantinische Epoche‹ bezeichnet worden, und sie dauerte bis zur Eroberung des Landes durch die Araber im Jahre 640.

Zusammenfassend läßt sich das Jahrtausend der griechisch-römischen Herrschaft in vier Abschnitte einteilen:
1. die direkte Diadochenherrschaft (332–141 v. Chr.);
2. die beschränkte Unabhängigkeit der Hasmonäerkönige (141 v. Chr. bis 70 n. Chr.);

3. die heidnisch-römische Provinzialherrschaft (70–325);
4. die christlich-byzantinische Periode (325–640).

Politisch gesehen war der wichtigste Einschnitt die Zerstörung Jerusalems und des Tempels; als deren Folge war ein jüdisches Staatswesen endgültig unterbunden; und erst nach 1880 Jahren konnte es im Staate Israel wiedererstehen. Gleichzeitig wurde die jüdische Bevölkerung Judäas dezimiert, aber die Galiläas erhielt sich noch bis in die Zeit der arabischen Herrschaft hinein.

Wirtschaftlich-geographisch gesehen jedoch wirkte sich in diesen 1000 Jahren eine Zivilisation aus, die – mit gewissen Schwankungen – den gesamten Zeitraum dominierte (SEMPLE 1931). Die Tatsache, daß die herrschenden Mächte ihr Zentrum an den Mittelmeerküsten hatten, führte zur Betonung maritimer Aktivität und internationalen Handels. Palästina wurde ein wichtiges Durchgangsgebiet für den See- und den Landhandel, die sich bis nach Indien und China erstreckten. Produkte der Monsunländer, wie Zucker, Baumwolle, Seide, Gewürze, nahmen ihren Weg über Palästina, und manche dieser Pflanzen wurden akklimatisiert und im Lande selbst unter Bewässerung produziert. Dafür war der Jordangraben wegen seiner tropischen Temperaturen besonders geeignet, und dort entwickelten sich eine dichte Besiedelung und eine blühende Landwirtschaft, deren Zentrum die Gegend um den See Genezareth war. Flavius Josephus, der um die Mitte des ersten nachchristlichen Jahrhunderts lebte (JOSEPHUS), beschreibt diese Gegend als ein Siedlungszentrum mit 15 Städten und einer Bevölkerung von etwa 250 000 (s. Kap. 5.1.3).

Die zweite Landschaft, die eine völlige Transformation erfuhr, war die Küstenebene, deren Häfen das wichtigste Bindeglied zwischen See- und Landhandel wurden. Naturgemäß siedelten sich hier zahlreiche Fremde an, vor allem Griechen und Syrer. Ihre Tätigkeit wurde durch die Autonomie der Städte – im Sinne der griechischen Polis – gefördert. Die Häfen waren auf einer völlig neuen Technologie aufgebaut: künstliche Becken, die durch Wellenbrecher geschützt waren und auch den größeren Schiffen – 300–500 t Ladefähigkeit – ein sicheres Ankern ermöglichten. In den Städten selbst dominierte die griechisch-römische Architektur mit Agora = Forum, Theater, Hippodrom, Säulenstraßen, Wasserspeiern und gradliniger Straßenplanung. (Diese Architektur setzte sich später auch in den Binnenstädten, einschließlich Jerusalem, durch.)

Die wichtigste Hafenstadt war *Caesarea,* eine Neugründung Herodes' mit einem künstlichen Hafenbecken, das das zweitgrößte im Mittelmeer war. Die Stadt wurde nach der Zerstörung Jerusalems zur Hauptstadt der Provinz Palästina und erreichte eine Bevölkerung von über 100 000, die mit Wasser über einen Aquädukt von etwa 7 km Länge versorgt wurde.

Die Hafenstädte schufen einen großen Bedarf an landwirtschaftlichen Produkten und bildeten die Grundlage für eine marktorientierte Landwirtschaft, deren wichtigste Produkte – neben Getreide – Olivenöl und vor allem

Wein waren. Zum Zwecke der Erweiterung der Anbaufläche wurden Sümpfe trockengelegt und Wälder gerodet.

Neben der Landwirtschaft entwickelte die Küste zahlreiche Industrien, darunter die spezialisierte Glas- und Purpurfarbenindustrie. Der Brennstoffbedarf dieser Industrien war einer der wichtigsten Faktoren für das Verschwinden des Waldes in Palästina.

Auch das Bergland nahm an dem allgemeinen Aufschwung der Wirtschaft teil, aber in geringerem Maße als die Küste und der Jordangraben. Vor allem blieb es in der städtischen Entwicklung zurück, die faktisch von Jerusalem monopolisiert war – sowohl zur Zeit der Hasmonäer wie in der byzantinischen Epoche. Faktisch wurde in dieser Zeit nur eine neue Stadt im Bergland gegründet: Sebastia, von Herodes zu Ehren des Kaisers Augustus (auf griechisch Sebastos) errichtet. Auch die alte Stadt Sichem erhielt ein neues Viertel: Neapolis, dessen Name im Arabischen zu Nablus wurde.

Ein Siedlungsgebiet eigener Art waren die Nabatäerstädte der nördlichen Negevwüste, die mit Hilfe einer besonderen Bewässerungsmethode den Anbau von Pflanzungen und Gemüse bewerkstelligten (s. Kap. 7.2).

An archäologischen Funden ist die griechisch-römische Epoche – wie im ganzen Mittelmeergebiet – außerordentlich reich. Aber auch auf diesem Gebiete liegt Palästina weit hinter anderen Mittelmeerstaaten zurück, da das Ausmaß der Zerstörung weitaus größer war als anderswo. Trotzdem haben Ausgrabungen zahlreiches Material und Bauwerke zutage gebracht. Die hervorragendsten Ruinen sind von der Bautätigkeit Herodes' erhalten geblieben; am berühmtesten ist die Wüstenfestung Masada, die als letztes Widerstandszentrum des Aufstandes gegen die Römer zum israelischen Nationaldenkmal, der Kampf selbst zur Nationallegende geworden ist (Yadin 1966; Bild 20). Andere Zeichen der herodianischen Zeit sind die Festung Herodion und die Städte Caesarea und Sebastia. Allerdings ist von dem größten Werk Herodes', dem Tempel in Jerusalem, nichts erhalten geblieben, und gegenwärtige Ausgrabungen haben nur die unmittelbare Nachbarschaft des Tempels zum Teil freigelegt. An anderen Orten befinden sich einzelne Überreste von Säulen und Grundmauern oder Öl- und Weinpressen aus Stein (Dalman 1924).

Aus der byzantinischen Zeit haben sich zahlreiche Kirchenreste erhalten, meistens als Mosaikfußböden. Nur in den zentralen christlichen heiligen Stätten (der Grabeskirche in Jerusalem und der Geburtsstätte Jesu in Bethlehem) sind Teile des ursprünglichen Baues in spätere Bauten eingegliedert worden.

Aber auch von dieser Epoche ist das wichtigste Erbe auf religiösem Gebiet zu finden. Die Christenheit betrachtet Palästina als das Heilige Land und Jerusalem als die Heilige Stadt, führte im Mittelalter eine Reihe von Kreuzzügen, um das Land wieder unter christliche Herrschaft zu bringen, und organisierte seit der Antike bis in unsere Zeit Pilgerfahrten nach dem Heiligen

Lande. Im 19. Jahrhundert begann eine erneute politische und missionarische Tätigkeit, die nach Palästina finanzielle Investitionen, Kirchen, Klöster, Krankenhäuser und Schulen brachte. Auch im gegenwärtigen Konflikt um Palästina hat die organisierte Christenheit ein Wort mitzusprechen.

Die absolute Verbundenheit des Judentums in der ganzen Welt mit der Erinnerung an den Tempel und den antiken jüdischen Staat und die moderne Identifizierung der meisten Juden mit dem Staate Israel sind bereits im vorigen Kapitel gewürdigt worden.

2.4. Die Arabisierung Palästinas

Der Vorstoß der Araber, die als eine junge Nation und angefeuert von einer neuen Religion im Laufe eines Jahrzehnts fast den gesamten Nahen Osten unter ihre Gewalt brachten, verursachte eine völlige Umkehrung der geopolitischen Situation Palästinas (Le Strange 1890; 1896). Das Land und seine Nachbarstaaten wurden wieder aus dem Mittelmeerverband herausgerissen und Landmächten unterstellt. Die moslemischen Großreiche, die aufeinander folgten oder nebeneinander existierten, setzten zwar das Prinzip des Welthandels fort, da dieser aber jetzt von Konstantinopel als Zentrum losgelöst war, entwickelten sie neue Handelswege. Im Süden wurde der Indische Ozean zu einem von Arabern beherrschten Seehandelsgebiet, aber das Mittelmeer verlor seine Rolle als Hauptachse von Handel und Verkehr und wurde durch Überlandrouten entlang der Küsten Nordafrikas und Arabiens ersetzt.

Zwischen den nördlichen und den südlichen Küsten des Meeres entstand eine politisch-religiöse Spannung, die die Handelsbeziehungen unterbrach und die Schiffahrt durch Kaperung und Piraterie fast völlig unterband. Dies drückte sich auch in der Verlegung der Hauptstädte von der Küste ins Binnenland aus. Alexandrien wurde durch Kairo ersetzt, Antiochia durch Aleppo und Damaskus, und Caesarea, das auch unter der byzantinischen Herrschaft ein wichtiger Hafen war, verlor seine Bedeutung. Die Araber gründeten eine neue Hauptstadt: Ramla – die einzige arabische Stadtneugründung in Palästina.

Außer der politischen Wirkung hatte die arabische Eroberung des Landes, die von 633–640 dauerte, keine direkten wirtschaftlichen oder siedlungsmäßigen Folgen. Eine Anzahl von Arabern (die genaue Zahl konnte von Historikern noch nicht festgestellt werden) siedelte sich im Lande an, aber der Großteil der bestehenden, meist christlichen und in geringem Maße jüdischen Bevölkerung blieb an Ort und Stelle, da die arabischen Herrscher in den ersten Jahrzehnten ihrer Herrschaft eine tolerante Politik gegenüber den ortsansässigen religiösen Minoritäten ausübten.

Daher gingen die siedlungs- und wirtschaftsgeographischen Veränderungen im Lande allmählich vor sich. Die erste Reaktion war wahrscheinlich in den Städten des Negev spürbar, die ihre Existenz ausschließlich den römischen Limes-Garnisonen und Handelsrouten verdankten (s. Kap. 7.2) und nun überflüssig geworden waren. Die Ruinen lassen erkennen, daß sie nicht gewaltsam zerstört, sondern im Laufe der Zeit von der Bevölkerung verlassen wurden. Es folgten die Küstenstädte, die durch den Verlust der Seehandelsfunktionen zu Landstädten herabsanken. Die weiterhin existierende Küstenschiffahrt zwischen Ägypten und Syrien konnte diesen Niedergang nicht aufhalten.

Der Niedergang der Städte mußte notwendigerweise die Landwirtschaft beeinflussen, die langsam ihrer städtischen Märkte beraubt und auf ein Subsistenzniveau herabgedrückt wurde. Der schwerste Schlag für die Landwirtschaft war das religiöse Verbot der Weinherstellung, die allein es ermöglichte, die Traubenernte für ein haltbares Produkt zu nutzen oder zu exportieren. Für Frischtrauben, die nur wenige Tage haltbar sind, war der Markt völlig unzureichend, und so mußte das für den Weinanbau benutzte Gelände auf einen geringen Teil seines vorherigen Umfangs eingeschränkt werden.

Da der Rückgang des landwirtschaftlichen Absatzes hauptsächlich die Baumfrüchte betraf, die im Terrassenbau angelegt waren, setzte eine Vernachlässigung der Terrassen ein, die zum Einsturz der Stützmauern führte und starke Bodenerosion ermöglichte. Damit begann ein physiographischer Prozeß, der im Laufe von über tausend Jahren die steilen Bergabhänge, vor allem im Kalkgestein, ihrer Boden- und Pflanzendecke beraubte (Bild 6). Außerdem verursachte der von den Trockenbächen in Sturzfluten mitgeführte Boden eine Verschlammung der Flußbetten in den Ebenen und förderte damit das Entstehen von Sümpfen. In den ersten zwei Jahrhunderten der arabischen Herrschaft war es noch möglich, diese Sümpfe teilweise zu dränieren und Bewässerungswirtschaft aufrechtzuerhalten, aber mit dem Niedergang der Staatsgewalt seit dem 9. Jahrhundert versumpften große Teile der Täler und Ebenen. Infolgedessen breitete sich Malaria aus, die zu einer Entvölkerung der niedrig gelegenen Gebiete führte.

Die religiöse Toleranz der ersten arabischen Dynastie, der Omaijaden, die Damaskus zu ihrer Hauptstadt gewählt hatte, war unter anderem darauf zurückzuführen, daß die Herrscher starke persönliche Beziehungen zu Palästina hatten. Die Kalifen bauten sich prächtige Winterpaläste im Jordangraben (am Kinneretsee und bei Jericho) und besuchten öfters Jerusalem. Dort baute der Kalif Abd-el-Malik an der Stelle des zerstörten Tempels den ›Felsendom‹ (fälschlich Omar-Moschee benannt), der im Jahre 691 beendet war und vielleicht das harmonischste Bauwerk der islamischen Welt ist (Bild 14). Sein Nachfolger – el Walid – erbaute die gewaltige El-Aqsa-Moschee, dicht daneben. Auch Ramla wurde unter seiner Regierung auf das prächtigste als Provinzhauptstadt ausgebaut.

Der Sturz der Omaijaden durch die Abbasiden im Jahre 750 führte zu einer starken Veränderung der politischen Verhältnisse. Die neue Dynastie verlegte den Sitz des Kalifates nach Bagdad und richtete ihr Hauptaugenmerk auf die Entwicklung Mesopotamiens (Irak), das zu einem blühenden Bewässerungsland gemacht wurde, vor allem unter der Herrschaft von Harun al-Raschid, dem Zeitgenossen Karls des Großen. Palästina wurde als entlegene Provinz betrachtet und von Provinzgouverneuren ausgebeutet. Es begann ein starker Druck auf religiöse Minderheiten, unter dessen Einfluß viele Juden das Land verließen (und zum großen Teile nach Spanien auswanderten) und zahlreiche Christen, vor allem die Landbevölkerung, den Islam annahmen. Die arabische Sprache hatte schon vorher die Vorrangstellung eingenommen.

In den nächsten Jahrhunderten arabischer Herrschaft mit häufigem Dynastiewechsel und Wirrwarr war Palästina nur eine unbedeutende Randprovinz, deren Bevölkerung auf einen Bruchteil der Zahl zur Zeit der byzantinischen Herrschaft zusammenschmolz.

Gegen Ende des 11. Jahrhunderts wurde Palästina von einer neuen Macht erobert, die das Land zwar nur für 20 Jahre regierte und keinerlei Spuren hinterließ, aber als Katalysator für grundlegende weltpolitische Ereignisse diente. Ein Stamm türkischer Herkunft, der erst kurz zuvor die islamische Religion angenommen hatte, die Seldschuken, überrannten die Levantestaaten und eroberten Jerusalem im Jahre 1076. Sie richteten ein schreckliches Blutbad unter der Bevölkerung an, und im Übereifer der Neubekehrten begannen sie Christenverfolgungen zu organisieren, die in Europa den gewaltigen Sturm erweckten, der zu den Kreuzzügen führte.

2.5. Zwischenspiel: Kreuzzüge (Runciman 1965)

Das Zeitalter der Kreuzzüge (1099–1291) verursachte eine erneute Veränderung der weltpolitischen Situation; und obwohl die Auseinandersetzungen sich in Palästina und dessen Nachbarländern abspielten, waren sie von größerer Bedeutung für die Entwicklung Europas als des Nahen Ostens. Angesichts des Niederganges der östlichen Kirchen im Byzantinischen Reich verhalfen sie dem westlichen (lateinischen) Christentum zu militärischer Macht und Weltmachtstellung und führten Westeuropa auf den Pfad der technologischen und wirtschaftlichen Entwicklung sowie zu fortschreitender Urbanisierung, wodurch die spätere Vormachtstellung Europas vorbereitet wurde.

Die Darstellung der Ereignisse während der Kreuzzüge gehört daher in die europäische Geschichtsschreibung, und im Rahmen dieses Buches sollen nur ihre unmittelbaren Folgen für die Entwicklung Palästinas dargestellt werden (Beyer 1936–1951).

Politisch schufen die Kreuzfahrer das ›Königreich Jerusalem‹, das nach den Prinzipien des europäischen Feudalismus organisiert wurde. Die ›Könige von Jerusalem‹ residierten in dieser Stadt von 1099–1187. Nach der moslemischen Wiedereroberung Jerusalems durch den ägyptischen Sultan Salah ed-Din (Saladin, Begründer der ayubitischen Dynastie) wurden die christlichen Teile faktisch in autonome feudale Grafschaften aufgeteilt, und das Königreich existierte nur noch dem Namen nach. (Nach der Zerstörung Akkos wurde der Sitz des ›Königtums‹ nach Zypern verlegt, wo die Institution dem Namen nach noch bis 1489 anhielt.) Das von den Kreuzfahrern beherrschte Gebiet beschränkte sich auf isolierte Streifen, hauptsächlich entlang der Küste, von denen der wichtigste Akko war. In der zweiten Hälfte des 13. Jahrhunderts schrumpfte ihr Gebiet immer mehr zusammen, bis schließlich nur noch Akko und dessen nahe Umgebung übrigblieben, das 1291 von dem Mameluckenherrscher Al-Aschraf erobert und fast völlig zerstört wurde.

Man kann die Kreuzzüge als den ersten ›Weltkrieg‹ ansehen, in dem die christlichen Mächte immer wieder Koalitionen bildeten, um gewaltige Heere und Flotten aufzustellen, während auch die Moslems sich in immer neuen Kräftekombinationen zusammenschlossen, um die Christen aus dem Lande zu vertreiben. Aber zwischen den zahlreichen Kampfperioden gab es Zeiten mit Friedensverträgen und Waffenstillständen, in denen sich Handelsbeziehungen zwischen den beiden Mächtegruppen entwickelten.

Diese Beziehungen gaben dem Mittelmeer seine Rolle als wichtige Verkehrsachse zurück. Der Indien- und Ostasienhandel wurde wieder an die Mittelmeerhäfen der Levanteküste oder an Alexandrien angeschlossen und fand seinen Weg in die Häfen Norditaliens oder Südfrankreichs, von wo die Güter über die Alpenpässe nach Mittel- und Westeuropa weitergeleitet wurden. Das Aufblühen der großen Handelsstädte Norditaliens (Pisa, Florenz, Genua, Mailand, Venedig), Süddeutschlands oder Flanderns sowie die Entstehung der Hansebünde nahmen von hier ihren Anfang.

Es ist natürlich, daß die Entwicklung Palästinas während der Kreuzfahrerherrschaft sich auf zwei Gebiete konzentrierte: Jerusalem und die Küstenstädte. Während der Eroberung Jerusalems wurde dessen arabische und jüdische Bevölkerung dezimiert, die Stadt fast völlig entvölkert. Danach wurden große Anstrengungen gemacht, Christen anzusiedeln, und aus Mangel an katholischen Kandidaten wurde die Stadt auch für Anhänger der östlichen Kirchen, vor allem der orthodoxen Kirche geöffnet. Die europäischen Herrscher stellten große Geldsummen zur Verfügung, und bald füllte sich die Stadt mit Kirchen, Klöstern, Krankenhäusern, Schulen und Palästen. Die Kreuzfahrer brachten die Neuerungen europäischer Architektur (romanischer und gotischer Stil) nach Palästina, und wenige Jahre nach dem Bau von Notre-Dame in Paris erhoben sich auch in Jerusalem die Kirchen in voller gotischer Pracht.

Auch in die Küstenstädte drang dieser Stil vor. Ihre Einwohner waren im wesentlichen Italiener, Vertreter der norditalienischen Hafenstädte, die in jeder Stadt ihr autonomes Viertel hatten. So wurden vor allem Ashqalon, Jaffa, Caesarea und Akko als umwallte Hafenstädte wieder aufgebaut, allerdings in viel kleinerem Umfange als ihre Vorgänger aus der Römerzeit.

Im Landesinneren waren die Veränderungen weniger dramatisch. Die Bauernschaft, die schon vorher zum Teil von Feudalherren abhängig war, wurde nun den christlichen ›Seigneurs‹ untertan, ohne daß wesentliche Veränderungen in der Anbauweise oder der Art der Produkte eingeführt wurden. Das wichtigste Kennzeichen der Kreuzfahrerherrschaft waren die mächtigen Burgen (Fedden 1959), die an strategischen Punkten entstanden, vor allem auf beiden Seiten des Jordangrabens, entlang der Küste und – später – in einem Halbkreis um Akko. Nach europäischem Muster wurden sie auf den Kuppen isolierter Berge errichtet, und so beherrschen ihre Ruinen auch heute noch das Landschaftsbild (Benvenisti 1970).

Das Merkwürdige ist, daß nach dem Zusammenbruch des ›Königreiches von Jerusalem‹ außer Ruinen fast keine Spuren zurückblieben. Selbst in der christlichen Bevölkerung verloren die ›lateinischen‹ Kirchen viel von ihrem Einfluß, während die schon vor den Kreuzfahrern existierenden Gemeinden der östlichen Kirchen fortlebten, und auch heute noch stellen die Anhänger der östlichen Kirchen den Großteil der christlichen Bevölkerung Israels dar. Die Küstenstädte und Häfen wurden völlig zerstört, und der Welthandel suchte neue Wege. Auch in Jerusalem wurden fast alle Kreuzfahrerbauten zerstört, und nur die Grabeskirche und die Kirche St. Anna blieben bestehen.

Dahingegen wirkten die Kreuzzüge in Europa weiter fort. Die wirtschaftliche Vormachtstellung der norditalienischen Städte hielt auch nach den Kreuzzügen an und erlebte ihre größte Blüte in der Renaissance. Die Ritterorden setzten ihre Tätigkeit mit veränderter Zielrichtung fort, vor allem der Johanniterorden, der schließlich als Malteserorden von Malta aus die christliche Seemacht im Mittelmeer repräsentierte, oder der Deutsche Ritterorden, der ein wichtiges Instrument deutscher Kolonisation in slawischen Ländern wurde.

Der wesentliche Einfluß der Kreuzzüge auf die moslemischen Staaten bestand darin, daß als Reaktion auf die Kämpfe neue militärische und politische Entwicklungen eingeleitet wurden, die die Kreuzzüge überdauerten. Der Heerführer, der Jerusalem wiedereroberte, Saladin, wurde zur größten Legendenfigur der arabischen Welt. Im 13. Jahrhundert bildete sich durch die Mamelucken eine neue Form militärischer Organisation heraus, die den Islam mit der gewaltigsten Heeresmacht versorgte, die er je besaß. Es handelte sich dabei um türkische Sklavenkinder, die von Jugend auf zum Militärdienst erzogen wurden und dem Islam und demjenigen Führer fanatische Treue bezeugten, der sie kaufte und freiließ.

Die Führer dieser Truppen rissen im Jahre 1250 die Herrschaft über Ägypten an sich und behielten sie bis zu dessen Eroberung durch die Türken im Jahre 1517. Sie übernahmen sofort die Führung im Kampfe gegen die Kreuzfahrer, wurden aber kurz nach ihrer Machtübernahme zu einer wichtigeren Aufgabe gerufen: zum Kampf gegen die Mongolen, die inzwischen ganz Asien überrannt und Damaskus sowie Bagdad in ihre Hand gebracht hatten. Die für das Weltgeschehen entscheidende Schlacht fand im Jahre 1260 in Palästina statt: Bei Ain Jalut (heute En Harod), nahe dem Schlachtfeld von Megiddo, in dem im Laufe der Geschichte zahlreiche entscheidende Kämpfe um die Herrschaft über Palästina stattgefunden haben (s. Kap. 5.2.3), wurden die Mongolen gezwungen, sich nach Zentralasien zurückzuziehen.

Der Sieg über die Mongolen verlieh Ägypten und dessen Mameluckensultanen die Führerrolle in der arabischen Welt, die durch die endgültige Vertreibung der Kreuzfahrer noch verstärkt wurde.

Die etwa 200 Jahre dauernde Mameluckenherrschaft über Palästina konnte einen weiteren Niedergang des Landes nicht aufhalten. Zwar wurde von den Mamelucken ein Straßennetz mit Khanen und Brücken aufgebaut, das den Verkehr zwischen Ägypten und Syrien erleichtern sollte, andererseits aber unterbanden sie jedweden Seehandel, um die Rückkehr der Christen auf dem Seewege zu verhindern. Sie verboten den Wiederaufbau der zerstörten Häfen und Hafenstädte und siedelten in der Küstenebene und in den Tälern Nomaden aus Turkmenistan an, die diese Gebiete faktisch verwüsteten, was den endgültigen Rückzug der Landbevölkerung auf das Bergland zur Folge hatte.

Aus der Zeit der Mameluckenherrschaft, die in Ägypten großartige Monumente hinterließ, sind in Palästina nur ein Turm in Ramla (Bild 4), einige Brücken und in Jerusalem einige Gebäude übriggeblieben.

2.6. 400 Jahre im Osmanischen Reich (Maoz 1975)

Wie alle Großreiche zeigte auch das Mameluckenreich nach etwa 200 Jahren Zeichen von Niedergang und Verfall und fiel im Jahre 1517 ohne schwere Kämpfe dem Ansturm der jungen türkischen Großmacht zum Opfer. Der Übergang zur neuen Herrschaft zeitigte für Palästina kaum nennenswerte Folgen. Auch die Türken waren Moslems, sogar fanatischer als ihre Vorgänger; die Grundlagen der Landwirtschaft, wie Bodenbesitz, Arbeitsweise, Produkte, Fehlen von Märkten, blieben im wesentlichen unverändert. Die Türken begnügten sich mit militärischer und verwaltungsmäßiger Kontrolle des Landes und brachten keine Neusiedler. Die wenigen Türken im Lande waren Soldaten, Beamte und Kaufleute, die stets von der Bevölkerung als Fremde angesehen wurden.

Am Anfang war die Verwaltung straffer, hielt die Beduinen, die unter den Mamelucken die Oberhand gewonnen hatten, im Zaum, regelte die Steuern und garantierte die Sicherheit von Verkehr und Siedlung. Dies zeigte sich am deutlichsten im Wiederaufbau der Mauern von Jerusalem (1537), die in ihrer Mächtigkeit sich bis auf die heutige Zeit erhalten haben (Bild 17). Allerdings waren sie nie der Prüfung einer Belagerung ausgesetzt. Aber Palästina verlor den Charakter einer eigenen Provinz und wurde der Provinz Syrien, deren Verwaltungssitz Damaskus war, zugeteilt. Das Fehlen eines höheren Verwaltungsorgans machte sich bald im Aufstieg örtlicher Tyrannen bemerkbar, die oft in Konflikt miteinander oder mit der Behörde gerieten.

Zu Beginn ihrer Herrschaft veranstalteten die Türken (zwischen 1525 und 1573) eine Anzahl von Volkszählungen, die aus steuerlichen Gründen wahrscheinlich unzuverlässig waren. Nach den offiziellen Zahlen existierten im Lande etwa 1000 Siedlungen mit einer Bevölkerung von 300 000 (Hütteroth & Abdulfattah 1977). (Die Größe der Bevölkerung zur Blütezeit der byzantinischen Herrschaft wird mit etwa 2,5 Mio. angenommen.) Die Moslems stellten etwa 90 % der Bevölkerung, unter ihnen neben Arabern Mughrabin (Nordafrikaner), Turkmenen, Kurden. Religiöse Minderheiten mit islamischen Elementen in ihrer Religion waren Schiiten und Drusen. Die Zahl der Christen, die in viele sich bekämpfende Sekten aufgespalten waren, stieg in 50 Jahren von etwa 5000 auf 15 000. Sie waren als ›Ungläubige‹ legal und sozial benachteiligt; Neubau oder Reparatur von Kirchen waren verboten.

Von der größten Veränderung waren die Juden betroffen, deren Zahl zu Beginn der türkischen Herrschaft etwa 5000 betrug. Die Türkei hatte nach der Vertreibung der Juden aus dem christlichen Spanien (1492) zahlreiche Flüchtlinge aufgenommen, die wegen ihrer Erfahrung in Handwerk, Industrie, Handel und Finanzen willkommen geheißen wurden. Die Behörden erlaubten auch ihre Niederlassung in Palästina, und am Ende des 16. Jahrhunderts wird ihre Zahl auf 50 000 geschätzt. Sie gründeten die Stadt Zefat (Safed), die ihr geistiges Zentrum wurde; die mystische Sekte der Kabbalisten fand dort ihr Weltzentrum. Zefat wurde sehr bald zum Mittelpunkt für Handel und Industrie, vor allem Seidenweberei und andere Textilien. Hier wurde auch die erste Druckerei im Osmanischen Reiche errichtet. Gegen Ende des Jahrhunderts war Zefat die größte Stadt Palästinas.

Auch Tiberias wurde von den Juden wieder aufgebaut, als Feudalbesitz eines jüdischen Bankiers – Don Joseph Nassi; der Versuch mißlang aber.

Im Verlaufe des 16. Jahrhunderts änderte sich die Weltlage des Nahen Ostens jedoch grundlegend. Durch die Entdeckung Amerikas und des Seeweges nach Indien verlor der Nahe Osten zum ersten Male in der Weltgeschichte seine Rolle als Zentralachse des Welthandels, und die Handelswege verödeten. Die Türken verwickelten sich im 17. und 18. Jahrhundert immer mehr in Kriege im Norden – auf dem Balkan und mit Rußland – und vernachlässigten ihre südlichen Provinzen (COHEN 1973). Beduinen und Lokalherrscher erhoben wieder das Haupt. Die Steuerlast wurde für die Bauern untragbar. Da der Baumbestand der wichtigste Faktor für die Berechnung der Steuern wurde, wurden Bäume, einschließlich Obstbäume, entwurzelt. Die Landwirtschaft wurde zu einer Subsistenzwirtschaft der primitivsten Stufe. Die malariaverseuchten Ebenen wurden völlig entvölkert. Zefat wurde 1628 von Drusen gestürmt und geplündert und im Laufe des 18. Jahrhunderts durch mehrere Erdbeben zerstört.

Im Jahre 1799 eroberte Napoleon die Küstenebene und Galiläa und zerstörte sie bei seinem Rückzug völlig – bis auf Akko, das er nicht zu erobern vermochte.

Zu Beginn des 19. Jahrhunderts hatte Palästina seinen absoluten Tiefstand erreicht, und seine Bevölkerungszahl war wahrscheinlich auf dieselbe Größe zusammengeschrumpft, die es zu Beginn der Türkenherrschaft gehabt hatte.

Eine einzige Ausnahme in diesem Bilde des Niederganges war Akko, das Zentrum eines rebellischen Emirats, das zwischen 1750 und 1804 Galiläa und Teile der Küstenebene beherrschte. Seine Herrscher, Dahir el-Amr und dessen Nachfolger Ahmed Jezzar, verstanden es, unter geschickter Ausnutzung internationaler Beziehungen Akko in eine blühende Hafenstadt zu verwandeln, mit großen Karawansereien (Bild 10), einer prächtigen Moschee und zahlreichen öffentlichen und privaten Prunkbauten. Die Befestigungen waren so mächtig, daß Akko der Belagerung durch Napoleon widerstehen und ihn damit zwingen konnte, seinen syrischen Feldzug aufzugeben. Aber mit dem Tode Ahmed Jezzars wurde die türkische Herrschaft wiederhergestellt, Akko verlor seine Bedeutung und wurde wieder zur kleinen Landstadt mit einem unbedeutenden Hafen.

Erst in der zweiten Hälfte des 19. Jahrhunderts setzte ein langsamer Aufstieg ein. Indirekt wurde er verursacht durch die Besetzung Palästinas und Syriens durch Ägypten (1832–1840) unter Ibrahim Pascha, dem Sohne Mohammed Alis. Ägypten war damals das fortschrittlichste Land im Nahen Osten, und Ibrahim führte zahlreiche Reformen ein, vor allem zur Bändigung der Beduinen; wegen der kurzen Dauer der ägyptischen Herrschaft blieben sie jedoch von beschränkter Wirkung. Aber wie oft in der Geschichte brachte nicht die Aktion die Änderung, sondern die Reaktion darauf. Die europäischen Mächte, die auf Bitten der Türkei Ibrahim zum Rückzug gezwungen hatten, verlangten als Entgelt für ihre Hilfe eine Verstärkung ihres politischen Einflusses und vor allem die Genehmigung zur Wiederaufnahme der Aktivität christlicher Institutionen. Nach einer Unterbrechung von 500 Jahren durften zum ersten Male in Palästina wieder Kirchen gebaut und Schulen und Krankenhäuser errichtet werden. Gleichzeitig begann die Organisation von Pilgerfahrten, die jährlich viele Tausende von Besuchern ins Land brachten.

Ein weiterer Entwicklungsfaktor war die Eröffnung des Suezkanals (1869), der den Nahen Osten wieder zu einem Durchgangsgebiet machte, die Schiffsverbindung durch Einführung von Dampfschiffen bedeutend verbesserte und damit auch den Bau von Bahnlinien anregte. Alle diese Erleichterungen für Nichtmoslems brachten auch die ersten Wellen einer verstärkten jüdischen Einwanderung.

Eine genaue Kenntnis der Lage in dieser Zeitspanne vermittelt uns die erste wissenschaftliche Kartierung Palästinas (nördlich von Be'er Sheva), die in den Jahren 1871–78 von dem britischen Palestine Exploration Fund (P. E. F.) durchgeführt wurde und von einer Schätzung der Bevölkerung und Landnutzung eines jeden Ortes begleitet war (Conder & Kitchener 1881). Dieser Schätzung nach betrug die Bevölkerung Palästinas zur Zeit des ›Survey‹ 450 000 Einwohner, einschließlich 20 500 Christen (darunter 4500 Europäer) und 24 000 Juden. Geographisch gesehen waren die Ebenen und ein Großteil der Küste noch immer fast unbewohnt und versumpft, und von 700 Siedlungen lagen 600 im Bergland.

Die folgenden Jahre bis zum Ersten Weltkriege brachten eine Beschleunigung des technischen Fortschritts, die vor allem durch europäische Einwanderung verursacht war und zu einem starken Wachstum der Städte führte. (Eine ausgezeichnete zeitgenössische Schilderung der Landschaft dieser Zeit findet sich bei Banse 1916, S. 359–372.) Unter den Einwanderern sind neben den Juden, deren Zahl bis 1914 auf 85 000 angestiegen war, vor allem die deutschen Siedler vom Verband der ›Templer‹ zu nennen (Carmel 1973), die ›Kolonien‹ in und in der Nähe der größeren Städte errichteten und viele technische Neuerungen in Landwirtschaft und Industrie (z. B. die ersten Dampfmühlen) einführten, Wege bauten und den ersten zwischenstädtischen Personenverkehr mit Pferdekutschen (Diligence) einführten.

Deutsche Ingenieure bauten auch eine Schmalspurlinie von Haifa nach Dera'a (mit Anschluß an Damaskus) und eine Hafenmole in Haifa, während französisches Kapital eine Bahnlinie von Jaffa nach Jerusalem ermöglichte.

Die Landwirtschaft blieb von der Modernisierung im wesentlichen noch unberührt, sowohl in den sozialen Beziehungen zwischen Grundbesitzern und Bauern als auch in der Arbeitsweise und den Produkten. Aber die wirtschaftliche Entwicklung der Städte zog eine größere Anzahl von Arabern an, sowohl aus den Dörfern als auch aus den Nachbarländern, und von einer geschätzten arabischen Gesamtbevölkerung von etwa 600 000 im Jahre 1914 lebte etwa ein Viertel in Städten.

2.7. Das britische Mandat (1920–1948)

Der Erste Weltkrieg brachte für den Nahen Osten wieder eine der schicksalhaften Veränderungen, die in seiner langen Geschichte sich in Abständen von mehreren Jahrhunderten wiederholt hatten. Das Osmanische Reich wurde zerstückelt, und nur dessen Kerngebiet – Anatolien und Ostthrakien – lebte als die Türkische Republik fort, gab aber alle Ansprüche auf die früheren Territorien des Reiches auf. Die Restgebiete im Nahen Osten kamen unter den Einfluß europäischer Mächte, vor allem Englands und Frankreichs, und gerieten damit wieder in den Bannkreis des europäischen Mittelmeergebiets. Diese Verschiebung der geopolitischen Situation hatte Folgen, die ähnlichen Vorgängen im Mittelalter und in der Antike vergleichbar sind: eine verstärkte Urbanisierung, bei der die Küstenstädte neben den historischen Hauptstädten eine führende Rolle spielten.

Die Levanteküste wurde zwischen England und Frankreich aufgeteilt, wobei konstitutionell die Herrschaft als Mandat von seiten des Völkerbundes definiert wurde. Das britische Mandat enthielt neben anderen Bestimmungen den Auftrag, die ›Errichtung einer Heimstätte‹ für das jüdische Volk zu fördern.

Die britischen Mandatsbehörden sahen ihre erste Aufgabe darin, geordnete Verwaltungsverhältnisse herzustellen. Unter den zahlreichen Maßnahmen, die zu diesem Zwecke getroffen wurden, sind unter geographischem Aspekt etwa die folgenden zu erwähnen: eine erneute Kartierung des Gesamtgebiets, verbunden mit der Schaffung eines Katasters, das ermöglichen sollte, die verwickelten Bodenbesitzverhältnisse zu ordnen und einen geregelten Landtransfer zu ermöglichen. Die letzte genannte Aufgabe wurde nur zum Teil gelöst, und weite Gebiete, vor allem im Bergland, wo teilweise chaotische Besitzverhältnisse herrschten, blieben unkartiert.

Ein geologischer Dienst wurde eingerichtet, dem es kurz vor Ende des Mandats gelang, eine geologische Karte des ganzen Landes, inklusive des Negev, zu erstellen. Ein staatlicher Wetterdienst mit einer hydrologischen Abteilung schufen die Grundlagen für die Planung einer modernen Landwirtschaft und von Bewässerungsprojekten.

Besonderes Augenmerk richtete die Mandatsregierung auf die Schaffung eines modernen Verkehrsnetzes (Reichman 1971). Ein Eisenbahnsystem mit Normalspurweite wurde geschaffen. Es bestand aus zwei Linien: Haifa–Gaza (mit Fortsetzung auf ägyptischem Gebiet nach Ismailia und Kairo) und Jaffa–Jerusalem. Diese wurde im Zweiten Weltkrieg nach Norden verlängert, wodurch eine Verbindung mit Beirut und Tripoli geschaffen wurde. Daneben bestand das von den Türken angelegte Schmalspursystem, das Haifa mit Damaskus und Nablus verband. Die großen Städte wurden durch Straßen verbunden, die für den Kraftfahrzeugverkehr benutzbar waren und später asphaltiert wurden. Diese Stichstraßen wurden im Laufe der Zeit zu einem Straßennetz ausgebaut.

Entsprechend seinen Interessen als Seemacht schuf England den ersten Tiefwasserhafen im Lande, als dessen Standort Haifa ausgewählt wurde, während der historische Hafen von Jaffa nur einige Verbesserungen erhielt und größere Schiffe weiterhin auf offener Reede ankern mußten.

Haifa wurde auch als Terminal einer Rohrleitung gewählt, die Rohöl aus dem Irak zum Mittelmeer brachte und als Grundlage für eine Ölraffinerie diente, die zu ihrer Zeit (1939) eine der größten im Nahen Osten war.

Insgesamt begnügte sich die Mandatsregierung mit der Organisierung öffentlicher Dienstleistungen und der Schaffung einer Infrastruktur. Entsprechend ihren kolonialistischen Prinzipien griff sie nicht in das Wirtschaftsleben ein – es sei denn in der Bestimmung von Zöllen und Standards. Die eigentliche Wirtschaftsentwicklung wurde völlig der Privatinitiative überlassen; am Handel und am Handwerk waren alle Teile der Bevölkerung beteiligt, aber auf dem Gebiete landwirtschaftlicher und industrieller Entwicklung war im wesentlichen die jüdische Bevölkerung maßgebend, die sich zu diesem Zwecke ihre eigenen wirtschaftlichen und politischen Institutionen schuf (Simpson 1930).

Aufgrund der Mandatsbestimmung über die Schaffung einer Heimstätte für das jüdische Volk (die ihrerseits auf der sog. Balfour Declaration beruhte, einer entsprechenden Absichtserklärung des damaligen britischen Außenministers Balfour im Jahre 1917) ließ die Mandatsregierung zunächst eine uneingeschränkte jüdische Einwanderung zu, die sich in den folgenden Zahlen des jüdischen Bevölkerungsanteils widerspiegelt:

1918: 56000[1]	1936: 384000[2]
1922: 84000	1941: 479000
1927: 150000	1947: 630000
1932: 175000	

[1] Diese Zahl ist um 30 % geringer als die Zahl der Juden vor dem Ersten Weltkriege, da während des Krieges zahlreiche Juden von den Türken verbannt wurden oder durch Hunger und Krankheit umkamen.

[2] Dieser gewaltige Anstieg ist auf die Einwanderung von Juden zurückzuführen, die wegen der Rassenverfolgungen Deutschland verließen.

Die Einwanderung und Ansiedlung von Juden wurde von der Zionistischen Organisation und später von der Jewish Agency gelenkt, während der Ankauf von Boden (neben Privattransaktionen) in den Händen des Jüdischen Nationalfonds lag, der Boden als Nationaleigentum verwaltete und an Siedler in Erbpacht abgab. Boden konnte nur von dessen arabischen Besitzern erworben werden, und diese waren naturgemäß nur bereit, solche Böden zu verkaufen, die für sie landwirtschaftlich nicht nutzbar waren, vor allem Sümpfe oder Sanddünen. Da diese Art von Böden nur in den Tälern und Ebenen zu finden sind, kam es zu einer geographischen Trennung der beiden Volksgruppen. Die arabische Bevölkerung blieb im Bergland konzentriert, und die jüdischen Neueinwanderer siedelten sich in der Küstenebene, im Yizre'eltal und im Jordangraben an. Die geographische Trennung war nicht absolut. Der südliche Teil der Küstenebene, wo Sümpfe fehlten und Ackerland in genügendem Maße verfügbar war, blieb im allgemeinen in arabischen Händen, und in den Teilen des Landes, in denen jüdische Siedlungen gegründet wurden, kam es meistens zu einem Nebeneinander von jüdischen und arabischen Dörfern.

In den dreißig Jahren der Mandatszeit wurden im ganzen 222 jüdische landwirtschaftliche Siedlungen gegründet, deren größter Teil eine kooperative oder kollektive Lebensform annahm (Kap. 3.3.1; Bein 1952; Samuel 1946).

Aber die meisten jüdischen Einwanderer, die fast alle aus einem städtischen Milieu in Europa und Amerika (und in geringem Maße auch in Afrika und Asien) kamen, zogen die städtische Lebensform vor, die auf Industrie und Handel aufgebaut war. 1946 lebten nur 22% der jüdischen Bevölkerung in ländlichen Siedlungen (und nur 16% waren direkt landwirtschaftlich tätig), der Rest lebte in Städten, vor allem den drei größten: Tel Aviv, Haifa und Jerusalem. Sie stellten im Jahre 1944 in jeder dieser Städte die Mehrheit der Bevölkerung. Tel Aviv war von vornherein als eine rein jüdische Stadt gegründet worden und wies das größte Bevölkerungswachstum auf (1921: 10000; 1931: 46000; 1935: 120000; 1948: 220000).

Da die britischen Mandatsbehörden nicht auf ein so gewaltiges Bevölkerungswachstum eingerichtet waren, begann die jüdische Bevölkerung sich ihre eigene Infrastruktur zu schaffen, vor allem auf dem Gebiete des Schul- und Gesundheitswesens (unter anderem durch Gründung einer Universität, eines öffentlichen Gesundheitsdienstes), aber auch auf den Gebieten des Verkehrs, der Aufforstung, der Bewässerung. Faktisch entstand neben der Mandatsregierung, deren Sitz Jerusalem war, eine halbautonome Nebenregierung mit Sitz in Tel Aviv.

Die arabische Bevölkerung konnte von dieser rapiden Entwicklung, die sich im selben geographischen Raum abspielte, nicht unberührt bleiben. Die von der Mandatsregierung geschaffene Infrastruktur kam fast ausschließlich der arabischen Bevölkerung zugute, vor allem im Schul- und Gesundheitswesen, da die jüdische Bevölkerung ihre eigenen Einrichtungen vorzog. Der Bodenverkauf verschaffte der arabischen Landwirtschaft Entwicklungskapital, und z. B. im Zitrusanbau entstanden jüdische und arabische Anpflanzungen Seite an Seite. Die fortschreitende Urbanisierung sowohl im jüdischen als auch im arabischen Siedlungsgebiet schuf einen Absatzmarkt für Produkte der arabischen Landwirtschaft, und auch der Handels- und Handwerkssektor entwickelte sich (KENDALL 1949).

Das verbesserte Gesundheitswesen (als Folge: geringere Kindersterblichkeit, höhere Lebenserwartung und hohe Geburtenrate) führte zu einer schnellen Vermehrung der Bevölkerung, die auch durch Zuwanderung aus den Nachbarländern erhöht wurde. Daher wuchs auch die arabische Bevölkerung Palästinas in starkem Maße, und ihre Zahl stieg von 668000 im Jahre 1922 auf etwa 1,3 Mio. im Jahre 1947.

Aber diese wirtschaftliche und soziale Entwicklung wurde überschattet vom politischen Konflikt zweier Völker, die beide ein historisches Anrecht auf das Territorium Palästinas in Anspruch nahmen (JEWISH AGENCY 1945; 1947). Trotz zahlreicher Beispiele gutnachbarlicher Beziehungen zwischen Dörfern und Einzelpersonen zeigten die Araber eine grundsätzliche Feindschaft gegenüber den Juden, die sie als Eindringlinge betrachteten, und diese Feindschaft verschärfte sich mit dem Wachstum der jüdischen Bevölkerung. Die Juden betrachteten sich als Rückkehrer in ihre historische Heimat, die ihnen mit Gewalt geraubt und von den Arabern durch Jahrhunderte hindurch vernachlässigt und physisch ruiniert worden war. Sie sahen es als ihre Aufgabe an, das Land durch Pionierarbeit wieder zu seiner alten Blüte zu bringen und gleichzeitig damit dem in der ganzen Welt verfolgten jüdischen Volke eine Heimat zu geben. Solche Überlegungen waren auch die Hauptelemente der schon um die Jahrhundertwende entstandenen nationaljüdischen Bewegung des Zionismus.

Der Widerstand der arabischen Bevölkerung gegen die jüdische Einwanderung nahm in bestimmten Fällen die Form von blutigen Unruhen und Überfällen auf jüdische Siedlungen oder Stadtviertel an, während die Juden mit der Aufstellung paramilitärischer Selbstwehrverbände antworteten, von denen sich später terroristische Gruppen absplitterten. Unruhen größeren Umfanges ereigneten sich 1921 und 1929, während in den Jahren 1936 bis 1939 eine Art arabischer Volksaufstand gegen Juden und Engländer ausbrach, der von den arabischen Nachbarstaaten unterstützt wurde und als dessen Folge die britische Regierung zum ersten Male die Idee einer Teilung Palästinas zur Sprache brachte.

Der Ausbruch des Zweiten Weltkrieges brachte einen Waffenstillstand. Palästina selbst blieb während des Krieges von militärischen Aktionen verschont, während sich schwere Kämpfe sowohl in Ägypten (El-Alamein) wie in Syrien und Irak abspielten.

Aber unmittelbar nach dem Ende des Krieges, als das volle Maß des ›Holocaust‹, d. h. der Ermordung von 6 Mio. Juden durch die deutschen Machthaber in den Gaskammern und Konzentrationslagern bekannt wurde, erlitten die Juden der ganzen Welt ein Trauma, das nur mit dem Trauma bei der Zerstörung des Tempels verglichen werden kann. Die Zionistische Bewegung und andere jüdische Weltorganisationen verlangten eine sofortige Überführung der Überlebenden nach Palästina, um ihnen dort einen Wiederaufbau ihres Lebens zu ermöglichen, während die Araber sich mit gleicher Intensität jeder Erneuerung der jüdischen Einwanderung, die während des Krieges fast zum Stillstand gekommen war, widersetzten. Sie befürchteten, daß durch eine Masseneinwanderung von Juden ihnen jede Möglichkeit genommen sein würde, die Unabhängigkeit, die allen anderen Mandatsgebieten Englands und Frankreichs versprochen worden war, zu erreichen.

Die britische Regierung war macht- und ratlos und ergriff sich widerstreitende Maßnahmen; dabei kam es zu solchen Kopflosigkeiten wie der zwangsweisen Rückführung von Konzentrationslagerinsassen nach Deutschland, die auf einem – worauf sich die Briten versteiften: ›illegalen‹ – Schiff versucht hatten, die Küsten Palästinas zu erreichen. Schließlich erklärte England seine Entschlossenheit, das Mandat einseitig aufzugeben, und schob das Palästinaproblem den neugegründeten Vereinten Nationen (UNO) zu.

Die UNO entsandten eine Untersuchungskommission nach Palästina und faßten auf deren Bericht hin in einer dramatischen Sitzung am 29. 11. 1947 den Beschluß, Palästina in einen jüdischen und einen arabischen Staat zu teilen, mit einer internationalen Enklave in Jerusalem. Die jüdische Führung nahm den Beschluß an, während die Araber ihn von Grund auf ablehnten. Am nächsten Tage brach in Palästina der Krieg zwischen Juden und Arabern aus, in dem in allen Teilen des Landes jüdische gegen arabische Siedlungen und Stadtviertel kämpften. Als am 14. 5. 1948 das Mandat offiziell ein Ende nahm und die letzten britischen Truppen das Land verließen, rief die jüdische Führung unter Ben-Gurion den jüdischen Staat mit Namen ›Israel‹ aus (Sacher 1952), während von allen Seiten die Heere Ägyptens, Transjordaniens, Iraks und Syriens in Palästina einmarschierten (Kimche 1960).

Es kam zu monatelangen blutigen Kämpfen, in denen beide Seiten schreckliche Verluste erlitten und die von Zeit zu Zeit durch vom Sicherheitsrat der Vereinten Nationen angeordnete Waffenruhen unterbrochen wurde (Lorch 1965). Schließlich kam es unter Vermittlung der UNO zu Waffenstillstandsverhandlungen in Rhodos, in denen zeitweilige Grenzlinien entlang den erstarrten Fronten festgelegt wurden. Diese Grenzlinien, heute als ›Grüne Linie‹ definiert, umschrieben das Gebiet des Staates Israel, während die außerhalb der Linien liegenden Teile Palästinas von Ägypten (Gazastreifen) und Transjordanien (Westbank) besetzt und militärisch verwaltet wurden. Da die Araber sich weiterhin weigerten, einen arabischen Staat in nur einem Teil Palästinas zu errichten, wurde die Westbank später von Transjordanien annektiert, das daraufhin den Namen Jordanien annahm.

3. DER STAAT ISRAEL

3.1. Grenzen (Frischwasser-Ra'anan 1955)

Am 14. 5. 1948 beendete England offiziell sein Mandat über Palästina, und der Staat Israel wurde ausgerufen. Gleichzeitig marschierten die Nachbarstaaten Palästinas in das Land ein, mit der Erklärung, daß sie die Existenz des Staates Israel nicht anerkannten und es daher auch für sie keine Grenzen mehr gäbe. Erst im Friedensvertrag von 1979 zwischen Ägypten und Israel wurde festgelegt, daß die Mandatsgrenze zwischen Palästina und Ägypten im Jahre 1982 wieder als internationale Grenze in Kraft treten solle. Alle anderen Grenzen Israels stellen keine internationalen Grenzen dar, sondern Trennungslinien, die in verschiedenen Abkommen festgelegt wurden und völkerrechtlich bzw. politisch recht unterschiedlich zu charakterisieren wären.

Geographisch gesehen wirkt aber jede Trennungslinie, auch wenn sie nicht internationalen Charakter trägt, als ›Grenze‹, da beiderseits der Linie verschiedene Gesetze gelten, die eine verschiedene soziale und wirtschaftliche Entwicklung zur Folge haben. Um diese Entwicklung zu verstehen und zu untersuchen, ist es daher notwendig, die Art der Grenzziehung und deren Zeitpunkt – wenn auch in Kürze – darzustellen.

Solange Palästina zum Osmanischen Reiche gehörte, stellte es keinerlei politische Einheit dar, auch nicht verwaltungsmäßig. Die südlichen Grenzen – mit den arabischen Provinzen der Türkei und dem ›Vasallen‹ Ägypten (das faktisch von England regiert wurde) – führten durch Wüsten, in denen Beduinen umherzogen, denen von ihrer Lebensform her Grenzen ohnehin fremd waren. Die erste Festlegung einer Demarkationslinie als Grenze erfolgte im Jahre 1906, als unter britischem Druck die Grenze Ägyptens auf der Sinaihalbinsel weiter gegen Osten vorgeschoben wurde. Die neubestimmte, fast gerade, ›verwaltungsmäßige Trennungslinie‹ von Rafah am Mittelmeer nach Ras Taba am Golf von Akaba wurde nach dem Ersten Weltkriege als die internationale Grenze zwischen Palästina und Ägypten anerkannt und ist die Linie, auf die sich Israel im Jahre 1982 zurückgezogen hat.

Nach dem Ersten Weltkriege wurden die übrigen Grenzen des britischen Mandatsgebietes international festgelegt. Im Norden war der Verhandlungspartner Frankreich, das das Mandat über Syrien und Libanon erhalten hatte. Hier dauerten die Verhandlungen mehrere Jahre, während deren Frankreich Gelände entlang der libanesischen Grenze kontrollierte, das später an das britische Mandatsgebiet abgetreten wurde, und England die Westabhänge der Golanhöhen unter seiner Verwaltung hielt. Erst im Jahre 1923 wurde ein endgültiges Grenzabkommen unterzeichnet. Die dabei festgelegte Grenzziehung zwischen (dem heutigen) Libanon und Palästina gilt faktisch heute noch (Fig. 12). Die Linienführung der Grenze mit Syrien verursachte die größten Schwierigkeiten, wobei als entscheidender Faktor die Rücksicht auf bestehende jüdische und arabische Siedlungen wirkte sowie die britische Forderung, daß der Jordan und der See Genezareth sich vollständig im britischen Gebiet befinden müßten, da deren Wasser für dessen Entwicklung unbedingt benötigt würden. Das Problem der Nutzung des Jordanwassers war in den Jahren 1948–1967 einer der schwierigsten Streitpunkte zwischen Israel und Syrien und führte zu häufigen militärischen Zwischenfällen.

Die Grenzziehung im Osten war das leichteste Problem. Das britische Mandat über Palästina umfaßte ursprünglich beide Seiten des Jordans, und die Demarkation war faktisch eine interne Angelegenheit der Verwaltung. Dazu kam, daß dies der einzige Grenzabschnitt war, der natürlichen Linien folgen konnte. Die Grenze beginnt im Anschluß an die zwischen England und Frankreich vereinbarte Grenze zwischen den jeweiligen Mandatsgebieten und folgt dem linken Ufer des Yarmouk bis zu dessen Zusammenfluß mit dem Jordan, dann dessen Windungen bis zum Toten Meer und teilt dieses von Norden nach Süden als gedachte Äquidistanzlinie.

Da es südlich des Toten Meeres in der Aravasenke keinen permanenten Flußlauf gibt, folgt die Grenze einer gedachten Linie, die die jeweils niedrigsten Punkte miteinander verbindet, bis zum Roten Meer. Die Grenze in diesem Abschnitt gilt heute noch.

Nach der Gründung des Staates Israel und dem Abklingen der Kampfhandlungen kam es 1949 zu den Verhandlungen in Rhodos, in denen Israel mit jedem seiner Nachbarstaaten einen Waffenstillstand unterzeichnete, in dem neue Grenzlinien auf Karten vermerkt wurden (ALEXANDER 1957). Innerhalb dieser Linien übt Israel volle Souveränität aus, was auch – inoffiziell – durch die Aufnahme Israels in die Vereinten Nationen international anerkannt wurde. Der größte Teil der Mandatsgrenzen blieb in Kraft. Die Grenze mit Ägypten wurde nur an ihrem Nordende geändert, wo Ägypten einen Salient erhielt – den Gazastreifen, der bis 1967 unter ägyptischer Militärverwaltung stand. Auch die libanesische Grenze blieb unverändert. Der Grenzverlauf gegenüber Syrien blieb gleichfalls im wesentlichen erhalten, wurde aber durch verschiedene Bestimmungen über entmilitarisierte Zonen modifiziert.

Die größte Veränderung erfolgte an der Grenze mit Transjordanien, das einen großen Teil des palästinensischen Berglandes besetzt hatte. Hier nimmt die Waffenstillstandsgrenze einen recht bizarren Verlauf – entsprechend den Frontlinien. In ihrem nördlichen Abschnitt (Samaria) nähert sich die Grenzlinie dem Mittelmeer bis auf eine Entfernung von 17 km. Sie verläuft mitten durch Jerusalem, das dadurch zur geteilten Stadt wurde. (Über die politische Organisation der Gebiete außerhalb Israels s. Kap. 8.)

Innerhalb dieser neuen Grenzen umfaßte Israel eine Landfläche von 20325 km², gegenüber einer Gesamtfläche des Mandatsgebiets von etwa 27000 km². Die Länge der Grenzlinien betrug 985 km sowie 254 km Küste. Das bedeutet etwa 50 m Grenze pro 1 km² Fläche. (In Frankreich beträgt das Verhältnis 4 m Grenze pro 1 km².)

Im Sechs-Tage-Krieg (5.–11. 6. 1967) eroberte Israel das gesamte Mandatsgebiet und zusätzlich die ganze Sinaihalbinsel und die syrischen Golanhöhen. Diese Gebiete werden nach den völkerrechtlichen Bestimmungen für besetzte Gebiete militärisch verwaltet, wobei die Gesetze der vorigen Regierung in Kraft bleiben und die Einwohner ihre Staatsangehörigkeit beibehalten. Diese Gebiete, die als ›Westbank‹ und ›Gazastreifen‹ bekannt sind, sind augenblicklich Gegenstand von Verhandlungen über die eventuelle Erteilung von Autonomierechten.

Der ›Oktoberkrieg‹ (Yom-Kippur-Krieg) vom Jahre 1973 berührte nur die Fronten am Suezkanal und in den Golanhöhen. Er wurde durch eine internationale Konferenz in Genf im Jahre 1974 beendet, wobei sich Israel auf genau ausgehandelte ›Separationslinien‹ zurückzog. Im Golan lösten diese die Waffenstillstandslinien ab, und die Beachtung jener Grenzen und der Pufferzonen wird von den UNO-Truppen überwacht.

Die Grenzen auf der Sinaihalbinsel sind durch den Israelisch-Ägyptischen Friedensvertrag abgelöst worden. In der im Dezember 1979 abgeschlossenen ersten Phase hat sich Israel auf die Linie El Arisch–Ras Muhammed zurückgezogen und die Verpflichtung übernommen, sich im Jahre 1982 auf die internationale Grenze zurückzuziehen, die dann zur anerkannten Staatsgrenze wurde (Fig. 12). (Dieses Kapitel beschäftigt sich nur mit den geographischen Aspekten und Veränderungen der Grenzen. Die politischen und militärischen Probleme und Hintergründe liegen außerhalb der Themenstellung dieses Buches. Sie sind in einer großen Anzahl von Büchern und Artikeln – meist polemischer Art – dargestellt, die die Kompliziertheit des Palästinaproblems widerspiegeln, deren Aufzählung aber den Rahmen des Buches sprengen würde.)

3.2. Bevölkerungsstruktur (Eisenstadt 1967)

3.2.1. Demographie

Eine Analyse der Entwicklung der Bevölkerungsstruktur Israels ist ein schwieriges Unterfangen, da sie sich kaum einem existierenden Modell einfügen läßt. Theoretisch ließe sich die Situation am besten mit derjenigen ausge-

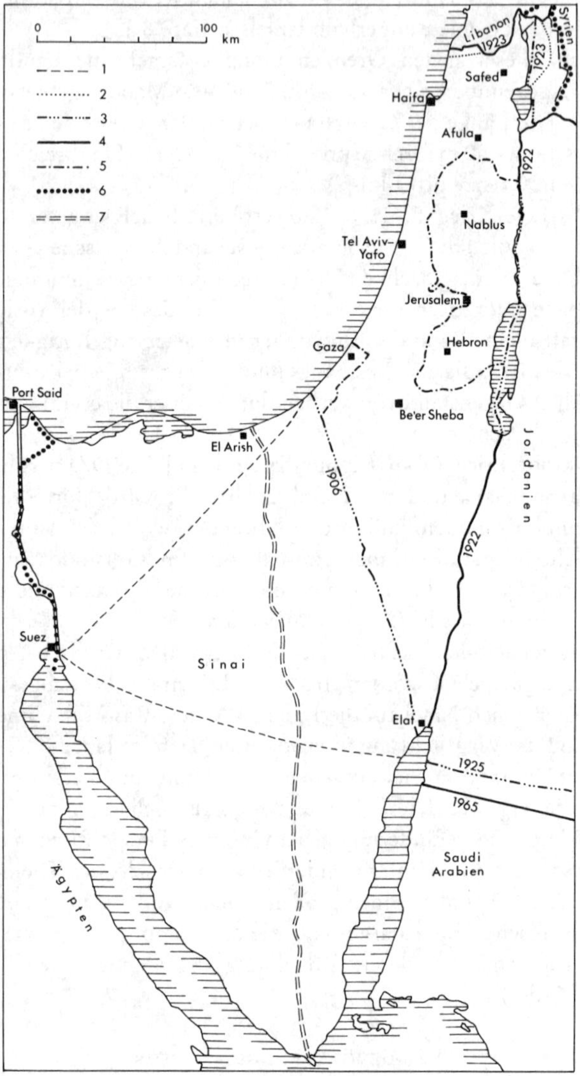

Fig. 12: Grenzveränderungen im 20. Jahrhundert.
1 Türkisch-ägyptische Grenze vor 1906. 2 Britisch-französisches Abkommen 1920. 3 Grenze des britischen Mandats (vorgesehen als ägyptisch-israelische Grenze für 1982). 4 Internationale Grenze. 5 Waffenstillstandslinie von 1949. 6 Trennungslinie nach dem Oktoberkrieg 1973. 7 Vereinbarte Trennungslinie im Sinai (1980).
Die Zahlen an einigen Linien deuten das Datum ihrer ersten Festlegung an.

sprochener Einwanderungsländer vergleichen, wie Brasilien, Argentinien, Kanada, Australien oder den USA. Alle diese Gebiete besitzen fast die Größe eines Kontinentes und verfügen über ausgedehnte, wenig besiedelte Flächen. Dazu kommt, daß der Prozentsatz von Neueinwanderern im Verhältnis zur ansässigen Bevölkerung in Israel weit größer ist als in irgendeinem anderen Lande, vor allem in den ersten 20 Jahren nach der Staatsgründung.

Ein weiteres Problem der Bevölkerungsstruktur Israels ist ihre Heterogenität. Die Bevölkerung ist sowohl ethnisch als auch religiös in zahlreiche Gruppen aufgespalten. Der wichtigste ethnische Unterschied besteht zwischen Juden und Arabern, aber jeder dieser Bevölkerungsteile ist wieder untergliedert, wobei bei den Juden die Herkunftsländer der Einwanderer den Hauptfaktor der Verschiedenheit bilden.

Im Jahre 1946 zählte die Bevölkerung Palästinas (nach Schätzung, CATTAN 1970, S. 21–22) 1,2 Mio. moslemische und 145 000 christliche Araber, gegenüber 608 000 Juden.

Im Verlaufe des Krieges von 1948 floh ein Großteil der arabischen Bevölkerung aus dem Kampfgebiet in der Hoffnung, nach dem erwarteten arabischen Siege wieder zurückkehren zu können. Als sich diese Hoffnung nicht verwirklichte, wurden für sie mit Hilfe der UNO in den Nachbarländern Flüchtlingslager eingerichtet. Noch heute befindet sich eine große Anzahl von Flüchtlingen oder deren Nachkommen in diesen Lagern, da die arabischen Länder nicht fähig oder willens waren, sie zu integrieren (BOPST 1968).

Nur Jordanien verlieh nach dem Anschluß der Westbank den Einwohnern und Flüchtlingen die Staatsangehörigkeit, während im Libanon die Flüchtlingslager eine Art Staat im aufgesplitterten Gesamtstaat bilden.

Zur Zeit des Abschlusses des Waffenstillstands von 1949 verblieben im Staatsgebiet Israels 160 000 Araber, deren Anzahl bis 1979 auf 600 000 angestiegen ist.

Die Anzahl der Juden betrug am Tage der Staatsgründung etwa 650 000, aber da das erklärte Hauptziel des neuen Staates die Aufnahme der Überlebenden der Vernichtungslager war, setzte am selben Tag eine Massenimmigration ein, so daß beim ersten Bevölkerungszensus des Staates Israel (November 1948) bereits 716 700 jüdische Einwohner gezählt wurden (EISENSTADT 1954).

Die Staaten der arabischen Welt – von Marokko bis zum Yemen und Irak – reagierten auf die Errichtung des Staates Israel mit der Vertreibung von fast der gesamten jüdischen Bevölkerung, entweder sofort oder nach Erreichung der Unabhängigkeit (Marokko 1956; Algerien 1962). Im ganzen wurden in einem Zeitraum von zehn Jahren etwa 800 000 Juden zum Verlassen der arabischen Staaten gezwungen, von denen der größte Teil Zuflucht in Israel fand. Daher ist die höchste Wachstumsrate bei der jüdischen Bevölkerung Israels in den ersten drei Jahren seit Ausrufung des Staates zu verzeichnen (SIKRON 1957; SHUVAL 1963).

Tabelle 5: Die Fluktuation in der jüdischen Einwanderung

Periode	Zahl der Einwanderer[1]	Jüdische Bevölkerung am Ende der Periode	Zuwachs durch Einwanderung[2] (in %)
1948–51	715 000	1 404 400	110
1952–54	54 000	1 526 000	3
1955–57	164 000	1 762 000	11
1958–60	75 000	1 911 200	4
1961–64	220 000	2 239 200	11
1965–68	81 200	2 407 600	4
1969–73	223 800	2 752 200	8
1974–77	92 000	3 141 200	2
1978–80	84 100	3 282 700	1

Seit 1981 betrug die Einwanderung im Durchschnitt 15 000–30 000 Einwanderer pro Jahr. Im Jahre 1990 begann die große Einwanderung aus Rußland, die bis zum Jahre 1991 etwa 200 000 und bis Ende 1993 ca. 500 000 Einwanderer mit sich brachte.

[1] Diese Zahlen werden durch den Faktor der Auswanderung relativiert, der in den Perioden geringer Einwanderung am stärksten war. Genaue Zahlen liegen nicht vor.

[2] Der Wanderungsüberschuß in Prozenten der Bevölkerung am Beginn der Periode.

Die jüdische Einwanderung nach Israel erfolgte in periodischen Wellen von 3- bis 4jähriger Dauer, wie aus Tabelle 5 hervorgeht.

Nach dem Oktoberkrieg von 1973 und der darauf folgenden Weltwirtschaftskrise, die durch das gewaltige Ansteigen der Rohölpreise eingeleitet wurde, erreichte die Einwanderung einen Tiefstand von etwa 20 000–30 000 Personen im Jahre.

Dieser Zahl steht eine Auswanderung von etwa 15 000 Personen im Jahre gegenüber. Seit 1978 macht sich wieder ein Ansteigen der Einwanderung bemerkbar. Insbesondere seit 1990 begann die große Einwanderung aus der ehemaligen Sowjetunion (vgl. Tabelle 5); ein zusätzlicher Anstieg erfolgt v. a. durch Einwanderer aus Äthiopien, während aus anderen Ländern nur eine verhältnismäßig geringe Zuwanderung erfolgte. Durch den ständig ansteigenden Anteil der im Land Geborenen wuchs die Gesamtzahl der jüdischen Bevölkerung bis Ende 1992 auf 3 946 700 Einwohner. Der Anteil der Letztgenannten an der jüdischen Bevölkerung, der im Jahre 1948 35,4 % betrug, war bereits bis zum Jahre 1978 auf 54,2 % angestiegen (12,5 % sind bereits zweite oder höhere Generation). Aber die Einwanderung führte zu einer Veränderung der ethnischen Zusammensetzung. Während zur Zeit der Staatsgründung etwa 90 % der jüdischen Bevölkerung aus Europa (vor allem Osteuropa) stammte, ist deren (oder ihrer Nachkommen) Anteil jetzt auf 38 %

zurückgegangen. Dahingegen ist der Anteil von Einwanderern aus moslemischen Ländern (oder deren Nachkommen) von 10 % auf 46 % angestiegen. Bei den übrigen handelt es sich um Einwanderer aus Nord- und Südamerika oder um Israelis dritter oder höherer Generation (EISENSTADT 1950).

Die Einteilung nach Herkunftsländern hat nicht nur statistische Bedeutung. Die Einwanderer aus moslemischen Ländern besitzen im allgemeinen einen niedrigeren Bildungsgrad oder eine geringere Fachausbildung, da ihnen in den Herkunftsländern nicht genügend Ausbildungsmöglichkeiten zur Verfügung standen; auch konnten sie keinerlei Kapital oder Investitionsgüter mit sich bringen. Die niedrigen Einkommensstufen sind bei ihnen daher prozentual weitaus mehr vertreten als unter den Einwanderern aus Ländern westlicher Kultur oder den Kindern von alteingesessenen Familien. Auch im Interesse an Kultur und Kunst bestehen große Unterschiede zwischen den Gruppen, obwohl unter den jüngeren Altersgruppen durch den Einfluß von Schule und Militär eine gewisse Angleichung erreicht wird.

Aber auch unter der ›nichtjüdischen‹ Bevölkerung – dies ist der Sammelname für alle anderen Bevölkerungsgruppen, die nicht nur Araber umfassen, sondern auch Drusen, Tscherkessen und andere – bestehen große Unterschiede ethnischer, religiöser und kultureller Art. Geographisch ist die nichtjüdische Bevölkerung in drei Gebieten konzentriert. Der größte Teil lebt in Ober- und Untergaliläa, ein weiterer in Siedlungen längs der ehemaligen Waffenstillstandsgrenze mit Jordanien, und der dritte Teil konzentriert sich in Ostjerusalem, d. h. dem Teil der Stadt, der bis zum Sechs-Tage-Kriege zu Jordanien gehörte.

Die Zahl der nichtjüdischen Bevölkerung ist von 160 000 im Jahre 1948 auf 596 000 (einschließlich Ostjerusalem) im Jahre 1978 und auf 873 000 im Jahre 1990 (vgl. Tabelle 6) gestiegen, d. h. in nur wenig geringerem Maße als die jüdische Bevölkerung. Dieser große Zuwachs ist zum Teil auf die Rückkehr von

Tabelle 6: Bevölkerung Ende 1990

Israel		Übrige Gebiete	
Juden (incl. Westjerusalem)	3 946 000	Westbank	955 000
Moslems	677 000	Gazastreifen	642 000
Drusen u. a.	82 000		
Christen	114 000		
(Nichtjuden 873 000)			
Insgesamt	4 819 000		1 597 000

Die Gesamtbevölkerung im ehemaligen Gebiete des britischen Mandates beträgt also 6 416 000, verglichen mit 1 953 000 Einwohnern bei Beendigung des Mandates.

Flüchtlingen zurückzuführen, die der Staat Israel im Sinne der ›Familienvereinigung‹ gestattet hatte. Im wesentlichen ist er aber in einem natürlichen Zuwachs begründet, der zu den größten der Erde gehört. Da auch diese Bevölkerung am israelischen Gesundheitswesen vollen Anteil hat, ist die Sterberate von 8,8 pro Tausend (1951) auf 4,9 pro Tausend (1978) zurückgegangen und damit sogar niedriger als die der jüdischen Bevölkerung (7,2). Dagegen ist die Geburtenrate mit 39,8 pro Tausend unverändert hoch geblieben, unter den Moslems beträgt sie sogar 42,6 pro Tausend. Daraus ergibt sich eine natürliche Zuwachsrate von etwa jährlich 3,5 %, während sie bei der jüdischen Bevölkerung nur 1,5 % beträgt. Dieser demographische Unterschied wird in der Alterspyramide (Fig. 13) besonders deutlich. Von der jüdischen Bevölkerung befinden sich 11,4 % in der Altersgruppe 0–4 und 27,2 % in der Gruppe 5–19. Die entsprechenden Zahlen für die arabische Bevölkerung sind: 0–4: 18,7 %; 5–19: 41,2 %.

3.2.2. Religion

Religionszugehörigkeit spielt in Israel, einem Teil des Nahen Ostens, eine weitaus bedeutendere Rolle als in der westlichen Kulturwelt. Sie ist nicht der Ausdruck einer persönlichen Überzeugung oder freiwilligen Zugehörigkeit zu einer Gemeinde, sondern eine Institution mit gewissen staatlichen Funktionen. Dies geht auf die osmanische Gesetzgebung zurück, die im ›Millett‹-System den nichtmoslemischen Bevölkerungsgruppen eine Art Autonomie – vor allem in Fragen des Personalrechts – gewährte und die religiösen Führer zu offiziellen Sprechern ihrer Bevölkerungsgruppe ernannte. Die britische Mandatsregierung übernahm die Grundideen dieser Regelung und überließ alle Angelegenheiten des persönlichen Rechts – wie Eheschließung, Scheidung, Erbschaft, Versorgungsgelder, Beerdigungen – sowie Verwaltung des Eigentums religiöser Institutionen den einzelnen religiösen Gemeinschaften. Es wäre unmöglich gewesen, die weit auseinandergehenden Kulturtraditionen – wie z. B. Einehe versus Vielehe, moslemisches versus jüdisches oder römisches Erbrecht, die rechtliche und persönliche Stellung der Frau – in einem Staatsgesetz zu vereinen.

Der Staat Israel übernahm im wesentlichen die Mandatsgesetzgebung auf diesem Gebiete, mit gewissen Änderungen, von denen eine der wichtigsten es ermöglicht, gegen die Entscheidung eines religiösen Gerichtshofs beim obersten Staatsgerichtshof Berufung einzulegen (Chigier 1967). Die Folge dieses Rechtssystems ist, daß jeder Staatsbürger automatisch einer bestimmten Religionsgruppe zugehört, auch wenn er kaum die religiösen Gebräuche einhält oder Freidenker ist. Das nach außen hin sichtbarste Zeichen dieses Zustandes ist das Fehlen der Zivilehe (Rubinstein 1967).

Innerhalb jeder der religiösen Gruppen gibt es Spaltungen und Sekten,

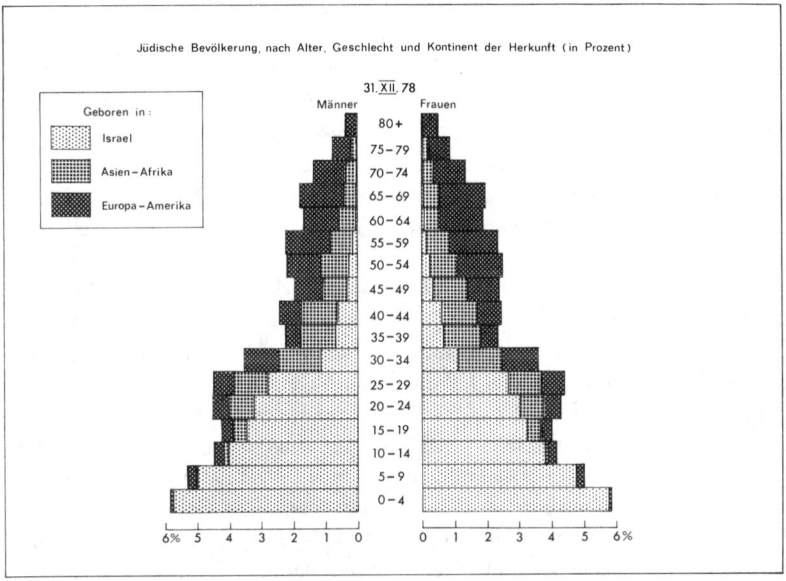

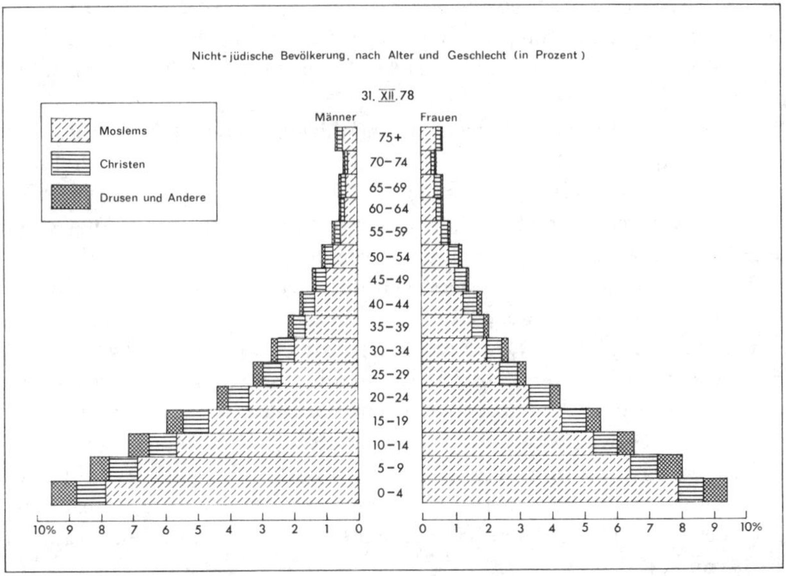

Fig. 13: Alterspyramiden der jüdischen und der nichtjüdischen Bevölkerung.

deren Mitglieder sich nicht nur in Riten und Gebräuchen unterscheiden, sondern oft auch in Lebensform und sogar in Kleidung.

Die jüdische Gemeinschaft ist im wesentlichen in zwei Gruppen aufgeteilt: die Aschkenasen, d. h. Juden europäischer oder anderer westlicher Herkunft, und die Sepharden (= Spanier), deren Gemeinsamkeit darin besteht, daß sie aus Ländern stammen, die unter moslemischer Herrschaft standen. Die Sepharden teilen sich in zahlreiche Gemeinden auf, entsprechend der Herkunftsländer. Bei den Aschkenasen spielt das Herkunftsland religiös eine geringere Rolle, dafür aber verschiedene Grade von Einhaltung der Religionsgesetze.

Die Moslems sind die einheitlichste Gruppe, da sie fast alle der Tradition der Sunniten folgen, während die Schiiten eine verschwindend kleine Minorität sind. Eine besondere Gruppe unter der arabischsprechenden Bevölkerung bilden die Drusen (Hitti 1928), die sich sowohl ethnisch als auch religiös von den Moslems absondern (Ben Zvi 1954). Ihre Religion ist auf Mystik aufgebaut, und deren Geheimnisse werden nur in einer strengen Hierarchie von Eingeweihten mitgeteilt. Die Weltzentren der Drusen befinden sich im Libanon und im südlichen Syrien, während sie in Israel in Galiläa und auf dem Karmelberge konzentriert sind (Epstein 1942). Die stärkste Aufsplitterung ist unter den Christen zu finden. Die meisten der arabischsprechenden Christen gehören den antiken ›östlichen‹ Kirchen an, wie Armenier, Maroniten, Jakobiten, Kopten, Äthiopier. Eine der stärksten Gruppen sind die Griechisch-Orthodoxen, bei denen neben Arabern auch andere Volksgruppen vertreten sind.

Unter den westlichen Kirchen, deren Anhänger sowohl Araber als auch Personen aus westlichen Kulturkreisen sind, ist die römisch-katholische Kirche die stärkste Gruppe, während der Protestantismus durch eine Vielzahl von Kirchen westlicher Prägung vertreten ist: Lutheraner, Anglikaner und das Mosaik der amerikanischen Christenheit.

Die Vielheit der religiösen Gruppen in Israel ist natürlich zum größten Teil darauf zurückzuführen, daß Palästina das Ursprungsland der monotheistischen Religionen ist, und so hat fast jede Gruppe ihre heiligen Stätten im Lande, deren Zentrum Jerusalem ist. Für die Christen befinden sich heilige Stätten neben Jerusalem und Bethlehem vor allem in Galiläa: Nazareth (Bild 9) und der Kinneretsee. Die Drusen haben gleichfalls ihr Heiligtum in Galiläa, wo das Grab von Nebi Schu'eib (Jithro, dem Schwiegervater Moses') sich unweit von Tiberias befindet. Die moderne Religion der Bahais, die Ende des 19. Jahrhunderts in Iran gegründet wurde, hat ihre Weltzentrale in Haifa (Bild 8).

3.2.3. Geographische Verteilung der Bevölkerung

Nach der Festlegung der Waffenstillstandsgrenzen hatte Israels Fläche die Form eines langen Streifens angenommen, dessen Nord-Süd-Ausdehnung etwa 420 km beträgt und dessen Durchschnittsbreite zwischen 60 und 85 km schwankt. Aber in der Mitte des Streifens wurde die Breite durch das Vorspringen der Westbank nach Westen bis auf 17–25 km eingeengt, und gerade dieser Teil Israels ist der am dichtesten besiedelte. Zwei Drittel der Fläche – im Süden – bilden die Wüste Negev, die zur Zeit der Staatsgründung unbewohnt war.

Der Nordteil des Landes, Galiläa, bildete das Siedlungszentrum der arabischen Bevölkerung Israels, und Jerusalem lag abseits, aufgeteilt, und von drei Seiten von jordanischem Gebiet umgeben. Es war mit der Küstenebene nur durch einen 20 km langen und 10 km breiten Korridor verbunden.

Die Verteilung der jüdischen Bevölkerung spiegelte zu Anfang den Zustand der Mandatszeit wider, als man nur in der Küstenebene und den inneren Tälern Land erwerben konnte. In diesen Regionen lebten im Jahre 1948

Tabelle 7: Regionale Verteilung der jüdischen Bevölkerung (in %)

Region	1948	1967	1980	1990
Kernland				
Haifa und Karmel	16,6	12,8	12,6	10,5
Yizre'el-Tal, Harodtal	3,4	3,6	2,8	3,5
Sharon	14,9	14,2	9,5[1]	13,7
Großraum Tel Aviv	43,2	34,1	39,4	37,3
Südl. Küstenebene (bis Gedera)	4,8	8,1	6,8[1]	8,6
Kernland gesamt	82,9	72,9	71,1	73,6
Jerusalem	12,0	9,5	10,0	10,8
Randgebiete				
Nördl. Küstenebene	0,8	2,7	2,2	3,8
Südl. Küstenebene (südl. von Gedera)	0,7	5,3	6,0	5,9
Galiläa	3,4	3,7	3,8	3,1
Negev	0,2	5,8	6,8	6,7
Randgebiete gesamt	5,1	17,6	18,9	15,7

[1] Der Rückgang des Sharon und der südlichen Küstenebene (bis Gedera) im Jahre 1980 ist darauf zurückzuführen, daß Teile der Gebiete in den Großraum Tel Aviv einbezogen wurden.

ca. 83 % der jüdischen Bevölkerung, in und um Jerusalem weitere 12 %. Um eine gleichmäßigere Verteilung der Bevölkerung zu erzielen und um vor allem das Übergewicht von Tel Aviv zu verringern, wurde geplant (Sharon 1952; Brutzkus 1964, 1966), vor allem die Neueinwanderer in den weniger dicht bevölkerten Teilen des Landes landwirtschaftlich und städtisch anzusiedeln (Dash & Efrat 1964). Aber trotz aller Bemühungen hat sich das Siedlungsbild nur wenig verändert, wie Tab. 7 zeigt. Danach ist eine relative Zunahme in den Randgebieten erkennbar, vor allem im Negev, auf Kosten des Kernlandes, und damit auch eine gewisse Verringerung der Vormachtstellung des Großraumes Tel Aviv.

Gleichzeitig mit den Veränderungen in der territorialen Verbreitung der Bevölkerung setzt sich der Prozeß der Urbanisierung weiter fort, über den Einzelheiten im Kap. 3.3.2 gegeben werden.

3.3. Ländliche und städtische Siedlungen

3.3.1. Ländliche Siedlungsformen

Die Besonderheit der jüdischen Landwirtschaft in Israel liegt in der Form und Organisation ihrer Siedlungen, die nur aus der Geschichte der jüdischen Kolonisation heraus zu verstehen ist (Agricultural Settlement Department 1960). Die erste jüdische landwirtschaftliche Siedlung wurde vor etwa 100 Jahren gegründet, und zur Zeit des Ersten Weltkrieges existierten 54 jüdische Siedlungen. In den 30 Jahren der britischen Mandatsherrschaft kamen 222 neue jüdische Siedlungen hinzu (Gurevich & Gerz 1938), und im Jahre 1978 betrug die Anzahl der jüdischen Siedlungen innerhalb des Staatsgebietes von Israel 795, d. h., daß zwei Drittel von ihnen nicht älter als 30 Jahre sind.

Aus diesen Zahlen geht hervor, daß es in der jüdischen Landwirtschaft keinen alteingesessenen Bauernstand gibt und auch keine traditionelle ländliche Siedlungsform. In der Zeit bis zum Ersten Weltkriege wurden fast alle Siedlungen nach dem Modell mitteleuropäischer Dörfer gebaut, und zwar entlang einiger weniger, sich rechtwinklig kreuzender Straßen. Die zentrale Straßenkreuzung wurde zum Dorfzentrum, dem allerdings das Merkmal des europäischen Dorfes – die Kirche – fehlt. Um diese Kreuzung herum konzentrierten sich die wenigen öffentlichen Gebäude und Läden des Dorfes. Dieser Dorftyp wird im Hebräischen *Moshava* (Mehrzahl Moshavot) genannt. Auch seine soziale Gliederung entsprach mehr oder minder dem europäischen Beispiel: Einzelbauern, die eine gewisse Anzahl von Landarbeitern beschäftigten. Soweit diese jüdisch waren, wohnten sie in den entfernteren Teilen des Dorfes. Arabische Arbeiter kamen aus den benachbarten arabischen Dörfern. Noch im ersten Jahrzehnt der britischen Mandatsherrschaft wurde eine Reihe dieser Dörfer gegründet, aber allmählich machten sich bei Neugründungen andere Siedlungsformen stärker bemerkbar. Heute ist ein großer Teil dieser ursprünglichen Dörfer zu städtischen Siedlungen angewachsen (s. unten).

Zur Zeit der türkischen Herrschaft behaupteten sich die meisten dieser Siedlungen nur mit Mühe. Die Mehrzahl der Siedler kam aus städtischen Berufen, ohne jede landwirtschaftliche Erfahrung (im Gegensatz zu den deutschen Siedlern der Templergesellschaft, die ländlicher Herkunft waren), und auch geschulte Landwirte waren weder mit dem Klima noch mit den Böden vertraut, waren jedoch nicht gewillt, auf das Subsistenzniveau der arabischen Landbevölkerung herabzusteigen. Die durch diese Schwierigkeiten geschaffene Krisensituation konnte nur mit finanzieller und technischer Unterstützung durch in Europa gegründete jüdische Hilfsorganisationen wenn nicht überwunden, so doch gemildert werden. Erst als nach der Errichtung des britischen Mandates der Zitrusanbau zur Grundlage der jüdischen Landwirtschaft wurde, war eine Basis für diese Siedlungen gefunden, die aber geographisch auf die Küstenebene, vor allem auf die Sharonebene, beschränkt war.

Die Erfahrung der ersten Jahrzehnte jüdischer Kolonisation hatte gezeigt, daß sich europäische Siedlungsformen nicht einfach nach Palästina verpflanzen ließen und daß es notwendig war, nach neuen Formen zu suchen, die auch den Charakter der Siedler berücksichtigten. Denn wenn auch die Neusiedler keine landwirtschaftliche Erfahrung hatten, waren sie dafür von Traditionsgebundenheit frei und technologischen wie organisatorischen Neuerungen zugänglich. Dazu kam eine starke nationale und soziale Motivierung der Neueinwanderer, für die die Umsiedlung nach Palästina nicht nur eine Verlegung der Wohnstätte war, sondern die Erfüllung eines nationalen und religiösen Ideals – der Wiedererrichtung eines jüdischen Staates; bei den landwirtschaftlichen Siedlern kamen sozialistische Tendenzen hinzu (GORDON 1929). Es entstand die Idee der kollektiven Siedlung (*Kibbuz*, Mehrzahl Kibbuzim), deren erste im Jahre 1909 in Deganya am Kinneretsee errichtet wurde. Die ideologischen Grundlagen der Kollektivsiedlungen fanden ihre Bestärkung in praktischen Notwendigkeiten. Die Aufgabe der Kolonisierung wurde während der Mandatszeit den ›nationalen Institutionen‹ übertragen. Wichtig war der Jüdische Nationalfonds (Keren Kayemeth Le'Israel), dessen Aufgabe es war, Land käuflich zu erwerben, zu verwalten und in Erbpacht an Siedler zu übergeben. (Nach Gründung des Staates Israel wurde das Eigentumsrecht am Boden einer staatlichen Behörde – Israel Land Authority – ohne Änderung der Pachtbedingungen übergeben, während der Nationalfonds die Funktionen der Ameliorisierung von Böden und der Aufforstung beibehielt.) Zur finanziellen Unterstützung der Siedler wurde im Jahre 1929 der Keren Hayessod ins Leben gerufen. Doch die Finanzmittel dieser Institutionen waren beschränkt. Andererseits besaßen die Siedler keine eigenen Mittel und waren genötigt, sich mit dem baren Existenzminimum zu begnügen, vor allem im Hausbau. Die Siedler mußten jahrelang in Zelten hausen, später in Holzbaracken, da der Bau von Häusern erst sehr viel später in Angriff genommen werden konnte. Andererseits waren die meisten Böden nicht sofort landwirtschaftlich nutzbar und mußten erst durch intensivste Arbeit ertragfähig gemacht werden (s. Kap. 3.4.1.1). Um in dieser Zeit die Lebenshaltungskosten decken zu können, mußte ein Teil der Siedler sich als Lohnarbeiter verdingen und ihren Lohn mit den anderen Mitgliedern des Kollektivs teilen. Ein Leben unter solchen Bedingungen konnte nur von Menschen ertragen werden, die von einem großen Ideal angefeuert waren. So entwickelte sich der Kibbuz zu einer Siedlungs- und Lebensform, die bisher nirgendwo anders eingeführt worden ist (Baratz 1955). Sie unterscheidet sich von den Kollektivwirtschaften der kommunistischen Länder dadurch, daß sie nicht auf staatlichem Zwang, sondern auf absoluter Freiwilligkeit aufgebaut ist und daß jedes Mitglied jederzeit das Recht hat, das Kollektiv zu verlassen. Die Verwaltung ist demokratisch und wird von gewählten Kommissionen gehandhabt. Auch die führenden Positionen sind mit Personen besetzt, die für eine beschränkte Periode gewählt werden.

In einem Kibbuz gehören alle Produktionsmittel (Boden, Installationen, Maschinen, Arbeitskapital) dem Kollektiv, das als Gesellschaft des öffentlichen Rechts auftritt, aber auch alle Pflichten und Rechte einer Kommune wahrnimmt (Schulwesen, Gesundheitswesen usw.), wobei natürlich die Mitglieder keine Kommunalsteuern zahlen. Jedes Mitglied ist verpflichtet, im Rahmen seiner Fähigkeiten und nach Anordnungen der gewählten Gremien für die Kommune zu arbeiten (Pallmann 1966), umgekehrt ist die Kommune verpflichtet, für sämtliche Bedürfnisse ihrer Mitglieder (Wohnung, Möbel, Kleidung, Essen, Erholung) entsprechend ihrer finanziellen Möglichkeiten aufzukommen. Noch immer ist das Kennzeichen eines Kibbuz der gemeinsame Speisesaal.

Jeder der etwa 250 bestehenden Kibbuzim erlebte eine Aufbauphase unter schwierigsten Bedingungen, aber fast alle haben sich bis heute konsolidiert, und seine Bewohner haben einen Lebensstandard erreicht, der sogar über dem Niveau eines städtischen Facharbeiters liegt (Paran 1970). Die Leitung der meisten Kibbuzim ist inzwischen von der Gründergeneration in die Hände der zweiten oder sogar dritten Generation übergegangen, die zwar die ideologischen Grundgedanken beibehalten hat, aber zahlreiche Änderungen, vor allem auf dem Gebiete des Konsums, eingeführt hat. Die normale Wohneinheit besteht heute aus einer Zweizimmerwohnung mit Küche und Bad oder, wenn die Kinder im Elternhaus schlafen, aus einer Dreizimmerwohnung. Möbel, Bilder, Privatbibliothek, Kleider sind dem Geschmack des einzelnen überlassen. Ferien können unter bestimmten Bedingungen im Ausland verbracht werden. Kraftwagen sind zwar Gemeinbesitz, werden aber zahlreichen Mitgliedern, deren Arbeitstätigkeit Fahrten verlangt, auf Dauer zur Verfügung gestellt und anderen Mitgliedern über das Wochenende überlassen. Das Kulturleben – Vorträge, Fortbildungskurse, Film- und Theatervorstellungen, Konzerte (auch eigene Orchester oder Chöre und Tanzgruppen) – bietet ein weitaus größeres Angebot, als es dem städtischen Arbeiter zur Verfügung steht.

Wirtschaftlich stellt jeder Kibbuz einen landwirtschaftlichen Großbetrieb dar mit zahlreichen Zweigen, deren Leitung in den Händen von Agronomen mit Hochschulausbildung oder langjähriger Erfahrung liegt. Daher ist die Kibbuzbewegung die treibende Kraft landwirtschaftlichen Fortschrittes, die es sich auch erlauben kann, Versuche mit neuen Produkten oder Arbeitsweisen anzustellen, für die ein privater Landwirt nicht das Risiko übernehmen würde.

Aber inzwischen ist der Kibbuz kein rein landwirtschaftlicher Betrieb mehr. Mit der totalen Mechanisierung aller landwirtschaftlichen Zweige wurden Fachkräfte frei, die in der Industrie besser verwendet werden konnten; auch war es nötig, für ältere Mitglieder Arbeitsplätze zu schaffen, die weniger physische Anstrengungen verlangen. Aus diesen Gründen schuf jeder Kibbuz einen oder mehrere Industriebetriebe, die heute oft ein größeres Einkommen bringen als die Landwirtschaft und den Kibbuz krisenfester machen (HALPERIN 1957, 1963). Ein besonderer Industriezweig ist das Hotelgewerbe, für das ein Kibbuz die idealen Bedingungen einer ländlichen Umgebung, frischer Produkte, einer ausgezeichneten Küche und guten Personals anbieten kann. 22 Kibbuzim besitzen ›Gästehäuser‹, die den Charakter erstklassiger Hotels tragen und bei Touristen wie bei Israelis gleichermaßen beliebt sind (ZAHN 1976).

Aus all diesen Aufgaben ergibt sich eine fast einheitliche physische Organisation des Kibbuz als Siedlungsort (Fig. 14). Die mittlere Größe eines Kibbuz schwankt zwischen 400 und 1200 Einwohnern. Die Siedlung befindet sich etwas abseits einer Straße, so daß der Überlandverkehr nicht mit dem Ortsverkehr in Konflikt gerät. In der Nähe der Straße befinden sich die landwirtschaftlichen Einrichtungen: Ställe, Silos, Reparaturwerkstätten, Kühlhäuser, Verpackungs- und Verwertungsinstallationen. Das Wohngebiet befindet sich in einer gewissen Entfernung, meist auf erhöhtem Gelände, und ist nur für Fußgänger und Radfahrerverkehr geöffnet. In seiner Mitte liegen die zentralen Gebäude: der gemeinsame Speisesaal mit anschließenden Küchen und Vorratshäusern, der Kultur- und Versammlungssaal mit Bibliothek und – an vielen Orten – ›Kaffeehaus‹, das Sekretariat, Klinik und andere Institutionen.

Die Wohngebäude sind unregelmäßig um das Zentrum gruppiert; sie bestehen aus ein- bis vierstöckigen Häusern inmitten ausgedehnter Rasen- und Gartenanlagen.

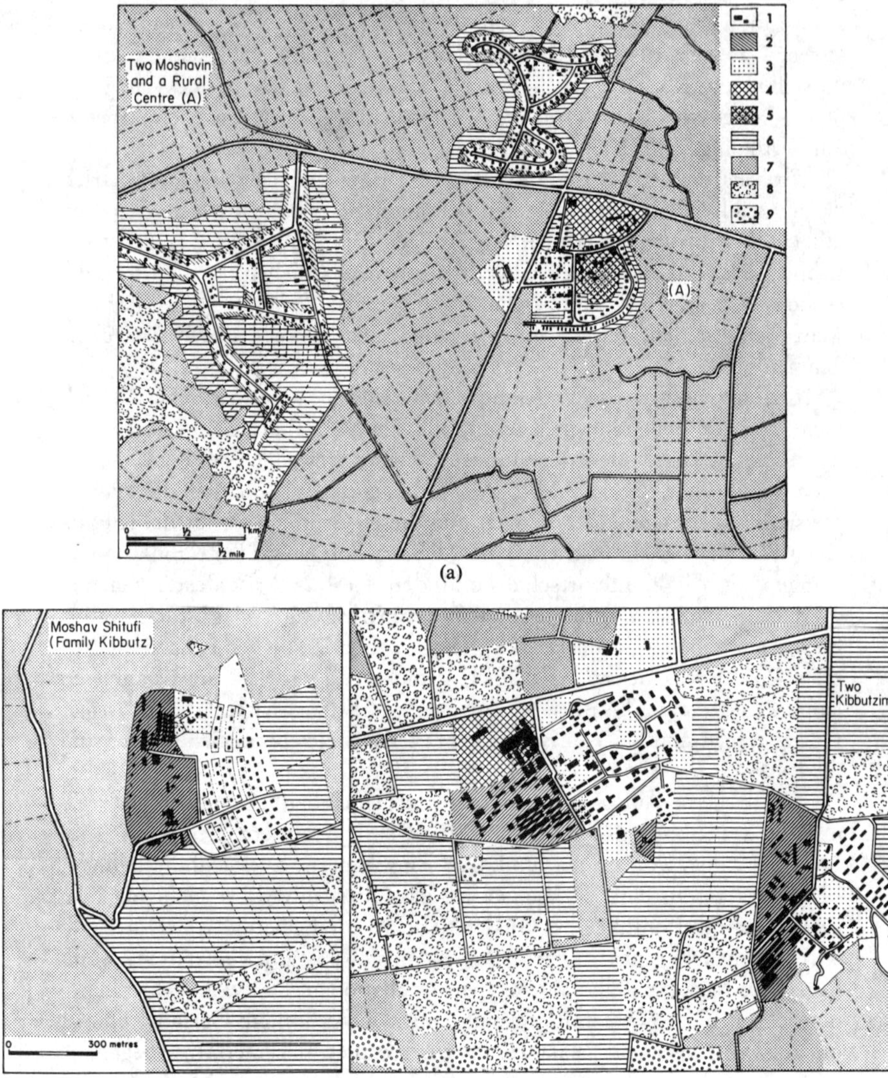

Fig. 14: Typen ländlicher Siedlung (zur Zeit der Gründung). – Quelle: ATLAS OF ISRAEL. 1 Wohngebäude. 2 Werkstätten und landwirtschaftliche Installationen. 3 Öffentliche Gebäude. 4 Industriezone. 5 Geschäftszentrum. 6 Ackerfläche (bewässert). 7 Ackerfläche (unbewässert). 8 Baumpflanzungen. 9 Fischteiche.

In einem anderen Teil des Kibbuz befindet sich das ›Kinderdorf‹, in dem die Kinder bis zum Alter von 18 Jahren nicht nur ihre Erziehung erhalten, sondern – in der Mehrzahl der Kibbuzim – auch wohnen, aber die Freizeit im Hause der Eltern verbringen. Für jede Altersstufe gibt es einen Komplex von Wohngebäuden, Klassenzimmern und Spiel- und Arbeitsräumen. Daran schließt sich meistens das Sportgelände mit Fußballplatz und Schwimmbad an.

Als Wohnort stellt der Kibbuz eine ausgezeichnete Kombination von städtischer Lebensform und ländlicher Umgebung dar. Wenn trotz allem nur etwa 100 000 Menschen, d. h. ca. 3 % der jüdischen Bevölkerung, in Kibbuzim leben, liegt das daran, daß noch immer eine starke ideologische Motivierung nötig ist, um die Unterwerfung der Individualfreiheit unter die Gesetze der kollektiven Gemeinschaft auf sich zu nehmen. Andererseits stellen die Kibbuzim eine starke politische Kraft dar, deren Einfluß auf Wirtschaftsorganisationen, Parteien, Parlament und sogar Regierungen weitaus größer ist als ihr zahlenmäßiger Anteil an der Gesamtbevölkerung.

Das Streben nach individueller Lebensform, die trotzdem nicht auf die Pionierideale der Gründergeneration verzichten müßte, führte zu einer Abspaltung in der Kibbuzbewegung, wobei es im Jahre 1920 zur Gründung des Dorfes Nahalal im Yizre'eltal kam. Die neue Siedlungsform, die sich daraus entwickelte, wurde *Moshav* (Mehrzahl Moshavim) genannt (Enzer 1966). Ihre Idee beruht auf dem Prinzip der Gleichheit in den Grundbedingungen – Eigenarbeit und gegenseitige Hilfe der Siedler – verbunden mit Entscheidungsfreiheit in der Wirtschaftsführung und Lebenshaltung (Lowe 1963; Meyer 1963). Jeder Siedler erhält ein Gelände von gleicher Größe in Erbpacht (im Durchschnitt 3–4 ha), auf dem er sein eigenes Haus baut. Im Rahmen eines gemeinsamen Landnutzungsplanes besitzt er eine gewisse Elastizität in der Auswahl der Produkte, auf die er sich spezialisieren möchte. Alle Dienstleistungen für die Landwirtschaft beruhen auf kooperativer Basis: der Ankauf von Saatgut, von Futter- und Düngemitteln, die Vermarktung, die Verarbeitung von Milchprodukten, aber auch der Kauf und Betrieb schwerer Maschinen, während Traktoren und leichte Maschinen von den einzelnen Bauern erworben und betrieben werden können, wobei es möglich ist, daß gewisse Maschinen an andere Bauern zeitweilig gegen Pacht verliehen werden.

Diese Form der Siedlung läßt Raum für Privatinitiative, die allerdings dadurch eingeschränkt ist, daß der Bauer kein zusätzliches Land erwerben kann, weder käuflich noch in Pacht. Keine der ursprünglichen Parzellen darf vergrößert oder aufgeteilt werden. Diese Bestimmung wurde vor allem eingeführt, um Aufsplitterung des Grundeigentums zu verhindern, die in der arabischen Landwirtschaft so verheerende Folgen gehabt hatte. Aber gerade aus dieser Bestimmung ergaben sich später schwerwiegende Folgen.

Da früher die wichtigste Ursache der Landzersplitterung die Aufteilung einer Hinterlassenschaft auf die Erben war, wurde bestimmt, daß nur der älteste Sohn das Grundstück und die Wirtschaft erbt, während die anderen Nachkommen nur Anteile am mobilen Vermögen erhalten. (Diese Bestimmung geht auf das alte jüdische Erbrecht zurück, das auf ähnlichen Prinzipien aufgebaut war, während das moslemische Erbrecht eine Teilung unter alle Söhne vorsieht. Das letztere deutet auf den Nomadencharakter des Islam hin, da die Teilung von Viehherden keinerlei Schwierigkeiten bereitete. Übrigens findet das Prinzip des Vorrechts des Erstgeborenen auch im englischen Recht seinen Ausdruck.) Da andererseits die Planung eines Moshav auf eine bestimmte Anzahl von Siedlern zugeschnitten war und benachbarte Böden anderen Siedlungen gehörten, sind die anderen Söhne und Töchter bei Erreichung der Selbständigkeit gezwungen, den Moshav zu verlassen, sofern sie nicht im Hause der Eltern oder des ältesten Bruders verbleiben – oder sich auf dessen Grundstück ein eigenes Wohnhaus bauen. Oft haben sich solche Nachkommen zu Siedlungsgruppen zusammengeschlossen, die ihren eigenen ›Moshav der zweiten Generation‹ in Neusiedlungsland errichteten und dadurch zu einem Pionierelement der Ausweitung der Siedlungsgrenze wurden.

Eine weitere Folge dieser Bestimmung ist, daß die Einwohnerzahl eines Moshav im allgemeinen kleiner ist als die eines Kibbuz und im Durchschnitt 300–500 beträgt (Goren 1966).

Politisch gesehen bildet ein Moshav eine dörfliche Gemeinde wie die Moshava und ist auf den allgemeinen Prinzipien einer Kommunalverwaltung aufgebaut. Die räumliche Planung einer solchen Siedlung stellte neue Aufgaben. Einerseits sollten die Häuser möglichst nahe beieinanderstehen, um ein enges Kommunalleben zu ermöglichen und die Entfernung zu den Zentralinstitutionen der Gemeinde nicht zu groß werden zu lassen, andererseits wollten die Planer erreichen, daß das Ackerland so nahe wie möglich beim Wohngebäude liegt. Der erste Moshav – Nahalal – glaubte, eine ideale Lösung in der Kreisform zu finden, wobei die öffentlichen Gebäude im Zentrum des Kreises konzentriert sind, die Häuser entlang einer Ringstraße gebaut sind und Felder als Sektoren sich hinter jedem Hause bis zur Ortsgrenze erstrecken (Fig. 15). Späterhin wurden verschiedene andere mathematische Lösungen versucht.

Auch die geringe Einwohnerzahl eines Moshav begann sich negativ bemerkbar zu machen, da verschiedene Dienstleistungen eine größere Anzahl von Personen benötigen, um wirksam zu sein. Dies führte in den 50er Jahren zu einem neuen regionalen Planungsprinzip, indem mehrere Moshavim zu einer Gruppe vereint wurden; eine der Siedlungen wurde zum ländlichen Zentralort mit Dienstleistungen höheren Ranges. Dort finden sich Einrichtungen wie obere Grundschulklassen, Klinik, Werkstätten für Reparaturen, Verpakkung und Versand von Erzeugnissen, Kulturhalle usw. (s. Kap. 6.1.2).

Eine Siedlungsform besonderer Art, die versucht, die private Lebenshaltung des Moshav mit der zentralisierten Wirtschaftsführung des Kibbuz zu

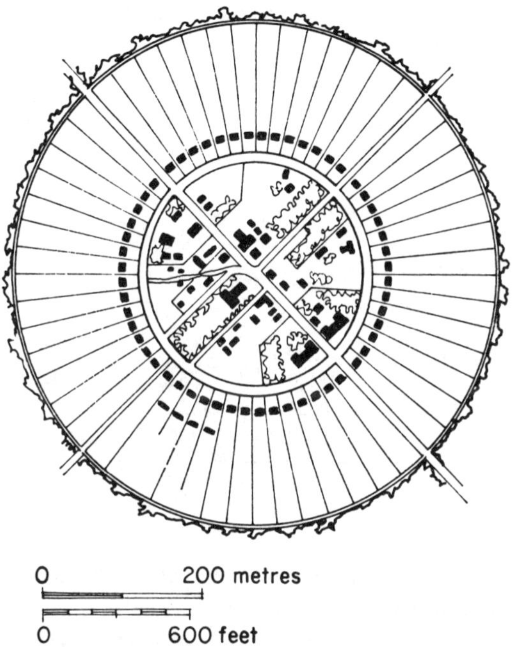

Fig. 15: Plan des Moshav Nahalal (Prototyp der Rundsiedlung).

kombinieren, ist der *Moshav Shitufi* (= Gemeinschaftsmoshav, oder auch Familienkibbuz genannt). Landwirtschafts- und Industriebetriebe werden als Einheiten geleitet. Jedes Mitglied ist zur Arbeit in derselben Art verpflichtet wie im Kibbuz, aber bei Frauen wird die Haushaltsarbeit, je nach Größe der Familie, als Teil der Arbeitsverpflichtung angerechnet. Alle Mitglieder erhalten Gehalt entsprechend der Größe der Familie und dem Einkommen der Wirtschaft.

Das zahlenmäßige Gewicht der einzelnen Siedlungsformen hat sich im Laufe der Jahre stark verändert (Darin-Drabkin 1962). Zur Mandatszeit hatte der Kibbuz das absolute Übergewicht in der Anzahl der Siedlungen und Siedler, da fast jede Neugründung auf harter Pionierarbeit beruhte und die Mehrzahl der Siedlungen isolierte Festungen in einer feindlichen Umgebung waren. Die meisten Siedler waren Einwanderer aus Ost- und Mitteleuropa, die dort eine jahrelange ideologische und berufliche Schulung durchmachten, ehe sie die Einwanderungsgenehmigung nach Palästina erhielten. Diese Quelle von stark motivierten Einwanderern war im Zweiten Weltkrieg infolge der Vernichtung der europäischen Judenheit versiegt, und nur wenige Tausende von Überlebenden gelangten nach der Errichtung des Staates nach Israel und schlossen sich der Kibbuzbewegung an.

Tabelle 8: Formen der jüdischen landwirtschaftlichen Siedlungen

Jahr	Gesamt-zahl	Moshava	Moshav	Moshav Shitufi	Kibbuz
a) Zahl der Siedlungen					
1947	278	65	82	11	140
1967	660	60	345	22	233
1978	657	43	355	29	230
1990	833[1]	–	409	45	270
b) Zahl der Einwohner					
1947	101400	25300	23800	1300	51000
1967	257300	50200	120500	4900	81700
1978	269500	22600	136200	7000	103700
1990	391000[1]	114000[1]	149000	11000	125000

[1] Incl. Yeshuvim Kehilatim.

Der Großteil der Einwanderer nach der Staatsgründung, vor allem die Einwanderer aus moslemischen Ländern, waren ideologisch ungeschult und auch in ihrer Lebensweise jedem Kollektivgedanken gegenüber ablehnend. Bei ihnen waren die wichtigsten Bande der Loyalität und Zusammengehörigkeit die Großfamilie. Selbst die Kooperation im Rahmen eines Moshav war schwer durchzuführen. Um die Bereitschaft zur Kooperation zu verstärken, wurden die Siedler eines Moshav aus einem Herkunftsland und, wenn möglich, aus derselben Gegend ausgewählt. Andererseits hatte sich mit der Staatsgründung die Sicherheitssituation innerhalb des Landes so gebessert, daß es nicht mehr notwendig war, einzelne Dörfer zu verteidigen; nur noch an den Grenzen und in der Wüste war es erforderlich, den Siedlungen einen Verteidigungscharakter zu geben. Daher erfolgten die meisten Neugründungen von ländlichen Siedlungen im Innern Israels in Form von Moshavim und nur entlang der Grenzen und im Negev als Kibbuzim. Die Veränderungen im zahlenmäßigen Gewicht der verschiedenen Siedlungsformen geht aus Tab. 8 hervor.

Die Krise der kooperativen Landwirtschaft

In den 80er Jahren begann sich eine Wirtschaftskrise abzuzeichnen, vor allem in den Moshavim. Sie begann nicht plötzlich, sondern entwickelte sich stufenweise: ein Grund dafür war die „Explosion" der landwirtschaftlichen Produktion in der Welt, die große Überschüsse schuf, ohne Möglichkeit diese zu vermarkten. Israel mußte schwer mit dieser Konkurrenz ringen, und gleichzeitig erfolgte in Israel eine Kürzung der Subsidien.

Andererseits fand die zweite Generation (manchmal auch die dritte) keinen Platz zur Errichtung einer eigenen Wirtschaft im Moshav und wandte sich städtischen Berufen zu.

Der Kibbuz war elastischer und hatte die Möglichkeit, in seinem Rahmen Industrie oder Dienstleistungen zu entwickeln und auch Gebäude für die kommenden Generationen zu errichten.

Im Moshav entstand mit der Zeit das Problem des Verzichtes auf „Selbstarbeit". Man beschäftigte Arbeiter von außen, und viele Mitglieder des Moshavs verringerten auch ihre Beteiligung an der „landwirtschaftlichen Gemeinschaft". So verloren viele Mitglieder eines Moshavs den Charakter von „Bauern" und wandten sich anderen Berufen zu. Viele Moshavim begnügten sich damit, daß ihre Siedlung nur noch die munizipalen Aufgaben eines Dorfes erfüllte. Schließlich stimmten die Behörden einer solchen Änderung zu und erlaubten die Schaffung einer neuen Siedlungsform: *Yischuv Kehilati* (eine Siedlung mit städtischem Charakter in ländlicher Umgebung).

Die schwere Krise der landwirtschaftlichen Siedlungen war ein Resultat der „Bankenkrise", die im Jahre 1983 ausbrach. Eine der Ursachen dieser Krise war die gewaltige Verschuldung, die alle Teile der Bevölkerung erfaßt hatte. Sie war im wesentlichen eine Folge der großen Inflation der vorangegangenen Jahre, in der jeder versuchte, große Schulden zu machen, um später bei der Rückzahlung einen großen Gewinn zu machen. Auch die kooperativen landwirtschaftlichen Siedlungen wurden von diesem Trend erfaßt; allerdings investierten einige Siedlungen diese Gelder auf produktive Weise.

Als die gesamte Geldwirtschaft infolge des Zusammenbruchs der Banken an die Grenze des Bankrotts gelangten, wurden zahlreiche Industrie- und auch Landwirtschaftsbetriebe zahlungsunfähig. Von dieser Krise betroffen wurden auch fast alle landwirtschaftlichen Siedlungen. Viele Mitglieder von Moshavim verließen ihren Moshav und suchten ihre Existenz anderswo; in den Kibbuzim erfolgte eine gewaltige Senkung des Lebensstandards, von der sich viele Kibbuzim noch nicht erholt haben.

Die einzige traditionelle ländliche Siedlungsform in Israel ist das *arabische Dorf*, dessen Lage und Struktur jahrhundertealten Traditionen folgt. Aus Sicherheitsgründen vermieden die Dörfer die Straßen und bevorzugten Bergkuppen oder Abhänge. Entscheidend für die genaue Wahl des Lageortes war das Vorhandensein einer Quelle oder von Grundwasser, zu dem Brunnen gebohrt werden konnten. Aus Gründen der Verteidigung pressen sich die einzelnen Häuser dicht aneinander und liegen am Abhang übereinander. Zwischen den einzelnen Häusergruppen ziehen sich gewundene Pfade, kaum breit genug, um einem beladenen Kamel Durchgang zu gewähren. In größeren Dörfern bildeten sich mehrere Untereinheiten heraus, die nach Großfamilien oder religiösen Gruppen getrennt waren. Zwischen diesen Einheiten erstreckt sich freies Gelände, auf dem meistens Dreschplätze liegen.

Die traditionellen Häuser sind aus Stein oder Erde gebaut und bestehen aus einem oder zwei großen Räumen, in denen die ganze Familie und auch das Vieh schläft (s. Wirth 1965, S. 241–248). Die einzigen Gebäude außerhalb dieser Haufendörfer sind Schulen oder Polizeistationen, die während der Mandatszeit von der Regierung errichtet wurden.

Bis 1948 gehörten die meisten arabischen Dörfer Palästinas – mit Ausnahme einiger Großdörfer in der Küstenebene – zu diesem Typ. Heute sind sie in Israel kaum noch anzutreffen; sie erhielten sich aber weitgehend noch in der Westbank, wo sie aber auch in den letzten zehn Jahren einen Prozeß der Metamorphose durchgemacht haben.

Die Veränderung des Dorftyps in Israel war eine Folge des Verstädterungsprozesses (s. S. 80). Daß sich ein großer Teil der männlichen und auch ein Teil der weiblichen Bevölkerung der Lohnarbeit zuwandte, brachte Kapital in die Dörfer, das hauptsächlich im Bau investiert wurde. Die neuen Häuser wurden auf dem landwirtschaftlichen Gelände der Familie errichtet, und da dieses infolge der Besitzzersplitterung weit verstreut war, verteilten sich die Häuser planlos über die Landschaft ohne eine Linienführung durch Straßen; sie sind oft bis zu 2 km vom Dorfkern entfernt.

Der neue Haustyp ist mehr oder weniger einheitlich. Das Haus ist aus Beton gebaut und steht auf Pfeilern, deren Hauptaufgabe es ist, den Abhang auszugleichen. Der Raum zwischen den Pfeilern dient als Speicher, Viehstall und oft auch als Garage für einen Kraftwagen, Traktor und landwirtschaftliche Maschinen. Über den Pfeilern erhebt sich das Hauptgebäude, das oft zweistöckig ist. Die Zimmer – oft vier bis sechs – gruppieren sich um einen zentralen Salon. Da Familien mit sechs bis zwölf Kindern keine Seltenheit sind, werden alle anderen Zimmer als Schlafzimmer benötigt, auch für verheiratete Söhne, bis diese sich ein eigenes Haus bauen können. Das flache Dach der Häuser wird im Sommer auch als Speicher oder zum Trocknen von Produkten benutzt. Es ist bei den meisten Häusern von einer Fernsehantenne und einer Spiegelanlage zur Ausnutzung der Sonnenwärme für Warmwasserversorgung gekrönt. In vielen Fällen ist das Haus von einer Obstpflanzung umgeben.

Während sich früher das arabische Dorf vom jüdischen durch seine Kompaktheit unterschied, liegt der Unterschied jetzt gerade in der Streuung der Siedlung, so daß auch jetzt im Landschaftsbild das arabische Dorf sofort erkannt werden kann. Der alte Dorfkern wurde inzwischen von dem Großteil seiner Bevölkerung geräumt und die meist baufälligen Häuser wurden abgerissen. An ihrer Stelle entstanden nach Zusammenlegung von Parzellen moderne Großbauten, in denen Banken, Verwaltungsbehörden, Läden, Cafés und Restaurants untergebracht sind. Der Abriß von Häusern ermöglichte auch den Bau von Zufahrtsstraßen zu den neugeschaffenen Dorfzentren (Sofer & Bar-Gal 1976).

Ein zweites Zentrum wurde entlang der Straßen errichtet, die unterhalb des Dorfes gebaut wurden, um dieses mit den Überlandstraßen zu verbinden. Hier liegen die Einrichtungen, für die der Straßenverkehr unumgänglich notwendig ist: Tankstellen, Reparaturwerkstätten, Großhandelslager, Handwerksbetriebe und ähnliche. Abseits des Dorfkerns entstanden auch neue Schulen und Sportplätze.

Mit wenigen Ausnahmen sind heute alle arabischen Dörfer an das Straßen-, Wasser- und Elektrizitätsnetz Israels angeschlossen. Die starke natürliche Vermehrung der arabischen Bevölkerung und das Zusammengehörigkeitsgefühl der Familien führten dazu, daß alle Dörfer in starkem Maße gewachsen sind. Unter den 115 arabischen Dörfern innerhalb Israels haben zehn die Einwohnerzahl von 10000 und weitere 36 die von 5000 überschritten.

3.3.2. Städtische Siedlungen

Der *Prozeß der Urbanisierung*, der die jüdische Bevölkerung Palästinas noch zur Zeit des Mandates auszeichnete, setzte sich nach der Staatsgründung in verstärktem Maße fort, so daß heute (1988) Israel mit einer städtischen Bevölkerungsrate von 86 % (unter der jüdischen Bevölkerung 91 %) zu den höchsturbanisierten Staaten der Welt zählt.

Unmittelbar nach der Staatsgründung versuchten die Planer Israels diesen Trend zu verlangsamen, da das zionistische Ideal die ›Rückkehr auf das Land‹ betonte. (Der erste Gesamtplan für Israel [Sharon 1951] sah sogar eine Verstärkung der landwirtschaftlichen Bevölkerung auf 22 %, ein späterer Plan [Dash 1964] die folgende Verteilung vor: in den drei Großstädten 43,5 %; in Mittelstädten 36,1 % und 20,3 % in ländlichen Orten, aber nicht unbedingt in der Landwirtschaft.) Aber diese Konzepte wurden später aufgegeben, vor allem nachdem sich herausgestellt hatte, daß unter modernen Produktionsbedingungen eine landwirtschaftliche Bevölkerung von 4–6 % den Bedarf eines Landes, einschließlich Export, decken könnte, und spätere Planung konzentrierte sich auf eine gleichmäßigere geographische Verteilung der Städte unter Schaffung einer Hierarchie der Dienstleistungen auf der Grundlage der Gedanken W. Christallers (Amiran & Shahar 1961).

Im wesentlichen spielte sich der Prozeß der Urbanisierung der jüdischen Bevölkerung auf drei Ebenen ab:

1. Wachstum der drei Großstädte, in denen schon zur Mandatszeit die Juden eine Mehrheit gebildet hatten;
2. Verstädterung von Moshavot;
3. Neugründung von Städten, die als ›Entwicklungsstädte‹ bezeichnet wurden.

Tabelle 9: Der Ballungsraum von Tel Aviv. Bevölkerungswachstum

Ort	Gründungs-Jahr	Bevölkerung (in 1000)					
		1942	1948	1955	1965	1980	1990
Tel Aviv-Yafo	1909 (1921)	170	248	360	392	335	339
Ramat Gan	1922	8	17	58	103	120	111
Giv'atayim	1922	6	9	20	39	49	46
Bene Beraq	1924	5	9	28	60	91	116
Bat Yam	1926	2	2	16	53	132	141
Holon	1934	3	10	30	70	131	156
Weiter entfernte Vororte:							
Ramat HaSharon	1923	1	1	7	14	31	37
Qiryat Ono	1939	–	–	8	12	23	23
Giv'at Shemu'el	1942	–	–	3	4	7	10
Azor	1948	–	–	4	5	6	7
Or Yehuda	1950	–	–	12	11	19	22
Größere Orte des Ballungsraums:							
Petah Tiqwa	–	–	–	–	–	–	144
Herzliyya	1925	4	5	21	34	59	77
Ra'anana	1921	–	6	10	12	32	53
Kefar Sava	1912	3	5	16	22	40	61
Yahud	–	–	–	6	8	12	22
Hod Ha-Sharon	1925	–	2	12	13	18	26
Rehovot	1890	4	12	26	33	66	80
Rishon Le Zion	1882	4	11	25	38	94	139
Nes Ziyyona	1884	1	2	10	11	14	20
Ballungsraum insgesamt							1647

1. Die drei *Großstädte* stellen einen natürlichen Anziehungspunkt für Industrie und Bevölkerung dar, so daß keine Notwendigkeit bestand, ihr Wachstum durch staatliche Initiative zu fördern. Im Gegenteil – im Falle von Tel Aviv wurden sogar Versuche unternommen, das Übergewicht dieses Ballungsraumes einzuschränken, allerdings mit wenig Erfolg. Zwar ging die Bevölkerung von *Tel Aviv-Yafo* von 335 000 (1950) nach einem Anstieg auf 392 000 (1965) wieder auf die Ursprungszahl zurück, aber dies war die Folge der normalen Entwicklung des Zentralortes eines Ballungsraumes, der sich allmählich zum Handels- und Dienstzentrum (C.B.D. = Central Business District) entwickelt, während die Bevölkerung in die Außenbezirke zieht. In den Außenbezirken des Ballungsraumes wuchs die Bevölkerung von 130 000

(1952) auf 745000 (1990) (Tabelle 9); weitere 400000 leben in einem Umkreis von 20 km vom Zentrum Tel Avivs, so daß diese Stadt heute den Mittelpunkt eines städtischen Großraums von 1781800 Einwohnern darstellt; das ist ein Drittel der Gesamtbevölkerung des Staates oder 40% der jüdischen Bevölkerung.

Haifa wuchs in geringerem Maße von 150000 Einwohnern im Jahre 1952 auf 229000 im Jahre 1980 und auf 246000 im Jahre 1990 (vgl. Tabellen 10 a und b); die Einwohnerzahl in den umliegenden städtischen Bezirken stieg von 50000 auf 150000 (1980) und die Gesamteinwohnerzahl stieg auf 433000 (1990). Die zahlenmäßige Entwicklung *Jerusalems* veränderte sich grundlegend nach dem Sechs-Tage-Krieg, in dessen Folge die arabische Bevölkerung Ost-Jerusalems dem Munizipalgebiet angegliedert wurde. Die Stadt hatte im Jahre 1952 142000 Einwohner im jüdischen und etwa 50000 im jordanischen Sektor. Im Jahre 1980 betrug die Bevölkerung beider Sektoren 407000, darunter 115000 Araber. Diese Zahl stieg bis zum Jahre 1990 auf 524000; davon machte die jüdische Bevölkerung 72,1% aus. Jerusalem ist damit zur größten Stadt Israels geworden, sowohl was die Einwohnerzahl als auch was die Fläche betrifft.

In den Ballungsräumen der drei Großstädte leben etwa 2,7 Mio. Einwohner oder 56% der Gesamtbevölkerung Israels.

2. Der zweite Typ städtischer Siedlungen entstand aus der Transformation von Moshavot. Der Hauptfaktor in diesem *Verstädterungsprozeß* war der Zustrom von Neueinwanderern, vor allem in den ersten Jahren der Staatsgründung. Diese wurden zunächst in Auffanglagern untergebracht und erhielten später Wohnungen in Vorortsiedlungen. Sie stellten ein großes Reservoir an Arbeitskräften dar, was für das Wachstum kleiner Industriebetriebe förderlich war, von denen einige sich zu größeren Werken entwickelten. Das ursprüngliche Dorfzentrum wurde zum städtischen Zentrum, das sich langsam auf die anliegenden Straßenzüge ausdehnte. Trotzdem weisen die verstädterten Moshavot, vor allem in den Außenbezirken, noch einen gewissen ländlichen Charakter auf, und in einigen wird noch immer landwirtschaftliche Tätigkeit ausgeübt.

Aus statistischen Gründen wird jeder Ort mit über 2000 Einwohnern (bei arabischen Siedlungen über 5000) als städtische Siedlung bezeichnet, aber nur ein Teil von ihnen genießt den munizipalen Status einer Stadt. Daß eine so kleine Zahl von Einwohnern für die Bezeichnung als ›städtische Siedlung‹ genügt, kommt daher, daß in keiner der jüdischen landwirtschaftlichen Gemeinschaftssiedlungen mehr als 2000 Einwohner leben und daß in den größeren arabischen Dörfern nur noch ein kleiner Teil der Bevölkerung die Landwirtschaft als Hauptberuf ausübt. Im ganzen genießen heute 36 Siedlungen (darunter 34 jüdische) den Status einer Stadt und 71 (darunter 54 jüdische) den Status einer städtischen Siedlung.

Tabelle 10 a: Haifa – städtische Bezirke (1990)

Bezirk	Fläche (in %)	Bevölkerung	Bevölkerung (in %)
Qiryat Chayim	7,1	26200	12
Haifabucht (Industrie)	27,1	–	–
Neve Sha'anan	11,9	45000	20,2
Unterstadt (Hafenbezirk)	3,5	12300	5,5
Hadar HaKarmel	5,5	34600	15,1
Weststadt	17,4	39700	17,1
Karmelberg	30,2	64600	28,4

Tabelle 10 b: Der Ballungsraum von Haifa. Bevölkerungswachstum

Ort	Bevölkerung 1955	1980	1990	Index 1955 = 100
Haifabucht				
Qiryat Ata	16300	31700	38900	
Qiryat Bialik	6000	28600	34900	
Qiryat Motzkin	7700	24400	32400	
Qiryat Yam	9000	29000	39000	
Gesamt	39000	113700	145200	378
Westen und Osten				
Tirat Karmel	12800	15600	14600	
Nesher	7200	9100	11400	
Gesamt	20000	24700	26000	130
Außenbezirke gesamt	*59000*	*128400*	*171000*	*294*
Haifa-Stadt	*158700*	*230000*	*246000*	*155*

Der Urbanisierungsprozeß der landwirtschaftlichen Siedlungen war am stärksten in der Küstenebene, wo die Moshavot im wesentlichen auf Zitruskultur basierten. Die größeren unter ihnen haben bereits fast vollständig städtischen Charakter angenommen. Ihre zahlenmäßige Entwicklung ist in Tab. 12 dargestellt.

Der Verstädterungsprozeß der arabischen Dörfer erfolgte unter anderen Bedingungen als der der Moshavot. Der wichtigste Faktor war der Rückgang der landwirtschaftlich Beschäftigten, deren Anteil zur Zeit des Mandates etwa zwei Drittel der Dorfbevölkerung ausmachte. Infolge der Anpassung der arabischen an die Technologie der jüdischen Landwirtschaft, einschließlich Bewässerung und Mechanisierung, ist der Anteil der in der Landwirtschaft Beschäftigten auf 13 % im Jahre 1978 zurückgegangen. Die überflüssig gewordenen Arbeitskräfte fanden Vollbeschäftigung in den schnell wachsenden jüdischen Städten, vor allem im Bau, aber auch in Industrie und Dienstleistungen. Wegen der kurzen Entfernungen in Israel war für diesen Übergang zur Lohnarbeit kein Wechsel des Wohnortes erforderlich, und so stand der gesamte Arbeitsverdienst als Kapital zur Entwicklung der arabischen Dörfer zur Verfügung. Hier wuchs die Zahl der Läden und anderer Dienstleistungen in starkem Maße, und auch die öffentlichen Dienste benötigten eine große Anzahl von Beschäftigten. Zum ersten Male wurden auch Arbeitsplätze für Frauen geschaffen, vor allem als Lehrerinnen, Krankenschwestern und Sozialarbeiterinnen.

Die räumlichen Aspekte der Urbanisierung sind bereits in Kap. 3.3.1 dargestellt worden.

Von den historischen arabischen Städten ist nur eine rein arabisch geblieben, und zwar Nazareth (s. Kap. 5.2.2). In den übrigen sind die Araber nur noch eine Minderheit; sie leben meistens in eigenen Vierteln, wie z. B. in der Altstadt von Akko.

3. *Entwicklungsstädte* (Spiegel 1966). – Die Masseneinwanderung, vor allem in den ersten Jahren nach der Staatsgründung, und der Versuch, die Bevölkerung Israels gleichmäßiger über das ganze Land zu verteilen, führten auch auf dem Gebiete städtischer Planung zu neuen Ideen, die sich im wesentlichen an die Konzeption der englischen ›New Towns‹ anlehnten (Dash et al. 1964). Zum Teil wurden für diesen Zweck bestehende Städte ausgewählt, die von der Mehrzahl ihrer arabischen Bevölkerung verlassen worden waren, meistens aber wurden völlig neue Städte gegründet. Im ganzen erhielten 32 Städte den Status einer Entwicklungsstadt, der mit Steuererleichterungen und Subsidien für neugegründete Industrieunternehmen verbunden ist. 18 der 32 Entwicklungsstädte wurden in den Jahren 1948–1951 ins Leben gerufen. Städtegründungen erfolgten zunächst im Norden des Landes (10 Städte) und in der zentralen Küstenebene (7 Städte), später in der südlichen Küstenebene (6 Städte) und im Negev (9 Städte).

Die Städte wurden hauptsächlich für die Aufnahme von Neueinwanderern bestimmt, und diese und deren Nachkommen stellen auch heute noch in fast allen Orten 90 % der Bevölkerung, und in 14 Städten sogar 99 %. In 90 % der Städte kamen über 75 % der Bevölkerung aus moslemischen Ländern. Da dieser jede Erfahrung städtischer Selbstverwaltung oder wirtschaftlicher Organisation fehlte, konnten die Städte keinerlei soziale Infrastruktur entwickeln und waren fast völlig auf Hilfe von außen angewiesen. Erst jetzt, eine Generation später, haben sich am Ort selbst Kräfte mit politischer Schulung entwickelt, die die Verwaltung in eigene Hände übernehmen konnten. Aber etwa zwei Jahrzehnte lang waren alle diese Neugründungen Problemstädte. Anders als in den New Towns in Europa, wo die Schaffung einer Beschäftigungsgrundlage der Besiedelung der Stadt vorausging, fehlte den neuen Städten in Israel die Wirtschaftsgrundlage. Dies verursachte die größten Probleme.

Da die Bereitstellung von Unterkunft als die vordringlichste Aufgabe erschien, wurde die Beschäftigung oft improvisiert und auf öffentliche Arbeiten begründet, wie Straßenbau, Aufforstung, Bodenamelioration. Der wichtigste Arbeitszweig war der Hausbau, d. h. die Errichtung der Stadt selbst. Einwanderer mit größerer Initiative entwickelten den tertiären Sektor – kleine Läden, Handwerksbetriebe, Cafés und ähnliches.

Die Planer hofften, daß die neuen Städte entsprechend dem Christallerschen Modell von den zentralen Orten mit der Zeit zu Versorgungszentren für die umliegenden landwirtschaftlichen Siedlungen – die gleichzeitig mit den Städten errichtet wurden – werden könnten. Aber diese Annahme erwies sich als irrig. Die Zahl der landwirtschaftlichen Siedler im Umkreis einer neuen Stadt betrug höchstens 20 % der Stadtbevölkerung und liegt damit unter dem Schwellenwert für die Notwendigkeit bestimmter Dienstleistungen. Dazu kam, daß Kibbuzim in der Umgebung infolge ihrer starken eigenen Wirtschaftsstruktur nicht auf die Dienste einer Kleinstadt angewiesen waren und direkt mit den Wirtschaftszentren der Großstädte in Verbindung standen. Für gewisse Zeit bestand sogar ein umgekehrtes Verhältnis: Die Bewohner der Städte fanden Beschäftigung in der Landwirtschaft und der Industrie der Kibbuzim.

Der Staat machte daher große Anstrengungen, um jeden Preis Industrie in die Entwicklungsstädte zu verpflanzen, und zwar mit Hilfe von großen Anleihen, Subsidien und Steuervergünstigungen (Kipnis 1976). Trotz allem war Arbeitslosigkeit das größte Problem der Entwicklungsstädte, und sie führte dazu, daß die begabteren Bewohner und Fachkräfte in die bereits fundierten Städte zogen und damit ihre eigene Stadt auch sozial schwächten. So stagnierten etwa 25 % der Städte kurz nach ihrer Gründung und verblieben in diesem Zustand bis heute. Sie haben noch nicht einmal die Einwohnerzahl von 10000 erreicht.

Anderen Entwicklungsstädten hingegen gelang es, sich aus eigenen Kräften aus den Schwierigkeiten herauszureißen, Städte, deren geographische Lage sie dazu befähigte, zusätzlich zu den geplanten Funktionen als Zentralort auch andere Aufgaben zu erfüllen, vor allem auf dem Gebiete des Verkehrs. Die wichtigste dieser Städte ist Be'er Sheva, das nach jahrelanger Stagnation zum Ausgangspunkt aller Straßen für die Entwicklung des Negev wurde und damit zum Sitz der Verwaltungen aller Entwicklungsprojekte. Nachdem einmal die psychologische Barriere der ›Entwicklungsstadt‹ gebrochen war, entwickelte sich die Stadt rapide weiter; heute hat sie die Einwohnerzahl von 100000 überschritten. Andere Gründe für eine schnellere Entwicklung solcher Städte waren z. B. der Bau eines Hafens (1964) in Ashdod; der Wiederaufbau und die Erweiterung der chemischen Werke am Toten Meer, die sowohl die Entwicklung von Dimona wie von Arad beeinflußten; die Öffnung der Meerenge von Tiran im Sinaikriege (1956), die die Eröffnung des Hafens von Elat und damit die Entwicklung der Stadt ermöglichte; Tourismus war ein bedeutender Faktor für den Aufschwung von Ashqelon und Tiberias.

Bei all diesen Städten erwies es sich, daß eine Bevölkerungszahl von etwa 25000 die Schwelle zur Eigenständigkeit darstellt, und eine Stadt, die darüber hinauswächst, ist imstande, neben Neueinwanderern auch eingesessene junge Israelis anzuziehen, wodurch die Sozialstruktur verändert und der Stadt Entwicklungsimpulse gegeben werden. Aber bis 1978 hatten nur sechs Städte diese Schwelle überschritten; bis 1990 stieg ihre Zahl auf neun.

Die Planung der Entwicklungsstadt machte im Laufe einer Generation große Änderungen durch. Das Modell der ›Gartenstadt‹ erwies sich als unanwendbar wegen der hohen Kosten für den Ausbau einer Infrastruktur, die auf Einfamilienhäusern aufgebaut ist; und die Anlage von Gärten für jedes Haus hätte einen Wasserbedarf geschaffen, der vor allem in den Städten des Negev das Wasserpotential weit überschritten hätte. Auch das Prinzip der gekrümmten Straßen im Modell der Gartenstadt (wo jede Familie einen oder mehrere Kraftwagen besitzt) wurde durch gradlinige Straßenführung ersetzt. Die Höhe der Häuser stieg von Bauperiode zu Bauperiode, und in den letzten Jahren entstanden 4- bis 6stöckige Wohnblöcke, die um Innenhöfe mit Gärten gruppiert sind. Trotz ihrer kurzen Geschichte läßt die Entwicklungsstadt wie im Mosaik ihre verschiedenen Bauphasen erkennen, wobei sie versucht, die Häuser ihrer Gründungszeit hinter modernen Straßenfronten schamvoll zu verbergen (Bild 12).

Die Entwicklungsstadt unterscheidet sich äußerlich von der urbanisierten Moshava durch eine kompaktere Bauweise, durch die öffentliche Planung und die Aufteilung in geschlossene Stadtbezirke von etwa 5000–7000 Einwohnern; alle Bezirke haben ein mehr oder minder einheitliches Sozialgefüge oder Alter und stellen ein Nebenzentrum für Dienstleistungen dar. Aber der größte Unterschied zwischen den beiden Städtegruppen zeigt sich im Zentrum. Statt eines gewachsenen Zentrums wie in der Moshava besitzt jede Entwicklungsstadt ein geplantes Einkaufszentrum, das als Fußgängerzone oft auf verschiedenen Niveaus errichtet ist. Die Einkaufszentren der verschiedenen neuen Städte wie auch die Anlage ihrer Quartiere ähneln sich stark, und kaum eine der Städte hat ein öffentliches Gebäude mit individueller Prägung hervorgebracht. Nur Be'er Sheva hat in letzter Zeit damit begonnen, einen besonderen Baustil, vor allem in seiner Universität, zu entwickeln. Einige der jüngeren Entwicklungsstädte, wie Arad und Obernazareth, sind auch um neue Formen von Wohnarchitektur bemüht.

3.4. Landwirtschaft

3.4.1. Die Parameter
(Weitz 1974)

3.4.1.1. Böden

Der im globalen Vergleich hoch einzustufenden israelischen Landwirtschaft ist es gelungen, Spitzenleistungen sowohl in der Qualität als auch in den Ertragsmengen pro ha oder pro Vieheinheit zu erzielen. Dies ist nur zum geringen Teil auf natürliche Bedingungen zurückzuführen, da das Land unter den gleichen Voraussetzungen in den letzten Jahrhunderten nur eine primitive Subsistenzwirtschaft betrieb. Die Veränderung ist im wesentlichen der Aktivität der Menschen zuzuschreiben sowie den besonderen Organisationsformen, die bereits in Kap. 3.3.3 dargestellt wurden. Als wichtigstes Charakteristikum ist dabei zu nennen, daß die Entwicklung der israelischen Landwirtschaft nicht auf einer unterdrückten und verachteten Bauernschaft fußte, sondern auf einer Ideologie, die dem Landwirt ein hohes Maß an Sozialprestige und politischem Einfluß zugestand.

Aber neben der jüdischen Landwirtschaft gibt es die arabische, die das Erbe der früheren Sozial- und Wirtschaftsstruktur ist. Da eine moderne Wirtschaftsform nicht auf die Dauer sich auf zwei Ebenen abspielen kann, wurden große Anstrengungen unternommen, um durch Anleitung und Wirtschaftshilfe den arabischen Sektor dem Niveau des jüdischen anzugleichen. Zwar bestehen noch immer große Unterschiede, die vor allem auf geographische Gegebenheiten zurückzuführen sind, aber einkommensmäßig haben sich beide Bereiche stark einander genähert, und in vielen Fällen ist das Einkommen eines arabischen Landwirtes höher als das eines Mitgliedes eines benachbarten Moshavs. (Es läßt sich natürlich kein Vergleich mit dem Einkommen eines Kibbuzmitglieds ziehen, da dieses nicht individuell meßbar ist.)

Unter der Gesamtbevölkerung Israels beträgt der Anteil der Landwirte nur 7 % (1990) und unter der jüdischen Bevölkerung sogar nur 4,3 %. Diese Zahl enthält alle Mitglieder der Kibbuzim, die statistisch als Landwirte gezählt werden, auch wenn sie in Industrie und Verwaltung tätig sind. Die jüdischen Landwirte bearbeiten 342 500 ha, dies entspricht 80 % allen wirtschaftlich nutzbaren Bodens, produzieren aber 95 % des Produktionswertes. Die arabische Bevölkerung, die 18 % der Gesamtbevölkerung Israels ausmacht, bearbeitet 20 % des Bodens, produziert aber nur 5 % des Erzeugnisses, da ihre Böden, die meist im Bergland liegen, weniger für Bewässerung und mechanische Kultivierung geeignet sind. Der Unterschied im Werte der Produktion bedeutet aber nicht notwendigerweise einen Unterschied im Einkommen, da der Unkostenfaktor im arabischen Sektor weitaus geringer ist, denn er enthält nicht die hohen Investitionskosten für Bewässerungsanlagen, Maschinen, Treibstoff, Düngemittel und anderes. Gleichzeitig stehen der arabischen Landwirtschaft der gesamte Markt des Landes sowie alle Vermarktungsinstitutionen zur Verfügung, und ihre Produkte erzielen denselben Preis wie die der jüdischen Landwirtschaft.

Der wichtigste physische Parameter sind die Böden (Granott 1952; 1956). Die landwirtschaftlich nutzbare Fläche umfaßt nicht mehr als etwa 20 % der Gesamtfläche Israels; der Rest ist Sand, Fels oder Wüste. Aber auch die landwirtschaftlichen Böden sind zum großen Teil nur nach Amelioration nutzbar, vor allem bei mechanisierter Bearbeitung und Bewässerung, und eine der ersten Aufgaben für die jüdische Kolonisation war die Verbesserung der Böden, die vor allem in den ersten Jahren nach der Staatsgründung aufs intensivste durchgeführt wurde.

Zur Vorbereitung dieser Aktion wurde in den Jahren 1952–54 eine Kartierung der Nutzungsfähigkeit aller Böden – mit Ausnahme des Negev – vorgenommen, die noch heute als Grundlage für alle Landnutzungspläne Israels dient (Gil & Rosensaft 1955). Sie umfaßte 9514 km² (= 9514000 Dunam, wobei 1000 Dunam 1 km², 10 Dunam 1 ha entsprechen). Die Ergebnisse der Untersuchung sind in Tabelle 11 wiedergegeben.

In dem nicht von der Kartierung erfaßten Südteil Israels – dem Negev – sind das aride Klima und die davon bestimmte Topographie ein fast unüberwindliches Hindernis für landwirtschaftliche Nutzung, und nur an wenigen Orten ist der Boden tiefgründig genug, um durch Bewässerung für die Landwirtschaft nutzbar gemacht werden zu können, wie z. B. am Nordrande des Negev, wo das Klima semiarid ist (200–350 mm Niederschlag) und ebene Flächen mit Löß bedeckt sind.

Im Gebiet des mediterranen Klimas, dem Hauptgebiet der Kartierung, ist das ausgeprägte Relief, vor allem im Kalkgestein, das wesentlichste Hindernis für landwirtschaftliche Nutzung. Hier haben 60 % der Fläche einen Neigungsgrad von über 6 %. Infolgedessen sind zwei Drittel dieser Flächen fast kahler Fels, während der Rest eine Bodendecke von weniger als 45 cm Stärke hat und von Felsen oder Steinblöcken durchsetzt ist.

Ebene oder leicht gewellte Böden von ausreichender Tiefe finden sich nur in der Küstenebene oder den großen Binnentälern sowie in der Jordansenke. Ihre größte Ausdehnung erreichen sie im Süden, wo die Küstenebene in den Lößgürtel des nördlichen Negev übergeht.

Seit dem frühen Mittelalter stand die Landnutzung – aus historischen Gründen – im Gegensatz zu den topographischen Gegebenheiten. Mit dem

Tabelle 11: Potential der landwirtschaftlichen Nutzung der Böden Israels

Art der Landnutzung	Verfügbare Fläche (in Dunam)		
	Mit Bewässerung	Ohne Bewässerung	
Nichtlandwirtschaftliche Nutzung			
Bebautes Gelände (einschl. Altertümer)		675000	1385800
Offene Wasserflächen		450000	
Flußbetten		60000	
Sanddünen		200000	
Für Aufforstung und rauhe Weide geeignet			
Aufforstung		1000000	9215000
Rauhe Weide (einschl. Nomadismus)		8215000	
Landwirtschaftliche Eignung			
Feldbau	3940000	3390000	
Baumpflanzungen	1340000	700000	
Fischteiche	60000	–	
	5340000	*4090000*	*5340000*
Wüste			*4760000*
			20700000

Ende der römisch-byzantinischen Periode zog sich die Bevölkerung auf das Bergland zurück (s. Kap. 2.4) und versuchte, eine karge Existenz auf den steinigen Böden zu gründen. Dabei zeigte sie eine Vorliebe für die Rendzinaböden, die zwar weniger fruchtbar sind als die Terra rossa, aber dafür leichter zu bearbeiten. Die Rendzinaböden sind durch Verwitterung der Kreide- und Mergelschichten entstanden, die keine Kliffs bilden und nicht zu großen Felsblöcken, sondern zu kleineren Steinen oder Kieseln verwittern, unter denen sich Boden ansammelt. Diese Böden sind mit Hilfe des leichten Hakenpflugs bebaubar und ermöglichen auch die Pflanzung von Obstbäumen, vor allem Oliven, Reben und Feigen.

Die Terra-rossa-Böden hingegen sind nur fleckenhaft zwischen den Felsblöcken zu bearbeiten. Im Altertum waren sie durch die Anlage von Terrassen für den Anbau von Getreide und Obstbäumen nutzbar gemacht worden, aber der größte Teil der Terrassen verfiel im Mittelalter (Bild 6). Eine Siedlungskarte des 19. Jahrhunderts deckt sich in starkem Maße mit einer geologischen Karte. Das Senon und Eozän, in denen weicheres Kreidegestein vorherrscht, stellten das Gebiet der dichtesten Siedlung dar, während Cenoman und Turon (obere Kreide) im wesentlichen aus Kalkstein und Dolomit bestehen und weitaus dünner besiedelt waren.

Zur selben Zeit waren im ganzen Mittelmeerraum die Küstengebiete streckenweise nur dünn besiedelt, und dazu gehörte auch die Palästinaküste. Daher konnte die jüdische Kolonisation größere Landflächen schon vor dem Ersten Weltkriege, aber vor allem während der Mandatszeit erwerben, da sie ihren Besitzern als unkultivierbar erschienen. Mit Unterstützung des Jüdischen Nationalfonds konnten weite Sumpfgebiete – auch in der Yizre'elebene und in der Jordansenke – dräniert werden. Der wichtigste Erfolg war die Nutzbarmachung des ›Roten Sandes‹ in der Küstenebene – eine auf Israel beschränkte Erscheinung (s. Kap. 6.1.3.3) –, der in der Vergangenheit als so steril angesehen worden war, daß der ursprüngliche Wald mit einer örtlichen Eichensorte sich stellenweise bis zum Ersten Weltkrieg erhalten hatte. Zum Teil wurden die Böden auch als rauhe Weide genutzt.

In den 20er Jahren dieses Jahrhunderts erfolgte eine gründliche wissenschaftliche Untersuchung des Rotsandes, der faktisch fixierte Sanddünen darstellt. Es wurden agrotechnische Mittel entwickelt, die den Rotsand in fruchtbaren Boden umwandelten; gleichzeitig wurde in einer Tiefe von 50–90 m ein Grundwasserhorizont entdeckt, in dem sich das Regenwasser, das durch die Dünen versickert, ansammelt. Die Tiefbohrung von Brunnen konnte die Wasserversorgung für dieses Gelände sicherstellen, und so verwandelte sich dieser Teil der Küstenebene, vor allem die Sharonebene, während der Mandatszeit zum Kern der jüdischen Siedlung und zum Zentrum des Zitrusanbaus.

Ähnliches ist über die Lößböden der südlichen Küstenebene und des nördlichen Negev zu berichten, die gleichfalls bis in unsere Zeit als unfruchtbar galten und nur in Jahren besonders starker Niederschläge einen schütteren Getreideertrag hervorbrachten. Dieser war nicht beständig genug, um ländliche Siedlung zu ermöglichen, und so war dieser weite Raum ein Sammelpunkt für Nomaden, die sich mit der spärlichen Ernte begnügten oder im Falle einer Mißernte ihre Kamele und Schafe auf den Feldern weiden ließen.

Auch hier war es die wissenschaftliche Forschung, die nach der Staatsgründung die Methoden fand, mit denen die Lößböden bearbeitet werden konnten (Oxorn 1963). Das Ergebnis sind etwa 60 neue landwirtschaftliche Siedlungen in diesem Gebiet (s. Kap. 7.1.1). Allerdings mußte zu diesem Zwecke eine 120 km lange Wasserleitung gelegt werden (s. Kap. 3.5).

Im Bergland, wo die bestehende traditionelle Landwirtschaft nur eine kärgliche Subsistenzwirtschaft ermöglicht hatte, mußten neue Wege gegangen werden. Diese basierten im wesentlichen auf einer Wiederbelebung des antiken Terrassenbaus. Nur mußten die modernen Terrassen breit genug sein, um die Arbeit mit Traktoren zu ermöglichen. Dies konnte im Kalksteingebiet nur durch ausgedehnte Sprengungen erreicht werden, durch die Verschiebung von Felsblöcken und die Errichtung von Steinwällen sowie durch Flächenbegradigung und Erdauffüllungen. Die neuen, breiten Terrassen konnten dann mit Obstbäumen bepflanzt werden. Im Gebiet der Rendzinaböden war der Terrassenbau zwar leichter, der Boden aber oft zu flach für die Bearbeitung mit Traktoren; solche Flächen wurden zur Aufforstung bestimmt.

Trotz all dieser kostspieligen Bemühungen bleiben etwa 70 % des Berglandes innerhalb Israels (etwa 2,5 Mio. Dunam) für landwirtschaftliche Zwecke ungeeignet und können auch nur zum Teil als Weideland genutzt werden. Aber die Existenz solcher Flächen gab den Anstoß für die Bewegung zur Wiederherstellung des Waldes in Israel.

Zu Beginn unseres Jahrhunderts war der größte Teil der Berglandschaft Palästinas mit kahlem Felsen oder mit dornigem Gestrüpp (Maquis) bedeckt. Nur an wenigen Stellen, wie auf dem Karmelberge, hatten sich Reste des ursprünglichen Waldes erhalten. Der Anblick dieser braunfarbigen Landschaft war für europäische Besucher das traurigste Zeichen des Niederganges. Daher umgaben sich Klöster, die in der zweiten Hälfte des 19. Jahrhunderts errichtet wurden, mit einem Kranz von Bäumen und stachen als grüne Inseln in der Öde hervor. Auch die jüdischen Siedler pflanzten überall Bäume und belebten damit einen alten religiösen Brauch, der die Baumpflanzung zur Pflicht und zum Gegenstand eines Feiertages gemacht hatte. Der Jüdische Nationalfond setzte sich als eine der ersten Aufgaben das Pflanzen von Bäumen, für die Spenden in der ganzen Welt gesammelt wurden. Auch heute noch ist dieser Fond der wichtigste Faktor bei der Aufforstung des Landes.

Die britische Mandatsregierung zeigte gleichfalls großes Interesse an der Wiederbewaldung, und so wurden zur Mandatszeit 80000 Dunam Wald angepflanzt, etwa zu gleichen Teilen durch die Regierung und den Jüdischen Nationalfond. Nach der Gründung des Staates wurde diese Tätigkeit in verstärktem Maße forgesetzt, und der Baumbestand betrug im Jahre 1980 664000 Dunam*, davon 426000 Dunam Nadelbäume (Kiefern und Zypressen), 135000 Dunam Eukalyptus und 103000 Dunam andere Baumarten. Dazu kommen noch etwa 350000 Dunam natürlicher Wald. Das Ziel der Pflanzung ist nicht die Ausnutzung des Holzes, sondern die Verschönerung der Landschaft und die Schaffung von Erholungsmöglichkeiten. So sind die Wälder von Fahr- und Wanderwegen durchzogen und bieten zahlreiche Picknickplätze an. An Quellen oder Plätzen mit besonders schöner Aussicht oder Ruinen wurden Nationalparks angelegt, die einer besonderen Regierungsbehörde unterstehen.

Der größte Teil der Meliorationsprojekte war Ende der 60er Jahre abgeschlossen, wobei etwa 400000 Dunam Land für die Landwirtschaft erschlossen worden waren. Der landwirtschaftlich nutzbare Boden beträgt (1980) etwa 4,3 Mio. Dunam.

* (1992: 909000 Dunam)

3.4.1.2. Klimatische Einflüsse

Trotz aller Bemühungen, den Einfluß des Wetters auf die Landwirtschaft durch künstliche Mittel – Gewächshäuser, Windhecken, Nebelzerstäuber und vor allem Bewässerung – zu vermindern, bleibt doch noch immer das Klima der entscheidende Faktor jeder Landwirtschaft. Fast in jedem Klima gibt es günstige und ungünstige Bedingungen für den Anbau bestimmter Pflanzen, und die Aufgabe des Landwirtes ist es, die günstigen Elemente auszunutzen, die ihm einen Vorsprung vor anderen Klimagegenden bieten.

Das für Israel günstigste Klimaelement sind die Temperaturen. Auch in den Wintermonaten liegen sie in fast allen Landesteilen – zumindestens für einen Teil des Monats – über 10° – der kritischen Temperatur für das Wachstum der Pflanzen. Daher gibt es keine tote Jahreszeit in der Landwirtschaft, im Gegenteil – in der traditionellen mediterranen Wirtschaft ist im Winter die Hauptsaison. Die ganzjährige Wachstumstätigkeit der Pflanzen ermöglicht es dem Landwirt, von bestimmten Feldern zwei Ernten im Jahr einzubringen oder Gemüse und sogar Getreide zwischen den Baumreihen zu säen. Er kann daher mit einer kleineren Nutzfläche auskommen als der Landwirt im gemäßigten Klima. So beträgt die Durchschnittsgröße einer Einheit im Moshav je nach Maß der Bewässerung 2,5–4 ha, während z. B. bei der Zuteilung von Polderland in den Niederlanden eine Fläche von 16–24 ha als das Minimum für einen Betrieb angesehen wird.

Die Sommertemperaturen, die auch noch im Bergland hoch sind, verursachen ein schnelles Wachstum und Reifen der Pflanzen, während die hohe Sonnenstrahlung den Zuckergehalt oder das Aroma vieler Pflanzen verstärkt, wie z. B. bei Erdbeeren, Zitrusfrüchten, Melonen, Trauben. Der trockene, sonnige Sommer ist die Voraussetzung für die Existenz bestimmter Pflanzensorten, die als mediterran bezeichnet werden, vor allem der Olive, der Rebe und der Feige. Die sommerliche Trockenheit verschont auch die Pflanzen vor Hagel oder Feuchtigkeitsschäden.

Das schwerste Temperaturproblem für die moderne Landwirtschaft ist der Frost, mit dem im größten Teil des Landes, sowohl im Bergland als auch in den Tälern im Landesinnern, an mehreren Tagen und Nächten im Winter zu rechnen ist. Die Bedrohung durch die Frostgefahr wurde früher als so groß empfunden, daß nur solche Pflanzungen angelegt wurden, die frostbeständig sind, und alle mediterranen Bäume sind nicht nur widerstandsfähig, sondern benötigen sogar einen gewissen ›Frostfaktor‹, um im folgenden Jahre hohe Erträge bringen zu können.

Nur die später eingeführten subtropischen Pflanzen, wie Zitrus, Avocado, Bananen, sind frostgefährdet und können daher nur in Gegenden angepflanzt werden, in denen Frost selten oder nie auftritt. Dies gilt vor allem für die Küstenebene, die durch die hohen Wintertemperaturen des Mittelmeers bis zu einer Entfernung von etwa 15 km angewärmt wird (s. Kap. 1.3.2), und für den Teil der Jordansenke, der unter dem Meeresspiegel liegt. Die Mannigfaltigkeit der Temperaturzonen ermöglicht eine planmäßige Streuung der Anpflanzung, so daß die Früchte zu verschiedenen Zeiten reifen. Damit ist eine regelmäßige Versorgung der Bevölkerung mit frischen Produkten gewährleistet, und die Gefahr einer Überschwemmung des Marktes wird vermieden. So sind Bananen das ganze Jahr über erhältlich, Eßtrauben von April (Jordansenke) bis November (Judäisches Bergland). Tomaten werden in drei Varianten produziert: Herbst, zeitiges Frühjahr und Sommer. Das Angebot der meisten Gemüse ist im Winter größer als im Sommer. Auch die Zitrussaison ist durch die Einführung neuer Varianten auf sieben Monate (November bis April) verlängert worden.

Während die Temperaturen und die Sonnenstrahlung Vorteile bringen, leidet die Landwirtschaft unter der Beschränkung der Niederschläge auf die Wintermonate oder ihrem völligen Fehlen. In der Bibel werden oft Dürrejahre als nationales Unglück dargestellt, und für die landwirtschaftliche Nutzung der Vollwüste ist auch bis heute noch keine Lösung gefunden worden. Nur in der Halbwüste war es möglich, mit Hilfe moderner Bewässerungsmethoden die landwirtschaftliche Produktion und Siedlung zu stabilisieren.

Es war das Prinzip der Optimalisierung des Klimaeinflusses, das dazu geführt hat, daß die israelische Landwirtschaft den Regenfeldbau mediterraner Produkte zugunsten der bewässerten Anpflanzung tropischer und subtropischer Früchte eingeschränkt hat.

Die Natur des Landes läßt aber Bewässerung unter traditionellen Bedingungen nicht zu, und Gemüseanbau unter Bewässerung wurde nur an einigen wenigen Quellen auf beschränktem Gebiet ausgeübt. Der Übergang zur Bewässerung in großem Maßstabe verlangte völlig neue Gedankengänge und Projekte. Die Menge des Wassers, das zur Bewässerung zur Verfügung stand, wurde zum wichtigsten kontrollierenden Faktor für die Ausdehnung der neuen Landwirtschaftszweige, und daher wurde die Kontrolle des Wassers zu einer der wichtigsten Aufgaben des Staates (für Einzelheiten s. Kap. 3.5).

3.4.1.3. Der Einfluß des Marktes

Historisch gesehen, ist der Einfluß des Marktes auf die landwirtschaftliche Produktion im wesentlichen eine Frage der Transportmöglichkeiten. Solange der Überlandtransport langsam und kostspielig war, konnten verderbliche Produkte nur über eine kurze Entfernung vermarktet werden, meistens nur bis zur nächsten Marktstadt – über eine Entfernung von etwa 15 km. Die Standorttheorien von Thünens und zum Teil noch Christallers waren auf diesen Entfernungen aufgebaut. Nur die kostspieligsten ›Kolonialprodukte‹

(Seide, Gewürze, Kaffee, Tee, Kakao) lohnten die Kosten eines Überseetransports. Erst im Zeitalter des Frühkapitalismus und Frühkolonialismus kamen – mit Verbesserung des Seetransports, vor allem durch das Dampfschiff – landwirtschaftliche Massengüter hinzu, vor allem Getreide, Zucker, Baumwolle und pflanzliche Öle.

Im Nahen Osten ging die Entwicklung des landwirtschaftlichen Marktes noch langsamer vor sich, da Produkte noch im 20. Jahrhundert auf dem Rükken von Lasttieren transportiert wurden. Dazu kam ein wirtschaftlicher Tiefstand der Städte, so daß auch der örtliche Markt unzureichend war und die Bauern im wesentlichen nur für ihren eigenen Bedarf produzierten. Bei der arabischen Landwirtschaft Palästinas lebte diese Wirtschaftsform noch bis in die Mandatszeit hinein fort, und auch die jüdischen Siedler hatten zur Zeit der Türkenherrschaft vor allen Dingen mit dem Fehlen von Märkten zu ringen. Erst der Bau von Straßen und Eisenbahnen zur Zeit des britischen Mandates und der Ausbau der Häfen Jaffa und Haifa eröffneten sowohl den internen Markt als auch Ausfuhrmöglichkeiten für die Landwirtschaft.

Erst die Verkehrsentwicklung nach dem Zweiten Weltkrieg (Karmon 1980, S. 47–48) schuf Transportbedingungen, die die ganze Welt dem Handel mit landwirtschaftlichen Produkten eröffneten. Es war nun allen Ländern möglich, ihre Produkte billig zu den großen Verbrauchermärkten zu bringen. Aber gleichzeitig waren alle Länder der Konkurrenz anderer Produzenten ausgesetzt, sowohl im eigenen Lande wie auf den Weltmärkten. So stoßen landwirtschaftliche Produkte Israels heute auf den europäischen Märkten auf die Konkurrenz der Produkte Südafrikas, Mexikos oder sogar Kaliforniens. Auf dem eigenen Markt konnte man sich gegebenenfalls durch Einfuhrverbote oder hohe Zölle schützen, wie das auch in den Ländern der gelenkten Staatswirtschaft der Fall ist.

Die Verbindung mit den Weltmärkten verlangte eine völlige Umorganisierung des Vertriebes. Das Einsammeln, das Verpacken, die Verwertung und die Ausfuhr der Produkte wurden zu eigenen Wirtschaftszweigen, die alle ihre spezielle Finanz- und Vermarktungsinstitutionen schufen. Dies erlaubte es wiederum den Landwirten, sich auf bestimmte Zweige zu spezialisieren und auf rein agrarische Arbeiten zu konzentrieren. (Diese Zusammenhänge kommen auch in der Statistik zum Ausdruck. Während früher Vermarktung und Verwertung zur Arbeit des Bauern selbst gehörten, werden heute die Vermarktungsbranchen anderen Wirtschaftsgruppen zugezählt; und dies ist zum Teil für den gewaltigen Rückgang der als ›Landwirte‹ registrierten Bevölkerung verantwortlich.)

Auf diese Weise aber entwickelte sich jeder Zweig der Landwirtschaft zu einem System, in dem die Produktion nur noch einen gewissen Teil umfaßt, der größte Mehrwert jedoch in den Zweigen erzielt wird, die der Vermarktung dienen. Um den Erzeugern auch einen Anteil an diesen Gewinnen zu sichern, organisierten sich in den wirtschaftlich entwickelten Ländern die Erzeuger in Versorgungs- und Vermarktungskooperativen, während in den ›Entwicklungsländern‹, zu denen auch die meisten Länder des Nahen Ostens gehören, der Kooperationsgedanke nur in geringem Maße Fuß gefaßt hat.

Da die israelische Landwirtschaft auch auf der Ebene der Erzeugung kooperativ organisiert ist, war es selbstverständlich, daß dieses Prinzip auch auf die Verwertung übergriff. Fast der gesamte Vermarktungsprozeß liegt in den Händen von Kooperativen. Eine besondere Form in diesem System stellen die ›Regionalen Zentren‹ dar – eine Anhäufung von Sammelstellen, Verpakkungsbetrieben und vor allem von Industriebetrieben, die mitten in ländlicher Umgebung entstanden. Ein solches Zentrum wird von dem ›Bezirksrat‹, in dem alle landwirtschaftlichen Siedlungen eines Bezirkes vertreten sind, verwaltet. Auch ein großer Teil der in diesen Betrieben Beschäftigten setzt sich aus Mitgliedern der Siedlungen, vor allem der Kibbuzim, zusammen. Die Ausfuhr der Produkte wird gleichfalls von Großverbänden geleitet, die zum Teil staatlich, zum Teil kooperativ organisiert sind. Die wichtigsten Verbände sind der Citrus Marketing Board, der die gesamte Zitrusausfuhr monopolisiert, und Agrexco, in deren Händen fast die gesamte Ausfuhr von Blumen, Obst, Gemüse und Geflügelprodukten liegt. Fast alle diese Produkte erscheinen im Ausland unter dem Namen ›Carmel‹ und unterstehen einer strengen Qualitätskontrolle.

Die Planung des Marktes sorgt in erster Linie für die Versorgung des einheimischen Marktes mit verderblichen Produkten, d. h. Obst, Gemüse, Milch- und Geflügelprodukten. Dahingegen ist die Versorgung mit Getreide und Futtermitteln sowie mit pflanzlichen Ölen, deren Produktion in Israel aus Mangel an großen ebenen Flächen unrentabel ist, im wesentlichen auf Einfuhr aufgebaut. Für die Ausfuhr bestimmt sind diejenigen Produkte, bei denen der Vorteil des Klimas am stärksten zur Geltung kommt, vor allem Zitrus und, in steigendem Maße, Avocado. Bei anderen Ausfuhrprodukten wird die frühe Reife ausgenutzt, so vor allem bei Blumen im Winter und allen Sorten von Frühgemüse. Auch die Geflügelwirtschaft liefert Exportprodukte, wie Eier, Gänseleber (nach Frankreich) und Putenfleisch in jeder Form.

Auch die Siedlungsform beeinflußt die Wahl der Produkte. Kibbuzim bevorzugen den großflächigen Anbau z. B. von Weizen, Viehfutter, Baumwolle, Bananen oder die Anlage von Karpfenteichen, weil die Bearbeitung der großen Anbauflächen wirtschaftlichen Vorteil gewährleistet, während die Moshavim sich mehr auf spezialisierte Produkte konzentrieren, für die ein größerer Arbeitseinsatz erforderlich ist. Beiden Siedlungsformen gemeinsam sind Milchwirtschaft und Geflügelzucht.

Auch die arabische Landwirtschaft hat sich diesen Bedingungen angepaßt und produziert im wesentlichen arbeitsintensive Erzeugnisse; eine große Kinderzahl bedeutet dabei einen wirtschaftlichen Vorteil. Die Araber widmen einen Großteil ihrer Felder dem Anbau von Gemüse, vor allem Erdbeeren und Tabak. Von den traditionellen Wirtschaftszweigen liegt der Anbau von Oliven zu 75 % in arabischen Händen.

In der Westbank Jordaniens hatte sich eine andere Vermarktungsform herausgebildet: die Ausfuhr von Obst und Gemüse in die Arabische Halbinsel, wo der steigende Ölreichtum einen zahlungswilligen Markt schuf. Diese Ausfuhr erfolgt per Lkw in einer Fahrzeit von etwa 48 Stunden, mit Zwischenstation in Amman. Auch nach dem Sechs-Tage-Krieg wurde diese Ausfuhr fortgesetzt und bildet ein wichtiges Bindeglied zwischen Israel und Jordanien, das über dem politischen Konflikt oft übersehen wird. (Eine tiefschürfende Untersuchung der landwirtschaftlichen Entwicklung aller Gebiete innerhalb der ehemaligen Mandatsgrenzen befindet sich bei Richter [1979]).

3.4.2. Die landwirtschaftliche Produktion

Aus der Untersuchung der Parameter für die Landwirtschaft geht hervor, daß diejenigen Faktoren, die seit Jahrtausenden den Charakter der mediterranen Landwirtschaft bestimmen, an Bedeutung eingebüßt haben oder der Konkurrenz anderer Regionen oder Produkte zum Opfer gefallen sind. Der Weizenanbau konnte sich mit den Produktionsweisen auf den großen Landflächen Nord- und Südamerikas oder der Sowjetunion nicht messen, das Olivenöl wurde durch andere pflanzliche Öle verdrängt, die Feige ist längst nicht mehr die wichtigste Quelle für die Zuckergewinnung. Dies führte zu einer Krise der Landwirtschaft in allen Mittelmeerländern, die gezwungen waren, neue Wirtschaftszweige zu entwickeln, nicht überall mit gleichem Erfolg. Israel war eines der ersten Länder, denen diese Umstellung in hohem Maße gelang.

Für die Auswahl neuer Produkte waren in erster Linie die klimatischen Vorteile maßgebend, vor allem die maximale Nutzung der Sonneneinstrahlung und der Temperaturen des Frühjahrs und Sommers, und zweitens das Bestreben, die geringe Größe der landwirtschaftlichen Fläche durch intensivste Bearbeitung und Investition von Kapital auszugleichen. So kommt es, daß die Landwirte vor allem von intensiv bearbeiteten und bewässerten Feldern das höchste Einkommen beziehen, während die großen Flächen, die aus Wassermangel nicht oder nur zum Teil bewässert werden können, einen geringeren Teil des Einkommens liefern. Die Skala der verschiedenen Wirtschaftszweige nach dem Wert ihrer Produkte hat keine Ähnlichkeit mit ihrer Rangordnung nach Flächennutzung, wie aus Tab. 12 hervorgeht.

Tabelle 12: Rangordnung der wichtigsten Landwirtschaftszweige nach Wert und Fläche (1990)

Wirtschaftszweig	Wert (in Mio. Shekel)	Rang	Anbaufläche (1000 Dunam)	Rang
Geflügelzucht	1194	1	–	9
Vieh- und Milchwirtschaft	978	2	–	8
Gemüseanbau	965	3	449	3
Obst (außer Zitrus)	878	4	521	2
Zitrus	823	5	364	4
Getreide- und Futterpflanzen	800	6	2210	1
Blumen	800	7	21	7
Baumwolle	370	8	319	5
Fischteiche	149	9	29	6

Aus der Tabelle geht hervor, daß über 40 % des landwirtschaftlichen Einkommens aus Zweigen erzielt werden, die fast kein Land benötigen, d. h. im wesentlichen aus der Viehhaltung. Obstpflanzungen erbringen 28 %, während der Getreide- und Futteranbau, der fast die Hälfte der Anbaufläche einnimmt, nur 4,8 % des Ertrages liefert.

3.4.2.1. Tierische Produkte

Unter den Branchen der tierischen Produktion nimmt die *Geflügelzucht* den ersten Platz ein; sie ist in allen Teilen des Landes und in den Siedlungen jeglichen Typs anzutreffen. Da alles Futter entweder importiert wird oder das Nebenprodukt anderer Zweige ist, wird keine landwirtschaftliche Fläche benötigt, lediglich Platz für die Hühnerställe, die in Großbetrieben mehrstökkig sind. Auch der Wasserverbrauch ist gering. Noch wichtiger ist, daß Neueinwanderer, vor allem aus den moslemischen Staaten, die damit verbundene Arbeit leicht erlernen und bereits nach einer kurzen Investitionsperiode Einkommen aus der Produktion ziehen können.

Als Wirtschaftssystem könnte man die Geflügelzucht eher eine Industrie als einen Landwirtschaftszweig nennen. Der Produktionsprozeß beginnt in spezialisierten Brutanstalten. Das Futter wird in Silos, die sich meist in den regionalen Verwertungszentren befinden, für die verschiedenen Bedürfnisse gemischt, wobei auch Hormone, Vitamine, Medikamente, Kalk usw. zugesetzt werden. Diese Silos verwerten auch die Abfallprodukte anderer Industriezweige, wie Fisch- und Knochenmehl. Die Verteilung erfolgt in speziellen Lkws, und in den Moshavim stehen vor jedem landwirtschaftlichen Betrieb Kleinsilos zur Aufnahme des Futters.

Die Ställe sind vollmechanisiert und nach dem Fließbandprinzip – sowohl für die Futterversorgung als auch für das Auffangen der Eier – aufgebaut. Der Dünger fällt durch den Boden der Käfige und kann von dort automatisch abtransportiert werden. Das Eierfließband führt zu automatischen Sortieranlagen. In einem Moshav – oder auch bei Einzelbauern in den Moshavot – besitzt der Landwirt mehrere hundert Legehühner, in den Kibbuzim beträgt die Zahl mehrere Tausende oder sogar Zehntausende von Hühnern. Die Gesamtzahl der Legehennen betrug 1990 6,8 Mio. und die der Küken 3,3 Mio. Die Eierproduktion betrug im Jahre 1990 1,548 Mrd., was einer Durchschnittslegetätigkeit von 210 Eiern pro Henne und Jahr entspricht (eine der höchsten der Welt).

Noch wichtiger als die Produktion von Eiern ist die Produktion von Geflügelfleisch. Schweinezucht existiert fast gar nicht, da sowohl die jüdische als auch die moslemische Religion den Genuß von Schweinefleisch untersagt, und nur die christliche Bevölkerung darf Schweinefleisch produzieren. Daher bleibt das Geflügel der wichtigste Fleischversorger. Der Verbrauch von Geflügelfleisch pro Kopf der Bevölkerung und Jahr beträgt über 51 kg und ist wahrscheinlich der höchste in der Welt. Die Zahl der Masthühner betrug im Jahre 1990 14,3 Mio.; sie lieferten 261 700 t Geflügelfleisch. Die Geflügelversorgung wird durch Putenfleisch ergänzt: die Putenzucht erfolgt in Riesenaufzuchthäusern mit 25 000 Puten in einem Stall. Da die Puten sehr krankheitsanfällig sind, herrscht in den Ställen gründliche Sauberkeit. Der Putenmist wird gesondert aufgesammelt und dem Hühnerfutter beigegeben. Im Jahre 1990 wurden knapp 3 Mio. Puten aufgezogen, und die Putenschlachthäuser produzierten 71 200 t Fleisch, davon 66 400 t zur industriellen Verarbeitung.

Das Schlachten von Geflügel erfolgt in Großschlachtereien, die gleichzeitig Verwertungsfabriken sind, wobei jeder Teil weiterverarbeitet wird: Federn, Knochen, Fett usw. Das Fleisch kommt in Form von ganzen Gefrierhühnern oder von Einzelteilen auf den Markt. Etwa 3 % der Fleischproduktion, vor allem Puten und Gänse, werden exportiert.

Die *Milchwirtschaft* steht an zweiter Stelle in der Verwertung tierischer Produkte. Die Betriebe sind gleichmäßig über das ganze Land verteilt, da die Entfernungen zum Markte keine maßgebende Rolle spielen. Wichtiger ist das Fachwissen der Landwirte, und da dieses mehr bei den alteingesessenen Siedlern zu finden ist als bei den Neueinwanderern, ist die Milchproduktion in den neuen Moshavim weniger verbreitet. Die Kibbuzim nutzen in dieser Branche den Vorteil der Größe, da in ihren Ställen mehrere hundert Milchkühe stehen können. Der gesamte Rinderbestand beträgt etwa 300 000, davon 110 000 Milchkühe. Etwa 100 000 werden für die Fleischversorgung gehalten, vor allem in Kibbuzim, wobei Naturweide wenigstens in einem Teil des Jahres ausgenutzt wird.

Milchviehhaltung auf kultivierter Weide ist fast unbekannt; das Futter besteht hauptsächlich aus importiertem Kraftfutter. Der Anbau von Futterpflanzen (Heu, Alfalfa, Futterrüben) nimmt etwa 20% der gesamten Ackerfläche in Anspruch und wird hauptsächlich von Kibbuzim betrieben.

Auch die Kuhställe werden soweit wie möglich mechanisch betrieben. Durch Zuchtwahl werden hohe Durchschnittswerte der Milchproduktion erreicht, und die Gesamtproduktion beträgt 940 Mio. l. Davon wird etwa ein Drittel als Trinkmilch vermarktet, während zwei Drittel industriell weiterverarbeitet werden. Dies erfolgt in einigen wenigen Großmolkereien. Die gesamte Produktion ist für den Binnenmarkt bestimmt.

Weder an der Geflügelzucht noch an der Milchwirtschaft hat die arabische Landwirtschaft Anteil. Sie entsprechen westlichen Konsumgewohnheiten und sind auch heute noch fast in keinem arabischen Land zu finden. Dazu kommt, daß auch die kooperative Organisation dieser Zweige dem arabischen Wirtschaftsdenken fremd ist. So werden bei den arabischen Bauern noch heute Hühner und Kühe (23000) in den Höfen nur für die Deckung des Eigenbedarfs gehalten.

Dahingegen haben die arabischen Landwirte einen großen Anteil an der Haltung der traditionellen nahöstlichen Fleischversorger: *Schafe* und *Ziegen*, die auf rauher Weide grasen und sich unter der Aufsicht von Hirten manchmal auch weit von den Dörfern entfernen. Die Aufzucht von Kleinvieh verteilt sich zwischen Arabern (60%) und Kibbuzim (40%). Von den 115000 Ziegen in Israel befinden sich 95000 in arabischem und 20000 in jüdischem Besitz. Von den 375000 Schafen werden 255000 von Arabern gehalten. Die Schafzucht der jüdischen Landwirtschaft ist meist in Kibbuzim zu finden, wo sie als Großbetrieb organisiert ist. Das Hauptziel der Schafhaltung ist die Produktion von Milch, die fast völlig zur Herstellung von Käse benutzt wird. Die einheimischen Rassen produzieren eine minderwertige Wolle, die nur für Teppiche und grobe Gewebe geeignet ist. Das Fleisch von Schafen und Ziegen wird meistens von Arabern und Juden orientalischer Herkunft verbraucht.

Besondere Beachtung verdient die *Karpfenzucht*, für die Israel eine Technologie entwickelt hat, die in vielen Ländern Nachahmung gefunden hat. Fischteiche wurden in großem Umfang auf ehemaligem Sumpfgelände angelegt, vor allem im Jordangraben (Bild 7), wo das warme Klima es ermöglicht, zwei bis drei ›Ernten‹ im Jahre zu erreichen. Wegen der großen Investitionskosten konnte dieser Zweig nur in Kibbuzim entwickelt werden. Aber der Ertrag pro Dunam und Arbeitstag ist so groß, daß die Fischzucht als einer der ertragreichsten Zweige der Landwirtschaft gilt. In der letzten Zeit ist es gelungen, noch drei bis vier andere Fischsorten für die Aufzucht (zum Teil mit künstlicher Befruchtung) nutzbar zu machen. Als Futter werden unter anderem auch die Abfälle aus Großküchen verwertet. Der Nachteil dieser Branche ist der hohe Wasserverbrauch; allerdings kann für die Teiche Wasser mit einem höheren Salzgehalt verwendet werden, als es für die Feldbewässerung benutzt wird, aber trotzdem hat die Regierung die Fläche für Fischteiche beschränkt. Im Jahre 1990 betrug die Fläche 29000 Dunam. Die ›Ernte‹ erreicht heute etwa 26200 t im Jahre. Die Fütterung erfolgt heute automatisch durch Silos. Mehrere Fischarten können im selben Teich aufgezogen werden, da sie in unterschiedlicher Tiefe leben und unterschiedliche Nahrung erhalten.

Einen besonderen Zweig stellen die sehr anfälligen Zierfische dar, die in verschiedenen Farben für den europäischen Markt gezüchtet werden.

3.4.2.2. Baumpflanzungen

Baumpflanzungen waren seit frühester Zeit das Merkmal der mediterranen Landwirtschaft und sind es bis heute geblieben. In Israel nehmen sie 21 % der landwirtschaftlichen Nutzfläche ein. Aber von den traditionellen Produkten sind nur der Wein und die Olive in größerem Maße geblieben, während andere Pflanzen durch subtropische Bewässerungskulturen ersetzt worden sind.

Den ersten Platz unter den Baumkulturen nimmt flächenmäßig der Ölbaum ein, was sowohl auf Tradition zurückzuführen ist als auch auf die Tatsache, daß dieser Baum besser für das Bergland geeignet ist. Die Anbaufläche betrug 1990 134600 Dunam, davon 104000 Dunam in der arabischen Landwirtschaft. (Auf der Westbank und in Gaza stieg der Anbau von 514000 [1967] auf 775000 Dunam [1985] an.) Der Ertrag betrug 143000 t. Der Ölbaum bringt Früchte in einem Zweijahreszyklus hervor, wobei die Ertragsunterschiede in verschiedenen Jahren beachtlich sind. Aber nach einem kalten Winter steigt der Ertrag erheblich an. Die arabische Landwirtschaft produziert auf unbewässertem Boden kleine Früchte, die vor allem zur Bereitung von Olivenöl genutzt werden, während die jüdischen Landwirte bewässerte Haine anlegen, deren große Früchte sich zum Einlegen als Tafelfrüchte eignen. Die Produktion von Olivenöl erfolgt sowohl in traditionellen Kleinbetrieben als auch in großen Fabriken, in denen alle Sorten von pflanzlichen Fetten zu Öl oder Seife und kosmetischen Produkten verarbeitet werden.

Historisch gesehen ist der Ölbaum nicht nur wirtschaftlich nützlich, sondern er hat auch eine kulturelle und religiöse Bedeutung (in der Erzählung über die Sintflut wird ein Ölzweig als erstes Zeichen für Festland erwähnt). In der Bibel gilt das Olivenöl als das Öl für rituelle Zwecke: zur Salbung von Königen, zur Speisung des siebenarmigen Leuchters (Menora) im Tempel und als Symbol des Chanukkafestes. Die Menora wurde auch als Symbol des Staates Israel angenommen.

Die Olive hatte und hat auch eine vielseitige, praktische Verwendung: die Frucht ist eine der wichtigsten Beilagen jeder Mahlzeit im Nahen Osten. Das

Tabelle 13: Zitruskultur (1980)

Sorte	Anbaufläche (in Dunam)	Ernte (in t)	Ausfuhr (in t)
Orangen	223 000	885 200	551 300
Shamuti (Jaffa)	(156 000)	(608 200)	(382 000)
Spätsorten (Valencia)	(67 000)	(277 000)	(169 300)
Grapefruit	87 000	508 800	241 400
Zitronen	–	59 100	28 000
Andere (Fläche einschl. Zitronen)	65 000	89 700	34 000
Gesamt	375 000[1]	1 542 800	854 700

[1] Die Gesamtanbaufläche betrug im Jahre 1990 340 000 Dunam.

Öl wird sowohl zum Braten wie auch als Speiseöl verwendet. Ohne die Öllampe konnte man sich in früheren Zeiten die Abendbeleuchtung gar nicht vorstellen (im nördlichen Europa mußte man sich statt dessen einer Fackel bedienen). Auch als Heilmittel aller Art wurde das Öl schon in der Bibel erwähnt.

Den zweiten Platz nimmt jetzt die *Zitruskultur* ein (vgl. Tabelle 13), deren Gesamtanbaufläche den Vorkriegsumfang von 300 000 Dunam im Jahre 1958 wieder erreichte und im Jahre 1990 340 000 Dunam betrug. Ihre Entwicklung lief parallel mit der Nutzbarmachung der Rotsandböden in der Küstenebene seit den 20er Jahren dieses Jahrhunderts. Noch heute ist die Küstenebene das Hauptanbaugebiet, aber verschiedene Varianten, vor allem die Pampelmuse (grape fruit) wurden auch in den Tälern im Landesinneren angepflanzt. Die wichtigste Voraussetzung ist die Frostfreiheit.

Das Hauptziel der Zitruskultur ist der Export, der wert- und flächenmäßig 46 % des Früchteexports ausmacht.

Die Zitrusproduktion ist die Grundlage für eine Reihe von Industrien. Packhäuser, die ursprünglich fast in jedem größeren Hain (hebr. Pardes) existierten, sind heute Großbetriebe, denen meistens Verarbeitungsanlagen angeschlossen sind. Ihre Zahl beträgt etwa 30, und sie sind in Gruppen von zwei bis sechs Anlagen an Stationen entlang der Küstenbahnlinie zu finden. Aber wegen der Rückständigkeit des Bahnbetriebs (s. Kap. 3.7) erfolgt der Transport zu den Häfen per Lkw. Früchte, die man wegen äußerer Mängel als nicht geeignet für den Export ansieht, werden dem Binnenmarkt zugeleitet oder zu Industrieprodukten (Säfte, Konzentrate, Marmeladen) verarbeitet.

An dritter Stelle steht der *Weinbau,* der sich in die Kultur von Tafeltrauben und Weintrauben teilt. In Israel wurden 1990 30500 Dunam Tafeltrauben angebaut, die 48000 t Weintrauben erbrachten. Für die Verarbeitung zu Wein wurden 20300 Dunam bebaut, die 40900 t Trauben ergaben, aus denen 13000 l Wein gewonnen wurden. Die Tafeltrauben werden in allen Teilen des Landes angebaut, wobei die Klimaunterschiede zwischen den verschiedenen Gegenden die Reifezeit über sieben Monate ausdehnen.

In der Westbank, wo dem Großteil der Bevölkerung als Mohammedanern der Weingenuß verboten ist, werden nur Tafeltrauben angepflanzt, die 1990 48000 t erbrachten. Nur den Klöstern ist dort der Weinanbau erlaubt. Ein Großteil der Anbaufläche befindet sich in den Bergen von Hebron (KARMON 1971), von wo die Trauben hauptsächlich in die Länder Arabiens exportiert werden (s. Kap. 6.2.2.2).

Der Anbau von Weintrauben konzentriert sich im wesentlichen auf die Gegend um die beiden Keltereien, die vor etwa 100 Jahren errichtet wurden: die größere in Zikhron Ya'aqov und die kleinere in Rishon Le Zion. Um beide herum haben sich später kleinere Keltereien angesiedelt. Kleinere Anbauflächen umgeben Klöster, die in geringer Zahl im Lande verstreut sind.

Stein- und Kernobst (104000 Dunam) wurde ursprünglich nur in den Hausgärten (Bustan) der arabischen Dörfer und in kleinen Mengen angepflanzt, wurde aber zu einem wichtigen Faktor in der Wirtschaft der Neusiedlermoshavim, vor allem im Bergland. Die Pflanzungen, die für das Gelände durch Terrassierung (s. S. 93) vorbereitet werden mußte, produzieren fast alle Obstsorten der gemäßigten Klimazone. Kibbuzim haben sich auf den Anbau von Äpfeln spezialisiert, vor allem im Norden des Landes.

Bananen, die besonders kälteempfindlich sind, werden dort erfolgreich angepflanzt, wo Freiheit von Frostgefahr besteht und genügend Wasser und geeignete Böden vorhanden sind. Dies trifft auf Teile des Jordangrabens und die nördliche Küstenebene zu, wo die Berge bis auf eine Entfernung von 2–8 km an die Küste herantreten und die durch Absinken erwärmte Luft durch die vom Meere ausstrahlende Wärme vor Abkühlung geschützt bleibt. Der Ertrag von 611000 t, davon 80 % in Kibbuzim, genügt, um den Bedarf der Bevölkerung das ganze Jahr hindurch zu befriedigen.

Andere *subtropische Früchte*, vor allem *Avocado*, welche ähnliche klimatische Anforderungen stellen wie die Zitrusfrüchte, erweitern ihre Anbaufläche; diese stieg von 39000 Dunam (1976) über 62000 (1978) auf 89400 Dunam (1990) mit einem Ertrag von 48000 t, davon 35000 t für Export, da der europäische Absatzmarkt sich stark erweiterte.

Erdbeeren werden unter Plastik auf einer Anbaufläche von 2200 Dunam hauptsächlich von arabischen Bauern (wegen Kinderarbeit) angebaut. Von einer Gesamternte von 14300 t werden 900 t exportiert.

Der Obstanbau bildet die wichtigste Branche der Landwirtschaft nach der Viehhaltung und erbringt 47 % des Wertes aller pflanzlichen Produktion.

3.4.2.3. Feld- und Gartenbau

Der intensive Gartenbau in Entwicklungsländern ist eine typische Folge der Entwicklung eines städtischen Marktes. So begann auch in der jüdischen Kolonisation dieser Wirtschaftszweig mit der städtischen Einwanderung zu Beginn des britischen Mandates. Nach der Staatsgründung war er das beste Instrument zur Fundierung der Neueinwanderersiedlungen, da er verhältnismäßig geringe Investitionen verlangte und bereits nach wenigen Monaten Erträge brachte. Außerdem hat diese Branche einen hohen Bedarf an Arbeitskräften, wofür der demographische Aufbau der Einwanderer eine günstige Grundlage schuf. Aus demselben Grunde wandte sich auch die arabische Landwirtschaft dieser für sie neuen Wirtschaftsform zu, die heute für sie den wichtigsten Einkommensfaktor bildet. So teilt sich heute die Garten- und Gemüsebaufläche von 440000 Dunam wie folgt auf: Moshavim 42%; arabische Bauern 24%; Kibbuzim 20%; Einzelbauern 14%.

Der *Gemüsebau* produziert etwa 50 verschiedene Sorten Gemüse, so daß der israelische Markt das ganze Jahr über mit frischen Produkten versorgt wird. Im Winter und Frühjahr kann ein Teil der Produktion an die aufnahmewilligen europäischen Märkte exportiert werden. Dies hat zu einer Intensivierung der Produktion geführt; man verwendet Plastikdecken und Glashäuser, die heute – vor allem auf den schwereren Böden – das Landschaftsbild im Winter beherrschen (Bild 11). Eine besondere Form der Kultivierung ist Blumenzucht in Glashäusern, die einen Export von Hunderten von Millionen von Blumen ermöglicht. Der Export von Blumen und Frühgemüse in den Wintermonaten erfolgt mit Hilfe von Jumbo-Flugzeugen, die täglich, manchmal zwei oder drei Maschinen, nach Europa abfliegen. Das Hauptverteilerzentrum für diesen Export ist der Flughafen in Köln, wo Spezialeinrichtungen für den schnellen Weitertransport sorgen. So ist das Erzeugnis spätestens 24 Stunden nach dem Schnitt oder der Ernte auf den Märkten der Großstädte. Im Jahre 1990 erbrachte der Blumenexport 148 Mio. $.

Auch unter den *Feldfrüchten* hat sich das Schwergewicht vom Getreideanbau auf andere Kulturen verlegt. Zum wichtigsten Zweig ist der *Baumwollanbau* geworden, der allerdings von einem Flächenumfang von 657000 Dunam (1982) auf 318000 Dunam (1990) zurückgegangen ist. Der Anbau ist völlig mechanisiert, einschließlich der Insektenbekämpfung durch Zerstäubung vom Flugzeug aus und des Einsatzes von mechanischen Pflückern. Da diese Maßnahmen sich nur auf großen Flächen lohnen, befinden sich 80% der Baumwollanbaufläche in Händen von Kibbuzim, während die Moshavim, die Baumwolle produzieren, einen Teil der Einzelbetriebe zusammengelegt haben, um auf kooperativer Basis die Baumwollfelder im Großbetrieb zu bearbeiten.

Die Anlagen, in denen die Fasern maschinell von den Kernen getrennt werden, befinden sich meistens in den kooperativen regionalen Industriezentren. Die Fasern dienen als Rohstoff für die israelische Textilindustrie, und die Kerne werden zu Speiseöl und Viehfutter verarbeitet.

Eine weitere wichtige Feldfrucht ist die *Erdnuß* (55000 Dunam Anbaufläche, etwa gleichmäßig über alle Siedlungsformen verteilt). Wegen ihrer Größe und Qualität wird ein großer Teil als Speisenüsse exportiert und der Rest zu Öl und Viehfutter verarbeitet.

Etwa 30 Jahre lang hatte Israel sich darum bemüht, eine Zuckerindustrie auf der Basis von *Zuckerrüben* aufzubauen, aber wegen zu großer Verluste ist der Anbau jetzt eingestellt worden.

Der *Getreideanbau* – einst die Grundlage jeder Landwirtschaft – nimmt noch immer den größten Teil der Ackerfläche ein, hat aber seinen Platz als wichtigste Branche verloren. Er nutzt hauptsächlich die unbewässerten Flächen aus und ist daher von der jährlichen Regenmenge abhängig. Im regenreichen Jahre 1966/67 wurde *Weizen* auf einer Fläche von 936000 Dunam ausgesät und erbrachte einen Ertrag von 221000 t. Im Jahre davor konnten nur 764000 Dunam besät werden, der Ertrag lag bei 100000 t. Um eine größere Gleichmäßigkeit des Ernteertrags zu sichern, wurden dem Getreidebau bestimmte Wassermengen für Hilfsbewässerung zur Verfügung gestellt und auch ertragreichere Sorten, vor allem von mexikanischem Zwergweizen, eingeführt. Seitdem blieb die Weizenanbaufläche mit etwas über 1 Mio. Dunam konstant, mit einem Jahresertrag von 220000–275000 t.

Auch beim Weizenanbau bietet der Großbetrieb Vorteile; daher werden 40 % der Fläche von Kibbuzim bearbeitet und 25 % von Moshavim, zum Teil auf kooperativer Basis. Die arabische Landwirtschaft bearbeitet 35 % der Weizenanbaufläche, und obwohl hier noch immer Einzelbauern den Anbau durchführen, ist doch die Benutzung von Traktoren und anderen Maschinen Allgemeingut geworden.

Der Anbau von *Gerste* hat sich fast nur bei arabischen Bauern gehalten, die 110000 Dunam von einer Gesamtfläche von 143000 bearbeiten.

Neben dem bereits weiter oben erwähnten Anbau von *Futtermitteln* wäre noch der Anbau von *Sonnenblumen* zu erwähnen (82000 Dunam), die den Vorteil haben, daß sie keine Bewässerung benötigen und als wichtiger Rohstoff für die Ölgewinnung dienen. *Kartoffeln* werden durchschnittlich auf 63000 Dunam angepflanzt, mit einem Ertrag von 210000 t, davon 40000 t für Export.

3.5. Der Wasserhaushalt

Aus dem vorigen Kapitel geht klar hervor, daß die entscheidende Veränderung in der Landwirtschaft durch den Übergang zu Bewässerungskulturen verursacht wurde. Die bewässerte Fläche ist von 300000 Dunam im Jahre

1938 auf 1,9 Mio. Dunam im Jahre 1978 und auf 2,057 Mio. Dunam von einer kultivierten Gesamtfläche von 4,371 Mio. Dunam im Jahre 1990 gestiegen. Der Ertrag der bewässerten Fläche erreicht fast 80 % der gesamten pflanzlichen Produktion, und die Erzeugung tierischer Produkte ist fast völlig auf Viehhaltung unter geregelter Wasserversorgung aufgebaut.

Aber Palästina war niemals ein Bewässerungsland, und Bewässerung wurde nur an wenigen Stellen, wo größere Quellen entspringen, auf sehr begrenztem Gebiet durchgeführt. Wasserbohrungen in größerem Maßstabe erfolgten erst in der Mandatszeit, als in der Küstenebene der Grundwasserhorizont der Saqie entdeckt wurde (s. Kap. 6.1.1). Nach der Staatsgründung setzt die israelische Landwirtschaft alle ihre Hoffnung auf eine rapide Vergrößerung der Bewässerungsfläche in der Küstenebene, und das hatte zur Folge, daß nach kurzer Zeit sich ernst zu nehmende Erscheinungen von Brunnenversalzung zeigten. Um dieser Gefahr entgegenzutreten, wurde – parallel zur Bodenbestandsaufnahme (s. Kap. 3.4.1.1) – eine wissenschaftliche Untersuchung des Wasserpotentials eingeleitet.

Zu diesem Zwecke wurde im Jahre 1952 die Wasserforschungsgesellschaft Tichnun Hamayim Le Israel (abgekürzt TAHAL) gegründet, deren Aufgabe es war, alle potentiellen Quellen der Wasserversorgung zu untersuchen: Meßgeräte wurden an jeder Quelle und in allen Flußläufen (auch Trockenbächen = Wadis) eingesetzt, die Zahl der Regenmeßgeräte wurde vervielfacht; vor allem wurde der Lauf des Grundwassers mit Hilfe von Isotopen genau verfolgt. Das Ergebnis dieser jahrelangen Untersuchungen war eine möglichst genaue Kenntnis der Wirksamkeit der Niederschläge (etwa 60 % Verdunstung, 5–15 % Flutwasser und 25–35 % Versickerung). Staudämme, die errichtet wurden, zeigten, daß die Anlage von Stauseen unpraktisch ist, da der aufgestaute Winterregen entweder versickert oder im Sommer schnell verdunstet.

Das wichtigste Ergebnis war eine genaue Kenntnis der Grundwasserbedingungen. Neben dem bereits bekannten Grundwasserhorizont der Küstenebene, wo das durch die Sandformationen sickernde Wasser durch eine Lehmschicht in einer Tiefe von 50–70 m aufgehalten wird, wurde im Bergland ein ausgiebiger Horizont in einer Tiefe von mehreren hundert Metern entdeckt, in dem das durch den karstigen Kalkstein versickerte Wasser von einer Mergelschicht am weiteren Versickern gehindert wird. Aus dieser Schicht entspringen die meisten Quellen, aber große Mengen von Wasser verbleiben in dem durch Karst ausgehöhlten Gestein. Für die Wasserversorgung ist drittens der Jordan wichtig, dessen Quellen aus den Jurakalken des Hermon ihr Wasser beziehen (PRUSHANSKY 1960).

Eine Berechnung aller dieser Faktoren sowie ein Simulationsmodell des gesamten Grundwasserverlaufs des Landes führten zu der Erkenntnis, daß die jährliche Wiederauffüllung des Grundwassers etwa 1350–1400 Mio. cbm

Tabelle 14: Wasserhaushalt

Versorgung		Mio. m³	Verbrauch	Mio. m³
Kinneretsee		380	Landwirtschaft	1231
Flüsse		146	Industrie	94
Quellen und Brunnenbohrungen		1027	Haushalt	348
Küstenebene	44 %			
Bergland und innere Täler	56 %			
Aufbereitung von Wasser		120		
Gesamt		1673		1673

beträgt, wozu noch 200 Mio. cbm wiederaufbereitetes Wasser kommen, so daß maximal eine Menge von 1600 Mio. cbm der gesamten Wirtschaft des Landes zur Verfügung steht, wenn es nicht seine Wasserschätze verlieren will (Tab. 14). Diese Zahl ist so niedrig, daß sie in anderen Ländern als marginale Schwankung bezeichnet werden würde, stellt aber für Israel das gesamte Potential dar, das durch genaue Planung kontrolliert werden muß.

Nur noch ein anderes Land führt eine genaue Berechnung seines gesamten Wasservorkommens durch, und das ist Ägypten. Aber dort handelt es sich um 80–90 Mrd. cbm, und das gesamte Potential Israels durchfließt faktisch den Nil zur Flutzeit in drei Tagen.

Zu dem Problem der geringen Wassermengen gesellt sich ein weiteres – die ungleichmäßige Verteilung der Niederschläge über Raum und Zeit, auf die bereits in Kap. 1.3.3 hingewiesen wurde. Der Unterschied der Regenmengen kann zwischen einzelnen Jahren 30 % betragen, und in der Verteilung über die einzelnen Monate bestehen noch größere Spannen. Aber alle Quellen und Flüsse führen ihre größte Wassermenge immer im Winter, wenn der Bedarf für Bewässerung am geringsten ist, da der Regen für Feuchtigkeit sorgt.

Räumlich befinden sich 78 % allen verfügbaren Wassers nördlich von Tel Aviv, während die ausgedehntesten Bodenreserven sich im Süden befinden. Die Lösung für beide Probleme wäre die Speicherung des Wassers von Jahreszeit zu Jahreszeit und der Transport von Wasser vom Norden zum Süden. Für diese beiden Aufgaben gibt es jedoch keine natürlichen Voraussetzungen, da kein Fluß – außer dem Jordan – von Norden nach Süden fließt und die Aufspeicherung wegen der starken Verdunstung nicht in Frage kommt. Es war daher notwendig, völlig neue, unkonventionelle Wege zu finden, und die Grundbedingung dafür war eine vollständige Kontrolle über alle Wasserreserven. Zu diesem Zwecke wurden im Jahre 1959 sämtliche Wasservorräte des Landes zu Staatseigentum erklärt. Stadtverwaltungen, Siedlungen, landwirtschaftliche und Industriebetriebe, selbst wenn sie eigene Wasserwerke unterhalten, benötigen die Bewilligung einer Wassernutzungsquote. Überschreitung der Quote wird mit hohen Geldstrafen belegt.

Aufgrund dieses Gesetzes wurde das Wasser-Kontrollamt als eine Abteilung des Landwirtschaftsministeriums geschaffen; es hat im wesentlichen die Aufgabe der Aufsicht und Qualitätskontrolle über alle Wasserwerke sowie der Festlegung der Wasserquoten (die im Falle von Dürrejahren herabgesetzt werden können) und der Wasserpreise, die regional verschieden sein können.

Die Planung der Wassernutzung und die technische Kontrolle über alle Wasserwerke liegt in den Händen von TAHAL, einer Privatgesellschaft, deren Kapital aber in den Händen des Staates und der nationalen Institutionen liegt (Wiener 1963).

Der Bau und Betrieb der größeren Wasserwerke liegt in den Händen von Meqorot, einer Gesellschaft, in der neben den nationalen Institutionen auch der Gewerkschaftsverband (Histadruth) in starkem Maße beteiligt ist. Meqorot leitet alle größeren Werke und verkauft Wasser zu den vom Kontrollamt festgelegten Preisen an Großabnehmer (Siedlungen und Städte), die ihrerseits für das Verteilernetz verantwortlich sind und Wasser für den Haushaltsbedarf zu kontrollierten Preisen verkaufen können. Dieses System führt dazu, daß Wasser für Produktionszwecke nicht zu kostspielig wird. Dieses Prinzip steht in starkem Gegensatz zu dem im Nahen Osten üblichen Wasserrecht, nach dem Flußwasser kostenlos an Bauern abgegeben wird, während Wasser von Pumpwerken Privateigentum des Pumpenbesitzers ist, der berechtigt ist, den Preis selbst zu bestimmen.

Die Wasserkontrolle und -versorgung, vor allem für die Landwirtschaft, obliegt regionalen Wasserwerken, denen alle verfügbaren Quellen und Pumpwerke angeschlossen sind. Das Rückgrat jedes Regionalwerkes ist ein verzweigtes Röhrensystem, wobei der Spiegel des Grundwassers der kontrollierende Faktor ist. Im Winter wird alles Quellwasser zur zentralen Pumpstation geleitet und dort ins Grundwasser hineingepreßt. Dämme sind in allen Flußbetten und Trockentälern errichtet, um Regenfluten temporär aufzuhalten. Die Reservoirs eines jeden Dammes werden durch Pumpen ins Grundwasser entleert, um Platz für den nächsten Wasserschwall zu schaffen und zu verhindern, daß das Regenwasser ins Meer abfließt. Ein Teil dieses Wassers wird zur städtischen Wasserversorgung benutzt, um den dortigen Pumpwerken eine Ruhepause zu geben.

Auf diese Weise wird der gesamte Wasserüberschuß des Winters vor dem Abfluß ins Meer gerettet und dient zur Hebung des Grundwasserspiegels. Andererseits bietet dieses Verfahren die Möglichkeit, im Sommer manchmal den Grundwasserspiegel unter sein Normalniveau sinken zu lassen, in der Hoffnung, daß er sich im Winter wieder auffüllt, und in manchen Jahren wird bewußt ein Grundwasserdefizit geschaffen. Nur wenn mehrere Dürrejahre aufeinanderfolgen, besteht die Notwendigkeit, den Wasserverbrauch einzuschränken.

Im Sommer arbeiten dann alle Pumpen, um das Grundwasser in Verteilerröhren zu leiten. Für die Bewässerung verwenden heute die meisten Landwirte tragbare Aluminium- oder Plastikröhren, die die Felder durchziehen und an die Verteilerröhren angeschlossen werden. Bewässerung in offenen Kanälen ist unbekannt – wieder im Gegensatz zu den im Nahen Osten üblichen Bewässerungsmethoden –, und die Bewässerung erfolgt mit Hilfe von Beregnern. Aber da auch diese noch zuviel Wasser durch Verdunstung verlieren, sind viele Siedlungen, vor allem im Negev, zu neuen Bewässerungsmethoden übergegangen, für die Israel bahnbrechend geworden ist (Richter 1972), z. B. Tropfbewässerung.

3.5.1. Die Landeswasserleitung

Während die Regionalprojekte eine Verminderung der jahreszeitlichen Schwankung in der Wasserversorgung sichern konnten, mußte für das Problem der geographischen Verschiedenheit zwischen Norden und Süden eine andere Lösung gesucht weden. Die Grundidee für eine solche Lösung wurde von W. C. Lowdermilk (1944) vorgeschlagen, der sich als Wasseringenieur im TVA (Tennessee Valley Authority)-Projekt in den USA einen Namen geschaffen hatte. Sie sah die Ableitung des Jordanwassers über das Bergland hinweg in die Küstenebene, vor allem in den nördlichen Negev, und die Konstruktion eines Kanals vor, der Wasser vom Mittelmeer in das Tote Meer bringen sollte, um den Verlust des Jordanwassers auszugleichen. Gleichzeitig würde dieser Kanal durch Ausnutzung des Höhenunterschiedes von 400 m elektrische Energie schaffen können. Aber da dieser Originalplan auf der Zusammenarbeit aller Anrainerstaaten des Jordan aufgebaut war, konnte nach der Gründung des Staates Israel an seine Durchführung nicht mehr gedacht werden.

Die Logik dieses Planes lag vor allem darin, daß der Jordan bisher niemals als Quelle für Bewässerung gedient hatte. Seine Wasserführung ist sehr unregelmäßig, und sein Bett so tief in den Boden des Grabens eingeschnitten, daß das Wasser nicht auf das Niveau des Grabens gehoben werden konnte. Außerdem bestehen die Böden im Graben hauptsächlich aus Lissanmergel, dessen Salzhaltigkeit die landwirtschaftliche Nutzung hindert (s. S. 18). Dazu kommt das Wüstenklima, das dazu führte, daß die Region fast unbewohnt war. Trotzdem gab es eine geringe Anzahl kleiner Oasen, deren größte Jericho war, die ihr Wasser aber aus Quellen und Flüßchen bezogen, die am Rande der Senke entspringen. So floß der Jordan ungenützt dem Toten Meer entgegen und verdunstete dort. Dahingegen befinden sich im nördlichen

Negev weite, lößbedeckte Bodenflächen, die ohne Wasser ungenutzt bleiben müßten.

Aufgrund dieser Voraussetzungen sah der Staat Israel unmittelbar nach seiner Gründung in der Durchführung des Lowdermilkplanes eines der wichtigsten Mittel zur Vergrößerung seines landwirtschaftlichen Potentials, war aber genötigt, zunächst die damit verbundenen politischen Probleme zu lösen (Brawer 1968). Dies geschah unter der direkten Einmischung der USA. Präsident Eisenhower entsandte im Jahre 1955 einen Sonderbeauftragen (Johnston) zu Verhandlungen mit allen Staaten über die Durchführung separater, aber aufeinander abgestimmter Bewässerungspläne (Wirth 1965). Er erreichte eine mündliche Zustimmung zu einer Aufteilung des Jordanwassers und seiner Zuflüsse wie folgt: Jordanien sollte 47% des Wassers erhalten, Israel 39%, Syrien 11%, Libanon 3%. Israel und Jordanien unterzeichneten separate Verträge mit den USA, in denen sie sich verpflichteten, ihren Anteil nicht zu überschreiten, und erhielten dafür Wirtschaftshilfe bei der Durchführung der Bewässerungsprojekte. Syrien und Libanon unterzeichneten den Johnston-Vertrag nicht, sind aber aus geographischen Gründen nicht imstande, mehr Wasser zu nutzen. (Im Jahre 1965 unternahmen Syrien, Libanon und Jordanien den Versuch, die Quellen des Jordans so abzuleiten, daß Israel kein Wasser mehr bekommen würde und der See Genezareth austrocknen müßte, ohne daß das abgeleitete Jordanwasser anderswo nutzbar gemacht werden könnte. Der Fortschritt der Ableitungsarbeiten war einer der Hauptgründe zum Ausbruch des Sechs-Tage-Krieges und zur Besetzung der Golanhöhen durch Israel.)

Auf der Basis dieses Abkommens unternahm Jordanien die Planung und Durchführung des Ghorprojektes. Dieses ist auf dem Ghorkanal aufgebaut, der vom Yarmouk ausgeht und am Ostrande des Grabens entlangführt (Baker 1955). Mit Hilfe von Seitenkanälen, die zum Jordan hinführen, wird heute die Ostseite der Jordansenke bewässert; sie ist damit zum fruchtbarsten landwirtschaftlichen Siedlungsgebiet Jordaniens geworden.

Israel war genötigt, einen neuen Plan auszuarbeiten, der der neugeschaffenen Realität Rechnung trug, und dies erfolgte im Cotton-Plan (Cotton 1955). Der Kinneretsee, der sich vollständig auf israelischem Territorium befindet (s. Kap. 3.1), wurde durch den Bau einer Schleuse am Ausfluß des Jordans zum Staubecken des Projektes. Dies hat den Vorteil, daß die durch die Stauung vergrößerte Wassermenge zwar zu einer Hebung des Niveaus führt, wegen der Steilufer des Sees aber kaum eine Vergrößerung der Fläche und der damit verbundenen Verdunstung zur Folge hat.

Der Nachteil dieser Lösung liegt darin, daß sich der See 210 m unter dem Meeresspiegel befindet und daher das Wasser etwa 400 m hochgepumpt werden muß, bis es das Niveau erreicht, auf dem eine Durchtunnelung der Berge Untergaliläas möglich ist. Ein weiterer Nachteil ist der hohe Salzgehalt des

Sees (bis 300 mm Chlorid/l in einem regenarmen Jahr). Um den Salzgehalt zu verringern, wurden im Laufe der Jahre die salzführenden (und zum Teil thermalen) Quellen, die in der Nähe des Ufers entspringen, abgedämmt und salzhaltiges Grundwasser, selbst aus größeren Tiefen, abgepumpt. Das salzhaltige Wasser wird in einer Betonleitung weit nach Süden hin bis an den Rand der Wüste abgelenkt.

Das Wasser wird durch zwei Pumpwerke bis auf eine Höhe von 147 m über dem Meeresspiegel gehoben. Zwischen den Pumpwerken fließt es in einem offenen Kanal mit Betonboden. Dann erreicht es durch einen Tunnel das Tal von Bet Netofa, das gleichfalls in einem offenen Kanal durchflossen wird. Am westlichen Rande des Tales befindet sich ein operatives Staubecken, das etwa die Wassermenge einer Woche enthält. Hier wird das Wasser gereinigt und auf die Qualität von Trinkwasser gebracht (Tahal 1963).

In diesem Werk beginnt der zweite Abschnitt der Wasserleitung, in dem das Wasser durch Gravitation in einer Betonröhre von 2,75 m Durchmesser über 77 km bis zu den Yarqon-Quellen von Rosh Ha'ayin geführt wird (Fig. 16). Dort verbindet sich die Leitung mit der bereits früher gebauten Yarqon-Negev-Leitung, die in zwei Rohrleitungen von 1,68 m bzw. 1,78 m Durchmesser über weitere 100 km bis zum Negev führt und sich dort verzweigt. Von diesen beiden Leitungen zweigen sich auch Leitungen für die städtische Wasserversorgung von Tel Aviv und Jerusalem ab. Die Jahreskapazität der Leitung in ihrem Anfangsstadium beträgt 320 Mio. cbm, das ist etwa ein Viertel des gesamten Wasserbedarfs Israels.

Die Landeswasserleitung erfüllt noch eine andere Aufgabe. Sie bildet das Rückgrat eines Verbundsystems, das alle regionalen Wasserwerke miteinander verbindet. Dazu wurde eine Reihe von Pumpstationen errichtet, wodurch nicht nur Wasser aus einem Bezirk in den anderen geleitet, sondern auch Wässer mit unterschiedlich hohem Salzgehalt miteinander vermischt werden können, damit das gewünschte Maß an Salinität für die verschiedenen Pflanzen erreicht wird. Das gestaute Regenwasser ist dabei von besonderer Wichtigkeit, da mit seiner Hilfe der hohe Salzgehalt des Kinneretwassers auf ein Maß herabgedrückt werden kann, das für gewisse Pflanzen, wie Zitrus oder Bananen, nicht schädlich ist.

So kann man die Aufgabe der Landeswasserleitung mit der einer Bank vergleichen, deren Reserven im Grundwasser aufgespeichert sind, die Transfers vornehmen kann oder in Dürrejahren Anleihen auf regenreichere Jahre gibt. Für die Durchführung aller Operationen ist vor allem elektrische Energie nötig, denn 16 % allen Stromverbrauchs entfallen auf die Pumpwerke. Natürlich hat diese Art der Wasserversorgung einen hohen Preis für das Wasser zur Folge, und dieser spornt die Landwirtschaft dazu an, immer wieder nach neuen Methoden zu suchen, um Wasser zu sparen. Gleichzeitig laufen Projekte, um das Wasserangebot zu steigern, wie z. B. Verstärkung der Regen-

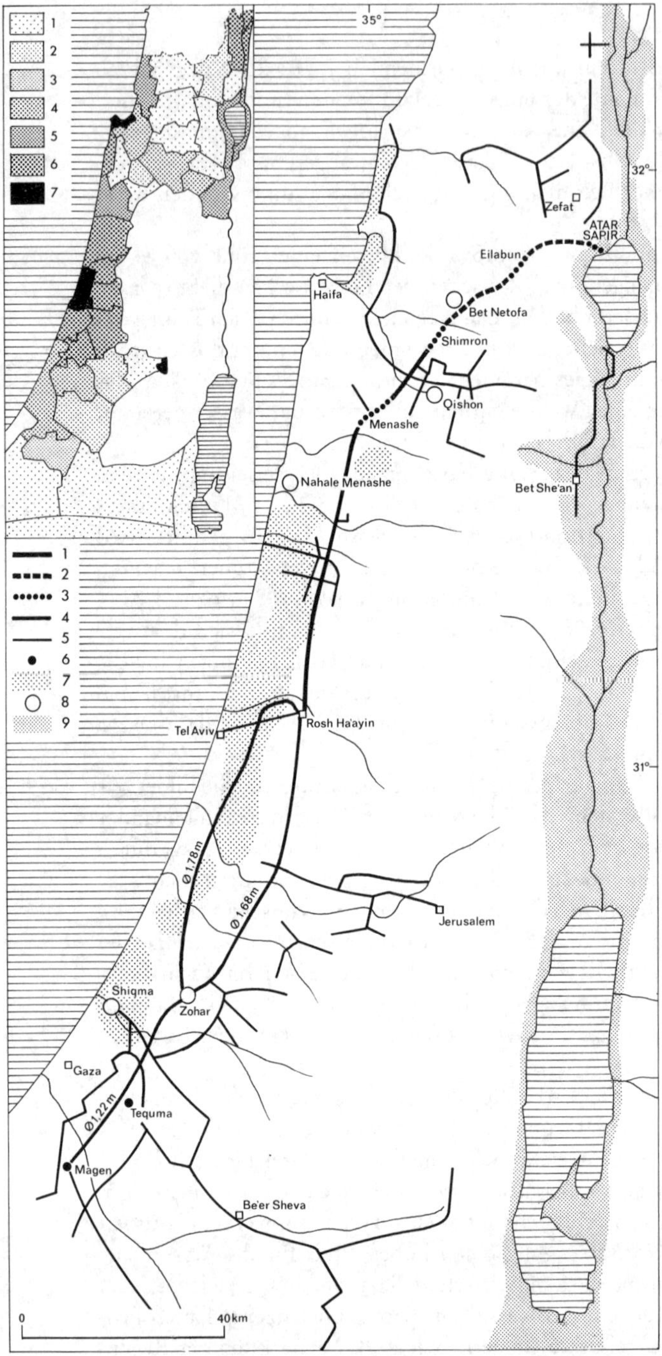

Fig. 16: Bewässerungssysteme (national und regional).
Hauptkarte:
1 Landeswasserleitung (Ø der Röhre 2,75 m).
2 Landeswasserleitung (Zementkanal).
3 Landeswasserleitung (Tunnel).
4 Yarqon-Negev-Leitung (Röhren).
5 Hauptrohre der regionalen Wasserleitungen.
6 Verteilerstationen.
7 Gebiete mit Pumpenbewässerung.
8 Speichersee.
9 Jordangraben.

Nebenkarte:
Bewässerungsgebiete in % der Gesamtfläche:
1 unter 5%.
2 5–10%.
3 10–20%.
4 20–30%.
5 30–40%.
6 40–50%.
7 Städtischer Raum.

bildung durch ›besäen‹ der Wolken mit Silberjodid, Aufbereitung von Abwässern und vor allem Entsalzung von Brack- und Meerwasser. Der letzten Aufgabe wird besondere Aufmerksamkeit zugewandt, aber wegen der hohen Energiepreise ist die landwirtschaftliche Nutzung von entsalztem Meerwasser noch immer nicht möglich, doch sind große Fortschritte in der landwirtschaftlichen Nutzung von Brackwasser zu verzeichnen.

3.5.2. Neue Wege der Wasserversorgung

Trotz aller technischer Neuerungen wird die Wasserversorgung Israels immer schwieriger und verlangt immer neuere Methoden. Eine dieser Neuerungen ist die Erfassung des saisonbedingten Flutwassers in den meeresnahen Sanddünen, damit es dort versickert. Dieser Gedanke wurde zunächst abgelehnt, auch von Wissenschaftlern, wurde dann aber allmählich anerkannt. Das Ziel der Versickerung ist es, durch einen Sperriegel von Süßwasser das Eindringen von Seewasser in das Landesinnere zu verhindern und dadurch das Versalzen von Wasser im Landesinneren zu unterbinden.

Eine weitere Neuerung bestand darin, die Wasserreserven nicht nach der Menge des Flutwassers zu messen, sondern nach Untergrundreservoiren. Zu diesem Zwecke wurde die rechnerische Grundlage für die Bemessung von Wasserreserven auf Untergrundreservoire (Aquifers) basiert. Diese Berechnungsart erreichte in letzter Zeit größte Bedeutung bei den Verhandlungen über die Teilung der Wasserreserven im Nahen Osten.

Die dritte Neuerung ist die Schaffung von Auffangbecken für Regenwasser. Bisher hatte man diese Methode abgelehnt, weil dadurch zuviel Wasser verdunstete. Die heutige Antwort auf dieses Argument ist, diese Becken nur im Winter gefüllt zu lassen und zu nutzen, während bei Beginn des Sommers der Rest des Wassers dem allgemeinen Wassersystem zugeleitet wird.

Die vierte Neuerung war die Forderung der Regierung, Abwässer zu reinigen und für begrenzte Zwecke zu benutzen. Durch diese beiden Verordnungen wurde es möglich, ca. 350000 cbm Wasser dem allgemeinen Wasserangebot hinzuzufügen, allerdings nur zur Bewässerung bestimmter Pflanzen. Der größte Nutzer dieses Wassers ist die Baumwolle, die große Mengen Wasser benötigt, aber als Industriepflanze nicht für den Haushaltsbedarf geeignet ist.

3.6. Industrie

Der Anteil der Industriebeschäftigten in Israel an der Gesamtzahl der Beschäftigten (1,5 Mio.) beträgt im Jahre 1990 21,2 %. Damit steht Israel an erster Stelle unter den Staaten des Nahen Ostens, deren Industrierate 15 %

nicht übersteigt, und gleicht sich den meisten industrialisierten Staaten an. Nur in den ehemals kommunistischen Ländern (aber auch in der Bundesrepublik) ist die Industrierate weitaus höher und übersteigt 40 %. Trotzdem nimmt in Israel die Industrie nicht den ersten Platz unter den Wirtschaftszweigen ein, sondern die öffentlichen Dienste. Im Jahre 1990 waren 439000 Personen in der Industrie beschäftigt und weitere 76000 im Bauwesen, während die öffentlichen Dienste 320000 Beschäftigte aufwiesen, zusätzlich zu den 216000 Beschäftigten in Finanzen, Handel und privaten Diensten. Diese Beschäftigungsverteilung wird als ungünstig betrachtet. Das augenblickliche Regierungsprogramm sieht eine Herabsetzung der Beschäftigten des öffentlichen Dienstes zugunsten der Beschäftigten in Industrie und Tourismus vor.

Der Anteil der Industrie am Sozialprodukt ist etwa dem der Beschäftigtenzahl gleich, aber sie liefert 87 % des Wertes der Warenausfuhr oder 51 % des Gesamtexports an Waren und Dienstleistungen.

Die geographischen Bedingungen für industrielle Entwicklung in Israel sind wenig ermunternd. Das Land besitzt keinerlei Energiequellen und nur wenig Rohstoffe, und der Staat erbte eine unzureichende Infrastruktur im Verkehrswesen und in der technologischen Ausbildung der Bevölkerung. Auch der Großteil der Neueinwanderer, vor allem derer aus dem Nahen Osten, brachte keinerlei industrielle Vorbildung mit.

Zur Zeit des britischen Mandates kam das Investitionskapital für Industrie im wesentlichen von Neueinwanderern aus Europa, die einen Teil ihres Vermögens in Form von Maschinen transferierten. Aber auch diese Quelle versiegte im Holocaust, und die Überlebenden der Katastrophe kamen als mittellose Flüchtlinge nach Palästina. Daher wurde der Aufbau einer Industriegesellschaft im wesentlichen zur Aufgabe der öffentlichen Institutionen bei einer gewissen Arbeitsteilung mit Einrichtungen des Privatkapitals. Der Mangel an natürlichen Grundvoraussetzungen führte dazu, daß die Entwicklung von primären und sekundären Industrien dem öffentlichen Sektor überlassen blieb, während das Privatkapital sich auf marktnahe Endprodukte konzentrierte.

Die Mobilisierung von Kapital für die Investitionen der öffentlichen Hand erfolgte hauptsächlich mit auswärtiger Hilfe. Jüdische Organisationen in der freien Welt führen freiwillige Selbstbesteuerungsaktionen durch, deren Gelder allerdings hauptsächlich in der Landwirtschaft und für die Eingliederung von Neueinwanderern verwandt werden. Industriekapital wird mit Hilfe von Anleihepapieren (Bonds) geschaffen, die nicht an ein bestimmtes Projekt gebunden sind und deren niedriger Zinssatz eine Art Wirtschaftsbeihilfe darstellt. Aber der größte Teil des öffentlichen Investitionskapitals kommt als Wirtschaftshilfe aus dem Ausland. An erster Stelle stehen die USA, deren jährlicher Beitrag Hunderte Millionen von Dollar ausmacht. An zweiter Stelle stehen die Wiedergutmachungsgelder der Bundesrepublik, die sowohl in Form von privaten Restitutionen an die Opfer der Verfolgung wie von Finanzierung von Entwicklungsprojekten erfolgt. Die Zeitdauer der öffentlichen Wiedergutmachungsgelder ist jetzt abgelaufen, aber die Finanzierung gewisser Projekte wird in Form von Wirtschaftshilfe weitergeführt.

In Israel selbst erfolgt die Investition der öffentlichen Gelder über drei Gruppen von Institutionen. Die staatlichen Wirtschaftsbeihilfen werden durch die Regierung investiert und verwaltet, entweder in Staatsbetrieben oder in autonomen Gesellschaften, deren Kapital in den Händen des Staates liegt. Für die Anlage der Gelder aus jüdischen Quellen sorgen die nationalen Institutionen (deren Dachorganisation die Jewish Agency ist). Eine dritte öffentliche Investitionsgruppe ist die Allgemeine Gewerkschaft (Histadruth), die eine große Zahl von Tochtergesellschaften ins Leben gerufen hat und faktisch (nach der Regierung) der größte Arbeitgeber im Lande ist. Zahlreiche Betriebe und Gesellschaften werden durch Kombinationen verschiedenen Grades aller drei Gruppen verwaltet, manchmal unter der Beteiligung von Privatkapital. So stellt die Wirtschaft Israels in besonderer Art eine Mischung von Staatslenkung und Privatinitiative dar.

Der öffentliche Sektor hat vor allem die Aufgabe übernommen, die Primärindustrien zu entwickeln: Energieversorgung, Bergbau, Erzeugung chemischer Grundstoffe, Wasserversorgung. Die Histadruth hat den größten Einfluß in der Landwirtschaft, da alle kollektiven und kooperativen Siedlungen sowie die größten Vermarktungsgenossenschaften der Gewerkschaft angeschlossen sind, und im Transportwesen, was vor allem für die Autobuskooperativen (s. Kap. 3.7) und die Schiffahrtsgesellschaften zutrifft. Ihr Anteil an der Industrie umfaßt 4,9 % der Betriebe und 16,4 % der Beschäftigten.

Alle staatlichen Betriebe sind – naturgegeben – Großbetriebe; sie umfassen 0,3 % aller Industriebetriebe, aber 14,0 % aller in der Industrie Beschäftigten stehen bei ihnen in Arbeit. Im Laufe der Jahre und mit der Errichtung einer industriellen Infrastruktur wuchs auch die Investition von Privatkapital, vor allem, nachdem es in Israel zu einer eigenen Bildung von Kapital gekommen ist, das sowohl direkt investiert wurde oder aber als Aktienkapital der Industrie zur Verfügung steht. In der Privatindustrie herrschen Klein- und Mittelbetriebe vor.

Die Privatindustrie ist hauptsächlich auf den direkten Verbrauchermarkt orientiert. In der Wahl der Branchen zeigt sich seine Vorliebe für diejenigen Industriezweige, die in den jüdischen Bevölkerungszentren Europas und Nordamerikas vorherrschend waren. So steht im Hinblick auf die Zahl der Beschäftigten die Textil- und Bekleidungsindustrie an erster Stelle, vor allem in den Endphasen der Produktion, die auch Modeschöpfung, Lederbekleidung und Pelzbearbeitung einschließt (vgl. Tabelle 15). Eine andere traditionell jüdische Industrie ist die Diamantschleiferei, in der Israel eine füh-

Tabelle 15: Industriezweige. Zahl der wichtigsten Betriebe mit mehr als 5 Beschäftigten, Zahl der Beschäftigten und Wert der Produktion (1990).

Industriezweig	Wert der Produktion (in Mio. NIS)	Betriebe	Beschäftigte
Lebensmittel	11542	1666	48000
Bekleidung	2954	1945	36000
Textil	2302	415	13000
Holz- und Holzprodukte	1694	2223	15000
Druck und Buchverlag	2541	1393	18000
Chemische Produkte	7146	268	19000
Metallprodukte	6073	2778	42000
Elektrische und elektron. Geräte	9420	906	45000
Fahrzeuge	3536	293	18000

rende Rolle spielt. Es folgt die Lebensmittelindustrie, was aus der Marktnähe der Produktion zu verstehen ist. Auch Buchdruck ist eine alteingesessene jüdische Branche.

Aber daneben gibt es eine Anzahl von Industriezweigen, die der realen Situation in Israel ihre Entstehung verdanken. Hier ist vor allem die Elektroindustrie zu nennen, deren Hauptproduktionsbedingung geschulte wissenschaftliche und technische Kräfte sind, auf deren Ausbildung der Staat größten Wert legt. Diese Industrie produziert nicht so sehr Massengüter als vielmehr eine große Reihe komplizierter elektronischer Geräte. Eng damit verbunden ist die Entwicklung des Maschinenbaus, die mangels einer eigenständigen Eisen- und Stahlproduktion keine schweren Maschinen in großem Umfang produziert, sondern eine große Auswahl von kleineren Maschinen, die vor allem der Landwirtschaft zugute kommen.

Die militärische Situation im Nahen Osten hat dazu geführt, daß Israel eine eigene Rüstungsindustrie entwickelt hat, über die naturgemäß keine Angaben veröffentlicht sind, außer der Tatsache, daß zahlreiche ihrer Produkte auch exportiert werden. Der wichtigste Zweig dieser Industrie sind die IAI (Israel Aircraft Industries), die Zivil- und Militärflugzeuge eigener Konstruktion herstellt sowie Raketen und elektronische Ausrüstung. Die IAI sind der größte Einzelbetrieb im Lande.

Die Achillesferse der israelischen Wirtschaft ist die *Energieversorgung* (Fischler 1965). Israel besitzt keinerlei nennenswerte eigene Energiequellen. Ein vor 30 Jahren entdecktes Ölfeld bei Helez und Naturgasvorkommen, die

10 Jahre später bei Arad gefunden wurden, haben die in sie gesetzten Erwartungen enttäuscht; die Ergiebigkeit läßt bereits nach, und beide Vorkommen liefern zusammen nur etwa 1 % des Energiebedarfs. Geologische Anzeichen für die Existenz von Kohle sind in Israel und seinen Nachbarräumen nicht zu finden, und auch die Möglichkeiten zur Errichtung von Wasserkraftwerken sind äußerst beschränkt. So ist Israel fast ausschließlich auf importiertes Rohöl als Energiequelle angewiesen.

Raffinierte Ölprodukte wurden bis kurz vor dem Zweiten Weltkrieg in Fässern und Kanistern eingeführt. Als der Tiefwasserhafen von Haifa gebaut wurde (s. Kap. 5.4), wurde gleichzeitig mit der Konstruktion einer Röhrenleitung von den Ölfeldern von Kirkuk im Irak begonnen, für die Haifa als ein Terminal vorgesehen war; ein zweites wurde in Tripoli im damals französischen Mandatsgebiet von Syrien errichtet. Mit der Fertigstellung der Leitung im Jahre 1936 wurde Haifa zu einem wichtigen Ölausfuhrhafen. Eine Ölraffinerie wurde in Haifa im Jahre 1939, genau mit dem Ausbruch des Zweiten Weltkrieges, fertiggestellt, und mit einer Jahreskapazität von 5 Mio. t wurde sie zu einem wichtigen Faktor in der Kriegsführung der Alliierten im Nahen Osten.

Mit der Gründung des Staates Israel unterbrach Irak die Öllieferung nach Haifa, und dieses wurde von einem Ausfuhr- zu einem Einfuhrhafen.

Eine neue Entwicklung setzte ein, als Israel im Sinaikriege von 1956 die ägyptische Blockade der Zufuhr zum Hafen von Elat brach. Elat wurde daraufhin der Haupthafen für die Einfuhr von Rohöl, vor allem aus Iran. Für die Weiterleitung des Öls zu den Raffinerien in Haifa wurde in Eile eine Röhrenleitung gebaut. Als im Jahre 1967 Ägypten eine Erneuerung der Blockade ankündigte und den Abzug der UN-Truppen, die die freie Durchfahrt nach Elat garantieren sollten, erreichte, war diese Aktion der unmittelbare Anlaß zum Ausbruch des Sechs-Tage-Krieges, in dessen Verlauf Israel die gesamte Sinaihalbinsel eroberte. Elat wurde zu einem großen Ölhafen ausgebaut, der Riesentanker bis zu 1 Mio. t Tragfähigkeit aufnehmen kann. Da Ägypten als Konsequenz des Krieges den Suezkanal gesperrt hatte, wurde eine Transitölleitung nach Ashqelon am Mittelmeer gelegt, deren Jahreskapazität etwa 40 Mio. t beträgt.

Die ägyptischen Ölfelder, die sich im Westen der Halbinsel an der Küste des Golfs von Suez befinden, wurden von Israel übernommen und durch weitere Forschungen und Bohrungen, vor allem auf dem Meeresgrunde, so ausgebaut, daß ihre Produktion auf etwa 4 Mio. t im Jahre – etwa 50 % des israelischen Bedarfs – anstieg. Das Rohöl wurde von dort in Tankern zum Ölhafen von Elat transportiert. Um den erhöhten Bedarf an Raffinerieprodukten zu decken, wurde eine zweite Ölraffinerie in Ashdod gebaut.

Im Rahmen der Friedensverhandlungen mit Ägypten und des Friedensvertrages von 1979 wurde der größte Teil der Sinaihalbinsel, darunter die intakten Ölfelder, an Ägypten zurückgegeben. Dafür verpflichtete sich Ägypten, in den folgenden fünf Jahren 2 Mio. t Rohöl jährlich an Israel zu verkaufen.

Die Islamische Revolution in Iran führte zu einer sofortigen Einstellung der iranischen Öllieferungen an Israel und zu einem Verbot, Transitöl über den Hafen von Elat zu liefern, so daß die Ölleitung nur noch mit etwa 5% ihrer Kapazität ausgenutzt wird. Gleichzeitig wurden die Ölhäfen am Mittelmeer wieder zu Importhäfen.

Die ausführliche Darstellung der Veränderungen in der Erdölbelieferung Israels im Verlauf von 30 Jahren zeigt die Anfälligkeit der Energieversorgung bei jedem geopolitischen Wandel. Israel ist nun genötigt, neue Lieferanten zu finden. Damit ist es ein Schicksalsgenosse aller ölimportierenden Staaten geworden, deren Wirtschaft periodisch durch neue Erhöhungen der Ölpreise erschüttert wird. Aber darüber hinaus ist die Ölversorgung auch ein politisches Problem, da die arabischen Staaten nicht nur einen totalen Ölboykott über Israel verhängt haben, sondern auch starken politischen und finanziellen Druck auf andere potentielle Öllieferanten ausüben.

Die Raffinerieprodukte – 7,973 Mio. t – müssen den gesamten Energiebedarf Israels befriedigen, wobei etwa 19% als Treibstoff im Verkehr verbraucht werden, 21% als direkter Industriebedarf, 26% für Landwirtschaft, Heizung und Dienste und 34% für Erzeugung von Elektrizität.

Die Erzeugung von *Elektrizität* erfolgt in einer Reihe von Elektrizitätswerkskonzentrationen, die alle an der Küste liegen, da sie auf Meerwasser zu Kühlzwecken angewiesen sind und zum Teil das Heizöl über Tankschiffe erhalten. Die größte Konzentration befindet sich in Haifa (40%); es folgen Tel Aviv (38%) und Ashdod (21%). Kleinere Kraftwerke befinden sich in Elat, Timna (Kupferminen) und Jerusalem (ein Hilfskraftwerk im jüdischen Sektor der Stadt und eines – in arabischem Besitz – im arabischen Sektor). Die gesamte Stromerzeugung befindet sich in Händen einer staatlichen Gesellschaft und wird über ein einheitliches Verbundnetz an die Verbraucher geliefert. Der Strompreis ist nicht regional differenziert, sondern nach Wirtschaftszweigen. Die Gesamtkapazität beträgt 2613 MW. Der Verbrauch von 10,2 Mrd. kWh im Jahre teilte sich wie folgt auf die verschiedenen Verbrauchergruppen auf: Industrie 35%, Hausgebrauch 27%, Bewässerungsanlagen 16%, Handel und Dienste 17%, Landwirtschaft 4%.

Ein neues Kraftwerk ist bei Hadera (an der Sharonküste) gebaut worden. Als Heizmaterial wird Kohle benutzt, für die ein spezieller Kohlehafen gebaut wurde. Im Jahre 1992 wurde südlich von Ashqelon ein hochmodernes Kraftwerk teilweise in Betrieb genommen, das sowohl mit Kohle als auch mit Öl betrieben werden kann. Die Kohle wird auf einer eigens für diesen Zweck gebauten Bahnlinie vom Hafen von Ashdod (etwa 30 km entfernt) transportiert.

Es ist natürlich, daß sich unter diesen Umständen das Interesse Israels anderen potentiellen Energiequellen zuwendet. Seit etwa 20 Jahren werden ab und zu Projekte eines Kernkraftwerks zur Sprache gebracht, aber bisher hat noch keines von ihnen das Stadium ernsthafter Planung erreicht, obwohl bereits konkretere Vorschläge für deren Standort vorliegen.

Das hauptsächliche wissenschaftliche Interesse hat sich der Ausnutzung der Sonnenenergie zugewandt, vor allem aufgrund der Tatsache, daß Israel zu den Gebieten der intensivsten Sonnenstrahlung zählt (s. Kap. 1.3.4). An verschiedenen wissenschaftlichen Institutionen gibt es Spezialabteilungen für die Erforschung der Sonneneinstrahlung, und eine Anzahl von Industriebetrieben stellt solare Auffanggeräte für den Haushaltsbedarf her. Zahlreiche Häuser und Wohnblöcke nutzen die Sonnenenergie zur Warmwasserversorgung, und die Ausdehnung der Nutzung auf Klimaanlagen steht vor seiner praktischen Lösung. Aber noch ist es nicht gelungen, außerhalb der Laboratorien Sonnenenergie in Dampfkraft oder direkt in elektrischen Strom umzuwandeln. Das erste Versuchsunternehmen in größerem Maßstab wurde im Jahre 1979 in der Nähe des Toten Meeres errichtet, wo in Solarteichen eine Kontaktschicht zwischen Salz- und Süßwasser als Wärmespeicher ausgenutzt wird. An allen wissenschaftlichen Institutionen wird intensiv an der Entwicklung neuer Wege zur Gewinnung von Sonnenenergie gearbeitet, vor allem im Weizmann-Institut in Rehovot. Dort ist das wichtigste Instrument zur Gewinnung von Sonnenenergie in Form eines 50 m hohen ›Sonnenturms‹ geschaffen worden, vor dem auf einer weiten Fläche 64 heliostatische Metallspiegel im Halbkreis aufgebaut sind. Jeder Spiegel, im Ausmaß von 50 qm, ist mit einem eigenen Computer versehen, der ihn ständig in Sonnenrichtung hält. Ein anderer Computer richtet einen Sonnenstrahl zum Sonnenturm. Durch eine Kombination der Strahlen von einer bestimmten Anzahl von Spiegeln kann im Sonnenturm eine Temperatur von 3000 °C erzeugt werden, eine Hitze in der selbst die stärksten Metalle geschmolzen oder sogar vergast werden können. Kein anderes Instrument auf der Welt ist imstande, eine so hohe Temperatur zu erzeugen. Es ermöglicht dadurch, die schwierigsten Experimente mit Sonnenenergie auszuführen.

Auch bei den *Rohstoffen* für die Industrie ist Israel in starkem Maße von der Einfuhr abhängig. An metallischen Mineralvorkommen sind nur die Kupfererze von Timna in der Nähe von Elat zu nennen (s. Kap. 7.3). Aber die dortigen Kupferminen sind seit dem Jahre 1976 wegen eines starken Fallens der Weltmarktpreise geschlossen. Eine Neueröffnung unter veränderter Produktionsweise wird zur Zeit in Betracht gezogen.

Die wichtigste Gruppe von Rohstoffen sind die Grundstoffe für die chemische Industrie, und diese sind vor allem im Nordosten des Negev, in der Nähe des Toten Meeres konzentriert. Sie umfassen die Produkte des Toten Meeres selbst: Kali, Brom, Magnesium und Salz sowie Phosphate, die auf den Plateaus oberhalb des Toten Meeres gewonnen werden (s. Kap. 7.1.4).

Die Produktion dieser Rohstoffe dient zum größten Teil der Ausfuhr, wird aber auch an chemische Werke geliefert, die in Haifa, Be'er Sheva und Arad konzentriert sind.

Am günstigsten liegt die Situation bei Rohstoffen für das Baugewerbe. Die im gesamten Bergland vorherrschenden Kalksteine dienen als wichtigste Quelle. Sie liefern Steinblöcke, aus denen die meisten Häuser Jerusalems, aber auch viele Häuser in Haifa, in den Bergdörfern und öffentliche Gebäude errichtet sind. Steine geringerer Qualität werden zu Kies verarbeitet. Auch die Zementgewinnung ist auf diesem Gestein aufgebaut; sie erfolgt in drei Werken in Haifa, Ramla und in Bet Shemesh. Bausand wird an der Küste und im Negev, Glassand und Tonerde für sanitäre Keramik in den ›Makhteshim‹ im Negev (s. Kap. 7.1.3) gefördert. Glasfabriken befinden sich in Haifa und Yeroham (im Negev), während die wichtigsten Keramikbetriebe in Be'er Sheva liegen.

Aber der wichtigste Rohstofflieferant für die Industrie ist die Landwirtschaft, die sowohl die Lebensmittel- als auch die Textil- und Lederindustrie beliefert. Während alle Industrien, die auf örtlichen Rohstoffen basieren – einschließlich der Rohstoffgewinnung selbst –, etwa 15000 Arbeiter beschäftigen, ist die Zahl der Beschäftigten in den Industriezweigen, die auf der landwirtschaftlichen Produktion aufgebaut sind, 60000.

So bleibt als wichtigster industriefördernder Faktor die Arbeitskraft, sowohl der Arbeiter wie der technischen Fachleute und Manager. Die Qualität der Arbeitskräfte ist in erster Linie das Ergebnis des allgemeinen Erziehungsniveaus sowie der Verfügbarkeit von technischen und Fachhochschulen. Allerdings ist die Berufsausbildung nicht auf dem Lehrlingssystem aufgebaut und nur in geringem Maße auf der Ausbildung in den Fabriken, sondern im wesentlichen auf Berufsschulen und Fortbildungskursen, die vom Staat oder von den Gewerkschaften organisiert werden. Die Zahl der jüdischen Berufsschulen ist von 26 im Jahre 1948 über 60 im Jahre 1960 auf 309 im Jahre 1978 gestiegen, während die Zahl der arabischen Berufsschulen von Null in den Jahren 1948 und 1960 auf 15 im Jahre 1978 gestiegen ist und im Jahre 1990 die Zahl von 49 Schulen erreicht hat. Die Zahl der Schüler in diesen Schulen betrug im Jahre 1990 99000 im jüdischen Sektor und 8500 im arabischen Sektor.

Die *Standortwahl* der Industrie ist eine direkte Folge ihrer Struktur. Nur die extraktiven Industrien sind in ihrem Standort geographisch bedingt; die anderen Industrien folgen wirtschaftlichen Überlegungen, da sie theoretisch sich fast überall ansiedeln können. Da die meisten Betriebe direkt für den Endkonsumenten produzieren, hat der Markt für sie die größte Anziehungskraft. Daher ziehen sie die großen Ballungsräume vor, die zusätzlich die Vorteile eines elastischeren Angebots an Arbeitskräften, günstigerer Querverbindungen zu anderen Industrien und die Nähe zu Finanz- und Regierungsinstitutionen haben.

Nur Jerusalem macht eine Ausnahme, da diese Stadt bewußt ihren Charakter als Zentrum für Verwaltung, religiöses und geistiges Leben bewahren will. Aber auch praktisch wäre die Ansiedlung von Industrie größeren Maßstabes behindert durch die Schwierigkeit des Geländes und der Wasserversorgung sowie durch die sowohl horizontale als auch vertikale Entfernung vom Schwerpunkt der Bevölkerung, der in der Küstenebene liegt. So kommt es, daß 83,8% aller Industriebetriebe mit 81,8% aller Beschäftigten sich in der Küstenebene befinden.

Die Tendenz zur Konzentration in den Großstädten wirkt sich zum Nachteil der Entwicklungsstädte aus, die größte Schwierigkeiten haben, Industrie in genügendem Maße anzuziehen, um Vollbeschäftigung für ihre Bevölkerung zu schaffen. Nur jene ›New Towns‹, die die Schwelle zur eigenständigen Entwicklung überschritten haben (s. Kap. 3.3.2), konnten auch Industrien in genügendem Maße ins Leben rufen, wie z. B. Be'er Sheva, Ashqelon und Ashdod.

Eine Situation besonderer Art, die den üblichen Theorien der Standortbestimmungen zuwiderläuft, ist die Industrie in den Kibbuzim, die auf den ideologischen Organisationsprinzipien dieser Bewegung basiert. Es ist klar, daß für diese Zwecke nur ›neutrale‹ Industrien geeignet sind.

3.7. Das Verkehrswesen

In seiner historischen Vergangenheit war Israel ein wichtiges Bindeglied zwischen Asien und Afrika einerseits und der Mittelmeerküste und Arabien andererseits (s. Kap. 1.1.1), und noch in der Mandatszeit spielten internationale Verkehrsprojekte, wie z. B. eine geplante Bahnlinie nach dem Irak oder die Bahnlinie von Syrien nach Ägypten, eine wichtige Rolle in der Verkehrsplanung. Aber infolge der Schließung aller Inlandsgrenzen nach der Gründung des Staates Israel blieb das Land für seine Auslandsverbindungen auf den See- und Luftweg beschränkt. Eine Ausnahme, die nach dem Sechs-Tage-Kriege geschaffen wurde, sind die ›offenen Brücken‹ über den Jordan, die dem Personenverkehr (für Nichtisraelis) und dem Lastverkehr für den Handel mit der Westbank geöffnet sind. Mit dem Abschluß des Friedensvertrags mit Ägypten ist im Jahre 1980 auch eine Landverbindung zwischen den beiden Ländern geschaffen worden, deren Ausmaße aber noch unklar sind. Aus diesen Gründen besteht eine scharfe Trennung zwischen Binnen- und Auslandsverkehr.

Im *Binnenverkehr* spielt die *Eisenbahn* eine untergeordnete Rolle. Sie deckte im Jahre 1978 nur 2% des gesamten öffentlichen Personenverkehrs und 6% des Güterverkehrs. Der Hauptgrund für die Rückständigkeit des Bahnverkehrs liegt in den geringen Ausmaßen des Landes. Nach den Erfahrungen anderer Länder liegt im Güterverkehr die Vorteilsschwelle bei Bahnbenutzung bei etwa 400 km Entfernung, und eine solche ist in Israel nicht zu finden.

Der zweite Grund ist die gebirgige Natur der Landschaft, die den Streckenbau gewaltig verteuern würde. Die einzige existierende Gebirgslinie ist die von Tel Aviv nach Jerusalem, die im Jahre 1891 zum Zwecke des Pilgertransports gebaut wurde, als es noch keine geordnete Straßenverbindung zwischen dem Hafen von Jaffa und Jerusalem gab. Heute verkehren auf dieser Strecke nur noch 2–3 Personenzüge am Tage und einige wenige Güterzüge. Die einzige stärker befahrene Passagierstrecke ist die von Tel Aviv nach Haifa, auf der in jeder Richtung täglich 13 Züge verkehren, während zwischen Jerusalem und Tel Aviv täglich nur zwei Züge verkehren.

Im Gütertransport sind nur Massenlieferungen für den Bahnverkehr geeignet, und für diese ist das Lastenangebot beschränkt; es besteht im wesentlichen aus den Mineralprodukten des Negev (Kali, Phosphate) oder Masseneinfuhrgütern wie Erdölprodukte oder Getreide. Landwirtschaftliche Produkte werden kaum per Bahn transportiert, obwohl ursprünglich daran gedacht war, Zitrusfrüchte per Bahn an die Häfen zu bringen und deshalb fast alle Packhäuser an Bahnstationen errichtet worden waren.

Das Bahnnetz hat eine Schienenlänge von 574 km. Seine Knotenpunkte, an denen sich auch Reparaturwerkstätten befinden, sind Haifa und Lod. Die wichtigste Ausbaustrecke führt zum Negev; die Strecke von Haifa (mit Anschluß von Tel Aviv) nach Be'er Sheva wurde im Jahre 1955 fertiggestellt. Sie reicht heute bis zu den Phosphatminen südlich von Dimona, mit einer Verlängerung zu den Chemiewerken von Efeh, wo auch das überdeckte Laufband von den Kaliwerken des Toten Meeres einen Bahnanschluß findet. Im Jahre 1990 beförderte die Eisenbahn 2,5 Mio. Passagiere und 7 Mio. t Güter. Eine starke Erweiterung des Bahnnetzes ist geplant.

Im Stadtbild ist der Einfluß der Bahn kaum zu spüren, da die Bahnhöfe in den Außenbezirken liegen und niemals den stadtgeographischen Einfluß hatten, der für Europa oder Nordamerika charakteristisch ist.

So ist fast das gesamte Transportgewerbe auf die *Straße* angewiesen, und Israel besitzt eines der dichtesten Straßennetze im Nahen Osten, das sich letztlich auch in der Wüste stark verdichtet. Die dominierende Verkehrsrichtung geht – entsprechend der geometrischen Form des Landes – von Norden nach Süden, und bei einer Breite von 60–100 km stehen 5 parallele Straßenzüge zur Verfügung, deren längster – vom Hermon über das Westufer des Toten Meeres bis nach Elat am Roten Meere – den gesamten Jordan-Arava-Graben über eine Entfernung von 450 km durchzieht. Querverbindungen sind häufiger, aber weniger ausgebaut und haben – infolge der gebirgigen Topographie – starke Steigungen zu überwinden. Die Hauptverbindungen gehen von Tel Aviv aus und sind autobahnähnlich ausgebaut. Es sind die Strecken nach dem Hafen von Ashdod, nach Haifa und nach Jerusalem.

Tabelle 16: Kraftfahrzeuge

	1980	1990
Pkw (1 Fahrzeug/9,7 Personen)	405000	803000
Lkw	87500	153000
Autobusse	7000	9000
Taxis	4900	4900
Spezialfahrzeuge	3000	3600
Gesamt	507400	1015000
Kraftfahrräder	25000	46000

Der Personentransport wird fast ausschließlich von Autobussen durchgeführt, und da diese ununterbrochen auf der Straße sind, beherrschen sie das Verkehrsbild der Landstraßen. Der interstädtische sowie der städtische Passagierverkehr (mit Ausnahme von Tel Aviv) befindet sich in den Händen einer einzigen Gesellschaft – Egged –, die als Fahrerkooperative organisiert ist und mit ca. 5000 Autobussen die drittgrößte Busgesellschaft der Welt (hinter London-Transport und Greyhound) darstellt. Das Zentrum des gesamten Busverkehrs im Lande ist die neue Busstation in Tel Aviv, die im Jahre 1993 fertiggestellt wurde. Mit täglich 5000 Autobussen und 1 Mio. Fahrgästen pro Woche gilt sie als die größte Busstation der Welt.

Neben den Autobussen sind noch die im ganzen Nahen Osten verbreiteten Sammeltaxis zu nennen, denen sowohl für den innerstädtischen als auch für den Überlandverkehr Bedeutung zukommt. Die Anzahl der Kraftfahrzeuge ist aus Tabelle 16 ersichtlich.

Der Verkehr mit dem Auslande bedient sich fast ausschließlich des *Schiffes* und des *Flugzeugs*. (Der Landverkehr nach Jordanien wird als separate Statistik des Außenhandels der Westbank und des Gazastreifens geführt und erscheint in diesem Buch im Kap. 8; der Überlandverkehr mit Ägypten, der seit März 1980 offiziell eröffent ist, befindet sich in den ersten Anfängen.)

Zur Mandatszeit standen für den Seehandel drei Häfen zur Verfügung: der Tiefwasserhafen von Haifa und die offenen Reeden von Jaffa und Tel Aviv. Gegen Ende der Mandatszeit wurden in Jaffa 230000 t Güter aus- und eingeladen und in Tel Aviv 100000 t. In Haifa betrug die Güterbewegung (abgesehen von Erdöl) 1,1 Mio. t. Nach der Gründung des Staates Israel stieg der Umschlagbedarf – trotz der Abschnürung Haifas von seinem Hinterland – so stark an, daß der Bau eines zweiten Tiefwasserhafens am Mittelmeer notwendig wurde. Als Standort wurde Ashdod gewählt (KARMON 1965), und mit der Eröffnung des neuen Hafens wurden die Häfen von Jaffa und Tel

Aviv geschlossen. Als Israel nach dem Sinaikriege von 1956 in den Stand gesetzt wurde, seine historische geopolitische Situation der Lage an zwei Meeren wiederzubeleben, wurde der Hafen von Elat als Tor zum Roten Meere und zum Indischen Ozean ausgebaut. Diese drei Häfen hatten im Jahre 1978 einen gemeinsamen Güterumschlag von 9,4 Mio. t und im Jahre 1989 von 15,5 Mio. t.

Zwischen den drei Häfen besteht in gewissem Sinn eine Arbeitsteilung, die durch die Unterschiedlichkeit des Vorlandes (Elat) bzw. bei den beiden Mittelmeerhäfen Haifa und Ashdod die Natur des Hinterlandes bedingt ist. Da fast alle zur Ausfuhr bestimmten Mineralien sich im Süden des Landes befinden, wurde Ashdod als Mineralausfuhrhafen mit modernsten Verladeanlagen versehen; er betätigt den größten Teil der Rohstoffausfuhr. Dahingegen führte die Existenz eines modernen Getreidesilos, der der größte im Nahen Osten ist, dazu, daß alle Getreideimporte über Haifa kommen, wobei der Umschlag des Silos etwa die Hälfte der Importe ausmacht. Zitrusexporte werden etwa gleichmäßig über Ashdod und Haifa geleitet, obwohl etwa drei Viertel der Zitruspflanzen näher bei Ashdod liegen als bei Haifa. Für Container wurde ursprünglich Ashdod als alleiniger Terminal vorgesehen, aber als die Eröffnung der modernen Anlagen wegen Arbeitskonflikten über mehrere Jahre hinausgezögert wurde, begann Haifa unter großen Kosten einen eigenen Terminal durch Landgewinnung vom Meeresboden zu bauen, der Mitte der 80er Jahre fertiggestellt wurde. Inzwischen werden in Haifa – unter engen und unzureichenden Verhältnissen – mehr Container umgeschlagen als in Ashdod (für weitere Einzelheiten s. Tabellen 17 a + b).

Am Ende der Mandatsperiode besaß Palästina eine winzige Handelsflotte, die aus kleinen, veralteten Schiffen bestand. Infolge seiner völligen Abhängigkeit vom Seetransport lenkte der Staat Israel seine Aufmerksamkeit auf die Entwicklung einer starken modernen Handelsflotte. Diese bestand im Jahre 1980 aus 100 Schiffen mit einem Fassungsvermögen von 2,5 Mio. NRT, darunter 24 Tankschiffen und 17 Containerschiffen. Zusätzlich befinden sich in den Händen der israelischen Schiffahrtsgesellschaften zahlreiche Charterschiffe, vor allem in der Saison des Zitrusexports. Die Passagierflotte, die einmal acht Schiffe aufwies, ist im Jahre 1975 infolge der Weltkrise in der Passagierschiffahrt aufgelöst worden. Die größte Schiffahrtsgesellschaft ist ZIM (mit 41 Schiffen und 45 Charterschiffen im Jahre 1990), deren Kapital in Händen öffentlicher Institutionen liegt, vor allem der Regierung und der Israel Society, die im Ausland Privatgelder für öffentliche Zwecke mobilisiert und verwaltet. Zusammen mit einer Anzahl von Tochtergesellschaften, deren größte ZIM-Containers ist, kontrolliert ZIM 60 % des Schiffsraums der israelischen Flotte. Die größte Privatgesellschaft ist El-Yam, die sich auf Bulk-Carriers konzentriert und insgesamt über etwa 30 % des Schiffsraums verfügt. Daneben existieren noch neun kleinere Gesellschaften. Nur ein Teil der

Tabelle 17a: Güterumschlag in den Häfen 1988/89 (in 1000 t)[1]

	Haifa	Ashdod	Elat	Gesamt
a) *Löschung*				
Massengüter				
Getreide	1674	685	–	2359
Andere Trockengüter	354	735	–	1089
Flüssige Massengüter	212	28	–	240
Stückgut			–	
Zement (in Säcken)	11	29	–	40
Holz	174	107	–	281
Metall	89	528	36	653
Andere Güter	328	428	82	838
In Containern	1186	1078	252	2516
Gesamtimport	4028	3618	370	8016

	Haifa	Ashdod	Elat	Gesamt
b) *Ladung*				
Massengüter				
Kali und Phosphate	8	3720	527	4255
Andere Trockengüter	173	29	2	204
Flüssige Massengüter	238	153	–	391
Stückgut				
Zitrusfrüchte	155	236	–	391
Stückgut in Containern	1117	537	318	1972
Andere Güter	166	116	22	304
Gesamtexport	1857	4791	869	7517
c) *Gesamtumschlag*	5885	8409	1239	15533

[1] Mit Ausnahme von Erdöl.

Schiffe ist dem direkten Israelhandel verbunden, viele arbeiten auf den Weltschiffahrtsrouten. Die Deviseneinnahmen der Seefahrt bilden einen wichtigen Faktor in der internationalen Zahlungsbilanz Israels.

Die *Luftfahrt* ist das wichtigste Verkehrsmittel für den Personenverkehr Israels mit dem Ausland. Infolge seiner geopolitischen Situation könnte theoretisch Israel einen der wichtigsten Brennpunkte des internationalen Flugverkehrs bilden (wie es Beirut vor dem libanesischen Bürgerkrieg war), aber infolge des arabischen Boykotts darf kein Flugzeug, das in Israel gelandet ist, arabisches Territorium überfliegen, und damit ist der gesamte nahöstliche

Tabelle 17b: Güterumschlag in den Häfen 1990 (in 1000 t)

	Haifa	Ashdod	Elat	Gesamt
Anzahl der auslaufenden Schiffe 1990	1762	1743	100	3629
Löschung (1000 t)	4517	4802	528	13752
Ladung (1000 t)	2066	5168	690	7924
Ladung und Löschung insgesamt				21676
Reisende	415000			
davon Kreuzfahrten	358000			

Luftraum für jeden Linienflug gesperrt, der in Israel zwischenlandet, und Israels Flughafen ist der Endpunkt aller Linien, die das Land anfliegen.

Israel besitzt einen internationalen Flughafen, der im Luftfahrtcode als Tel Aviv bezeichnet wird, aber offiziell Ben-Gurion-Airport genannt wird und bei Lod, 18 km südöstlich von Tel Aviv, liegt. Der Flughafen von Elat dient international nur für Charterflüge. Im Jahre 1990 landeten in Lod 13000 internationale Flüge mit 3,7 Mio. ankommenden Passagieren.

Die interne Luftfahrt wird von der Gesellschaft Arkia betrieben. Aber mit Verbesserung des Straßennetzes sind die meisten inneren Linien eingestellt worden, und nur die Strecke Tel Aviv–Elat (etwa 12 Flüge am Tage) ist durch die Entfernung gerechtfertigt. Kleinere Flughäfen sind Qiryat Shemona (im Norden), Haifa und Tel Aviv (Zentrum des internen Luftverkehrs). Der Flughafen von Atarot in Jerusalem, der nur für interne Flüge benutzt wird, soll in Kürze auch für internationale Flüge (im Nahen Osten) genutzt werden. Bis zum Abschluß des Friedens mit Ägypten betrieb die Gesellschaft auch Linien nach der Sinaihalbinsel, die jetzt eingestellt worden sind.

Die Luftfahrt spielt eine gewisse Rolle im Frachtverkehr, und im Winter betreiben Spezialflugzeuge vom Typ Jumbo die Ausfuhr von landwirtschaftlichen Produkten, speziell von Blumen, vom Flughafen Lod nach Köln.

3.8. Touristik

Der Aufschwung der Massentouristik, die vor allem in den Mittelmeerländern zu einem führenden Wirtschaftszweig geworden ist, hat auch auf Israel einen starken Einfluß ausgeübt. Die Zahl der jährlichen Besucher ist von etwa 50000 in den fünfziger Jahren auf 450000 im Jahre 1970 und 1,17 Mio. im Jahre 1980 angestiegen. Der Golfkrieg des Jahres 1990/91 brachte einen gewaltigen Rückgang des Tourismus (916000), der sich erst 1992/93 wieder erholen konnte; allerdings mit einer geringeren Anzahl an Touristen als vor dem Golfkrieg (1509000). Im Jahre 1992 kamen aus den USA 227000, aus Großbritannien 107000, aus Frankreich 116000 und aus der Bundesrepublik Deutschland 97000 Touristen. Die Deviseneinnahmen durch den Tourismus betrugen im Jahre 1990 1,6 Mrd. Dollar, verglichen mit 3,2 Mrd. Dollar aus dem Diamantenexport. Die Deviseneinnahme durch die Touristik betrug im Jahre 1980 800 Mio. Dollar, wobei allerdings bei Diamanten 78 % für den Import von Rohdiamanten abgehen, während die Ausgabe in Devisen für Touristik nicht mehr als ein Drittel ausmacht.

Trotz dieses starken zahlenmäßigen Wachstums steht Israel noch weit hinter anderen Mittelmeerländern zurück (Ritter 1963), in denen die Zahl der Besucher in Millionen oder Zehnmillionen gemessen wird. Der Hauptgrund dafür liegt in der Entfernung Israels von den Ausgangspunkten des Massentourismus in Westeuropa. Während die Touristen aus diesen Ländern mit Leichtigkeit alle Länder des nördlichen Mittelmeers mit ihrem eigenen Kraftwagen erreichen können, benötigen die Besucher Israels nach einer Anfahrt von 800–1500 km noch eine zwei- bis dreitägige Fahrt auf einem Fährschiff. Auch die Flugverbindungen sind bedeutend teurer und kosten selbst bei Charterflügen ein Mehrfaches der Flüge nach spanischen Ferienzielen, nach Griechenland oder Nordafrika. Daher zieht der ›Sonnentourismus‹, der hauptsächlich bequeme und reizvolle Badestrände sucht, andere Ziele am Mittelmeer vor, obwohl die Sonnensaison in Israel länger ist. Dazu kommt, daß die Küste Israels zwar Sandstrände, aber keine geschützten Buchten aufweist (s. Kap. 1.2.2). Eine Ausnahme bildet die Küste des Roten Meeres bei Elat, die Bademöglichkeiten auch im Winter bietet und mit ihrer phantastischen Korallenfauna und der faszinierenden Wüstenlandschaft Anziehungspunkte besitzt, wie man sie am Mittelmeer nicht finden kann (s. Kap. 7.3).

Darüber hinaus bietet Israel dem Touristen alle anderen Annehmlichkeiten der Mittelmeerregion – die garantierte Regenlosigkeit des Sommers und den milden Winter sowie die archäologischen Überreste einer langen Vergangenheit. Aber all dies würde nicht zu einer starken Zunahme des Tourismus führen – vor allem, da die Preise in Israel höher sind als in anderen Mittelmeerländern –, besäße Israel nicht eine religiöse und geistige Anziehungskraft.

Die Tatsache, daß Palästina das Ursprungsland dreier Weltreligionen war, machte das Land seit der Antike zum Ziel für Pilgerfahrten, zuerst für Juden aus entfernteren Landesteilen und der Diaspora, dann für Christen und weniger für Mohammedaner, vor allem für diejenigen, die auf der Pilgerfahrt nach Mekka in der Nähe des Landes vorbeikamen. So gibt es im Lande eine alte Tradition von Herbergen und Hospizen – und auch von privater Gastlichkeit –, und auch heute noch gibt es zahlreiche Unterkünfte, die von christlichen Institutionen geleitet werden.

Der wichtigste Anziehungspunkt für alle Besucher ist natürlich Jerusalem, das infolgedessen auch die größte Anzahl von Unterkunftsmöglichkeiten bietet (5890 Hotelzimmer und etwa 2000 Betten in Jugendherbergen und Hospizen) (siehe S. 251). Für Moslems und Juden bildet Hebron ein weiteres religiöses Zentrum, das allerdings nur bei der Durchreise berührt wird. Ein zweites Gebiet mit religiöser Anziehungskraft für Christen befindet sich in Galiläa, wo sich rund um Nazareth und entlang den Ufern des Kinneretsees eine Reihe von Stätten befinden, die mit dem Leben Jesu in Verbindung gebracht werden.

Für den Juden sind neben dem religiösen das nationale und das historische Interesse von Bedeutung – oft untrennbar voneinander. Zahlreiche Namen sind damit verbunden, wie Massada, Herodion, Tiberias, Zefat, Akko, Caesarea.

Der Staat Israel selbst bildet für zahlreiche Touristen einen Brennpunkt des Interesses – die Wiedererstehung eines jüdischen Staates nach fast zweitausendjähriger Unterbrechung, die Wiederbelebung der hebräischen Sprache, die neuen Wege einer Sozialstruktur, vor allem hinsichtlich der landwirtschaftlichen Siedlung, die neuen Formen und Arbeitsweisen in der Landwirtschaft, all dies ist geeignet, Besucher anzuziehen, deren religiöse oder historische Motivierung nur gering ist. Selbst der politische Konflikt und die kontroversen Reaktionen, die er im Ausland erregt, bringen viele Besucher dazu, sich mit eigenen Augen von den Tatsachen zu überzeugen.

Es läßt sich natürlich nicht eindeutig feststellen, welcher Grund für den Touristen ausschlaggebend war, Israel zu besuchen, aber gewisse Schlüsse lassen sich aus einer Analyse der Ausgangsländer, der Aufenthaltsdauer oder der Besuchshäufigkeit ziehen. Im allgemeinen widmen die Touristen neben dem Hauptziel ihrer Reise auch dem Land selbst viel Zeit, da sie es in allen Einzelheiten besichtigen möchten. Daher beträgt die durchschnittliche Aufenthaltsdauer eines Touristen 3–4 Wochen, in denen er mehrere Male seinen Aufenthaltsort wechselt. Aber die geringen Entfernungen in Israel machen es möglich, daß man die meisten Orte von einem oder zwei Zentren aus besuchen kann, und als solche werden hauptsächlich Tel Aviv und Jerusalem bevorzugt, die gemeinsam 42 % aller Betten anbieten und 54 % aller Übernachtungen aufweisen.

Etwa 10 % aller Touristen besuchen das Land im Verlauf von Mittelmeerfahrten, wobei sie auf dem Schiff übernachten und während zwei bis drei Tagen Landausflüge machen.

Vor dem Golfkrieg und der ›*Intifada*‹ stand an der Spitze der Herkunftsländer der Touristen die USA, aus denen im Jahre 1980 284000 Besucher kamen (von einer Gesamtzahl von 1 175 000), aber als Region stand Europa an erster Stelle mit 718000 Besuchern, davon 157000 aus der Bundesrepublik Deutschland, 139000 aus Frankreich und 141 000 aus Großbritannien.

Eine besondere Art des Tourismus, die in der allgemeinen Statistik nicht aufgeführt ist, sind die ›Sommerbesuche‹ von Palästinensern oder deren Angehörigen, die in arabischen Ländern wohnhaft oder beschäftigt sind. Sie erhalten aufgrund eines Antrages eines Verwandten die Genehmigung, über die Jordanbrücken nach der Westbank (und damit ohne Schwierigkeit auch nach Israel) einzureisen. Sie verbringen den größten Teil ihres Besuches bei ihren Verwandten. Ihre Anzahl betrug 1980 125300 und die durchschnittliche Aufenthaltsdauer 4–6 Wochen. Zusätzlich kamen dazu aus dem südlichen Libanon 110000 Besucher, die Hälfte davon Personal bei den Truppen der Vereinten Nationen.

Die Erholungsgewohnheiten der israelischen Bevölkerung unterscheiden sich wesentlich von denen der Touristen. Infolge der geringen Entfernungen ist es möglich, die Umgebung und das Klima zu wechseln, ohne die Notwendigkeit der Übernachtung. Die Entfernung Jerusalems von der Küste beträgt nur etwa 65–80 km, was die Benutzung der Badestrände durch die Jerusalemer erleichtert wie auch umgekehrt den Genuß des kühleren Wetters und von Besichtigungen in Jerusalem von seiten der Küstenbewohner. Noch näher liegen Küste und Bergland in Galiläa und in der Gegend von Haifa beieinander. Nur ein Besuch im Negev und am Roten Meer verlangt von den Bewohnern der Bevölkerungszentren eine Übernachtung, die aber oft in Campingplätzen durchgeführt wird. Daher ist die Benutzung von Hotels bei Erholungsreisen nur in geringerem Maße üblich, während die Badestrände an der Mittelmeerküste oder am Kinneretsee im Sommer ein Gewimmel von vielen Tausenden darstellen. Das führte dazu, daß die Ausstattung der Strände auf das primitivste Minimum beschränkt ist (Efrat 1976) und Touristen, selbst in küstennahen Hotels, das Schwimmbecken des Hotels der Strandbenutzung vorziehen.

Der Erholung im Binnenlande dienen in erster Linie die ausgedehnten Aufforstungsgebiete, in denen zahlreiche Spazierpfade und Picknickplätze angelegt wurden. Besonders schöne Plätze und Quellen stehen unter der Aufsicht der Behörde für Naturreservate.

Mit dem Ansteigen des Lebensstandards in Israel wächst die Zahl der Bewohner ständig, die ihre Ferien im Ausland verbringen, vor allem, nachdem die Reisesteuer abgeschafft wurde und Devisenbeschränkungen nominal geworden sind. Die Anzahl der israelischen Staatsbürger, die ins Ausland fahren (das schließt allerdings auch Studenten und Geschäftsreisende ein), beträgt etwa ein Drittel der Touristen, und die Devisen, die von ihnen ausgeführt werden, verringern die Devisengewinne am Tourismus um einen erheblichen Prozentsatz.

Zweiter Teil

DIE EINZELLANDSCHAFTEN

4. PRINZIPIEN DER LANDSCHAFTLICHEN GLIEDERUNG

Trotz seiner geringen Flächenausmaße weist Israel oder das historische Palästina ein Nebeneinander von völlig verschiedenen Einzellandschaften auf, die in anderen Teilen der Welt nur in großen Entfernungen voneinander anzutreffen sind. Die Gründe dafür sind die relativ kurze Entfernung zwischen dem Jordangraben und dem Meer – zwischen denen das Bergland steil gehoben wurde – und die fast übergangslosen klimatischen Grenzen, die planetarisch von Osten nach Westen und orographisch von Norden nach Süden verlaufen.

Aber für die Abgrenzung einer geographischen Landschaft sind menschliche Faktoren genauso entscheidend wie natürliche. Hier läuft die wichtigste Scheidungslinie zwischen dem jüdischen und dem arabischen Teil der Bevölkerung, wobei der letztere wieder durch den politischen Faktor unterteilt ist: die Konzentrationen der arabischen Bevölkerung innerhalb Israels und die Gebiete, die seit 1967 unter israelischer Militärverwaltung stehen. In der jüdischen Bevölkerung ist zwar der wichtigste Unterscheidungsfaktor das Herkunftsland der Einwanderer (s. Kap. 3.2.1), aber dieser findet keinen geographisch-regionalen Ausdruck, da die Einwanderer über das ganze Land verstreut sind. Allerdings finden sich Konzentrationen von bestimmten Neueinwandererkategorien in einer Anzahl von Moshavim, in Entwicklungsstädten und in bestimmten Vierteln der übrigen Städte, aber diese können nur als Forschungsobjekt für detaillierte Studien dienen und genügen nicht, um den geographischen Charakter einer Landschaft zu bestimmen.

Daher bleiben für die Definition der Einzellandschaften die Naturfaktoren weiterhin die wichtigsten Faktoren – mit Ausnahme der Ballungsräume der Großstädte, die sich über verschiedene Landschaftstypen erstrecken können.

Das Israelische Zentralbüro für Statistik hat zum Zwecke seiner Berechnungen das Land in etwa 50 statistische Regionen eingeteilt, die auf einer Kombination von menschlichen und natürlichen Faktoren aufgebaut sind. Diese Anzahl würde für die Zwecke dieses Buches zu verwirrend sein. Ältere Geographiebücher benutzen eine physisch-geographische Einteilung in drei Längsstreifen – Küste, Bergland und Jordangraben –, die allerdings nur für die Nordhälfte Palästinas zutreffend ist. Diese Einteilung wird auch in diesem Buche beibehalten, aber als untergeordneter Faktor.

Die hier angewandte geographische Unterteilung beruht auf einer Kombi-

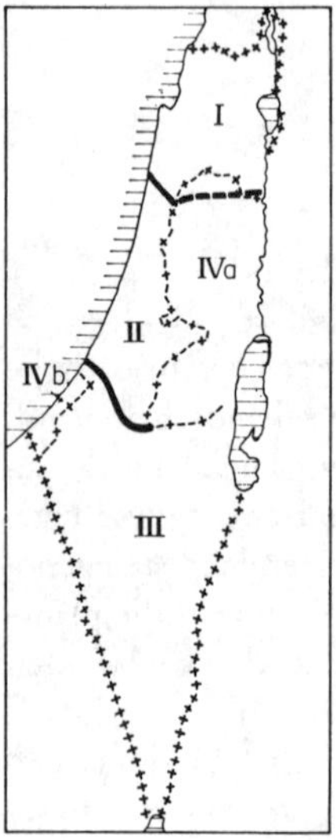

Fig. 17: Regionale Aufteilung innerhalb der Grenzen des Mandatsgebiets.
I Der Norden. II Das Mittelland. III Der Süden. IVa Die Westbank (Judäa und Samaria). IVb Der Gazastreifen.

nation von Klima, Topographie und Landnutzung, wobei je nach den Gegebenheiten dem einen oder anderen Faktor der Vorrang gegeben wird; aber auch bei Anwendung dieser Methode war es unmöglich, mit weniger als 20 Landschaftseinheiten auszukommen. Als Grundkonzept wurde der bisher üblichen longitudinalen Einteilung eine latitudinale gegenübergestellt (Fig. 17).

Danach ergibt sich folgende Unterteilung des Gebietes innerhalb der Mandatsgrenzen:

1. Der *Norden.* – In diesem Teil liegt das gesamte Gebiet – vom Meere bis zum Jordangraben – innerhalb des Staates Israel, und hier leben etwa 60 % der arabischen Bevölkerung Israels.

Klimatisch liegt diese Region völlig im Gebiete des Mittelmeerklimas, und nur an ihrem südöstlichen Rande nähert sich dieses semiariden Bedingungen. Da im Norden die Entfernung zwischen dem Jordangraben und dem Mittelmeer kürzer ist als in allen anderen Teilen des Landes, sind die Erhebungen und Grabenbrüche zwischen den beiden Grenzlinien schärfer ausgeprägt und überschatten im Landschaftsbilde völlig den Einfluß der Faltung. So ist eine ausgesprochene Horst- und Grabenlandschaft entstanden, die sich in Obergaliläa im Berge Meron (1208 m) zur höchsten Kuppe Israels erhebt. Dazu kommt, daß der Norden der einzige Teil des Landes ist, in dem vulkanisches Gestein sich über größere Flächen erstreckt. Im Gebiet des Vulkangesteins befinden sich auch die beiden einzigen Süßwasserseen des Landes.

Als Folge dieser Zusammendrängung verschiedenster Naturerscheinungen ist der Norden Israels in seiner geographischen Vielfalt unübertrefflich.

Andererseits verhinderte die Kleinkammerung der Landschaft die Herausbildung größerer Regionaleinheiten oder Verwaltungszentren. Mit Ausnahme der Hafenstadt Haifa, die zum gesamten Gebiete exzentrisch liegt und ihren Aufstieg im wesentlichen ihrer Meereslage verdankt, sind die anderen Regionalzentren nicht über die Größe kleinerer Mittelstädte hinausgewachsen.

2. Das *Mittelland* war zu allen Zeiten das Kernland der Bevölkerung und der politischen Organisation des historischen Palästinas und umfaßte zur Mandatszeit ein Drittel der Fläche des Staates. Die im Waffenstillstand von 1949 festgelegten Abgrenzungslinien teilten es zwischen Jordanien und Israel so auf, daß 60 % des Gebietes an Jordanien angeschlossen wurden. Der israelische Teil der Region machte nur 17 % der Staatsfläche aus, wird aber heute von 71 % der Bevölkerung bewohnt.

Während in der Region des Nordens die mittlere Entfernung zwischen dem Meer und dem Jordan 50 km beträgt, erreicht sie im Mittelland 90 km und schafft dadurch größere Landschaftseinheiten, in denen die Nord-Süd-Ausrichtung am deutlichsten zum Ausdruck kommt. Im Landschaftsbild sind die Faltungszüge am deutlichsten ausgeprägt, aber ihre Richtung weicht von der Nord-Süd-Richtung der großen Bruchlinien ab; sie verläuft von Nordnordost nach Südsüdwest. Die Küstenebene erreicht eine Breite von 15–25 km und ist damit etwa viermal so breit wie die des Nordens.

Das Klima des Mittellandes ist im wesentlichen mediterran mit einer deutlichen Verminderung der Niederschläge von Norden nach Süden, aber der Ostabfall der Berge und der Jordangraben haben bereits wüstenhaften Charakter.

Im Mittelland befinden sich die großen Hafen- oder Regierungsstädte der Vergangenheit und auch die größten städtischen Zentren der Gegenwart.

3. Der *Süden* (Negev) umfaßt fast die Hälfte des ehemaligen Mandatsgebietes und fast zwei Drittel des Staatsgebietes von Israel, aber nur 7 % der Bevölkerung. Der entscheidende natürliche Faktor ist das Wüstenklima, und fast die gesamte Bevölkerung siedelte sich in diesem Gebiete erst in der letzten Generation an, infolge der intensiven Bemühungen des Staates Israel zur Nutzbarmachung der Wüste. Geographisch gesehen, umfaßt die Region des Südens auch den Gazastreifen – den einzigen Teil der Region, in dem noch mediterranes Klima vorherrscht und der daher immer besiedelt war. Seine Bevölkerung, die 1948 unter ägyptische Militärverwaltung kam und jetzt unter israelischer Militärverwaltung steht, ist größer als die des gesamten Negev.

5. DER NORDEN – LANDSCHAFT DER KONTRASTE

5.1. Der Jordangraben

5.1.1. Der Jordan

Der Jordan ist, geologisch gesehen, der jüngste aller Flüsse Israels (Schattner 1962, S. 15), da er erst entstand, nachdem das Lissanmeer auf seinen heutigen Umfang zusammengeschrumpft war (s. Kap. 1.2.2), d. h. schätzungsweise vor 12000–20000 Jahren. Aber die weiteste Ausdehnung des Grabenmeeres war für eine Zweiteilung des Flußlaufes bestimmend. Der nördliche Teil, der nicht von dem Binnenmeer bedeckt war, liegt als Hulatal über dem Meeresspiegel, während der Abschnitt des Jordangrabens zwischen dem Kinneretsee und dem Toten Meer, der mehr als 200 m unter dem Meeresspiegel liegt und mit den Sedimenten des Lissanmeeres bedeckt ist, im allgemeinen als Jordantal bezeichnet wird.

Der Jordan ist der einzige größere Fluß des historischen Palästinas und wurde immer als Grenze zwischen Cisjordanien und Transjordanien angesehen. Seit der politischen Aufteilung des Raumes nach dem Zweiten Weltkriege befinden sich seine Quellen in vier politischen Einheiten, so daß die Planung der Nutzung seines Wassers und seiner Nebenflüsse große politische Schwierigkeiten und sogar militärische Konflikte auslöste (s. Kap. 3.5.1). Zum besseren Verständnis dieser Fragen ist es notwendig, der Hydrographie des Flusses größere Aufmerksamkeit zuzuwenden, als das normalerweise bei einem Flusse von dieser Größe notwendig wäre.

Der Jordan erhält sein Wasser im wesentlichen von den Niederschlägen über dem Hermongebirge und den Basaltplateaus, die es vom Süden her umgeben. Der Hermon ist ein gewaltiger Horst, dessen Rücken über eine Länge von 25 km die Grenze zwischen Syrien und dem Libanon bildet. Sein Gipfel ist 2814 m hoch, und die Schneedecke, die den oberen Teil des Berges (etwa über 1800 m Höhe) für sechs Monate im Jahr bedeckt, beherrscht das Landschaftsbild des nördlichen Israels.

Infolge seiner Höhe erhält der Hermon jährliche Niederschläge von 1300–1700 mm, von denen ein Großteil als Schnee fällt. Sein geologischer Kern besteht aus karstformendem Kalkgestein der Jurazeit. Große Mengen von Regen- und Schmelzwasser versickern in den Spalten und Höhlen des Untergrundes und bilden riesige Grundwasserreservoirs, die nicht nur den Jordan,

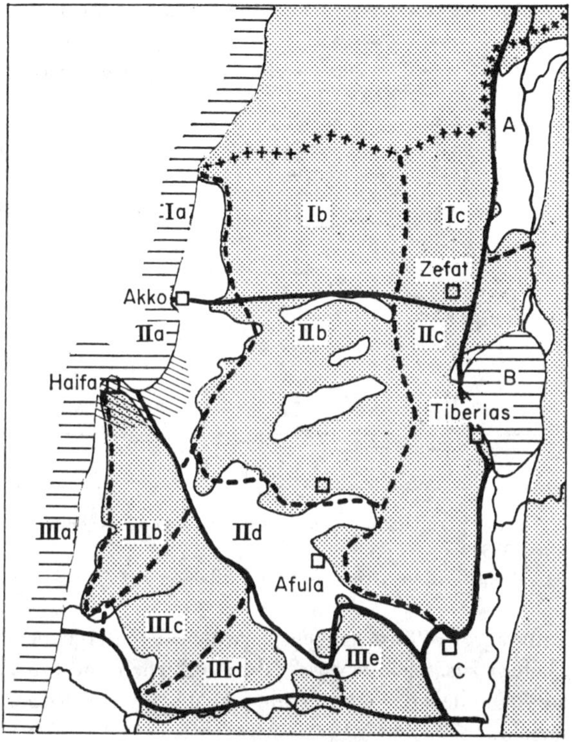

Fig. 18: Der Norden. Physiographische Einheiten.
I Obergaliläa: a Die galiläische Küste, b Westgaliläa, c Ostgaliläa. II Untergaliläa: a Das Tal Zevulun, b Der zentrale Sektor, c die Basaltplateaus, d Das Tal Yizre'el (Emeq). III Das Karmelgebirge: a Die Karmelküste, b Der Karmelhorst, c Die Menashehöhen, d Die Alexanderkuppe, e Der Berg Gilboa. Der Jordangraben: A Das Hulatal, B Kinrot, C Das Bet-She'an-Tal. (Weiße Flächen = Täler, gestrichelt = Ballungsraum Haifa.)

sondern auch die Flüsse der Oase von Damaskus speisen. Die südwestliche Flanke des Berges wird direkt durch Nebenflüsse des Jordans entwässert, in denen die Winterregen starke Fluten erzeugen. Aber die ganzjährige Wasserversorgung erfolgt durch eine Anzahl von starken Quellen, in denen das Grundwasser zutage tritt. Die drei größten Quellen sind: Hasbaya im Libanon, ihr entspringt der Fluß Hazbani (hebr. Nahal Snir); Banias am Fuße der von Israel besetzten Golanhöhen, aus der der gleichnamige Fluß (hebr. Nahal Hermon) heraustritt, und – die größte – Dan, die in Israel liegt.

Die drei Quellflüsse vereinigen sich auf israelischem Gebiet nahe dem Nordende des Hulatals und bildeten früher den Hulasee und die Hula-

Tabelle 18: Wasserzufuhr des oberen Jordan (in Mio. m^3)

Quellgebiet	Einzugsgebiet km²	Wassermengen[1] Einzeljahre	Durchschnitt
Nahal Snir	613	81–236	138–160
Nahal Hermon	175	63–197	123–160
Dan	24	173–285	245–260
Ostrand des Tales	203		34
Westrand des Tales	226		12
Quellen			(Schätzung) 90
Niederschläge	177		(Schätzung) 60
Iyon[2]	51		
	1469		710–784

[1] Aus verschiedenen, manchmal sich widersprechenden Quellen kompiliert. S. auch NEUMANN 1955.

[2] Das Wasser wird im Merj-Aiyoun-Tal im Libanon zur Bewässerung benutzt.

sümpfe, die im Jahre 1959 trockengelegt wurden. Die Berghänge, die das Tal flankieren, liefern zusätzliches Wasser durch Quellen und Sturzbäche. Die verschiedenen Quellen der Wasserführung des oberen Jordans sind aus Tabelle 18 ersichtlich.

Der Jordan verläßt das Hulatal in einer engen Schlucht, in der er über eine Entfernung von 14 km um 260 m fällt, und mündet in den Kinneretsee in einem sumpfigen Delta. Er führt dem See etwa 560 Mio. m^3 Wasser zu; der Unterschied gegenüber dem Hulatal ist aus Verdunstung und Verlust durch Bewässerung zu erklären.

Der *Kinneretsee* (See Genezareth) füllt eine Depression aus, die sich am nördlichen Ende des Lissanmeers befand; sein Wasser wurde durch den Alluvialfächer des Yarmouk, der südlich des Sees in den Jordan mündet, aufgestaut. Die Depression nimmt den breiteren nördlichen Teil des Sees ein, wo er seine größte Tiefe von 44 m erreicht. Die Depression setzt sich in zwei kleinen Tälern im Nordwesten (Ginossar = Genezareth) und Nordosten (Buteiha) fort. Die durchschnittliche Höhe des Seespiegels beträgt 210 m unter dem Meeresspiegel, aber jahrzeitliche Schwankungen können 1–3 m ausmachen. Die Oberfläche des Sees auf dem Niveau von −210 m beträgt 167,8 km^2 und sein Wasserinhalt 4236 Mio. m^3.

Außer dem Jordan empfängt der Kinneretsee Wasser von verschiedenen kleineren Zuflüssen, vor allem aus den Golanhöhen und von Quellen entlang der Ufer, von denen allerdings einige brackiges Wasser führen oder thermal sind. Die jährliche Wasserbilanz des Kinneretsees wurde von NEUMANN (1955) wie folgt berechnet (in Mio. m^3):

Wassergewinn		Wasserverlust	
Jordan	560	Verdunstung	270
Quellen und Flüsse	135	Ausfluß	490
Niederschläge	65		
Gesamt	760		760

Die Verdunstung ist außerordentlich hoch, da der Sommer sehr heiß und trocken ist und die Niederschlagsmenge nur etwa 400 mm im Jahre beträgt. Ihre Rate wird auf 162 cm pro Jahr geschätzt.

Die natürliche Bilanz ist durch die Konstruktion der Landeswasserleitung völlig verändert worden (s. Kap. 3.5.1). Der Ausfluß des Jordans wird durch eine Sperrschleuse reguliert und stark reduziert, und etwa 330 Mio. m^3 werden aus dem See in die Leitung gepumpt. Dies führte zu einer starken Versalzung des Wassers, dessen Mineraliengehalt manchmal die Aufnahmefähigkeit von Pflanzen überstieg und Schutzmaßnahmen notwendig machte. Die wichtigsten davon waren der Verschluß von salinen Quellen, die im See entspringen, und das Abpumpen von salzhaltigem Grundwasser, das diese Quellen speist; ferner die Ableitung von salzhaltigen Quellen, die am Rande des Sees auftauchen, in eine Betonleitung, die sie – zusammen mit dem brackigen Grundwasser – nach Süden ableitet, wo das Wasser in Fischteichen oder zur Vermischung mit Süßwasser benutzt werden kann.

In Jahren mit unzureichendem Regen steigt der Salzgehalt, und gleichzeitig sinkt der Wasserspiegel, manchmal bis auf −213 m, ein Gefahrenpunkt, bei dem das Pumpen eingestellt werden muß; aber bisher konnte die Bilanz in Jahren starker Niederschläge, wie z. B. im Winter 1979/80, wiederhergestellt werden.

Nach seinem Austritt aus dem See durchfließt der Jordan den Boden des ehemaligen Lissanmeeres, und sein Bett hat sich tief in den weichen Lissanmergel eingeschnitten, so daß eine Talaue von etwa 1–2 km Breite entstanden ist (arabisch Zor), die von zerklüfteten Steilwänden von 20–40 m Höhe begleitet wird. Innerhalb dieser Aue windet sich der Jordan in Mäandern unter ständigem Wechsel des Flußbettes. In seinem natürlichen Zustande formte der Zor eine Dschungellandschaft, die erst im letzten Jahrzehnt mit der Durchführung des jordanischen Ghorprojekts der bewässerten Landwirtschaft Platz gemacht hat.

10 km südlich seines Ausflusses aus dem Kinneretsee empfängt der Jordan seinen größten Nebenfluß, den Yarmouk. Dieser entwässert die Basaltpla-

teaus des syrischen Hauran (biblisch Bashan). Da die Lavadecken dieser Plateaus nur wenig wasserdurchlässig sind, erfolgt nur geringe Grundwasserbildung, und die starken Winterregen verursachen Sturzfluten, die in tiefen Cañons auf das Niveau des Jordantales herabfließen. Das Einzugsgebiet des Yarmouk beträgt 7250 km² – gegenüber 2753 km² des Jordans, bevor dieser den Kinneret verläßt.

Daher fehlt jede Möglichkeit eines Jahreszeitenausgleichs. 75 % der Wassermengen des Yarmouk fließen in 5 Wintermonaten, mit Maximum im Februar (25 %). Die Unterschiede zwischen einzelnen Jahren sind gewaltig und schwanken zwischen 270 und 870 Mio. m³. Das (theoretische) Jahresmittel beträgt 475 Mio. m³, also etwa die gleiche Menge wie die Wasserführung des Jordans, nur daß die letztere durch den Kinneretsee auf einem konstanten Niveau gehalten wird. Die Unregelmäßigkeit der Wasserführung des Yarmouk hat dazu geführt, daß Jordanien das Ghorprojekt, das auf dem Wasser des Yarmouk basiert, nur teilweise durchführen konnte und jetzt den Bau eines großen Staudammes plant.

Südlich des Zusammenflusses mit dem Yarmouk erhält das Jordantal kaum noch Regen, aber eine große Anzahl von Nebenflüssen, vor allem aus dem Osten, wo das transjordanische Bergland mehr Regen empfängt als die gegenüberliegenden niedrigeren Berge. Der Zufluß der Nebenflüsse wird auf 160 Mio. m³ geschätzt, davon 80 % aus dem Osten (Schattner 1962, S. 26), und insgesamt führt der Jordan dem Toten Meere etwa 1200 Mio. m³ Wasser zu.

Verglichen mit den allgemeinen hydrographischen Bedingungen des Landes sind die Wassermengen des Jordans beträchtlich, aber trotzdem diente der Fluß in der historischen Vergangenheit nie als Quelle für Bewässerung. Der Grund dafür ist, daß die Technologie nicht imstande war, das Wasser vom Niveau des Zor auf das Niveau des Ghor zu pumpen, und daß der letztere meist mit salzhaltigem Lissanmergel bedeckt ist. Erst die großen Bewässerungsprojekte der letzten Jahrzehnte haben den Fluß und seine Nebenflüsse zu einem wichtigen Instrument landwirtschaftlicher Entwicklung gemacht.

5.1.2. Das Hulatal

Der nördliche Abschnitt des Jordangrabens besteht aus drei – völlig geschlossenen – Becken, die stufenartig von Norden nach Süden absteigen: das Hulatal auf einer Durchschnittshöhe von 80 m über dem Meeresspiegel; Kinrot etwa 200 m unter dem Meeresspiegel; das Bet-She'an-Tal, 100–250 m unter dem Meeresspiegel gelegen. Jedes dieser Becken besitzt einen eigenen Charakter und bildet eine eigene Region.

Das Hulatal verdankt seine Entstehung einem Lavastrom, der im mittleren Pleistozän von den damals aktiven Vulkanen des Golans herabfloß und den Jordangraben wie ein Riegel absperrte (Steckelis & Picard 1957/58). Dieser Riegel staute die Abflüsse des Hermon, die einen See etwa auf dem Niveau von 200 m bildeten. Auf dieser Höhe fand das Wasser einen Durchbruch durch die Lava, die inzwischen zu Basalt geworden war, und stürzte in das 350 m tiefer gelegene Lissanmeer hinab. Im Laufe der Zeit schufen die Wasser eine cañonartige Schlucht, die noch heute besteht und die eine Senkung des Seespiegels in verschiedene Stadien verursachte.

Zu Beginn der geschichtlichen Perioden war der See auf ein Niveau von etwa 70 m über dem Meer gesunken und zu einem kleinen Flachsee zusammengeschrumpft. Aber infolge der fast völligen Ebenheit des freigelegten Bodens des ursprünglichen Sees war fast der ganze Talboden von einem Papyrussumpf bedeckt (dem nördlichsten Papyrusvorkommen auf der Erde), der bis zur Trockenlegung (1959) existierte.

Im nördlichen Drittel des Tales ist das Gefälle etwas stärker, und der Talboden steigt auf etwa 100 m Höhe an, während im Süden die Alluvialfächer der aus dem galiläischen Bergland heraustretenden Flüsse bis an den See heranreichen.

Heute hat das Hulatal eine Länge von etwa 25 km bei einer Breite von 6–9 km und einer Gesamtfläche von 177 km^2. Es ist völlig von Bergen umgeben, die sich an den Flanken steil bis 700 m über der Talsohle erheben und im Süden – dem Basaltriegel – eine Höhe von 350–400 m erreichen.

Das Klima des Hulatals ist eine kontinentale Variante des mediterranen Klimas. Der Sommer ist trocken und heiß (durchschnittliches Tagesmaximum von Juli bis September bis 35° C) und der Winter kühl mit häufigem Nachtfrost. Die Niederschlagsmenge beträgt im Norden 800 mm und im Süden 450 mm. Der Winterfrost beschränkt die Möglichkeit der Anpflanzung von subtropischen Bäumen, aber der heiße Sommer ermöglicht subtropischen Ackerbau, wie z. B. Reis und Baumwolle. Dahingegen gedeihen Obstbäume der gemäßigten Zonen, vor allem Äpfel und Birnen.

In prähistorischen Zeiten herrschte während der Interpluviale tropisches Klima, und am Südende des Sees wurden fossile Überreste von solchen Tieren wie Elefant und Nashorn gefunden (Steckelis & Picard 1957/58). Auch zahlreiche Überreste menschlicher Niederlassungen wurden ausgegraben, die auf verschiedenen Niveaus liegen und eine Grundlage für die Berechnung der Schrumpfungsstadien des Sees liefern.

In der Antike war das Tal wegen der Sümpfe fast unbewohnt, mit Ausnahme der höher gelegenen Ränder im Süden und Norden. Aber es besaß große Bedeutung als Durchzugsgebiet. Die Hauptverkehrsachse Palästinas – die Via Maris – verlief am Westrande des Tales; von dort konnte man das Tal nur an zwei Punkten kreuzen: im Süden – zwischen dem See und der Jordanschlucht – an der Stelle, wo im Mittelalter die Brücke Jisr Banat Ya'aqub gebaut wurde, und im Norden oberhalb der Sümpfe, wo die Zuflüsse des Jordans einzeln überquert werden konnten. Die nördliche Route war vor allem wichtig, da sie auch als Weg von den Hafenstädten Tyrus (Zor) und Sidon nach Damaskus benutzt wurde, der gezwungen war, das Hermongebirge vom Süden zu umgehen.

Aus diesen Gründen lagen die wichtigsten Orte des nördlichen Palästinas in der biblischen Frühzeit an diesen Routen: im Süden Hazor, eine Hyksosfestung aus dem 18. vorchristlichen Jahrhundert und die größte Stadt Palästinas im 15.–13. Jahrhundert. Im Norden lag die Stadt Dan an der größten Jordanquelle. In der hellenistisch-römischen Zeit (um die Zeitenwende) entstand eine weitere Stadt an der zweitgrößten Jordanquelle, die zu Ehren des Gottes Pan Pamias genannt wurde (daher der arabische Name des Flusses und der Quelle: Banias) und später Dan als Hauptstadt der Region ablöste.

Zur Kreuzfahrerzeit wurde das Hulatal zum Grenzgebiet zwischen Christen und Moslems, und die Kreuzfahrer befestigten die Übergänge durch mächtige Burgen. Die Baniasquelle wurde durch die mächtige Burg Sbeibe (arab. Qual'ad Nimrud) geschützt, die auf einem Sporn des Hermon oberhalb von Banias liegt, und der Abstieg des Weges von Tyrus ins Hulatal durch die Festung von Hunin. Der südliche Übergang über den Jordan wurde von einem Fort bewacht. An dieser Stelle baute der Bezwinger der letzten Kreuzfahrer, der Mameluck Beibars, eine Brücke auf mächtigen Steinpfeilern. Diese engten das Bett des Jordans dermaßen ein, daß der Ausfluß aus dem See behindert wurde und dadurch die Sümpfe sich wieder über das gesamte Tal ausdehnten. Die damit verbundene Ausbreitung der Malaria entvölkerte das Tal vollständig, und es blieb für 500 Jahre menschenleer.

Um die Mitte des 19. Jahrhunderts fanden sich neue Siedler: die Stämme der Ghawarina, meist Negersklaven, die von der Armee des Ägypters Ibrahim Pascha, der Palästina von 1832 bis 1840 besetzt hielt, desertiert waren. Ihnen schlossen sich Bewohner der arabischen Bergdörfer an, die vor dem Gesetz oder wegen Blutrache geflohen waren. Diese Siedler bauten sich armselige Dörfer aus Lehmhütten oder Schilfrohr, bauten etwas Reis und Mais unter Bewässerung an, lebten aber meistens von der Herstellung von Schilfmatten und der Haltung von Wasserbüffeln (KARMON 1960). Die Bevölkerung litt schwer unter Malaria und konnte ihre Zahl nur durch Zuzug von weiteren Sozialflüchtlingen aufrechterhalten.

Zu Beginn des 20. Jahrhunderts begann jüdische Kolonisation auf dem höher gelegenen Gelände im Norden und Süden des Tales, und zur Zeit des Ersten Weltkrieges existierten sieben jüdische Siedlungen an den Rändern des Tales. Die wichtigste Veränderung während der britischen Mandatszeit war die Erwerbung einer Konzession zur Trockenlegung der Sümpfe durch die Palestine Land Development Company (eine Tochtergesellschaft des Jüdischen Nationalfond; 1934), die allerdings erst nach der Gründung des Staates

Israel in die Tat umgesetzt werden konnte. Aber angesichts der Hoffnungen auf die Trockenlegung wurden in den Jahren 1939–47 zwölf Siedlungen im Norden und Osten des Tales gegründet, davon zehn Kibbuzim.

Unmittelbar nach der Konsolidierung des Staates Israel begann die Planung der Trockenlegung (mit Hilfe holländischer Fachleute). Der Grundplan sah die Vertiefung des Jordanbettes zwischen dem See und der Schlucht vor. Dadurch wurde der schnelle Abfluß des Wassers aus dem See und den Sümpfen ermöglicht. Da diese Gebiete bisher keine klaren Dränagelinien hatten, wurde ein geradliniger Kanal am Boden des ehemaligen Sees gegraben, und die Arme des Jordans wurden durch zwei Kanäle ersetzt. Die Trockenlegungsarbeiten dauerten von 1951 bis 1958. Gleichzeitig gelang es, mit Hilfe neuer medizinischer Technik die Malaria zu beseitigen. Nur ein kleines Sumpfgebiet wurde als Naturschutzgebiet übriggelassen.

Nach der Vollendung der Trockenlegung stellt das Hulatal eine der fruchtbarsten landwirtschaftlichen Regionen Israels dar. Da Wasser in genügenden Quantitäten zu billigem Preise zur Verfügung steht, war es möglich, über 70 % der Fläche zu bewässern. Der Ackerbau spezialisiert sich auf Anbau von Baumwolle und Futterpflanzen. Ein Viertel der Fläche wird für Obstpflanzungen, vor allem Äpfel, genutzt, später auch für Avocados. Aber das Landschaftsbild wird beherrscht von den Fischteichen, die 15 % des bewässerten Landes einnehmen und ein Viertel aller Fischteiche Israels darstellen.

In seinem heutigen Zustande bildet das Hulatal eine der lieblichsten Landschaften Israels: ein immergrünes Tal, durchwoben von Obstpflanzungen und Fischteichen, umgeben von hohen Bergen, deren Abhänge das Grün der Aufforstung tragen, und das ganze überragt vom Hermon, dessen Spitze fast das ganze Jahr über schneebedeckt ist.

Klima, Wasser und Landschaft haben das Tal auch zu einem wichtigen Erholungsgebiet gemacht, in dem es zahlreiche Naturschutzgebiete gibt. Allerdings wird das Erholungsgewerbe nur von Kibbuzim ausgeübt, von denen vier über Hotels oder Erholungsheime verfügen.

Die Anzahl der landwirtschaftlichen Siedlungen beträgt 24, davon sind 18 Kibbuzim. Die Bevölkerung in diesen Siedlungen beträgt etwa 10000 Personen.

Das regionale Zentrum des Hulatals ist die Entwicklungsstadt Qiryat Shemona (Spiegel 1966, S. 96–106), deren Bevölkerung von etwa 15000 Einw. seit 1963 stagniert. Diese Stadt leidet seit ihrer Gründung unter den Problemen einer als Zentralort geplanten Siedlung in einer Region, in der Kibbuzim dominieren (s. Kap. 3.3.2; Kipnis 1976). In der ersten Zeit ihrer Existenz fand ein Teil der Einwohner der Stadt Beschäftigung bei den Trockenlegungsarbeiten, später in den landwirtschaftlichen Siedlungen. Um industrielle Arbeitsmöglichkeiten zu schaffen, errichteten die Kibbuzim einige regionale Betriebe der landwirtschaftlichen Verwertung, aber nur wenige Privatbetriebe setzten sich in Qiryat Shemona fest. Auch die Erholungseinrichtungen wurden nicht in der Stadt, sondern in Kibbuzim stationiert. Zu allem kommt, daß Qiryat Shemona als Grenzstadt häufig Beschießungen aus libanesischen Gebieten oder Terroristenüberfällen ausgesetzt war.

Trotz der Existenz von Qiryat Shemona wurde am Südende des Hulatals eine zweite Entwicklungsstadt errichtet, Hazor, deren Existenzmöglichkeiten noch beschränkter sind und die eine Einwohnerzahl von knapp 6000 erreicht hat.

5.1.3. Kinrot

Kinrot ist eine Region eigener Prägung; ihr Zentrum ist der einzige See Israels. Sie umfaßt die Ufer des Kinneretsees, einschließlich der unteren Abhänge des Jordangrabenrands sowie den Graben selbst bis zum Zusammenfluß von Jordan und Yarmouk. Von ihrer Gesamtfläche von 225 km² nimmt der See 167 km² ein. Die größte Landfläche ist das Dreieck im Süden des Sees; am Ostrande des Sees ist der Fuß der Berge etwa 0,1–1 km vom Seeufer entfernt und am Westrande sogar weniger. Nur im Nordosten und Nordwesten befinden sich kleine Täler. Im Bereich des Jordangrabens nimmt Kinrot – gemeinsam mit dem anschließenden Bet-She'an-Tal – insofern eine Sonderstellung ein, als hier der Höhenunterschied zwischen der Grabensohle und dem Plateau der niedrigste in der Levante ist und maximal 600 m beträgt. Daher diente diese Sektion des Grabens in allen Geschichtsperioden als eine wichtige Durchgangsstraße von Ost nach West und im 20. Jahrhundert (bis zur Gründung des Staates Israel) als Route für die Bahnlinie Haifa – Damaskus und die Röhrenleitung Kirkuk – Haifa.

Der Sattel in den Rändern des Grabens diente im Pleistozän auch als Rinne für Lavaflüsse aus dem Golan, die an dieser Stelle den Graben überquerten und auch den östlichen Teil Untergaliläas mit Basalt bedeckten, allerdings nur in einer Mächtigkeit von etwa 100 m, so daß die Flüsse, die in Steiltälern zum Jordan oder dem See herabgleiten, sich durch die Basaltdecke hindurch in das unterliegende weichere Material in zerklüfteten Tälern tief eingeschnitten haben. Den tiefsten Einschnitt erreichte der Yarmoukfluß, dessen Cañon die natürliche Grenze zwischen Jordanien und Syrien bildet. Obwohl die vulkanische Tätigkeit aufgehört hat, wirkt sich die tektonische Schwäche der Region noch immer in häufigeren Erdbeben und dem Auftreten von heißen Quellen aus.

Der See liegt 210 m unter dem Meeresspiegel, und diese Lage übt vor allem Einfluß auf das Klima aus. Der Sommer ist bedeutend heißer als in den übrigen Landesteilen, vor allem, da der kühlende Einfluß der Seebrise fehlt, die hier nachmittags als warmer Fallwind die Abkühlung noch hinauszögert. In den Sommermonaten steigt das tägliche Temperaturmaximum im Durchschnitt auf 37°–38 °C, aber absolute Maxima können auch manchmal 45 °C erreichen. Dahingegen erreicht das Maximum selbst im Winter 20°–25 °C, und – was noch wichtiger ist – auch die Minimumtemperaturen erreichen nie den Gefrierpunkt, da der warme See ausgleichend wirkt.

Die Niederschlagsmengen sind natürlich von orographischen Einflüssen abhängig und erreichen im Norden des Sees einen Jahresdurchschnitt von 475 mm und im Süden von 375 mm, die unterste Grenze für den Trockenfeldbau.

Diese fast tropischen Temperaturbedingungen und der Wasserreichtum von See und Fluß übten früh eine Anziehungskraft auf menschliche Wesen oder Hominiden aus, und in der Nähe des Sees wurden die ältesten Anzeichen menschlicher Tätigkeit im ganzen Vorderen Orient ausgegraben: der *Homo habilis* in Ubeidiya (s. S. 38). Die Mittlere Steinzeit ist im Wadi Ammud (einem westlichen Zufluß des Sees) und die neolithische Kultur, die als Yarmoukisch bezeichnet wird, bei Sha'ar Hagolan vertreten.

Zeugen einer intensiven Besiedlung in frühhistorischer Zeit sind eine Reihe von Ruinenhügeln (Tels) am Westrande des Grabens, die alle entlang der Via Maris aufgereiht liegen und zu den größten in Palästina gehören: Tel Avdi (Ubeidiya) am Austritt des Nahal Yavne'el aus den Bergen; Tel Bet Yerah am Ausfluß des Jordan aus dem See; Tel Raqat nördlich von Tiberias; Tel Kinrot (Ureime) am Nordende des Ginnosartals.

Der Höhepunkt der Besiedelung der Seeufer war zur Römerzeit zu verzeichnen und wurde von Flavius Josephus, dem jüdischen Historiker, der die Revolte der Jahre 67–70 und den Kampf um Massada dargestellt hat, in ›Der Jüdische Krieg‹ III; 9; 8 ausführlich geschildert. Nach seinem Bericht war die Umgebung des Sees der fruchtbarste Teil Palästinas, und an seinen Ufern oder in kurzer Entfernung von ihnen lagen 12 große Städte: Sanbari (Bet Yerah); Hammat (die heißen Quellen von Tiberias); Tarichaei (Migdal = Magdala); Arbel; Ginnosar (Genezareth); Kefar Nahum (Kapernaum); Korazim; Julias (Bet Zeida); Gergasa (Kursi am Nordostufer); Susita; Hammat Gader (die heißen Quellen von El Hamma). Die Gesamtbevölkerung dieser Orte betrug schätzungsweise 150000, gegenüber einer heutigen Bevölkerung von 40000.

Die Gründe für die bei Josephus geschilderte landwirtschaftliche und städtische Blüte liegen vor allem in dem hohen Standard der Agrotechnik jener Zeit, mit deren Hilfe Quellwasser über große Entfernungen in Wasserleitungen zum Zwecke der Terrassenbewässerung transportiert und neben Obstpflanzungen vor allem auf den vulkanischen Böden ein ausgezeichneter Wein produziert werden konnte.

Die zweite Quelle des Wohlstands war die Fischerei, die einzige in einem weiten Umkreise, die Süßwasserfische lieferte und die Methoden der Konservierung entwickelt hatte. Neben dem Dörren wurde vor allem das Einsalzen der Fische praktiziert, für die das Tote Meer (in einer Entfernung von nur drei Tagesreisen) unbeschränkte Mengen von Salz lieferte. Ein dritter Wirtschaftszweig war die Herstellung von landwirtschaftlichen Geräten aus Basalt (Öl- und Weinpressen, Mühlsteine), deren hohe Qualität und Haltbarkeit einen weiten Exportmarkt garantierten. (Eine Schiffsladung von Mühlsteinen aus Basalt wurde Anfang der 80er Jahre aus einem Wrack an der Küste von Atlit geborgen, und in Ruinen der Nabatäerstädte im Negev [s. Kap. 7.2] wurden Basaltgeräte gefunden, die nur am Kinneret hergestellt werden konnten).

Die bei Josephus geschilderte Epoche war auch die Zeit der Aktivität Jesu in Galiläa, und Kinrot war die Herkunftsregion der meisten seiner Schüler. (Für heutige christliche Pilger gelten mehrere Orte als heilig: Magdala (Maria Magdalena); Tabgha (das Wunder der Brotlaibe und Fische); Kapernaum [Geburtsort Petrus' und Synagoge]; Beatitudine [die Bergpredigt].)

In derselben Periode wurde die Stadt Tiberias gegründet, die im 3. nachchr. Jahrhundert zum wichtigsten jüdischen Zentrum Palästinas wurde. Die Blütezeit der Region dauerte mehrere Jahrhunderte an, auch noch in der arabischen Periode. Aber mit der allgemeinen Verschlechterung der Bedingungen im Lande setzte ein langsamer Niedergang ein. Im 14. Jahrhundert brachte der Einfall der Mongolen die völlige Zerstörung der Siedlungen und Bewässerungsanlagen mit sich, von der sich die Region nicht wieder erholen konnte, die danach fast menschenleer blieb.

Ab und zu wurden Versuche unternommen, wenigstens die Stadt Tiberias wieder aufzubauen (siehe weiter unten), aber Malaria und Beduinen taten das ihrige, um auch diese Versuche scheitern zu lassen.

Eine Änderung bahnte sich erst wieder zu Beginn des 20. Jahrhunderts an. Der Bau der Bahnlinie von Haifa nach Damaskus (1903), die das Südende des Sees berührte, machte die ganze Gegend dem Verkehr zugänglich, und gleichzeitig begann die jüdische Kolonisation (1902), die bis zum Ersten Weltkrieg fünf Siedlungen errichtete, darunter den ersten Kibbutz in Palästina (Deganya 1910). In der Periode des britischen Mandats wurden weitere zehn Kibbuzim errichtet, aber nach der Gründung des Staates Israel kamen wegen Raummangels nur vier neue Siedlungen hinzu (Kibbuzim in Osten und Norden des Sees). Dahingegen entwickelten sich die Agrotechnik und Bewässerungsmethoden in einem solchen Maße, daß die Siedlungen von Kinrot zu den geglücktesten und wohlhabendsten in Israel zählen. Die Anzahl der ländlichen Siedlungen beträgt jetzt 18, davon 15 Kibbuzim, mit einer Einwohnerzahl von 12000.

Die Landwirtschaft von Kinrot ist im wesentlichen auf Ausnutzung der klimatischen Besonderheiten aufgebaut, vor allem des frühen Ansetzens der hohen Sommertemperaturen – das durchschnittliche Maximum der Tagestemperaturen erreicht bereits im März 26 °C – und der Abwesenheit von Frost. Das wichtigste Produkt sind Bananen (40 % der Gesamtproduktion

Israels), gefolgt von Winter- und Frühjahrstomaten, die dem Export zugeführt werden. Frühe Sorten von Tafeltrauben erzielen auf dem Inlandmarkte höchste Preise. Kinrot war der Pionier in der Anpflanzung von Dattelpalmen in Israel, und die Fläche seiner Fischteiche macht etwa 10% der Gesamtfläche dieses Zweiges aus. Die Fischerei auf dem See wird sowohl von Kibbuzim als von einzelnen betrieben.

Der zentrale Ort für Kinrot ist *Tiberias,* eine der wenigen antiken Städte in Israel. Die Stadt liegt am Westufer des Sees auf einem Bergsporn, der direkt bis an den See heranreicht. Sie wurde im Jahre 20 n. Chr. von Herodes Antipas gegründet und zu Ehren des römischen Kaisers Tiberius benannt. Ursprünglich eine hellenistische Stadt, wurde sie im 2. Jahrhundert zu einem wichtigen Zentrum jüdischer Bevölkerung und Gelehrsamkeit; es diente als Ersatz für das zerstörte Jerusalem, und das Sanhendrin (= Synhedrium) – die oberste geistige und richterliche Behörde der Juden – residierte dort. Hier lehrten die talmudischen Größen, unter deren Leitung die Mischna und der ›Jerusalemer Talmud‹ abgeschlossen wurden. Ein Teil dieser Führer ist in Tiberias begraben. Die Stadt erhielt dadurch einen Ruf als ›zweites Jerusalem‹, das nach jeder Zerstörung immer wieder jüdische Siedler anzog. Die Blütezeit Tiberias' dauerte bis zum 7. Jahrhundert, zu dessen Beginn sie bei Kämpfen mit Persern stark beschädigt wurde. 636 wurde sie von Arabern erobert, doch blieb eine jüdische Bevölkerung bestehen.

Die Kreuzfahrer, die Tiberias im Jahre 1100 eroberten, bauten eine neue Stadt nördlich der halb verfallenen vorigen Stadt, die 1247 von den Moslems völlig zerstört wurde. Der Platz blieb für 500 Jahre faktisch verlassen, obwohl im 16. Jahrhundert ein Versuch unternommen wurde, sie wieder aufzubauen (s. Kap. 2.6).

Erst im 18. Jahrhundert wurde die Stadt auf den Ruinen der Kreuzfahrerstadt unter teilweiser Benutzung der bestehenden Befestigungen wieder aufgebaut. Der Erbauer war Dahir el-Amr, der sich später zum Herrscher von Akko machte (s. Kap. 2.6). Diese Stadt, die ›Altstadt‹, liegt am Seeufer; sie wurde im Kriege von 1948 zum größten Teil zerstört, und mit dem Wiederaufbau ist erst kürzlich begonnen worden. Die Bevölkerung, deren Mehrzahl jüdisch war, lebte in der Altstadt, und moderne Entwicklung begann erst 1921 mit der Gründung von Qiryat Shemu'el, eines Vororts auf dem Bergabhang etwa auf Meereshöhe, d. h. 200 m über der Altstadt.

Nach der Gründung des Staates Israel erhielt die Stadt einen starken Zustrom von Neueinwanderern, was ihr sozial den Charakter einer Entwicklungsstadt verlieh. Aber im Unterschied zu anderen Entwicklungsstädten war hier zusätzlich zu den ›Zentralfunktionen‹ die Möglichkeit zur Entwicklung von Tourismus gegeben. Industrie wurde überhaupt nicht geplant, und alle Industrie der Region befindet sich in den Kibbuzim. Heute ist Tourismus der Hauptwirtschaftszweig, und die Stadt weist 25 Hotels mit 3000 Betten auf, deren Großteil aber nicht am See, sondern auf dem Abhang liegen. Die Anziehungspunkte sind neben dem See die heißen Quellen und die christlichen heiligen Stätten der nahen Umgebung.

Trotz der Bedeutung des Tourismus trägt die Stadt nicht den Charakter einer Erholungsstadt, weder im Verhalten der Bevölkerung noch im Stadtbild. Dieser Zustand änderte sich seit 1988. Es gibt keine Straße entlang der Seefront und keine öffentlichen Gärten. Die Altstadt liegt noch immer in Ruinen, aus denen als Fremdkörper ein riesiges Betonhotel sich erhebt. Erst 1981 wurde mit einem Sanierungsprogramm begonnen. Die Wohnstadt besteht aus ›Nachbarschaftsvierteln‹, zwischen denen Entfernungen von 2–3 km und 100–200 m Höhenunterschied liegen. Diese Viertel unterscheiden sich in nichts von anderen Entwicklungsstädten, und der Stadt fehlt ein Einkaufs- oder Kulturzentrum, das ihr einen eigenen Charakter geben könnte. Die Stadt konnte also ihr großes Potential nicht nutzen, und ihre Bevölkerung ist in den letzten zwanzig Jahren von 21 000 auf 33 000 angestiegen.

5.1.4. Das Bet-She'an-Tal

Mit dem Zusammenfluß von Jordan und Yarmouk nimmt der Jordangraben seine typische Form an, die er über eine Entfernung von 100 km bis zum Toten Meer beibehält, ein mit Lissanmergel bedeckter Talboden (Ghor), in das die Jordanaue (Zor) sich immer tiefer einschneidet. Aber etwa 10 km südlich des Zusammenflusses öffnet sich der Graben nach Westen und vereinigt sich mit der Talkette von Yizre'el (s. Kap. 5.3.2), die das Mittelmeer in der Haifabucht erreicht und somit eine wichtige Durchgangsroute bildet. Das Bet-She'an-Tal ist der Ostabschnitt dieser Kette und wird im Westen durch den Ostabhang des Gilboa begrenzt, während im Osten der Jordan die Grenze bildet (auch die politische Grenze mit Jordanien). Die Grenzlinien bilden ein Dreieck, dessen Basis im Norden liegt und dessen Länge – entlang dem Jordan – etwa 20 km beträgt. Seine Fläche beträgt 187 km², etwa die Größe des Hulatals.

Von den drei Taleinheiten des nördlichen Jordangrabens hat das Bet-She'an-Tal die ungünstigsten natürlichen Bedingungen. Topographisch senkt es sich in klar ausgeprägten Stufen von etwa 100 m unter dem Meeresspiegel am Westrande auf −290 m am Jordan. Jede Stufe ist von einer eigenen Bodenart bedeckt: ein poröser Kalktuff (Travertin) in den oberen Stufen, Lissanmergel in den mittleren und Flußablagerungen in der untersten Stufe. Die meisten Böden sind salzhaltig und leiden unter hohem Grundwasser (Picard 1969).

Das Klima ist extremer als in den beiden anderen Tälern. Die Sommertemperaturen sind hoch: ein tägliches Maximum von 37°–39 °C während der Monate Mai bis September. Im Jahre 1942 wurde hier mit 54 °C die höchste jemals in Palästina gemessene Temperatur notiert. Im Winter fehlt der mäßigende Einfluß eines Sees, und Nachtfrost tritt häufig auf. Daher ist das Tal für subtropische Pflanzungen ungeeignet.

Der größte Vorteil des Tales für die menschliche Siedlung liegt in der großen Anzahl von Quellen, die am Fuße des Gilboa oder der Travertinterrasse entspringen. Ihre Gesamtzahl beträgt etwa 40, und sie liefern im Jahresdurchschnitt etwa 130 Mio. m^3 Wasser, wovon allerdings etwa die Hälfte brackig ist. Von diesen Quellen kann das Wasser über Kanäle mit Hilfe der Gravitation auf die Felder geleitet werden. Da bis zum 20. Jahrhundert der Jordan wegen des starken Einschnitts des Zor nicht zur Bewässerung benutzt werden konnte, war dies der einzige Teil des Jordangrabens (mit Ausnahme kleiner Quelloasen), in dem Bewässerungskultur seit frühgeschichtlichen Zeiten ausgeübt werden konnte. Davon zeugen die Ruinenhügel (Tels) von 40 Siedlungen aus der Bronze- und Eisenzeit. Aber in anderen Geschichtsepochen, in denen eine zentrale Autorität fehlte, wurde das Tal zu einem malariaverseuchten Sumpf.

Das Tal war zu allen Zeiten ein wichtiger Verkehrsknotenpunkt, wo die Tälerroute vom Mittelmeer sich mit der Route entlang des Jordangrabens kreuzte. Ein Paß am Südostrande des Gilboa ermöglichte ferner den leichten Aufstieg in das Bergland und eine Route nach Sichem (Nablus) und Jerusalem.

Diese Kreuzung wurde in frühgeschichtlicher Zeit von der Stadt Bet She'an kontrolliert. Der Ort war begünstigt durch seine Position auf einem steilen Hügel, der von zwei Flüssen umgeben und durch deren Steiltälern aus dem Ostabfall der Travertinterrasse herausgeschnitten war (Bild 5). Ausgrabungen in den Jahren 1921–1923 legten 18 Schichten von Besiedelung frei. Bis zum 15. vorchristlichen Jahrhundert war dies der wichtigste ägyptische Stützpunkt in Palästina. Anscheinend wählten die Ägypter diesen Ort nicht nur wegen seiner strategischen Lage, sondern auch wegen der Möglichkeit der Bewässerungswirtschaft, an die sie gewöhnt waren. Später war hier eine Philisterfestung. Nach der Eroberung durch die Römer (Pompeius, im Jahre 69 v. Chr.) wurde sie zur Hauptstadt des Städtebundes der Dekapolis unter dem griechischen Namen Scythopolis. Sie war während der Römerzeit eine der größten Städte des Landes, und viele Überreste, darunter ein aus Basalt gebautes Theater, zeugen von dieser Epoche. Literarische Quellen bezeugen eine blühende tropische Landwirtschaft noch aus dem 9. Jahrhundert, die aber später verfiel, wahrscheinlich infolge der Vernachlässigung der Bewässerungskanäle, und die Stadt und ihre Umgebung blieben faktisch für 1000 Jahre unbewohnt. Jeder Versuch einer Ansiedlung wurde von Beduinen, die in den Sümpfen eine üppige Weide fanden, vereitelt.

Mit dem Bau der Bahnlinie Haifa–Damaskus (1903) gelang es, die Beduinen in Schach zu halten, und rund um die Ruinen entstand ein Städtchen von etwa 3000 Einwohnern, die in Lehmhütten oder primitiven Häusern aus Basaltblöcken lebten. Später entstanden im Tale vier armselige Dörfer, die nicht einmal imstande waren, Bewässerung zu organisieren, und nur Regenfeldbau betrieben, bei dem die Dürrejahre zahlreicher waren als die Erntejahre. Diese Situation änderte sich auch nicht unter der britischen Mandatsherrschaft.

Jüdische Siedlung begann erst 1936, und bis 1946 waren 11 Kibbuzim angesiedelt, die aber ihr Land kaum bewässern konnten, da sie an die traditionelle Methode der Wasserzuteilung nach Stunden gebunden waren, die eine Erbschaft der türkischen Gesetze war.

Erst nach der Gründung des Staates Israel war es möglich, moderne Bewässerungsmethoden einzuführen. Dabei schufen die Siedler das erste regionale Wasserprojekt in Israel. Es beruht auf der Ausnützung selbst von brackigem Wasser durch Vermischung mit Wasser von geringem Salzgehalt. Dadurch konnte der Wasserreichtum des Tales voll ausgenutzt werden. Das Wasser aller Quellen wird in Kanälen zentralen Mischstationen zugeleitet, wo Wasser auf verschiedene Grade von Salinität gebracht und jeweils in einem eigenen Betonkanal bestimmten Benutzungszwecken zugeführt wird. Wasser von der größten Salinität ist für Fischteiche bestimmt, dann folgen Dattelpalmen, Tomaten, Baumwolle und andere Produkte, je nach der Salzempfindlichkeit der Pflanzen.

Die Wahl der Wirtschaftszweige schuf gleichfalls Schwierigkeiten. Ursprünglich glaubte man, die Landwirtschaft von Kinrot wiederholen zu können, aber bald stellte es sich heraus, daß subtropische Früchte wegen Frostgefahr nicht angebaut werden konnten. Dahingegen erwiesen sich im Bet-She'an-Tale die ersten Versuche im Baumwollanbau als erfolgreich, und bald fand dieser Wirtschaftszweig in ganz Israel Verbreitung.

Der einträglichste Wirtschaftszweig sind Fischteiche, die noch dazu den Vorteil haben, daß sie auf Gelände mit hohem Grundwasserspiegel angelegt werden können und Wasser von hoher Salinität vertragen. Sie nehmen eine Fläche ein, die etwas größer ist als die des Hulatales und stellen die größte Konzentration dieses Zweiges in Israel dar (Bild 7). Dahingegen umfassen die Obstpflanzungen hier eine weitaus geringere Nutzfläche als in den anderen Tälern der Jordansenke.

Im Ackerbau nimmt die Baumwolle den ersten Platz ein. Auch Tomaten werden auf großen Flächen angebaut. Die unbewässerte Fläche, die etwa 30% des landwirtschaftlich genutzten Geländes ausmacht, wird hauptsächlich mit Weizen besät.

Die Zahl der landwirtschaftlichen Siedlungen beträgt 20, davon 16 Kibbuzim. Ihre Gesamtbevölkerung beträgt 8000. Der Zentralort des Tales ist die Entwicklungsstadt Bet She'an mit 13000 Einwohnern, derselben Anzahl wie im Jahre 1965. Die Stadt leidet sogar in noch verstärktem Maße unter gleichen Problemen wie Qiryat Shemona. Die industrielle Basis ist noch kleiner als die des Hulatals, und verkehrsmäßig gesehen liegt die Stadt nahe der jordanischen Grenze in einem toten Winkel. Dem Bet-She'an-Tale fehlt jeder landschaftliche Reiz, und es übt keinerlei Anziehungskraft auf Touristen aus. Das Klima macht es auch für Erholungsorte ungeeignet.

Der wirtschaftliche Erfolg der landwirtschaftlichen Siedlungen kann wegen der niedrigen Einwohnerzahl nur wenig an der Situation ändern, außer daß sie als Arbeitgeber für einen Teil der Stadtbevölkerung dienen.

Am Ende der 80er Jahre trat eine Entwicklung zum Besseren hin ein, die dem Tourismus und der Archäologie zu verdanken ist. Zu den bereits bekannten archäologischen Funden auf dem Tel und in der Nähe der Stadt trat die Entdeckung einer römischen Stadt, die in ihrer Größe und der Fülle der Funde sich beinahe mit Pompeji messen läßt. In den bisherigen Ausgrabungen wurden unter anderem ein Amphitheater, mehrere Tempel, ein Forum, eine Säulenallee und zahlreiche Statuen gefunden. Die Ausgrabungen sind in vollem Gange und schufen bisher für die Stadt Bet She'an mehrere hundert Arbeitsplätze.

Gleichzeitig mit den Ausgrabungen schuf die Leitung des Bezirkes von Bet She'an eine völlig neue Landschaft auf einer Fläche von mehreren Quadratkilometern Sumpfgelände in der Nähe des Jordanflusses, die ausschließlich dem Tourismus gewidmet ist: künstliche Hügel und Seen, die die Möglichkeit für einige Wasserfälle bieten, Sportplätze, einen Golfplatz (der 2. in Israel) und eine Reihe Hotels – von Hotels der Luxusklasse bis hin zu Jugendherbergen. Das Gelände wird zur Zeit völlig verändert, und es wird damit gerechnet, daß die ersten Einrichtungen bereits in den nächsten Jahren in Betrieb genommen werden können. Auch dadurch wurde ein großer Beitrag zur Lösung des Arbeitslosenproblems geleistet.

5.2. Galiläa

5.2.1. Obergaliläa – Problem einer gebirgigen Landschaft

Obergaliläa weist die komplizierteste Topographie aller natürlichen Landschaften Israels auf. Der geologische Aufbau läßt mehrere enge Faltenzüge und ein synklinales Becken im Osten erkennen, was sich aber nur in den Gesteinsarten ausdrückt (s. Kap. 1.2). Die Landschaftsform hingegen wird durch zahlreiche Bruchlinien bestimmt, die in verschiedenen Richtungen verlaufen, ohne durch Parallelität Einbruchsbecken zu schaffen. Die markantesten Bruchlinien erscheinen an den Regionalgrenzen im Süden und Osten, wo das Gebirge nach Untergaliläa bzw. zum Hulatal in Steilhängen von etwa 700 m Höhenunterschied abfällt. Im Westen fällt das Bergland in gemäßigteren Höhenstufungen zur Küstenebene ab (Fig. 19). Im Norden schneidet die politische Grenze zwischen Israel und dem Libanon quer durch das ganze

Land. Die natürliche Grenze Galiläas wird durch die Schlucht des Litaniflusses gebildet. Der libanesische Sektor des Gebirges nimmt eine größere Fläche ein als der israelische, ist aber im allgemeinen niedriger und weniger komplex und daher besser vom Verkehr aufgeschlossen und dichter besiedelt.

Westgaliläa umfaßt etwa zwei Drittel der Landschaft. In seiner östlichen Hälfte herrschen Bruchlinien vor, die von Nordwest nach Südost streichen und den Horst von Meron um 400 m über seine Umgebung gehoben haben. Hier liegen auch der höchste Berg Israels (Meron, 1208 m) und noch einige Kuppen, die 1000 m übersteigen. Der durch Erosion stark zerschnittene Meron beherrscht das Landschaftsbild, ist aber wegen der Steilheit seiner Abhänge fast unbesiedelt und wegen der hohen Niederschläge (bis 1000 mm) von starker natürlicher Vegetation bedeckt – ein in Israel höchst ungewöhnlicher Anblick. Der Pflanzenwuchs besteht aus einem dichten, dornigen Gestrüpp (Maquis), das sich aber in den letzten Jahrzehnten aufgrund von Naturschutzmaßnahmen, wie dem Verbot der Ziegenweide, wieder zu einem mediterranen Wald entwickelte, der durch Aufforstung noch verdichtet wurde. Der Meron bildet ein so starkes Verkehrshindernis, daß Obergaliläa bis zur Zeit des Zweiten Weltkrieges ohne Straßen blieb. Der Horst ist im Westen und Norden von kleinen synklinalen Becken umgeben, die nicht miteinander in Verbindung stehen, aber jedes infolge seiner gemäßigten Topographie und seines weicheren Gesteines (Kreide und Mergel) die Existenz von 1–4 Dörfern ermöglichten.

Die Westabhänge sind durch zahlreiche Trockentäler, die parallel dem Meere zufließen, ohne sich zu vereinigen, in mehrere enge Bergrücken aufgeteilt. An Stellen, wo diese eine Synkline durchschneiden, ermöglichen die Rendzinaböden landwirtschaftliche Siedlungen, die durch Steiltäler voneinander isoliert sind.

Der Nordrand Westgaliläas weist Bruchlinien auf, die vom Westen nach Osten streichen und eine wildzerklüftete Landschaft bilden, deren verkehrs- und siedlungsfeindlicher Charakter das Entstehen einer politischen Grenze erleichterte (Fig. 19).

Die Topographie *Ostgaliläas* ist noch verworrener als die des Westens. Die Grundlage ist eine Synkline – die Fortsetzung der zentralen Synkline Samarias (s. Kap. 6.2.1). Wie dort erscheint die Synkline in Ostgaliläa in Reliefumkehr als Horst: der Berg Kena'an (955 m) besteht aus weißer tertiärer Kreide, die durch zahlreiche Trockentäler den Charakter von ›badlands‹ erhalten hat. Dieser Berg gleitet nach Süden in fast einheitlich steilem Gefälle zum Kinneretsee hinab, der in einer Luftlinie von 10 km fast 1200 m unterhalb der Bergspitze liegt. Der größte Teil des Abhangs besteht aus tertiärem Marmorkalk, dessen Karstcharakter sich in riesigen Steinfeldern (lapies) ausdrückt, die keinen Boden produzieren und fast vegetationslos sind.

Zwischen dem Berge Kena'an und dem Horst von Meron bildet dasselbe

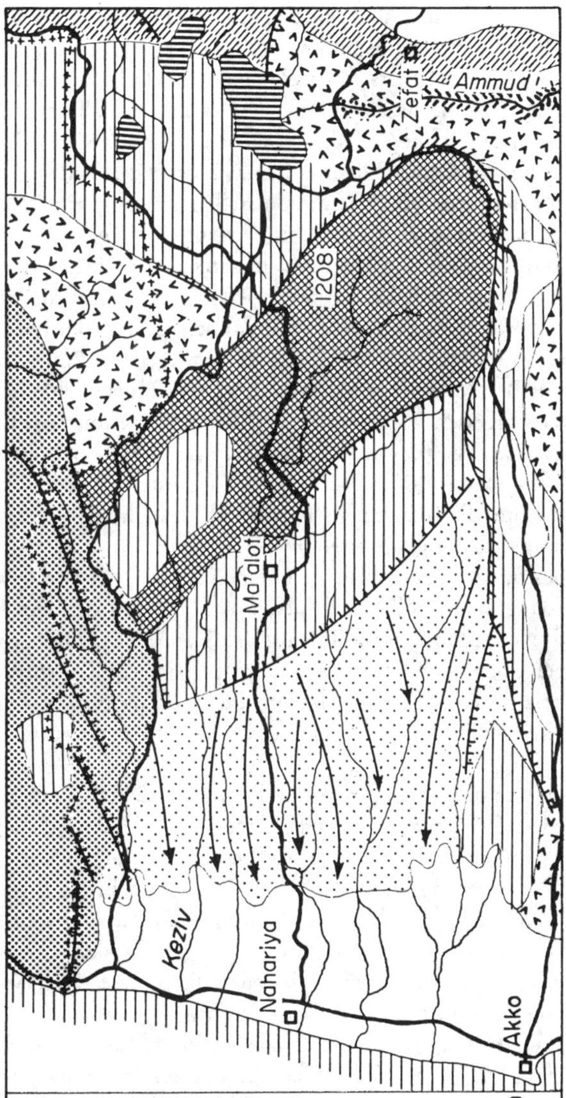

Fig. 19: Obergaliläa. Struktur.
Der zentrale Horst (Berg Meron). 2 Die westlichen Sporne. 3 Die nördlichen Schichtstufen. 4 Der Horst von Zefat (Har Kena'an). 5 Synklinale Becken. 6 Verkarstete Kalksteinplateaus. 7 Basaltplateaus. 8 Alluvialebenen. 9 Steilabhang. 10 Cañon des Nahal Ammud.

Gestein ein ebenes Plateau, in das der Fluß (Nahal) Ammud ein Cañontal eingeschnitten hat, das fast bis zur Flußmündung in den Kinneret reicht und ein weiteres schweres Verkehrshindernis bildet.

Nördlich des Berges Kena'an erscheint eine neue Landschaftsform: Lavagüsse haben hier drei kleine Basaltplateaus geschaffen, die sich stufenartig von Süden nach Norden senken: Dalton (820 m); Alma (680 m); Yir'on (660 m). Zwischen den einzelnen Plateaus haben Flüsse, die in das Hulatal fließen, und ihre Nebenflüsse ein System von steilen Tälern geschaffen, das die Landschaft in schachbrettartig isolierte Blöcke aufteilt (Trellis).

Am Nordostrande der Landschaft taucht ein antiklinaler Rücken (das Gebirge Naftali) auf, dessen Osthälfte in das Hulatal abgesunken ist, so daß seine Gesamtbreite von Fuß zu Fuß nur etwa 2 km beträgt. Auf der Höhe des Rückens bleibt nur ein schmaler Grat übrig, dessen höchster Punkt 902 m erreicht, von wo der Berg in einer Steilwand 800 m zum Hulatal abfällt.

Trotz dieser verwirrenden Topographie ist Ostgaliläa siedlungsgünstiger als Westgaliläa. Das Basaltgestein und die tertiären Kreiden verwitterten zu landwirtschaftlich nutzbaren Böden, so daß sich Siedlungen ansetzen konnten. Auch ermöglichte die allgemeine Nord-Süd-Ausrichtung der Landschaftsformen Durchgangsmöglichkeiten in dieser Richtung.

Die *Siedlungsgeschichte* Obergaliläas zeigt einen Ablauf, der von dem des angrenzenden Jordangrabens völlig verschieden ist. Sie weist die dem Bergland charakteristische größere Stabilität auf (s. Kap. 2.1), ohne größere Schwankungen nach oben oder unten. Die Hauptagenzien der Zerstörung im Jordantale – Malaria und Beduinen – sind im Bergland nicht vorzufinden, und die Wegelosigkeit lenkte feindliche Heere auf die Durchgangsstraßen ab, die Galiläa umgeben.

Aber andererseits sind die allgemeinen Bedingungen siedlungsungünstig. Zwar sind die Niederschläge für den Regenfeldbau ausreichend, und auch die Wasserversorgung für den Haushaltsbedarf ist hinreichend durch Quellen gesichert, aber eine Bewässerungswirtschaft ist wegen des unebenen Geländes kaum durchzuführen. Zudem sind gerade Basalt und Kreide, die die besten landwirtschaftlichen Böden entwickeln, nicht geeignet, Quellwasserhorizonte zu bilden, und in diesen Gegenden ist auch die private Wasserversorgung auf das Auffangen von Regenwasser in Zisternen angewiesen.

Die günstigste Standortlage für Siedlungen ist daher die Kontaktzone zwischen Kalkstein, dem Lieferanten von Quellen und Baustein, einerseits und Basalt oder Kreide, der Grundlage für Ackerland, andererseits. Da diese Kontaktzonen örtlich begrenzt sind, konnte es kaum zur Bildung von Siedlungsgruppen kommen, die vorherrschende Siedlungsform ist vielmehr das isolierte Dorf. Dies wieder führte dazu, daß ethnische oder religiöse Minderheiten sich in Obergaliläa besser behaupten konnten, da die Isoliertheit sie vor zentralistischen Tendenzen schützte.

Die Siedlungsstreuung und die Wegelosigkeit führten dazu, daß sich zu kaum einer Zeit zentrale Orte herausbildeten, und von den Ruinenhügeln aus der biblischen Zeit konnte bisher kaum einer mit Sicherheit mit Namen identifiziert werden. Aus der römisch-byzantinischen Periode (1.–7. Jahrh. n. Chr.) ist eine größere Siedlungsdichte nachgewiesen, und vor allem im östlichen Teile deuten die Überreste von großen Synagogen auf das Bestehen größerer jüdischer Gemeinden hin (Meron, Gush-Halav, Alma, Bar'am u. a.).

Die Kreuzfahrer, deren Kriegstechnik im Bau von Burgen auf isolierten Hügeln gründete, fanden dafür in Obergaliläa ein ideales Gelände und konnten alle Zugänge zu ihren Haupthäfen in Akko und Tyrus sperren. Noch heute zeugen sechs eindrucksvolle Burgruinen von dieser Tätigkeit. Die beiden wichtigsten waren Toron (Tibnin, im heutigen Libanon) auf dem Wege von der Küste nach Damaskus und Zefat (Safed). Die besterhaltenen Ruinen sind die der Burg Montfort (im Tale des Nahal Kezib, 12 km von der Küste entfernt), dem Hauptquartier des Deutschritterordens.

Seit dem 14. und vor allem im 16. Jahrhundert erschien in Obergaliläa eine neue Siedlergruppe: die Drusen, deren Ursprungsland der südliche Libanon ist. Diese sowohl ethnisch als auch religiös abgesonderte Gruppe (s. Kap. 3.2.2) siedelte sich vor allem auf den isolierten Spornen Westgaliläas an, wo kleine Kalkgesteinsflächen die Errichtung von Siedlungen ermöglichten. Aus ihrer libanesischen Heimat brachten sie die Kenntnis des Terrassenbaus mit; so konnten sie auch gewisse Kalksteinflächen bebauen. Ihnen gelang es auch, als einzige eine Siedlung auf dem Meronhorst zu errichten, mit 920 m Höhe die höchstgelegene Siedlung in Israel. Andere Drusen schlossen sich bestehenden Dörfern an, vor allem solchen mit christlicher Bevölkerung, wohnten aber in einem in sich abgeschlossenen Bezirk. Die Zahl der Dörfer in Obergaliläa mit drusischer Bevölkerung beträgt 14.

Im 16. Jahrhundert entwickelte sich auch Zefat zu einem wichtigen Zentrum jüdischer Bevölkerung und geistigen Lebens (s. S. 53). Kleinere Kerne jüdischer Bevölkerung gab es das ganze Mittelalter hindurch bis in das 20. Jahrhundert in Peqi'in, Kafr Yasif, Alma und Julis.

Seit dem 16. Jahrhundert hat sich das Siedlungsbild Obergaliläas kaum verändert, aber mit dem fortschreitenden Niedergang des Osmanischen Reiches nahm die Bevölkerung ständig ab, und die Landwirtschaft erstarrte auf einem niedrigen Subsistenzniveau. Im ganzen wurden weniger als 20% des Geländes landwirtschaftlich genutzt. Zu Ende der britischen Mandatszeit existierten in Obergaliläa 60 ländliche Siedlungen, etwa gleichmäßig zwischen Osten und Westen aufgeteilt, mit einer Bevölkerung von 60000. Nachdem in den Kämpfen des Krieges von 1948 der Großteil der arabischen Bevölkerung nach dem Libanon floh, verblieben noch 25 Dörfer, deren Bevölkerung heute 42000 beträgt und sich zum größten Teil aus Drusen und Christen zusammensetzt.

Jüdische Kolonisation konnte bis zum Ende der Mandatszeit in Obergaliläa keinen Fuß fassen, da die arabische Bergbevölkerung nicht bereit war, Boden zu verkaufen (s. Kap. 2.7). Nur im äußersten Westen wurden in den Jahren 1938–40 drei Kibbuzim als Beobachtungsposten errichtet und im äußersten Nordosten drei weitere in den Jahren 1945–46.

Erst nach der Gründung des Staates Israel und dem Abklingen der Kampfhandlungen begann die landwirtschaftliche Siedlungstätigkeit in stärkerem Maße, wobei in der Nähe der libanesischen Grenze Kibbuzim und im Inneren Moshavim für Neueinwanderer gegründet wurden. So entstanden in den ersten Jahren nach der Staatsgründung 13 Kibbuzim und 22 Moshavim. Die Schaffung einer landwirtschaftlichen Basis für die Siedlungen war mit großen Schwierigkeiten verbunden. Die jüdische Landwirtschaft hatte bis zum Ende der Mandatszeit keine Gelegenheit gehabt, Erfahrungen im Bergland zu sammeln, und alle bis dahin geschaffenen Siedlungstypen hatten sich den Bedingungen der Küstenebene und der inneren Täler angepaßt: dem ebenen Gelände, der Bewässerung, den Straßen und der Nähe zu städtischen Märkten.

Alles dies fehlte im Bergland, und auch Klima und Böden waren unerforscht. Erst nach einigen Jahren, in denen zahlreiche Siedlungen wegen Mißerfolge ihre Bewohner wechselten, wurden neue Bearbeitungsmethoden und Wirtschaftszweige entwickelt. Die wichtigste Veränderung hing mit der Bewertung der Böden zusammen. Während die arabische Landwirtschaft im wesentlichen stets die Rendzinaböden genutzt hatte, bevorzugte die jüdische Siedlung die Terra-rossa-Böden, die allerdings durch kostspielige Felssprengung und Entsteinung terrassiert werden mußten, um für die Anpflanzung von Kern- und Steinobst geeignet zu sein. Ackerbau wurde auf ein Minimum beschränkt, vor allem für Samenzucht.

Die Rendzinaböden, die wegen der starken Erosion für mechanische Bearbeitung schlecht geeignet waren, wurden in großem Maße für die Aufforstung bestimmt, und Wälder bedecken heute die meisten Abhänge.

Die Viehhaltung wurde auf Geflügel beschränkt. Nur die Kibbuzim entwickelten auch Milchwirtschaft. Sie erhielten zusätzliches Land in den Nachbargebieten, der Küstenebene und dem Hulatal, wo Bewässerungswirtschaft betrieben werden konnte. Die Lösung war nur für die Kollektivsiedlungen möglich; der Einzelbauer im Moshav war nicht imstande, Felder zu bearbeiten, die 20 km von seinem Haus entfernt liegen.

Aber trotz aller Bemühungen, die Arbeitsmethoden im Bergland denen der Küstenebenen anzupassen, liegt das Einkommen der Siedler in den Bergmoshavim weit unter dem der anderen Moshavim, wo der größte Teil der Böden bewässert werden kann. Hingegen stieg der Lebensstandard und das Einkommen der arabischen und drusischen Dörfer; es ist oft höher als das in den Moshavim. Um das Einkommen des einzelnen zu erhöhen, ist es in beiden

Bevölkerungsgruppen üblich, daß Familienmitglieder der Siedler auf Außenarbeit in städtischen Betrieben gehen.

Im Jahre 1990 betrug die Gesamtzahl der jüdischen landwirtschaftlichen Siedlungen in Obergaliläa 42, und deren Bevölkerung 13 000, also bedeutend weniger als die der nichtjüdischen Landbevölkerung.

Wie bereits weiter oben erwähnt, verhinderte die schwierige Topographie Obergaliläas das Aufkommen eines Zentralortes, der den Verkehrsknotenpunkt der Landschaft bilden könnte, und die Entstehung und Entwicklung der Stadt *Zefat,* die heute als Zentrum des östlichen Sektors dient, hat mit modernen Standorttheorien wenig zu tun.

Zefat liegt auf einem Sporn des Berges Kena'an, der von dem Gipfel des Berges durch zwei tief eingeschnittene Täler derart getrennt ist, daß er faktisch eine isolierte Kuppe darstellt, die nur durch einen schmalen Grat mit der Hauptmasse des Berges verbunden ist. Der Steilabfall von der Stadt zum Kinneretsee (s. Kap. 5.2.1) folgt einer Linie tektonischer Schwäche, der Zone der häufigsten Erdbeben in Israel, von denen sowohl Zefat wie Tiberias häufig betroffen und manchmal völlig zerstört wurden. Beide Städte wurden im Jahre 1837 fast völlig und im Jahre 1929 in starkem Maße zerstört.

Die Erdbebengefahr mag der Grund dafür gewesen sein, daß der Hügel von Zefat in frühbiblischen Zeiten nicht besiedelt war; erst zur Zeit der Revolte gegen Rom (67 n. Chr.) wird der Ort als ein Stützpunkt der jüdischen Aufständischen erwähnt. Die Existenz der Stadt geht auf die Kreuzfahrer zurück (die vielleicht nichts von der Erdbebengefährdung wußten), für die die isolierte Bergspitze als idealer Standort für eine Festung diente, von der aus man den Jordanübergang der ›Brücke der Jakobstöchter‹ kontrollieren konnte. Nach zeitgenössischen Berichten war dies die größte Festung im ganzen Heiligen Lande, aber archäologisch ist fast nichts davon erhalten.

Zefat erlebte seine größte Blüte als Zentrum jüdischer Gelehrsamkeit im 16. Jahrhundert (s. Kap. 2.6), verfiel aber wieder im 18. Jahrhundert. Erneute Versuche zur Wiederbesiedlung im 19. Jahrhundert wurden durch Erdbeben unterbrochen. Trotz allem ging die jüdische Bevölkerung in der Stadt niemals völlig zurück, und zu Beginn des 20. Jahrhunderts lebten in ihr etwa 6000 Juden, zusätzlich zu etwa ebenfalls 6000 Arabern, von denen ein Teil auf den umgebenden Hängen lebte, die weniger von Erdbeben betroffen wurden.

Das jüdische Viertel der Stadt zog sich halbkreisförmig in engen Gassen und Terrassen vor allem die westlichen Abhänge des Berges hinauf und ist heute, auch aufgrund der Restaurierungsarbeiten, eine Touristenattraktion. Aber nach dem Erdbeben von 1929 blieben nur noch etwa 2000 Juden in der Stadt.

Im Kriege von 1948 wurde die Stadt von schweren Kämpfen heimgesucht, in deren Folge die arabische Bevölkerung der Stadt und der umliegenden

Dörfer, die etwa das Zehnfache der jüdischen Bevölkerung ausmachte, unerklärlicherweise abzog.

Der Staat Israel unternahm sofort alle Maßnahmen, um die Stadt wiederzubeleben. Sie wurde zur Entwicklungsstadt erklärt, und faktisch wurde für die Neueinwanderer eine neue Stadt – nach den üblichen Planungsprinzipien für Entwicklungsstädte – südlich der Altstadt errichtet. In ihren sozialen und wirtschaftlichen Problemen gleicht diese Stadt allen anderen Entwicklungsstädten. Ihre Bevölkerung betrug 1961 11000 und ist seitdem nur sehr langsam auf 15000 im Jahre 1978 angewachsen, betrug dennoch 1990 bereits 20000 Einwohner. Wegen der geringen Anzahl der ländlichen Bevölkerung in der Umgebung erfüllt die Stadt kaum irgendwelche Zentralortfunktionen, und Versuche, Industrien anzuziehen, hatten nur geringen Erfolg wegen der ungünstigen Topographie und Verkehrsverbindungen.

Ein wichtiger Wirtschaftsfaktor sind Tourismus und Erholung. Allerdings verbringen Touristen nur wenige Stunden in der Stadt, die dem Besuche der romantischen Altstadt und eines Künstlerviertels gewidmet sind, während die Erholung nur israelischen Besuchern dient, die das kühle Sommerklima ausnutzen. Diesem Zwecke dienen etwa 25 Hotels mit über tausend Betten, aber die Saison dauert nur etwa drei Monate. In letzter Zeit werden Versuche unternommen, auf die Tradition der Stadt als geistiges Zentrum zurückzugreifen und einige Lehrinstitute in der Stadt anzusiedeln. Aber trotz aller Bemühungen blieben bisher die wirtschaftlichen Probleme der Stadt ungelöst.

Getreu den Theorien der Regionalplanung der fünfziger Jahre dieses Jahrhunderts wurde eine zweite Entwicklungsstadt gegründet, die als Zentralort für Westgaliläa dienen sollte. Dies ist die Stadt *Ma'alot,* die in einer schönen Umgebung, aber abseits der Hauptverkehrsachsen liegt. Auch sie konnte keinerlei Zentralfunktionen entwickeln, da in einer Entfernung von nur 20 km an der Küste die Stadt Nahariyya liegt, die diese Funktionen an sich zog; so erreichte Ma'alot in 20 Jahren mit Mühe die Einwohnerzahl von 5000. Auch hier erfolgte im letzten Jahrzehnt eine beinahe revolutionäre Wende: ein bekannter Industrieller in Obergaliläa hatte die Idee der Errichtung eines „Industrieparks", der die Aufgabe hatte, neugegründeten High-Tech-Industrien Unterstützung in Form von Gelände, technischen Diensten und Hilfe beim Verkauf der Waren – auf einem großen, gebirgigen Gelände, das bisher brach lag – zu verleihen. Zur Zeit sind etwa 40 Fabriken auf diesem Gelände entstanden, und weitere befinden sich im Bau. Der Gedanke des Industrieparks (genannt ›Tefen‹) faßte nicht nur in Obergaliläa Fuß und trug viel dazu bei, die auf technischem Wissen basierende Industrie in ganz Israel zu verbreiten. Heute weisen viele Orte solche Industrieparks auf.

Die Errichtung von Tefen kam auch der Einwanderungsstadt Ma'alot zugute; deren Einwohnerzahl stieg bis 1990 auf 11000.

Insgesamt teilt Obergaliläa das Schicksal der meisten Gebirgslandschaften der Welt, die unter den Bedingungen der modernen Technologie nicht der Konkurrenz der ebenen Gebiete standhalten können. Mit einer Fläche von 700 km^2, aber nur 85000 Einw. gehört dieses Gebiet zu den am dünnsten besiedelten Gegenden Israels, die Wüstengebiete ausgenommen.

5.2.2. Untergaliläa – Hügel- und Beckenland

Untergaliläa unterscheidet sich fast in jeder Hinsicht von Obergaliläa, obwohl die Namen nur den Höhenunterschied andeuten: Anders als im Meronberg (1208 m) Obergaliläas erreichen die höchsten Kuppen in Untergaliläa nur knapp 600 m (Kammon 598 m, Tabor 588 m). Aber der wesentlichste Unterschied besteht in dem Vorkommen zahlreicher Talbecken in Untergaliläa. Während im oberen Galiläa ebene Flächen fast völlig fehlen, machen diese hier etwa 30% der Oberfläche aus, und weitere 15% haben mäßige Steigung. Die Talböden liegen zwischen 0 und 150 m über dem Meeresspiegel und sind durch Quertäler miteinander verbunden, so daß die ganze Region verkehrsoffen ist und die leichtesten Routen für die Durchquerung des Landes anbietet. Daher herrschen seit jeher außerordentlich günstige Bedingungen für Siedlung und Verkehr.

Obwohl auch hier die Landschaft durch Bruchlinien geformt ist, ist die Faltungsstruktur einheitlicher als in Obergaliläa und kommt im Gestein stärker zum Ausdruck. Das Zentrum der Region ist eine breitgewölbte Antiklinale aus hartem Kalkstein und Dolomit, begleitet an beiden Flanken von synklinalen Becken, deren östliches die ausgedehnteste Lavadecke Cisjordaniens aufweist. Da die Gesteinsunterschiede auch auf Landformen und Landnutzung starken Einfluß haben, können sie am besten als Basis für eine regionale Unterteilung dienen (Fig. 20).

Der *westliche Bereich* besteht meistens aus weicher Kreide und Mergel mit sanften Landschaftsformen und Erhebungen bis etwa 300 m. Aber über weite Flächen ist das weiche Gestein von einer Kalkkruste (genannt ›Nari‹) bedeckt, die etwa 5 m dick ist und sowohl die Bildung von Böden als auch von Grundwasser verhindert. Daher ist dieser Sektor siedlungsarm, bildete aber die Basis für einen ausgedehnten natürlichen Wald von Zwergeichen, die heute noch große Teile der Landschaft bedecken. Die Narikruste schuf auch das Dach für die große Nekropolis von Bet She'arim – Grabhöhlen und Katakomben aus der Zeit des Talmud (2.–4. Jahrh. n. Chr.) –, in denen zahlreiche Gelehrte der damaligen Zeit beerdigt wurden. Während das darunterliegende weiche Gestein leichter ausgegraben werden konnte, schützte die Naridecke vor Einsturz und Regen. Die einzige nennenswerte Siedlung dieser Gegend ist das arabische Dorf Shefar'am, auf den Ruinen eines wichtigen jüdischen Zentrums aus der talmudischen Zeit errichtet. Dieses Dorf hat sich in den

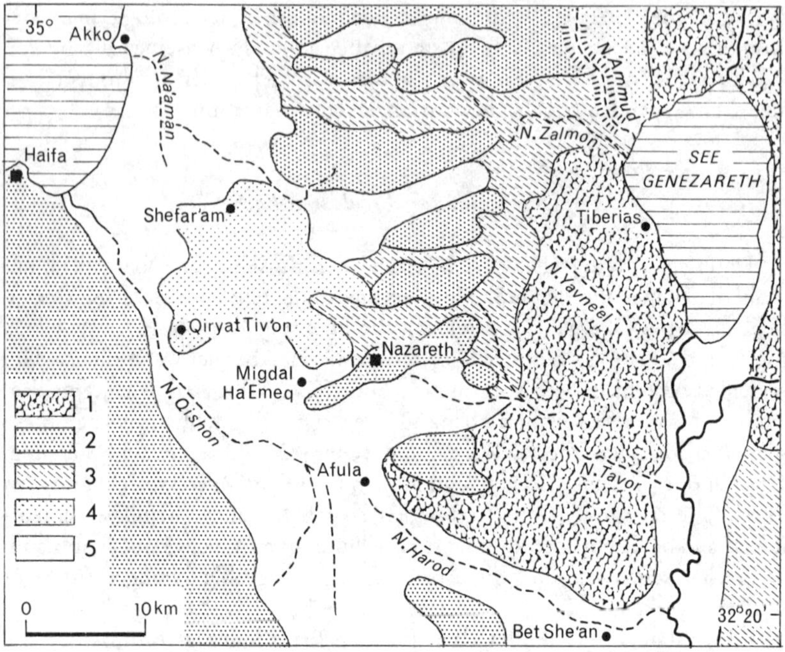

Fig. 20: Untergaliläa. Struktur.
1 Basaltplateaus. 2 Gehobene Kalksteinblöcke. 3 Gewölbte Plateaus aus Kalkstein und Mergel. 4 Kreidehügel mit Narikruste. 5 Senken.

letzten Jahrzehnten zu einer städtischen Siedlung von 21 000 Einwohnern entwickelt, die größtenteils in Haifa beschäftigt sind.

Im *zentralen Teil* Untergaliläas ist die Hügel- und Beckenlandschaft am deutlichsten ausgeprägt. Fünf Hügelketten ziehen sich von Westen nach Osten; zwischen ihnen liegen fünf Talbecken, während ein weiteres – das Tal von Bet Kerem im Norden der Landschaft – an seiner Nordkante an den Fuß von Obergaliläa stößt und damit die Grenze zwischen den beiden Teilen Galiläas bildet. Die Hügelketten, deren Rücken eine Höhe von etwa 500 m erreichen, bestehen aus hartem Gestein, haben eine geringe Bodendecke und sind fast unbewohnt, aber wegen zu starker Ausnutzung als Weideland auch fast vegetationslos.

Die Talbecken haben eine durchschnittliche Weite von 1–3 km und sind von steinigen Böden mittlerer Tiefe bedeckt, die mit dem traditionellen arabischen Holzpflug leicht zu bearbeiten sind. Die wichtigsten Produkte sind Oliven, die in ausgedehnten Pflanzungen auch einen Teil der Bergabhänge bedecken, und Getreide. Das ganze Gelände erhält wegen der Ost-West-

Ausrichtung der Hügelketten ausreichenden Niederschlag für Regenfeldbau, verfügt aber über keinerlei Quellen für Bewässerung.

Unter den Tälern ist vor allem das größte aller Becken, das Tal von Bet Netofa, zu nennen (15 km lang und 3 km breit). Da es abflußlos ist, verwandelt es sich in einem regenreichen Winter in einen See, der aber im Frühjahr versickert, so daß Sommerkulturen angebaut werden können, was als ein gewisser Ersatz für Bewässerung angesehen werden kann.

Die Berge von Nazareth im Süden unterscheiden sich von den übrigen Hügeln dadurch, daß sie von Kreidegestein bedeckt sind, das auch landwirtschaftliche Nutzung der Abhänge gestattet und eine größere Bevölkerungsdichte ermöglicht. Hier liegen dörfliche Siedlungen auch auf den Hügeln selbst, während in allen anderen Tälern die Siedlungen sich am Fuße der Berge aufreihen, wo auch meistens Quellen oder Brunnen für den Hausbedarf verfügbar sind.

Südlich der Hügelkette treten zwei isolierte Berge hervor. Der bekannteste ist der Berg Tabor, ein Lakkolith, dessen fast vollkommene Halbkugelform ihm einen besonderen Charakter verleiht. Der Berg gilt als heilige Stätte des Christentums, und seine Kuppe ist von einem Kloster gekrönt. Der zweite Berg – Giv'at Hamore (515 m) – liegt 10 km südlich vom Berg Tabor. Beide Berge werden öfters im Alten Testament erwähnt.

Das zentrale Untergaliläa ist der am dichtesten besiedelte Teil der Region und heute das Kernland der arabischen Bevölkerung Israels.

Der *östliche Bereich* wird wiederum von einem synklinalen Trog gebildet, der mit neogenen lakustrinen Sedimenten bedeckt ist, die sonst nirgendwo in Israel zu finden sind, da sie der Erosion zum Opfer gefallen sind. Aber hier sind sie von einer Lavaschicht bedeckt, die sie vor Erosion geschützt hat. Sie treten an die Oberfläche nur in den tiefeingeschnittenen Flußtälern, die zum Jordangraben gleiten und in denen die Erosion die Lavadecke durchschnitten hat. (Eine ähnliche Erscheinung findet sich auch an den Abhängen des Golan zum Ostufer des Kinneretsees und im Cañon des Yarmouk.) Diese Ablagerungen enthalten Gipsmineralien, die bei Menahemya im Jordangraben auch gebrochen werden.

Zwischen den steilen Flußtälern formte die Lava ebene Plateaus, deren höchste Punkte am Rande des Steilabfalls zum Kinneretsee und zum Jordangraben liegen und die sich sanft nach Südwesten neigen. Auf den Plateaus ist die Lava zu einem tiefen fruchtbaren Boden verwittert, der besonders für Getreideanbau geeignet ist. Doch leidet dieser unter klimatischen Bedingungen, denn der Ostsektor Untergaliläas liegt tiefer als der zentrale Sektor und erhält weniger Niederschläge (300–400 mm). Die Folge davon ist eine Häufung von Dürrejahren. Ferner wirkt sich die seismische Schwächelinie Zefat–Tiberias auch auf dieses Gelände in Erdbeben aus.

Aus all diesen Gründen waren die arabischen Landwirte dieser Region eher geneigt, ihr Land zu verkaufen, und jüdische Kolonisation setzte bereits zu Ende des 19. Jahrhunderts ein.

Untergaliläa ist seit frühgeschichtlichen Zeiten ein Gebiet intensiver *Besiedelung,* wobei deren Kontinuität sich darin ausdrückt, daß die meisten Dörfer Namen tragen, in denen noch der ursprüngliche biblische oder römische Name erkennbar ist. Da die meisten biblischen Siedlungen von den heutigen Dörfern überlagert sind, fanden fast keine archäologischen Ausgrabungen der frühgeschichtlichen Schichten statt und nur wenige in römischen Überresten. Letztere deuten darauf hin, daß nach der Zerstörung des Tempels (d. h. im 2. Jahrhundert n. Chr.) Untergaliläa das wichtigste Zentrum der jüdischen Bevölkerung war; der Sitz des Synhedriums (Oberster Gerichtshof) und der geistigen Führung der Juden wechselte innerhalb der Region (Usha; Shefar'am; Bet She'arim; Zippori), bis es endgültig nach Tiberias umsiedelte (s. Kap. 5.1.3). Ausgrabungen legten die Reste einiger Synagogen frei und in Nazareth – im Gelände der Kirche der Verkündigung – in den Felsen gehauene Wohnsiedlungen. In Zippori wurden in letzter Zeit neue Ausgrabungen durchgeführt, die zeigten, daß die Stadt in byzantinischer Zeit einen weit größeren Umfang hatte, als bisher angenommen wurde. Unter den Funden befanden sich vor allem Überreste von Kirchen und zahlreiche Bodenmosaike von außerordentlichem Wert.

Die Kreuzfahrer wandten sich naturgemäß hauptsächlich den christlichen heiligen Stätten zu und errichteten Kirchen und Klöster, von denen allerdings wenig übriggeblieben ist: Von Burgruinen ist die von Belvoir die wichtigste; sie liegt auf einem Hügel am Rande des Jordangrabens und überschaut fast das ganze Jordantal.

Die osmanische Periode brachte für die Siedlungsgeschichte nur wenig Veränderungen. Die Drusen errichteten ihr zentrales Heiligtum – Nebi Shu'eib (das Grab Yithros, des Schwiegervaters Moses') – am Fuße des Vulkanhügels Qarne Hittim (= das Hittim-Horn, wo der entscheidende Kampf stattfand, der die Mohammedaner nach dem Ersten Kreuzzug wieder zu Herren Palästinas machte) und gründeten in dessen Nähe das einzige Drusendorf Untergaliläas. Gegen Ende des 19. Jahrhunderts siedelte die türkische Regierung Tscherkessen in dem Dorfe Kafr Kama an.

Besonders zu erwähnen ist die Tätigkeit der deutschen Siedler von der Tempelgesellschaft, die die erste Straße Untergaliläas (Haifa–Nazareth) bauten und entlang der Straße zwei landwirtschaftliche Siedlungen (Waldheim und Bethlehem) errichteten.

Das jüdische Siedlungsgebiet ist im wesentlichen im östlichen Sektor konzentriert. Es handelt sich etwa zu gleichen Teilen um Moshavim und Kibbuzim (zusätzlich zu den alten Moshavot), sie sind im allgemeinen klein und haben nur wenige Hunderte von Einwohnern.

Die Landwirtschaft, auch im jüdischen Sektor, basiert im wesentlichen auf

Regenfeldbau. Merkmal der arabischen Landwirtschaft sind die ausgedehnten Olivenhaine, die etwa 80% der Olivenanbaufläche Israels ausmachen, während die jüdischen Siedler auf den Basaltböden meist Getreide anbauen und Milchwirtschaft als Ergänzung betreiben. Die Wasserzuteilung für die jüdischen Siedlungen ist bedeutend geringer als in anderen Regionen und wird hauptsächlich für Obstbäume benutzt.

Im allgemeinen steht die jüdische Landwirtschaft in Untergaliläa noch immer vor Problemen. Daher werden dort Versuche mit neuen ländlichen Siedlungsformen unternommen, vor allem mit Industriedörfern, die eine ländliche Lebensform auf kooperativer Industriebasis versuchen wollen. Für solche Zwecke sind bisher etwa 20 experimentelle Siedlungen, jede mit etwa 20–30 Familien, im Zentralsektor errichtet worden, die in den letzten Jahren die Siedlungsform des ›Yishuv Kehilati‹ angenommen haben und ihre Beschäftigung in kleinen High-Tech-Betrieben gefunden haben. Für alle diese Betriebe wurde ein Industriepark geschaffen, dessen Zentrum sich im Industriepark Segev befindet.

Der größte Teil der jüdischen Einwohner hat von vornherein die Siedlungsform der Entwicklungsstadt gewählt. Verglichen mit den Entwicklungsstädten des Jordantals, die auf der Zentralorttheorie aufgebaut waren, wurden die Entwicklungsstädte Untergaliläas – mangels jüdischem landwirtschaftlichem Hinterland – von vornherein als Industriestädte geplant, wobei die größere Nähe zur Industrie der Küstenebene erleichternd wirkte und Teile der Bevölkerung in den nahen Industrien von Haifa und Akko Beschäftigung finden. Qiryat Tiv'on am Westrande ist faktisch bereits in das Einzugsgebiet von Haifa eingegliedert. Weitere Entwicklungsstädte sind Migdal Ha'Emeq (17000 Einwohner) am Abhang zum Yizr'el-Tal und Karmi'el (24000) im Tale von Bet Kerem. Die größte Entwicklungsstadt ist Obernazareth mit 30000 Einwohnern und eigener Industriebasis.

Aber Landwirtschaft ist auch in Untergaliläa, das bei Ende der Mandatszeit fast völlig ländlich war, zu einem Wirtschaftsfaktor von sekundärer Bedeutung geworden. Allerdings nimmt der Verstädterungsprozeß die für den arabischen Sektor charakteristische Form des Großdorfes an (Sofer & Bargal 1976).

Während des Krieges von 1948 verblieb der Großteil der arabischen Bevölkerung in seinen Dörfern und wurde so zu israelischen Bürgern. Tabelle 19 zeigt, daß sie (aus oben genannten Gründen) hauptsächlich im westlichen und zentralen Sektor anzutreffen sind und daß ihre Dörfer eine große Bevölkerung umfassen. Zwölf dieser Dörfer zählen jeweils mehr als 5000 Einwohner, und sechs davon haben mehr als 10000 Einwohner. Shefar'am (die antike jüdische Stadt Shfaram) mit 21000 Einwohnern gilt als Stadt.

Das einzige arabische Zentrum mit ausgesprochen städtischem Charakter ist *Nazareth.* Die Altstadt liegt in einem engen Tale und verdankt ihre Bedeu-

Tabelle 19: Bevölkerungsverteilung in Untergaliläa (1990)

Region	Araber und Drusen				Juden			
	Dörfer		Städte		Dörfer		Städte	
	Zahl	Einw.	Zahl	Einw.	Zahl	Einw.	Zahl	Einw.
Östl. Untergaliläa	3	18400	–	–	21	82000	–	–
Berge v. Nazareth	20	136600	2	75000	15	47800	2	54000
Westl. Untergaliläa	18	139700	–	–	24	28500	1	24200
Insgesamt	41	294700	2	75000	60	158300	3	78200

tung fast ausschließlich den christlichen heiligen Stätten, die zu allen Zeiten Pilger und Investitionen von seiten christlicher Institutionen anzogen. Im 19. Jahrhundert, mit der Wiederbelebung der christlichen Aktivität im Osmanischen Reiche, wurden in der Stadt zahlreiche Kirchen, Klöster, Schulen, Krankenhäuser und andere Wohlfahrtsinstitutionen geschaffen, die nicht nur Beschäftigung und Kapital in die Stadt brachten, sondern auch eine gesellschaftliche Elite unter der arabischen Bevölkerung ins Leben riefen.

Nach der Gründung des Staates Israel, dessen Truppen Nazareth sich im Jahre 1948 kampflos ergab, verblieb Nazareth als einzige rein arabische Stadt im Staate und übernahm damit Zentralfunktionen nicht nur für ihre nähere Umgebung, sondern fast für die gesamte arabische Bevölkerung Israels. Darüber hinaus nahm Nazareth an der steigenden Welle des Tourismus Anteil, dem allerdings nur drei Hotels und einige Hospize zur Verfügung stehen. Aber fast jede organisierte Touristengruppe besucht die Stadt für einige Stunden. Der wichtigste Anziehungspunkt ist die Kirche der Verkündigung, die vom Vatikan im Jahre 1965 in modernem Stil neu erbaut wurde und das größte Kirchengebäude im Nahen Osten ist (Bild 9).

Was den jüdischen Entwicklungsstädten nicht gelungen ist, ist in Nazareth Wirklichkeit geworden: die Schaffung eines Zentralortes, der die meisten wichtigsten Funktionen für die ländliche Bevölkerung in einem weiten Umkreise erfüllt, nicht nur auf dem Gebiete der öffentlichen Dienstleistung, sondern auch der Reparatur, Manufaktur und Leichtindustrie.

Die Stadt dehnte sich dementsprechend aus. Ihre Bevölkerung stieg von 20000 im Jahre 1950 auf 41200 (1980) und 56000 im Jahre 1990. Das Wachstum der bebauten Fläche war bedeutend größer, denn im Gegensatz zur engbebauten Altstadt wurden die Neubauten, im Gelände verstreut, in Form von geräumigen Einzelhäusern errichtet. Dadurch wurden die anliegenden Dörfer in den Baubereich der Stadt einbezogen, dessen Gesamtbevölkerung sich der 100000-Grenze nähert.

Auf dem Plateau oberhalb des Tales von Nazareth wurde eine jüdische

Entwicklungsstadt errichtet, deren Ziel es war, eine Koexistenz zwischen jüdischer und arabischer Bevölkerung – unter Trennung der Wohngebiete – zu fördern. Man kann sich keinen größeren Gegensatz der Kulturen vorstellen als die geplanten Zementwohnblöcke von Obernazareth und die über alle Abhänge verstreuten Häuser moderner arabischer Bauart in der unteren Stadt.

Aber wirtschaftlich wurde eine weitgehende Kooperation der beiden Städte erreicht. Obernazareth erhielt von vornherein eine gesunde Basis von Industrieanlagen, in denen Araber neben Juden beschäftigt sind; der Autobusverkehr zwischen beiden Städten beschäftigt Personal von beiden Gruppen, und die Bevölkerung der Oberstadt bewerkstelligt einen großen Teil ihrer Einkäufe in den Basaren und Märkten der Unterstadt. In beiden Städten befinden sich zentrale Verwaltungsorgane für ganz Untergaliläa.

Ein Vergleich zwischen Ober- und Untergaliläa zeigt deutlich, daß im Gebirgsland das Vorhandensein von Talbecken ein entscheidender Faktor für jede Entwicklung von Siedlung und Verkehr ist, soweit die Becken nicht versumpft sind, wie das im Jordantal und in der Küstenebene der Fall war. Daher gehört Untergaliläa zu den traditionell dichter besiedelten Regionen, und da nur ein geringer Teil dieser Bevölkerung im Jahre 1948 geflohen ist, wurde es zur Hauptkonzentration der arabischen Bevölkerung Israels. Auf einer Fläche von 1100 km² lebt heute eine Gesamtbevölkerung von 285 000 (davon 210 000 Araber), und seine Bevölkerungsdichte – unter etwa gleicher ethnischer Aufteilung – ist fast doppelt so groß wie die Obergaliläas.

5.2.3. Das Yizre'el-Tal (Emeq)

Das Bergland Galiläas endet im Süden abrupt in einem Steilabfall zu einer Kette von Tälern, die die einzige ebene Verbindung zwischen der Levanteküste und dem Grabenbruch darstellt und daher schon immer eine große Bedeutung als Durchgangsland besaß.

Es reihen sich aneinander das Zevuluntal (das Küstenland der Haifabucht), das Yizre'el-Tal (das größte ebene Becken Israels) und das Harodtal, das als schmaler Korridor die Verbindung zum Bet-She'an-Tal darstellt, das bereits ein Teil des Jordangrabens ist. In der Landessprache wird jedes einzelne Tal, aber manchmal auch die ganze Kette ›Emeq‹ genannt. Die Talkette bildet die natürliche Grenze zwischen den Landschaften Galiläa und Samaria, wird aber verwaltungsmäßig meist zu der ersteren gezählt.

Das *Yizre'el-Tal* bildet ein Dreieck, dessen Basis am Fuße des Karmelgebirges von Yoqne'am bis Jenin etwa 30 km lang ist und dessen Spitze im Norden zu Füßen Nazareths liegt. Seine Fläche umfaßt 365 km². Es ist mit dem Zevuluntal durch einen Engpaß verbunden, in dem der Qishonfluß zur Küstenebene durchbricht. Im Südosten fällt es 100 m zum Harodtale ab. Das letztere liegt bereits unter dem Meeresspiegel, ist etwa 12 km lang und 2–3 km breit. Das Yizre'el-Tal wird durch den Qishon entwässert, der mit seinem großen Einzugsgebiet häufige Überschwemmungen verursacht, die bereits in der Bibel erwähnt werden. Diese beschränkten die Siedlungsmöglichkeiten auf die Talränder, wo eine Anzahl von Ruinenhügeln auf antike Städte hinweisen. Aber bereits seit der Römerzeit war der größte Teil des Tales versumpft und malariaverseucht, so daß es fast 2000 Jahre lang unbesiedelt blieb. Nur eine Bodenschwelle aus vulkanischem Material, die das Tal von Süden nach Norden kreuzt, sowie die Wasserscheide zwischen dem Qishon und dem Harod schufen Verkehrsrouten, die durch ihre Begrenztheit größte strategische Bedeutung erhielten. Der strategisch wichtigste Punkt liegt dort, wo die Paßroute durch das Karmelgebirge aus dem Bergland in das Tal heraustritt und auf die Bodenschwelle stößt. Hier entstand die Festungsstadt Megiddo, deren Anlagen zum Teil durch Ausgrabungen freigelegt worden sind. Bei Megiddo fanden zahlreiche Schlachten statt, deren Ergebnisse nicht nur örtliche Bedeutung hatten, sondern für die Beherrschung ganz Palästinas entscheidend waren. (Unter anderen: Pharao Thutmosis III. [1468 v. Chr.]; der Kampf Deboras gegen die Kampfwagen Siseras zur Richterzeit; die Eroberung Judäas durch Pharao Necho [609 v. Chr.]. In der Kreuzfahrerzeit fanden zwei entscheidende Kämpfe [1183, 1296] hier statt. In unserem Jahrhundert wurde die Eroberung Palästinas durch die Engländer [1918] hier entschieden, und im Kriege von 1948 sicherte der Sieg der israelischen Armee bei Mishmar Ha'Emeq den Anschluß des nördlichen Palästinas an Israel.) Die strategische Bedeutung Megiddos war im Altertum so sprichwörtlich, daß die Apokalypse den Endkampf zwischen Gog und Magog nach Armaggedon = Har (Berg) Megiddo verlegt.

Moderne jüdische Siedlung faßte in den Tälern im Jahre 1911 Fuß, aber die eigentliche Siedlungstätigkeit begann erst nach dem Ende der Türkenherrschaft. Die in den zwanziger Jahren des 20. Jahrhunderts durchgeführte Trockenlegung der Sümpfe stellte das erste konzentrierte Werk jüdischer Kolonisation dar. Hier wurden auch die Grundprinzipien der kollektiven und kooperativen Siedlung geschaffen, und hier befinden sich bis heute die zentralen Gremien der verschiedenen Kibbuzbewegungen.

Bis zum Ende der Mandatszeit entstanden in den Tälern 32 jüdische Siedlungen mit etwa 16 000 Einwohnern, und am Südrande der Täler wuchsen 8 kleine arabische Dörfer. Nach der Gründung des Staates Israel erweiterte sich das Siedlungsgebiet um ein geringes im südlichen Winkel des Tales, wo 12 Moshavim von Neueinwanderern in einem Regionalsystem (s. Kap. 6.1.2), Ta'anakh genannt, angesiedelt wurden. Heute gibt es in den Tälern 51 jüdische landwirtschaftliche Siedlungen (darunter 22 Kibbuzim) mit 61 000 Einwohnern; daneben befinden sich vier arabische Dörfer mit 5000 Einwohnern. Die Landwirtschaft ist außerordentlich vielseitig: Fischteiche, vor allem im

Harodtal, Zitrus- und andere Obstplantagen, Milchwirtschaft, Baumwolle, Getreide, Gemüse und Geflügelzucht. Aber trotz des relativ guten Wasserreichtums der Region sind nur etwa 40 % des landwirtschaftlichen Geländes bewässert (Glickson 1953).

Das städtische Zentrum der Täler ist Afula, das im Jahre 1925 als städtische Siedlung an der Bahnlinie gegründet wurde, aber die in sie gesetzten Erwartungen nicht erfüllte. Im Staate Israel erhielt die Siedlung den Status einer Entwicklungsstadt; sie leidet aber unter der fehlgeleiteten Planung, wodurch die Stadt in zwei 4 km voneinander entfernt liegende Teile aufgeteilt wurde. Der alte Stadtkern soll als Verkehrs- und Industriezentrum dienen, während der neue Teil, am Abhange des Berges Giv'at Hamore aufsteigend, als Wohnviertel gedacht ist. Die Trennung der Funktionen über eine so weite Entfernung hat sich als ungünstig für die städtische Entwicklung erwiesen. Trotzdem hat sich die Stadt besser entwickelt als andere Entwicklungsstädte, da sie nicht nur von Kibbuzim umgeben ist und dadurch mehr zentrale Funktionen ausübt, sondern auch von ihrem alten Kern her eine soziale Schichtung aufweist, die nicht nur Neueinwanderer enthält. Die Stadt hat heute eine Bevölkerung von 28 000.

Dagegen hat Yoqne'am, eine zweite Entwicklungsstadt, die am Westrande des Tales entstand, keinerlei Funktionen entwickeln können. Es gelang ihr lediglich, einige wenige Industriebetriebe anzuziehen. Daher stagniert sie seit zwanzig Jahren und hat die Bevölkerungszahl von 6000 noch nicht erreicht.

5.2.4. Das Karmelgebirge

Das Karmelgebirge besitzt einige Charakterzüge, die es zu einer Region eigener Art gestalten. Die Nordwest-Südost-Ausrichtung seines Kammes ist senkrecht zur allgemeinen Strichrichtung der Faltenzüge, und dadurch stößt das Gebirge bis ans Meer vor, zu dem es steil abfällt, und verursacht mit dem Kap Karmel die einzige Unterbrechung der Küstenebene. Seine Kammhöhe ist etwa der Untergaliläas gleich, kommt aber durch die Steilheit der Flanken stärker zum Ausdruck. Die Niederschläge sind infolge der Meeresnähe und des dadurch verursachten rapiden Aufstiegs der Luftmassen weitaus höher als die Untergaliläas und erreichen Jahresmittel von über 800 mm. So konnte sich eine echte Waldvegetation entwickeln, die wegen der Unzugänglichkeit des Geländes sich bis auf unsere Tage erhalten hat. So ist das Karmelgebirge die einzige Region Israels, wo sich mediterraner Wald in größerem Umfange befindet.

Geomorphologisch gesehen, bildet das Gebirge einen gehobenen Block, dessen Steilflanke nach Nordosten oder Osten fast 500 m abfällt und der sich in sanfterem Gefälle nach Westen senkt, wo der untere Teil der Abhänge noch einmal einen Steilhang von etwa 200 m Höhe bildet. Der Block ist in sich geteilt in zwei Horste, den eigentlichen Berg Karmel im Nordwesten (Karez 1959; höchste Erhebung 548 m) und die Alexanderkuppe (518 m) im Südosten; zwischen ihnen liegt ein breiter Sattel, die Menashehöhen (250–300 m). Nach Süden geht das Gebirge unmerklich in das Bergland von Samaria über.

Das Karmelgebirge bildet ein Dreieck, dessen einer Schenkel entlang des Emeq etwa 55 km und dessen anderer entlang der Küstenebene etwa 35 km beträgt. Seine Fläche umfaßt etwa 750 km^2. Die beiden Horste bestehen im wesentlichen aus hartem Kalkstein und Dolomit, zu denen sich auf der Alexanderkuppe auch vulkanisches Gestein gesellt. Der Sattel von Menashe ist dagegen von Kreide und Mergel bedeckt und daher für landwirtschaftliche Besiedlung besser geeignet.

Der Karmel blieb im Laufe der Geschichte meist unbesiedelt. Ein Grund dafür war die Legendenbildung um den Propheten Elias, denn bei allen drei monotheistischen Religionen gilt der Berg als heilige Stätte. Der christliche Karmeliterorden besitzt dort zwei Klöster, während für die Juden eine Höhle, die direkt am Kap liegt, als Wallfahrtsort dient. Auch der Wald wurde zum heiligen Ort und blieb unberührt. Erst im 17. Jahrhundert setzten sich einige Drusendörfer in Depressionen auf dem Rücken des Berges fest. Ein Großteil wurde im 18. Jahrhundert wieder zerstört, so daß nur zwei – allerdings sehr große – Dörfer bis heute übrigblieben. Jüdische Siedler ließen sich gegen Ende des 19. Jahrhunderts an der Südwestspitze des Berges nieder, wo in Zikhron Ya'aqov neben der Siedlung die erste moderne Weinkelterei Palästinas errichtet wurde.

Auf der Alexanderkuppe ermöglichten die vulkanischen und Rendzinaböden auf dem Übergangsgebiet zu Samaria eine dichtere Ansiedlung arabischer Dörfer, deren Zahl zu Ende der Mandatszeit etwa 20 betrug. Die Waffenstillstandslinie von 1949 läuft mitten durch die Region.

Die Menashehöhen waren wegen ihrer sanfteren Landschaftsformen und Rendzinaböden immer das am dichtesten besiedelte Gebiet. Auch die wichtigsten Verkehrsrouten von der Küste ins Binnenland, darunter die ›Via Maris‹, führten durch dieses Gebiet und benutzten dabei im wesentlichen Pässe von Yoqne'am und von Megiddo. Hier entstanden neben den arabischen Dörfern jüdische Siedlungen bereits in der Mandatszeit, aber nur wenige kamen nach der Staatsgründung hinzu.

Heute bildet der nördliche Sektor des Karmelberges einen integralen Bestandteil der Stadt Haifa und ist von einem weiten Gürtel von Waldgelände als Naturschutzgebiet umgeben. Eingeschlossen darin liegen die zwei Drusendörfer mit 14000 Einwohnern, die meist in Haifa beschäftigt sind. In den übrigen Teilen des Gebirges liegen 14 arabische Dörfer mit einer Bevölkerung von 45000 und jenseits der Waffenstillstandslinie – aber noch zur geographischen Region gehörend – weitere 10 Dörfer mit etwa 30000 Einwohnern.

Die Landwirtschaft der Drusen und der Araber ist noch im wesentlichen traditionell, und Tabakanbau nimmt einen wichtigen Platz ein.

Die jüdische landwirtschaftliche Siedlung konzentriert sich auf den mittleren Sektor und umfaßt 20 Dörfer, meist Kibbuzim, mit 12000 Einwohnern. Der größte Ort ist Zikhron Ya'aqov, um den herum sich das größte Weinanbaugebiet Israels konzentriert, das die Keltereien des Ortes und anliegender Plätze beliefert.

Infolge der ungünstigen topographischen Lage hat sich im Karmelgebirge kein Zentralort entwickeln können. Die ländlichen Siedlungen sind nach der jeweils nächsten Stadt der Küstenebene orientiert.

5.3. Die Küstenzone des Nordens

Wie sich der Norden Israels von den übrigen Teilen des Landes durch seine Feingliederung unterscheidet, so besteht auch die Küstenebene des Nordens aus verschiedenen Sektoren. Einer der wichtigsten Gründe hierfür ist die Entfernung vom Ursprungsgebiet des Küstensandes. Als Folge davon ist der sandige Teil der Küste (s. Kap. 1.2.2) schmaler, und die äußeren Kurkarrücken sind im Meere versunken oder tauchen teilweise als eine Kette von flachen Inseln auf. Zudem wird die Küste durch das Kap Karmel bei Haifa völlig unterbrochen, wobei sich östlich des Kaps die einzige größere Bucht Israels gebildet hat.

Südlich von Haifa hat die Küstenebene eine geringe Breite von höchstens 3 km. Erst an der Südspitze des Karmelberges erweitert sie sich zur Sharonebene. Der nördlichste Streifen der Küstenebene – zwischen Akko und der libanesischen Grenze – ist gleichfalls schmal, und die Berge Obergaliläas kommen bis auf etwa 5 km an das Meer heran. An der Grenze selbst fällt das Gebirge im Sporn von Rosh HaNiqra direkt ins Meer ab. Es beginnt die Steilküste, die das ganze nördliche Mittelmeer kennzeichnet.

Zwischen den beiden schmalen Küstenstreifen erweitert sich die Küstenebene entlang der Haifabucht zum Zevuluntal (Emeq Zevulun), das 20 km lang und 10 km breit ist.

Die beiden schmalen Küstenstreifen sind landwirtschaftlich sowohl durch die Böden als auch durch das Klima begünstigt. Wegen der geringen Ausdehnung der Sanddünen und der vielen kleinen Bäche, die dem Randgebirge entspringen, besteht der größte Teil der Böden aus Alluvium, und infolge der nördlichen Lage erhält die Küste hier die größte Niederschlagsmenge (über 600 mm); diese Zonen sind frostfrei, da die Luft sowohl vom Meere her wie vom Fallwind erwärmt wird. Daher gleicht die moderne Landnutzung der von Kinrot (s. Kap. 5.1.3): Bananen, Avocados und Zitrusfrüchte sowie Frühgemüse sind vorherrschend.

Das Tal Zevulun unterscheidet sich merklich von den oben erwähnten Zonen. Es ist wie die gesamte Talkette die Folge tektonischer Senkung. Die flache Küste ermöglichte die Ansammlung von Sand über ein Gebiet von 2 km Breite. Diese Dünen versperrten den Abfluß des Qishon und des Na'aman, der in der Ebene entspringt, und verursachten die Bildung von ausgedehnten Sümpfen. Infolgedessen blieb die Küste der Bucht unbesiedelt, und historische Siedlungen und Routen konnten sich nur am Fuße der Berge – am Ostrand der Ebene – entwickeln. So gleicht das Zevuluntal in seinen Siedlungseigenschaften mehr der Sharonebene (s. Kap. 6.1.1) als seinen Nachbargebieten.

Zu den günstigen Naturbedingungen, die seit der Frühzeit der Geschichte eine dichte landwirtschaftliche Besiedlung ermöglichten, gesellt sich die Lage an der Küste, die bereits zur Bronzezeit eine Entwicklung von Häfen ermöglichte. Zwei kleinere Häfen entstanden an Einbuchtungen in den Kurkarhügeln. Es handelt sich um die Häfen von Dor an der Karmelküste und um Akhziv in der Nähe von Rosh HaNiqra. Wahrscheinlich wurde dort auch Salz gewonnen. Ein dritter Hafen existierte an der Mündung des Quishon (s. Kap. 5.4). Aber die wichtigste Hafenstadt war *Akko*, die diese Funktion etwa 3000 Jahre lang erfüllte. Die Stadt liegt am Nordende der Haifabucht, wo ein Kurkarrücken eine nach Süden vorspringende Halbinsel schuf. Hier mündet auch der Na'amanfluß in einer sanftgeschwungenen sandigen Bucht.

Die Stadt war der südlichste Hafen der Phönizier seit dem 12. Jahrh. v. Chr. und lag ursprünglich am Ufer des Na'aman, der als Flußhafen diente. Die Stätte ist heute noch an einem Tel von großen Ausmaßen zu erkennen. Im Jahre 1799 n. Chr. schlug Napoleon dort sein Hauptquartier auf. Von der Küste von Akko führten wichtige Verkehrsrouten nach Norden, Süden und vor allem nach Osten in Richtung Damaskus.

Im 4. Jahrh. v. Chr. wurde die Stadt auf die Halbinsel verlegt. Durch den Bau eines Wellenbrechers wurde ein künstlicher Hafen geschaffen, bis zum 19. Jahrh. n. Chr. der wichtigste Seehafen in Norden Palästinas. Nach der Eroberung Palästinas durch Alexander den Großen (332 v. Chr.) wurde die Stadt von Griechen besiedelt und erhielt unter dem Nachfolger Alexanders den Namen Ptolemais. Neben den Hafenfunktionen zeichnete sich die Stadt durch die Herstellung von Glas und von Purpurfarben aus, die aus einer Schneckenart gewonnen wurden, welche nur an dieser Küste existierte. Zur Zeit der Römerherrschaft war die Stadt zusätzlich Kriegshafen. Aber von all diesen Entwicklungen sind kaum archäologische Überreste erhalten.

Die nächste große Blüte erlebte Akko zur Zeit der Kreuzzüge. Im 12. Jahrh. wurde Akko zur wichtigsten Hafenfestung des Landes, von wo aus Karawanen nach Asien bis nach China verkehrten. Die Herrschaft über die

Stadt lag in den Händen des Johanniterordens, nach dem sie St-Jean d'Acre benannt wurde. Aber die Hafenstädte Norditaliens, die Seehandel betrieben (Pisa, Genua, Venedig), besaßen autonome Viertel in der Stadt, mit Kirchen, Warenlagern und Märkten. Ausgrabungen, die kürzlich stattfanden, haben unter den Häusern der heutigen Altstadt gewaltige Kolonnaden freigelegt, die zu den verschiedenen Märkten gehörten, sowie Räume des Johanniterordens unter der Zitadelle. Bemerkenswert ist die Verwendung des gotischen Baustiles, nur kurze Zeit, nachdem dieser in Europa Fuß gefaßt hatte. Die Kreuzfahrerstadt wurde im Jahre 1291 von dem Mameluckensultan Al-Aschraf dem Boden gleichgemacht.

Erst nach etwa 500jähriger Pause (1750) entstand eine neue Stadt in Akko, die von Dahir el-Amr gegründet wurde (s. Kap. 2.6). Sie war von einem mächtigen (von Venezianern gebauten) Befestigungsgürtel von Mauern, Bastionen, Kasematten und Wallgräben umgeben, der im Jahre 1799 der Belagerung Napoleons Widerstand leisten konnte. Die Stadt diente dem Überlandhandel durch Vorderasien (**Bild 10**). Ihre Überseepartner waren Frankreich und vor allem die Insel Malta, deren Herrscher, der Malteserorden, dem Johanniterorden in Akko entstammte.

Aber nach dem Tode Ahmed Jezzars, des Nachfolgers Dahir el-Amrs, verlor Akko seine selbständige Stellung. Es unterwarf sich wieder der türkischen Oberhoheit, und durch den Verlust der Auslandsverbindungen ging die Bedeutung des Hafens allmählich zurück – im Jahre 1840 wurde die Stadt von einer von europäischen Mächten zusammengestellten Flotte bombardiert und schwer beschädigt –, bis er zu einem kleinen Fischerhafen absank und die Stadt zu einem Landstädtchen. Die Hafenfunktionen wurden von Jaffa und Haifa übernommen.

Zusammen mit dem Niedergang von Akko erfolgte auch ein allgemeiner Rückgang der landwirtschaftlichen Siedlungen entlang der ganzen Küste, und an den Flußmündungen bildeten sich Sümpfe. Erst im 20. Jahrhundert bahnten sich neue Entwicklungen an, deren wichtigste die des Hafens und der Stadt von Haifa war. Bis zum Ende der Mandatszeit entstanden einige wenige jüdische Siedlungen, die mit der Trockenlegung der Sümpfe begannen.

Im Kriege von 1948 wurden die meisten arabischen Siedlungen verlassen, und nach dem Kriege siedelten sich eine Anzahl jüdischer Dörfer in allen Teilen der nördlichen Küstenzone an. In den drei Zonen der nördlichen Küstenebene existieren jetzt 42 jüdische ländliche Siedlungen (21 000 Einwohner) sowie 8 arabische Dörfer mit einer Bevölkerung von 18 000.

Als wichtigste Veränderung in der Bevölkerung ist das Wachstum der städtischen Bevölkerung seit der Gründung des Staates zu verzeichnen. Haifa und seine Vororte wuchsen von 1948 bis 1980 um mehr als das Dreifache (von 116 000 auf 360 000), bis 1990 stieg die Einwohnerzahl auf ca. 420 000 *(vgl. Tabelle 10 b)*, und daneben entwickelten sich Akko und Nahariyya zu Städten mittlerer Größe. Aber trotz geographischer Nähe hat jede dieser Städte ihren eigenen Charakter entwickelt.

Akko – nur 20 km von Haifa entfernt – ist die älteste dieser Städte und genießt das Prestige einer glanzvollen Vergangenheit – wenn auch mit großen Unterbrechungen. Aber die Stadt konnte sich von dem Niedergang des 19. Jahrhunderts nicht erholen. In den Kämpfen des Jahres 1948 floh etwa die Hälfte der Bevölkerung auf dem Seewege nach Libanon, und heute leben in Akko etwa 9000 Araber, größtenteils innerhalb der Mauern der Altstadt. Diese hätte an und für sich das Potential, zu einem Anziehungspunkt für Tourismus zu werden. Es ist die einzige Stadt in Israel, in der sich der mediterrane Charakter einer historischen Stadt bewahrt hat, mit ihren gewaltigen Befestigungen, eindrucksvollen Überresten mittelalterlicher Bauten, einer romantischen Silhouette, vor allem an der Wasserfront, und einem der besten Badestrände Israels. Aber trotz aller Bemühungen einer Gesellschaft zur Entwicklung des Tourismus in Akko ist es nicht gelungen, die Atmosphäre zu schaffen, die antike Mittelmeerhäfen in anderen Ländern, wie z. B. Griechenland, durchdringt, und Touristen begnügen sich mit einer Kurzvisite von etwa einer Stunde Dauer.

Außerhalb der Mauern ist eine moderne jüdische Stadt entstanden, deren Charakter mit dem anderer Entwicklungsstädte identisch ist. Wie jenen fehlt in Akko eine soziale Führungsschicht, da diese es vorzieht, in Haifa zu wohnen. Allerdings unterscheidet sich Akko von anderen Entwicklungsstädten dadurch, daß die wirtschaftliche Basis für die Bevölkerung gesichert ist. Die Stadt besitzt eine Anzahl von größeren Industriebetrieben, unter anderem ein kleines Stahlwerk, chemische und Farbenwerke, Keramik, Lebensmittel. Ein Teil der Arbeitskräfte findet in der nahen Industrie von Haifa Beschäftigung. Faktisch grenzt die Industriezone von Akko bereits an die von Haifa, und die Nähe der Großstadt hat das Aufkommen von Dienstleistungen und Handel höheren Grades verhindert. So macht Akko, trotz einer Bevölkerung von 40000, den Eindruck einer Kleinstadt.

Nur 8 km nördlich von Akko liegt *Nahariyya*, eine Stadt völlig anderer Natur. Sie wurde im Jahre 1934 als landwirtschaftliche Siedlung von jüdischen Einwanderern aus Deutschland, die dem Mittelstand angehörten, gegründet. Die Siedler zogen es vor, als Einzelbauern auf privaten Böden zu wirtschaften (Milchwirtschaft und Gemüsebau). Nach der Gründung des Staates Israel begannen einige Landwirte damit, die Lage am Meere für Erholungszwecke auszunutzen, wobei die Größe der Privatgrundstücke die Errichtung von Familienhotels ermöglichte. Heute ist fast jedes der früheren Grundstücke entweder ein Hotel, eine Pension oder ein Restaurant, und Nahariyya ist der einzige Ort in Israel, der den Charakter eines Badeortes trägt.

Auch Nahariyya nahm eine große Anzahl von Neueinwanderern auf, die in Wohnvierteln auf den Kurkarhügeln, die parallel zum Meer in einer Entfernung von 1–2 km verlaufen, angesiedelt wurden. Aber die Stadt hatte nicht den Charakter einer Entwicklungsstadt, da sie über einen bereits existierenden Kern und eine ausgewogene Sozialstruktur verfügte. Später setzte sich Industrie im Norden der Stadt an, die eine ausreichende Wirtschaftsbasis schuf, so daß die Bevölkerung von 34000 als völlig integriert betrachtet werden kann.

Nach den Planungsprinzipien der fünfziger Jahre wurde eine weitere Entwicklungsstadt, *Shelomi*, 10 km nördlich von Nahariyya gegründet, deren Bevölkerung nie über 3000 hinauswuchs und die heute faktisch einen Wohnvorort von Nahariyya bildet, mit einer ärmeren Bevölkerungsstruktur.

5.4. Haifa – der Zentralort des Nordens

Haifa ist die drittgrößte Stadt in Israel und der zweitgrößte Hafen. In regionaler Hinsicht überlagert eine Kulturlandschaft verschiedene physisch-geographische Einheiten, von denen aber jede einen eigenen Funktionalcharakter besitzt (s. Schattner 1954 und unten). Haifa liegt an der einzigen größeren Bucht der israelischen Küste, übernahm aber die Position eines Großhafens erst in diesem Jahrhundert, während zu allen Zeiten diese Funktion von Akko – am Nordende der Bucht – ausgefüllt worden war. Der Grund dafür liegt darin, daß das Südende der Bucht weit geschwungen und nach Nordwesten geöffnet ist, woher die stärksten Winde wehen. Das Nordende der Bucht zeigt eine stärkere Krümmung und ist durch eine Halbinsel, auf der die Altstadt von Akko liegt, weitaus besser geschützt.

Dazu kommt, daß Haifa als Verkehrszentrum weniger geeignet war als Akko. Das Kap des Karmelberges (s. Kap. 5.2.4) ließ keinen Durchgang zwischen dem Meer und dem Steilhang zu, und das Südende der Bucht wurde an der Flußmündung des Qishon häufig überschwemmt und bildete einen ausgedehnten Sumpf. Die Beseitigung dieser Hindernisse war nur durch kostspielige Dränage und Sprengungsarbeiten möglich, für die in der Vergangenheit die Motivation und wahrscheinlich auch die technischen Mittel fehlten.

Die Landschaft Haifas wird dominiert vom Berg Karmel, der nach allen Seiten steil abfällt und durch tief eingeschnittene Täler gegliedert ist. Die Wasserscheide zwischen den Tälern, die nach Westen zum Mittelmeer abfallen bzw. nach Nordosten in die Bucht münden, bildet einen Kamm, dessen Höhe von 180 m oberhalb des Kaps auf 480 m an der Universität am Südrande der Stadt ansteigt. Die Steilheit der Hänge wird nur an einer Stelle im Nordosten unterbrochen. Hier bildet sich am unteren Abhang eine Terrasse von etwa 400 m Breite, die sich in sanfter Neigung von etwa 80 m auf 50 m senkt und dann in etwas stärkerem Gefälle bis an die Bucht heranreicht. Dieser Abschnitt bildete den Ursprungskern der heutigen Stadt.

Die frühe Siedlungsgeschichte der Region zeigt keine Besonderheit gegenüber anderen Teilen der Küste. Im 14. Jahrhundert v. Chr. entstand eine Hafenstadt an der Mündung des Qishon, wie dies auch an den übrigen Flußmündungen Palästinas während der Bronzezeit der Fall war. Sie existierte – mit zeitweiligen Zerstörungen – bis zum 10. Jahrh. v. Chr. Ihr Name konnte nicht identifiziert werden. Gleichzeitig entstand eine zweite Stadt unmittelbar südlich des Kaps, die die ganze Antike hindurch existierte. In der hellenistisch-römischen Epoche war ihr Name Shiqmona (Sycaminum). Sie besaß keinen Hafen, betrieb aber neben Landwirtschaft anscheinend Industrie, darunter Glasfabrikation und Herstellung von Purpurfarben. Brennmaterial für die Industrien lieferten die ausgedehnten Wälder des Karmel. Der Name Haifa wird zum ersten Male im 2. Jahrh. n. Chr. erwähnt. Dieser Ort lag am Meeresufer einer 1,5 km langen Felsplatte, die das nördliche Ende des Kaps nach Osten zu verlängert. Es war eine jüdische Siedlung, die auch Caiphas Porphyria genannt wurde. Da diese Plattform der einzige vor dem Nordwestwind geschützte Platz der Bucht war, entstand hier später ein kleiner Hafenort, der bis zur Kreufahrerzeit standhielt, und noch später entstand hier ein Fischerdorf mit Namen Haifa et Atikah (= antik).

Die Lage des heutigen Haifa wurde von Dahir el-Amr, dem Herrscher von Akko, bestimmt, der im Jahre 1758 das neue Haifa gründete. Bestimmend für die Ortswahl war, daß am Rande der Terrasse eine Festung errichtet werden konnte, die nur 300 m vom Meere entfernt war und einen kleinen Bootshafen kontrollieren konnte. Die Stadt wurde am Abhang zwischen der Terrasse und der Küste erbaut und zählte im Jahre 1815 etwa 1000, 1830 etwa 3000 Einwohner. (Quelle: 25 years Port of Haifa. Port of Haifa Authority, 1958.)

Als wichtiges Ereignis in der Entwicklung Haifas ist die Gründung der ›Deutschen Kolonie‹ (1868) als landwirtschaftliche Siedlung der Templergesellschaft zu nennen, auf einem Sumpfgelände 1 km nördlich der Stadt, wo die Entfernung zwischen der Bucht und dem Berg am größten war. Diese, weiträumig in Schachbrettform geplante Siedlung gab den wichtigsten Impuls zur Modernisierung der Stadt (Carmel 1973). Die Templer begannen bald, neben der Landwirtschaft andere Wirtschaftszweige zu entwickeln, und unter anderem bauten sie die erste Fahrstraße von Haifa nach den heiligen Stätten in Nazareth und am Kinneretsee und führten regelmäßigen Kutschenverkehr zwischen diesen Orten ein. Später wurden sie im Außenhandel aktiv und veranlaßten Reedereien dazu, ihre Schiffe nach Haifa zu entsenden. Dort mußten die Waren zwar auf Leichter umgeladen werden. Dies wurde jedoch durch die neugebaute Mole an der Küste vor der Kolonie erleichtert. Damit war die Grundlage für den Hafen Haifa gelegt.

Die Tätigkeit der Templer führte auch zur Verstärkung der Beziehungen zwischen dem Deutschen Reich und der Türkei, was seine Bestätigung im

Besuche Kaiser Wilhelms II. in Jerusalem (1899) fand. Für die Landung des Kaisers und seines Gefolges in Haifa wurde eine weitere Mole – direkt unterhalb der Festung – ins Meer hinausgebaut. Eine Folge dieser Beziehungen war das Abkommen zwischen Deutschland und der Türkei, wonach Deutschland eine Bahnlinie von Haifa nach Dera'a baute – mit Anschluß an die Hedschasbahn und Damaskus. Die Endstation der Bahn, deren Bau im Jahre 1905 vollendet war, wurde an die Mole angeschlossen.

Aufgrund all dieser Entwicklungen war Haifa in der Zeit vor dem Ersten Weltkrieg die modernste Stadt Palästinas. Das machte sich auch in der Bevölkerungszahl bemerkbar, die von etwa 2500 (1854) auf 8000 im Jahre 1891 und auf 15 000 im Jahre 1913 stieg. Bereits von Anfang an lebte in Haifa eine kleine jüdische Bevölkerung, die bis 1913 auf 3000 angewachsen war. Trotz allem lag die Stadt nur auf dem sechsten Platz unter den Städten Palästinas.

Die Zeit des britischen Mandates brachte eine stürmische Entwicklung der Stadt mit sich, da die Engländer sie als einen wichtigen Marinestützpunkt betrachteten. Vorerst wurde die Stadt zu einem Eisenbahnknotenpunkt entwickelt. Neben der Schmalspurbahn nach Dera'a, von der mehrere Seitenlinien abzweigten, wurde eine Normalspurbahn nach Ägypten gebaut sowie eine weitere Normalspurbahn nach Akko, die im Zweiten Weltkrieg bis nach Tripoli im Libanon fortgeführt wurde. Die Hauptreparaturwerkstätten des Bahnsystems wurden in der Haifabucht angelegt. Sie beschäftigten 2000 Arbeiter und waren bis zum Zweiten Weltkrieg der größte Industriebetrieb Palästinas.

Das nächste Entwicklungsprojekt war die Konstruktion eines Tiefwasserhafens, dessen Planungszeit von 1920–1928 dauerte und seine Konstruktion von 1929–1933. Er wurde nach dem Prinzip aller Mittelmeerhäfen angelegt: die Schaffung eines geschützten Beckens mit Hilfe von zwei Wellenbrechern, die Vertiefung des Beckens und die Benutzung des ausgeschachteten Materials zur Neulandgewinnung. Das neugewonnene Land mit einer Fläche von 1600 × 250 m wurde für Hafen- und Bahnanlagen benutzt sowie für die Schaffung einer breiten Durchgangsstraße, die bis heute die Hauptachse der Unterstadt und die wichtigste Durchgangsstraße für den Fernverkehr bildet.

Das dritte Großprojekt war der Bau einer Rohölleitung aus dem Irak und die Anlage einer Ölraffinerie und eines Ölverschiffungshafens, die alle in den Jahren 1936–39 beendet waren.

Alle diese Arbeiten zogen Tausende von Arbeitskräften an, vor allem Araber, die aus den umliegenden Dörfern, aber auch aus den Nachbarländern nach Haifa zogen.

Auch der Zustrom jüdischer Einwanderer verstärkte sich unter den Erleichterungen des Mandates, gewann aber Massenausmaße mit der Einwanderung aus Deutschland, die 1933 einsetzte, gerade zur Zeit der Vollendung des Hafens. Die jüdischen Einwohner errichteten ihre Wohnquartiere auf der

Terrasse, deren Topographie das Bauen erleichterte. Das wichtigste dieser Viertel war Hadar Hakarmel, hinter der Festung, das später zum Geschäfts- und Verwaltungszentrum der jüdischen Bevölkerung wurde. Mit dem Anwachsen der Bevölkerung wurde es notwendig, Wohnviertel auch auf den Steilhängen oberhalb der Terrasse anzulegen, und eine Anzahl Häuser wurden auf dem Kamm des Berges errichtet.

Gleichzeitig begann die jüdische Besiedlung der Haifabucht, für deren Durchführung erst die Qishonsümpfe trockengelegt werden mußten. Dieses Projekt folgte einem Plan, der eine Industriezone auf dem ehemaligen Sumpfgelände vorsah, dahinter Arbeitersiedlungen und am äußeren Rande landwirtschaftliche Siedlungen. Dieser Plan ist – mit geringen Abänderungen – noch heute in Kraft.

Die Einwohnerzahl der Stadt stieg von 24000 (6000 Juden) im Jahre 1922 auf 50000 (16000 Juden) im Jahre 1931 und sprang mit der Masseneinwanderung auf 100000 (50000 Juden) im Jahre 1936. Im Jahre 1947 zählte die Stadt 140000 Einwohner, davon 70000 Juden. In den Kämpfen von 1948 floh der Großteil der arabischen Bevölkerung, und nur 15000 verblieben in der Stadt.

Die heutige Stadt. – Mit der Gründung des Staates Israel veränderte sich die geopolitische Situation Haifas grundlegend. Die Grenzen zu den Nachbarstaaten waren hermetisch geschlossen, und die Bahnlinien zum Libanon und nach Jordanien stellten ihre Tätigkeit ein. Das Öl aus dem Irak wurde nicht mehr nach Haifa geleitet, und der Hafen wurde von einem Exporteur von Öl zu einem Importeur. Die Aktivität des Hafens im ganzen wurde eingeschränkt, da sowohl Export wie Import durch den Krieg und die darauf folgende Finanz- und Wirtschaftskrise schwer betroffen wurden. Die wichtigste Funktion des Hafens war nun die Aufnahme von Neueinwanderern, deren Zahl in den folgenden drei Jahren etwa 3000 pro Woche ausmachte. Erst mit Stabilisierung der Einwanderung und der Wirtschaft im Jahre 1952 begann eine neue Phase der Hafenentwicklung.

Der *Hafen* hat sich bis heute in seiner Grundstruktur nicht verändert, sondern nur in seiner Ausrüstung (*vgl. Tab. 17 a und b*). Die wichtigste Neuerung war der Bau eines Getreidesilos (1955), das heute mit einer Lagerkapazität von 120000 t das größte im Nahen Osten ist und über die Hälfte des Imports im Hafen bewerkstelligt. Die gesamte Kailänge beträgt 4 km, und ein Gelände für einen Containerhafen wurde trockengelegt. Aber in der Gesamtwirtschaft der Stadt ist die Bedeutung des Hafens zugunsten der Industrie zurückgegangen.

Die industrielle Entwicklung Haifas hat seit der Staatsgründung einen gewaltigen Aufschwung genommen. Sie ist auf dem Gelände konzentriert, das im ursprünglichen Plan für die Ausgestaltung der Haifabucht vorgesehen war: anschließend an den Hafen und in der Qishonaue. Die größeren Industriebetriebe umfassen die Ölraffinerie, Petrochemie, Zement- und Glasher-

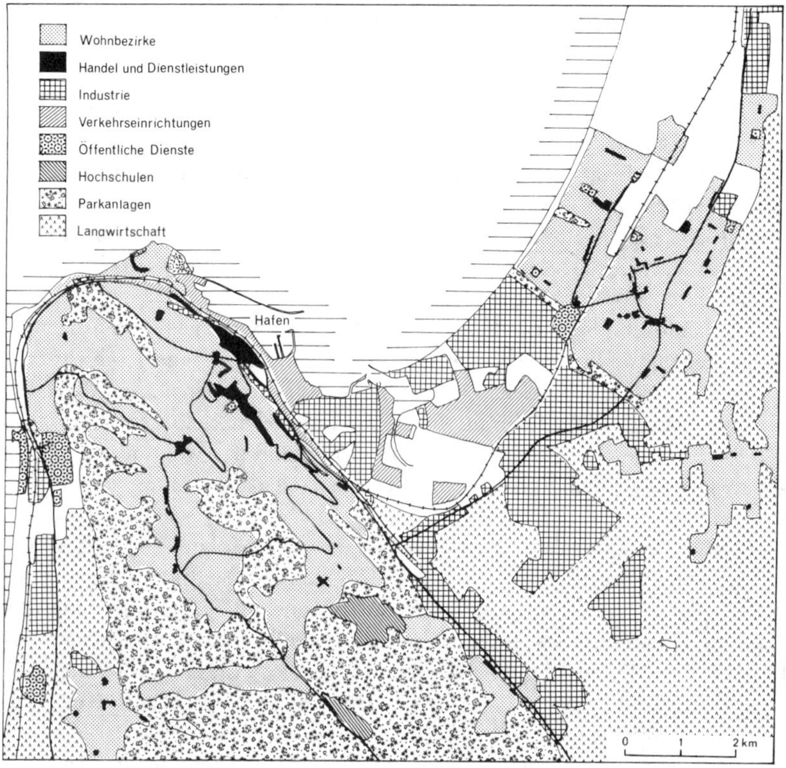

Fig. 21: Der Ballungsraum von Haifa. Flächennutzung.

stellung, Stahlgießereien und Hunderte von kleineren Betrieben. Die Gesamtzahl der Industriebeschäftigten beträgt etwa 38000.

Das ständige Wachstum der wirtschaftlichen Aktivität war von dem Anwachsen der Bevölkerung begleitet, die im Jahre 1990 im Munizipalgebiet 246000 (davon 12000 Araber) und im gesamten Ballungsraum 430000 zählte. Dies verursachte natürlich eine gewaltige räumliche Ausdehnung, und Haifa ist die Stadt mit der größten Fläche in Israel und mit den größten Entfernungen innerhalb des Stadtbereichs. Infolge der ungünstigen Topographie dehnte sich die Stadt längs einiger Achsen aus, zwischen denen weite unbebaute Räume liegen. Nur der zentrale Sektor, der aus dem ursprünglichen Stadtkern entstanden ist, zeigt eine kompakte Baustruktur, die vom Hafen bis zum Kamm des Berges aufsteigt. Aber infolge der Höhenunterschiede haben sich drei Zentren entwickelt (Fig. 21).

Das Zentrum der *Unterstadt* liegt unmittelbar am Hafen und umfaßt meist diejenigen Büros und Betriebe, die unmittelbar oder mittelbar mit der

Aktivität des Hafens verbunden sind. Die Wohnbezirke, in denen auch der Großteil der arabischen Bevölkerung lebt, ziehen sich an den unteren Bergabhängen entlang.

Das zweite Zentrum nimmt die ganze *Terrasse von Hadar Hakarmel* ein. Es ist das Haupteinkaufs- und -vergnügungszentrum der Stadt, das auch alle Ämter der städtischen Verwaltung beherbergt. Ringsherum liegen die am dichtesten bebauten Wohnviertel der Stadt.

Das dritte Zentrum liegt auf dem *Kamm des Berges*, mit Geschäften für den gehobenen Bedarf, Hotels, Cafés sowie den wichtigsten Kulturinstitutionen (Theater, Konzerthallen, Vortragssäle).

Die städtische Struktur Haifas ist somit grundverschieden von der der übrigen Hafenstädte des Mittelmeerraums, die auf eine lange geschichtliche Entwicklung zurückblicken. Dort, z. B. in Alicante, Barcelona, Marseille, Genaua, Neapel, Triest, Piräus, Izmir und in vielen kleineren Häfen, liegen die Prestigeviertel der Stadt in Hafennähe, und das Wohnniveau nimmt auf den umliegenden Abhängen mit der vertikalen Entfernung vom Hafen ab.

Das Wachstum des bebauten Geländes in Haifa erfolgte in verschiedenen Richtungen bis zu einer Entfernung von 8–12 km vom Stadtkern. Entlang der Bucht folgt zuerst die ausgedehnte Industriezone. In einer Entfernung von 8 km vom Stadtkern erstrecken sich dahinter die im Plan vorgesehenen ›Arbeiterwohnsiedlungen‹ (Qirya, Mehrzahl Querayot), die aber heute meistens vom Mittelstand bewohnt werden. Sie ziehen sich – unterbrochen von Industriebetrieben – bis nach Akko hin.

Eine zweite Achse industrieller Entwicklung folgt dem nördlichen Fuße des Karmel in Richtung Südosten, und hier liegen die ungeplanten Wohnviertel der ärmeren Bevölkerung.

Am Westfuße des Berges, entlang der Küstenstraße, zieht sich eine weitere Kette von ärmeren Wohnvierteln.

Die teuersten Wohngegenden befinden sich auf dem Kamme des Berges und auf den Höhen der davon abzweigenden Sporne. Alle Häuser sind von Wald oder Gartengelände umgeben, und diese Stadtteile weisen das relativ größte Wachstum der Wohnbevölkerung auf. Hier liegen auch die beiden Hochschulen Haifas, das ›Technion‹ (technische Universität) mit 9800 Studenten und die Universität mit 7000 Studenten.

Die letzten Phase der Stadtentwicklung sieht die Verdichtung des Wohngebietes durch Auffüllung der Lücken zwischen den Achsen vor, meist mit 6- bis 10stöckigen Wohnblöcken, da für kleinere Gebäude das schwierige Bauen auf den Steilhängen zu kostspielig wäre.

Durch die Verbindung von Küste und Gebirge bietet Haifa alle Vorteile der Mittelmeerstädte und gilt als eine der schönsten unter ihnen. Die Tatsache aber, daß in Haifa, anders als in den übrigen Mittelmeerhäfen, mit der Entfernung vom Meer die Wohnqualität zunimmt statt abnimmt, hat zu einer Vernachlässigung der Küste als Erholungsgebiet geführt. Dieses ist auf dem Karmelberge zu finden, der außerhalb der Stadt ein bewaldetes Naturschutzgebiet von mehreren Quadratkilometern Fläche anbietet.

6. DAS MITTELLAND – DER HISTORISCHE KERN

6.1. Die Küstenebene

6.1.1. Der nördliche Sektor (Sharon)

Die Sharonebene stellt heute die am dichtesten besiedelte Region (außerhalb der Großstädte) Israels dar und weist die intensivste Ausnutzung der landwirtschaftlich genutzten Fläche auf. Vom wirtschaftsgeographischen Standpunkt her gesehen ist sie ein Musterbeispiel einer totalen Umformung der Landnutzung als Folge technologischer Neuerungen. Noch vor 60 Jahren galt dieses Gebiet als landwirtschaftlich fast unbrauchbar. Schon immer (mit Ausnahme der römisch-byzantinischen Epoche vom 1. Jahrh. v. Chr. bis 6. Jahrh. n. Chr.) galten die weitausgedehnten pleistozänen und rezenten Dünen, durchsetzt von zahlreichen Sumpfniederungen, nur als extensives Weideland. Dies ist einer der Gründe dafür, warum keine Waldrodung für Siedlungszwecke unternommen wurde und der natürliche Eichenwald streckenweise bis zum Beginn des 20. Jahrhunderts erhalten blieb. (Die letzten größeren Waldbestände wurden während des Ersten Weltkrieges abgeholzt, als Heizmaterial für die türkischen Eisenbahnen gebraucht wurde.) Zum Verständnis der Grundlagen für diese Transformation ist eine eingehendere Untersuchung der geomorphologischen Erscheinungen und deren landwirtschaftlichen Wertung notwendig. Die allgemeine Entwicklung der Küstenebene während des Pleistozäns wurde bereits in Kap. 1.2.2 dargestellt, und diese ist in der Sharonebene am stärksten ausgeprägt (Fig. 6).

Der *Sharon* umfaßt eine Fläche von etwa 710 km^2. Seine Grenzen sind im Norden das Karmelgebirge, im Osten das Bergland von Samaria, im Süden der nördlichste Nebenfluß des Yarqon und im Westen das Meer. Die Länge beträgt 50 km und die durchschnittliche Breite 15 km. Die pleistozäne Landschaftsentwicklung schuf im Sharon drei Längsstreifen (s. Fig. 5). Im Westen bis zu einer Entfernung von 6 km von der Küste ziehen sich küstenparallel die drei Kurkarrücken (s. Kap. 1.2.2) mit den dazwischen liegenden engen Talzügen hin. Die letzteren sind heute im wesentlichen verkehrsbestimmend. Durch sie führen die Bahnlinie und zwei Fernstraßen von Tel Aviv nach Haifa.

Der Mittelteil des Sharons – in einer Breite von etwa 7 km – wird von Dünenhügeln eingenommen, die eine Höhe von 50–90 m erreichen und auf denen der pleistozäne Sand die Transformation zu Rotsand durchgemacht hat.

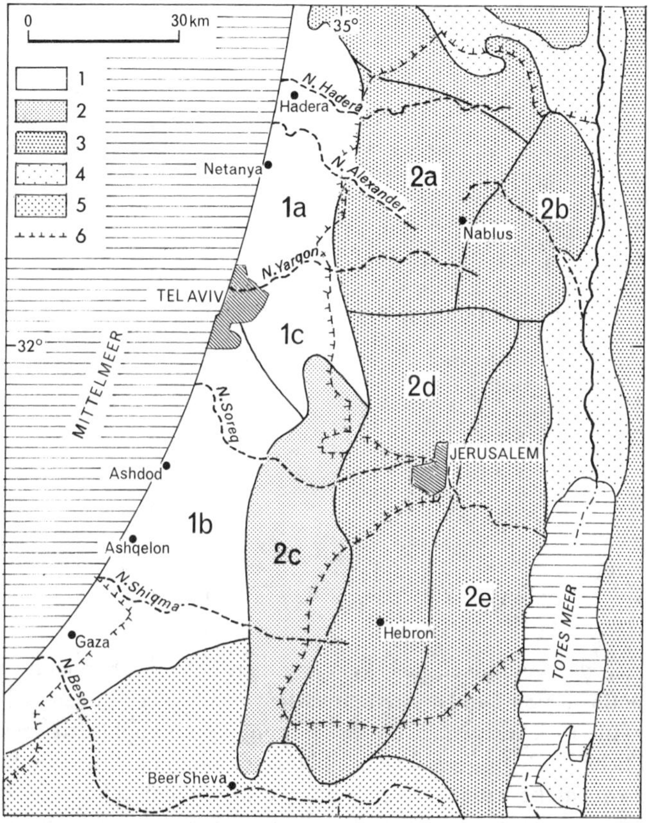

Fig. 22: Das Mittelland. Regionale Gliederung.
1 Küstenebene. 2 Hügelland. 3 Bergland. 4 Jordangraben. 5 Wüstenbecken. 6 Waffenstillstandslinie 1949. Regionale Einheiten: 1a Sharon. 1b Judäische Küste. 1c Yarqon-Ayyalon-Becken. 2a Zentralsamaria. 2b Östliches Samaria. 2c Shefela. 2d Judäisches Gebirge. 2e Judäische Wüste.

Die Flüsse, die aus Samaria herabkommen, durchschneiden die Dünen in weiten Auen, die bis zum 20. Jahrhundert weitausgedehnte Sümpfe verursachten. Da die Kurkarrücken hier fehlen, entbehrt die Landschaft jeder Gliederung. Die Verbindung von Dünentopographie und Sümpfen hat sich derartig verkehrshindernd ausgewirkt, daß bis heute keine durchgehenden Längsstraßen in diesem Gebiete existieren. Da das Regenwasser entweder im Sande zu schnell oder in den Sümpfen zu langsam versickert, war dieses Gelände immer fast unbesiedelt (*s. Tabelle 20*).

Der Ostrand des Sharon hat einen völlig andersartigen Charakter. Der

Tabelle 20: Siedlungsgeschichte der Sharonebene

Anzahl der Siedlungen nach Periode und topographischen Einheiten				
Periode	Westlicher Sektor	Zentraler Sektor Rotsand	Zentraler Sektor Sümpfe	Östlicher Sektor
Frühe Bronze	3	–	–	2
Eisenzeit	8	–	–	22
Römisch-byzantinisch	28	7	21	33
Kreuzfahrer	8	5	4	35
1800	4	4	–	13
1921 (Araber)	6	5	–	17
1921 (Juden)	2	2	–	–
1946 (Araber)	wie 1921			
1946 (Juden)	31	39	6	2
1966 (Araber)	1	1	–	9 (in Jordanien) 8 (in Israel)
1966 (Juden)	38	48	9	31
Seitdem keine Änderung in der Anzahl der Siedlungen.				

Vormarsch der Sanddünen hielt kurz vor dem Fuße des Berglandes an und ließ eine Ebene von 2–6 km Breite frei, die von alluvialen Böden bedeckt ist. Das Gefälle ist stark genug, um die Bildung von Sümpfen zu verhindern. Diese Ebene bietet ausgezeichnetes Ackerland und ermöglichte seit frühester Zeit eine dichte Besiedlung. Die Siedlungen setzten sich auf den Spornen des samarischen Berglandes an, wo sie felsigen Untergrund, kühlende Winde, Baumaterial, Quellen oder Brunnen fanden und die hüglige Topographie für Befestigungszwecke ausnutzen konnten.

Auch die Verkehrswege der Vergangenheit benutzten die günstigen Bedingungen dieser Ebene, und die antike Hauptverkehrsstraße – die Via Maris – zog die innere Verkehrsstraße der Küstenlinie vor.

Die Siedlungsgeschichte des Sharon spiegelt die Beziehung zwischen Topographie und Technologie wider. In vorgeschichtlicher Zeit bot der Sharon ein ideales Gelände für eine Bevölkerung, deren Existenz auf Jagd und Weide basierte. Das Nebeneinander von Wald und Sumpf war günstig für den Fischfang und die Jagd auf Vögel und Waldgetier, und der Wald lieferte Baumaterial für Hütten und Brennholz. Reiches Weideland stand im Winter im Walde und im Sommer in den Sümpfen zur Verfügung. Eine dichte Besiedelung seit prähistorischer Zeit ist durch zahlreiche Fundstellen erwiesen, deren Chronologie von der frühen Steinzeit bis zur chalkolithischen Epoche reicht. Mit der Einführung der Landwirtschaft macht sich eine starke Differenzierung bemerkbar, die deutlich auf eine Bevorzugung der östlichen Ebene hinweist. Die *Tabelle 20* gibt eine chronologische Übersicht über die Veränderungen in der Besiedelung in den wichtigsten historischen Phasen.

Deutlich ist die relative Stabilität in der Vorherrschaft der Siedlungszahl im östlichen Sektor und die geringe Zahl der Siedlungen im Rotsand vor der jüdischen Kolonisation zur britischen Mandatszeit. Der starke Anstieg der Zahl der Siedlungen zur Römerzeit ist zum Teil auf die damals entwickelte Technik der Dränage von Sümpfen zurückzuführen und zum Teil darauf, daß ein Teil der Siedlungen einzelnstehende Herrenhöfe waren. Dasselbe mag für die Kreuzfahrerzeit gelten.

Die Küstenlinie des Sharon ist ungünstig für die Entwicklung von Häfen. Sie ist fast in ihrer ganzen Länge identisch mit dem westlichen Kurkarrücken und formt einen Steilabhang von 20–50 m Höhe, vor dem sich im Sommer ein Sandstrand bildet, der im Winter wieder von den Wellen zerstört wird. Diese Steilküste, die eine fast gerade Linie bildet, wird nur an den Mündungen der wenigen Flüsse unterbrochen. In diesen Lücken haben sich große Sandablagerungen angesammelt, und das Flußbett durchschneidet den Grundwasserhorizont, so daß sie ganzjährig Wasser führen. Deshalb konnten kleine Schiffe der antiken Küstenschiffahrt 1–2 km flußaufwärts gelangen, wo der zweite Kurkarrücken die Position für eine befestigte Hafenstadt lieferte. Ruinen solcher Städte, die bis zur Eisenzeit existierten, wurden an vier Flußläufen ausgegraben.

In der hellenistischen Epoche wurde die Konstruktion künstlicher Häfen mit Hilfe von Wellenbrechern eingeführt, und es wurden zwei Häfen gebaut, der eine in Apollonia 17 km nördlich von Yafo (Jaffa) und der zweite als der ›Stratonsturm‹, eine Küstenfestung an der Stelle des späteren Caesarea.

Caesarea wurde in den Jahren 22–10 v. Chr. von Herodes erbaut und zählte zu den größten Häfen des Mittelmeeres. Das künstliche Hafenbecken war von zwei Wellenbrechern von gewaltigen Ausmaßen umschlossen. Hafen und Stadt enthielten zahlreiche Kolonnaden, Märkte, Prunkstraßen, ein Hippodrom, ein Theater und zahlreiche andere öffentliche Gebäude. Nach Herodes' Tod wurde Caesarea zum Sitz der römischen Prokuratoren, und nach der Zerstörung Jerusalems im Jahre 70 n. Chr. zur Hauptstadt der römischen Provinz Palästina. Ihre Bevölkerung überstieg zeitweilig die Zahl von 100000. Für die Wasserversorgung der Stadt wurden zwei Aquädukte angelegt, die sich zusammen mit in den Felsen gehauenen Zuleitungen über etwa 20 km hinziehen.

Der Hafen war auch noch in der frühen arabischen Epoche, etwa bis zum 9. Jahrh., in Betrieb, geriet aber langsam in Verfall, und mit ihm die Wasserleitungen. Die Kreuzfahrer belebten den Hafen wieder, aber in geringerem Maße, und bauten eine ummauerte Stadt, die allerdings nur einen Bruchteil des Geländes der römischen Stadt einnahm. Nach den Kreuzzügen verblieb die Stadt in Ruinen, bis sie in den letzten Jahren infolge andauernder Ausgrabungen eine neue Funktion als Touristenzentrum erhielt.

Nach den Kreuzfahrern setzte im Sharon ein Niedergang ein, der seinen Tiefstand in der ersten Hälfte des 19. Jahrhunderts erreichte, als die durchziehenden Armeen Napoleons (1799) und Ibrahim Paschas (1840) das Gebiet völlig verwüsteten.

Dies war der Hintergrund für den Beginn der jüdischen Kolonisation im Sharon gegen Ende des Jahrhunderts. Im Jahre 1890 wurde die erste jüdische Siedlung – Hadera – gegründet. Das Gelände von 3000 ha (der größte Bodenkauf zur Türkenzeit) bestand aus Sanddünen, Rotsand und Sümpfen, von denen nur die Sümpfe als landwirtschaftlich nutzbar betrachtet wurden. Die Siedler führten den Eukalyptus in Palästina ein, mit dessen Hilfe es zwar gelang, einen Teil der Sümpfe trockenzulegen, aber nicht, die Malaria zu beseitigen. Der Kampf der Siedler Haderas gegen Sümpfe und Malaria wurde zur Volkslegende. Zu Beginn des 20. Jahrhunderts erfolgten weitere jüdische Bodenkäufe im südlichen Sharon, wo die ersten Versuche unternommen wurden, den Rotsand zu bearbeiten, ein Vorhaben, das durch den Ausbruch des Ersten Weltkrieges unterbrochen wurde.

Die Transformation des Sharon zu einer der fruchtbarsten landwirtschaftlichen Regionen erfolgte in der Zeit des britischen Mandates, wobei die neugegründeten jüdischen Hochschulen eine entscheidende Rolle spielten. Geologen vom ›Technion‹ in Haifa entdeckten den Grundwasserspiegel der sog. ›Saqieh‹ – der pliozänen Ton-Mergel-Schicht, die unter den pleistozänen Sanden liegt. Diese Schicht, die sich etwa 50–70 m unter der Oberfläche befindet, hält das Regenwasser auf, das mit Leichtigkeit durch die Sandformationen versickert, und schafft ein Reservoir an Grundwasser. Dies trifft aber nur für jene Sektoren des Sharon zu, wo Hügel von Dünen- oder Rotsand vorherrschen, also z. B. nicht für einen östlichen Sektor, der von Alluvialböden bedeckt ist. Dieser Grundwasserhorizont konnte in der Vergangenheit nicht genutzt werden, da keine Möglichkeit bestand (selbst, wenn das Wasservorkommen bekannt gewesen wäre), das Wasser aus solchen Tiefen zu schöpfen. Erst die Einführung mechanischer Pumpen konnte das Wasser nutzbar machen.

Die zweite wissenschaftliche Erkenntnis erbrachte die landwirtschaftliche Fakultät der neugegründeten Hebräischen Universität. Ihr gelang es, Mittel zu erarbeiten, mit denen die wasserhaltende Kapazität des Rotsandes vergrößert werden konnte und durch chemische und Gründüngung die Fruchtbarkeit der Böden zu steigern. Sie stützte sich dabei auf Erfahrungen, die in den Sandgebieten von Flandern gemacht worden waren. Diese technischen Neuerungen führten das Prinzip der Bewässerungswirtschaft in Palästina ein, die zur Grundlage der Landwirtschaft Israels wurde. In der Folgezeit zeigte es sich, daß die bisher ›nutzlosen‹ roten Sandböden die beste Grundlage für den

Zitrusanbau bildeten, der damit zum wichtigsten Element der jüdischen Landwirtschaft in Palästina wurde. Der Sharon wurde zum Hauptproduzenten von Zitrusfrüchten.

Zitruspflanzungen waren auch die Grundlage für die Gründung von Siedlungen, im ersten Jahrzehnt des Mandats hauptsächlich als Moshava. Im nächsten Jahrzehnt, bis zum Ausbruch des Zweiten Weltkrieges, wurden zusätzlich zur Ameliorierung der Sandböden auch die ausgedehnten Sümpfe des Sharon ausgetrocknet, und auf diesem Gelände setzten sich meistens Kibbuzim und Moshavim an (Richter 1979, S. 234f.). Im ganzen wurden während der Mandatszeit 78 jüdische Siedlungen aller Formen gegründet, und ihre Bevölkerung betrug 55000. Aber der Zitrusanbau brach während des Zweiten Weltkrieges fast völlig zusammen, da durch die Blockade des Mittelmeeres der Export völlig unterbunden wurde, und zahlreiche Zitruspflanzungen wurden anderen Zwecken zugeführt. Die kooperativen Siedlungen konzentrierten sich im wesentlichen auf Milch-und Gemüsewirtschaft, während die Moschavot begannen, sich der Industrie zuzuwenden, und die Orangenhaine machten Wohn- und Industrievierteln Platz.

Nach der Gründung des Staates Israel machte der Sharon eine zweite Wandlung durch. Die durch den Weltkrieg zerstörte Weltwirtschaft und Seeschiffahrt normalisierten sich erst Anfang der fünfziger Jahre, und erst dann konnte man an eine Wiederbelebung der Zitruspflanzungen denken. Aber da die bestehenden Siedlungen das Land inzwischen anderen Zwecken zugeführt hatten, wurden die Neupflanzungen auf bisher ungenutztem Gelände angelegt, vor allem auf den Rotsandhügeln des zentralen Sektors. Sie bedekken heute eine Fläche von 170000 Dunam (17000 ha), etwa nur ein Drittel der landwirtschaftlich genutzten Fläche. Die restlichen zwei Drittel der landwirtschaftlichen Fläche des Sharon dienen heute dem Anbau anderer Produkte: Avocados, Gemüse, Baumwolle, Viehfutter. Einige Teile des Sharon haben sich auf bestimmte Produkte spezialisiert. Im Norden, in der Nähe der Weinkeller von Zikhron Ya'aqov, befindet sich die größte zusammenhängende Weinanbaufläche in Israel, und der östliche Sektor der Alluvialböden spezialisiert sich auf Intensivkulturen von Frühgemüse, Blumen und Erdbeeren in Gewächshäusern oder unter Plastikstreifen, die hauptsächlich dem Export dienen **(Bild 11)**. Diese Art von Landwirtschaft wird auch von Arabern betrieben.

Die arabische Bevölkerung des Sharon lebt in den Gebieten der traditionellen Siedlungen am Westrande der Berge von Samaria. Acht dieser Siedlungen – inzwischen haben sich noch drei Beduinenzentren zu Siedlungen entwickelt – wurden in den Waffenstillstandsverhandlungen von 1949 Israel zugesprochen. Dort lebt heute eine Bevölkerung von 90000. Sie haben die übliche Entwicklung zu Großdörfern durchgemacht und betreiben die oben erwähnten arbeitsintensiven Landwirtschaftszweige, für die der Kinderreichtum der Bevölkerung einen großen Vorteil bietet.

Tabelle 21: Die Urbanisierung der Moshavot: Wachstum ehemaliger landwirtschaftlicher Siedlungen in der Küstenebene [1]

Siedlung	1948	1952	1967	1980	1990
Nahariyya	1700	9000	20200	28800	34000
Pardes Hanna	2600	5500	10000	15800	16900
Hadera	11800	21000	30000	38700	45600
Netanya	11600	26500	57800	98400	132200
Ra'anana	5900	9000	11600	32300	53600
Kefar Sava	5500	16900	22200	39500	61100
Herzliyya	3500	18100	35600	58900	77200
Hod HaSharon	3500	12600	12400	18600	26000
Ramat HaSharon	1100	7600	15400	31200	36900
Rishon Le Zion	10400	20500	40000	92000	139500
Nes Ziyyona	2300	9500	12000	14000	20800
Rehovot	12500	23000	34000	66200	80300
Petah Tiqwa	21900	41000	73500	119800	144000
Gesamt	74200	179200	299300	654200	864100

[1] Reihenfolge von Norden nach Süden.

Im ganzen hat sich die landwirtschaftliche Fläche in einem solchen Maße entwickelt, daß jedes nutzbare Stück Land bebaut ist und 80 % der Fläche bewässert sind. Die intensive Ausnutzung der Fläche führte zur Gründung zahlreicher neuer Siedlungen, vor allem von Moshavim. Die Zahl der jüdischen landwirtschaftlichen Siedlungen im Sharon beträgt etwa 140 bei einer Bevölkerung von etwa 100000 Einwohnern.

Aber die wichtigste Veränderung im Landschaftsbild des Sharon ist die *Verstädterung*. Fast alle Moshavot, die zur Mandatszeit auf Zitruskultur aufgebaut waren, sind infolge der Entwicklungen während des Zweiten Weltkrieges und der Masseneinwanderung, die der Gründung des Staates Israel folgte, zu Städten angewachsen (*s. Tabelle 21*), deren Wirtschaftsbasis die Industrie ist. Der Zentralort des Sharon ist *Netanya* (132000 Einw. 1990), das etwa in der Mitte des Küstenstreifens liegt. Der Ort wurde 1929 als Zitrussiedlung gegründet, nahm aber bereits während des Zweiten Weltkrieges städtischen Charakter an, als er als Weltzentum für Diamantenschleifereien – als Ersatz für die von Deutschland besetzten Zentren in Antwerpen und Amsterdam – diente. Die Stadt verdankt ihren rapiden Aufstieg neben der zentralen Lage einer Vielfalt von Funktionen und einer geschickten Planung. Sie ist in küstenparallele Längsstreifen aufgeteilt. Entlang der Küste zieht sich ein Gelände hin, das der Erholung dient (über 50 Hotels, Pensionen, Restaurants, Badestrände). Im letzten Jahrzehnt hat sich Netanya zu einem der wichtigsten Badeorte in Israel entwickelt, vor allem nach dem Bau einer Küstenpromenade von 5 km Länge, die von einer Marina und Badestränden begleitet ist. Im Zentrum wurde ein herrlicher Park angelegt, der von Luxushotels und verschiedenen Clubs umgeben ist. Weiter im Inneren liegen die Wohnviertel sowie das Geschäfts- und Verkehrszentrum der Stadt. Diese werden im Osten von der Bahnlinie und Fernstraße Tel Aviv–Haifa scharf begrenzt; jenseits erstreckt sich ein ausgedehntes Industriegebiet.

Hadera, die älteste Siedlung des Sharon, wurde bis in die fünfziger Jahre als der Hauptort der Region angesehen und zählte damals 30000 Einwohner. Es ist ein wichtiger Verkehrsknotenpunkt, der anfänglich zahlreiche Industrien anzog. Aber die Stadt wurde nicht als kompakte Einheit geplant, sondern als Gruppe isolierter Viertel, die jeweils 1–3 km voneinander getrennt sind. Auch konnte sie nicht ihre Küste für Erholungszwecke ausnutzen und verlor an Attraktivität. Sie zählt heute 46000 Einwohner.

An der Küste von Hadera wurde das erste Kohlekraftwerk in Israel errichtet, mit einem riesigen Gelände für die Lagerung von Kohle. Die Kohle selbst wird aus dem Ausland mit dem Schiff importiert und etwa 2 km vor der Küste mit Hilfe einer Ladevorrichtung auf ein Transportband verladen, welches mit der Küste verbunden ist.

Im Süden des Sharon liegt (ebenfalls an der Küste gelegen) die größte Stadt: Herzliyya (77000 Einw.), der es – wie Netanya – gelungen ist, Erholung und Industrie zu kombinieren. Durch die Nähe zu Tel Aviv (12 km) ist die Stadt bereits in den Ballungsraum der Großstadt einbezogen, aber ihr küstennaher Teil ist nicht zum Erholungsort geworden, sondern zum Wohnort der wohlhabensten Bevölkerung Tel Avivs sowie zur Diplomatenkolonie, da ja fast alle Botschaften ihren Sitz in Tel Aviv haben. Die Industrie in Herzliyya ist hauptsächlich High-Tech-Industrie.

7 km östlich des Stadtkerns von Herzliyya liegt *Kefar Sava* (61000 Einw.), im wesentlichen eine Industriestadt ohne besonderen Charakter. Der Raum zwischen den beiden oben genannten Orten und Tel Aviv gehört bereits zum Siedlungsraum von Groß-Tel Aviv.

Neben den hier ausführlicher dargestellten Orten gibt es noch etwa 15 ehemalige landwirtschaftliche Siedlungen, die städtischen Charakter angenommen haben.

Die Gesamtbevölkerung des Sharon beträgt etwa 400000, von denen etwa 300000 in städtischen Siedlungen leben.

Eine wichtige Frage für jede mediterrane Küstenregion ist die Entwicklung des Tourismus. Auch für die Wirtschaftspläne des Sharon spielt dieser eine wichtige Rolle, aber es gibt im Sharon nur wenige Anziehungspunkte. Zwar verfügt er über 50 km sandigen Strandes, aber nur wenige Kilometer sind als Badestrände ausgebaut, die hauptsächlich zur Erholung für die örtliche Bevölkerung dienen. Auch der einzige Ort mit Charakter einer Badestadt, Netanya, wird mehr von der israelischen Bevölkerung als von den ausländischen Touristen aufgesucht. Demgegenüber werden die Hotels von Herzliyya hauptsächlich von Touristen benutzt, gelten aber faktisch als Teil des Hotelangebots von Tel Aviv und weniger als selbständige Erholungsplätze.

Sonst sind Übernachtungsmöglichkeiten an der Küste des Sharon auf 3–4 Plätze beschränkt, wo der Erholungsbetrieb für Israelis meist von einem Kibbuz betrieben wird. Über das größte Potential für eine Entwicklung des internationalen Tourismus verfügt Caesarea, wo die Ruinen der antiken Stadt und die Nähe des Karmelberges Anziehungspunkte liefern, die es in anderen Teilen des Sharon nicht gibt. Im römischen Theater von Caesarea findet ein jährliches Musik- und Theaterfestival statt.

Aber im ganzen gesehen läßt sich der Tourismus im Sharon auch nicht im geringsten mit den ›Costas‹ und Rivieras anderer Mittelmeerländer vergleichen.

6.1.2. Der südliche Sektor (Judäische Küste)

Der südliche Sektor der Küstenebene besteht im wesentlichen aus denselben Elementen wie der nördliche Sektor, unterscheidet sich aber in den Ausmaßen und der Gliederung. Die Küste schwingt allmählich in eine Südwestrichtung und entfernt sich vom Bergland, so daß sich die Küstenebene bis auf 20 km im nördlichen Teil der Region und auf 30 km im südlichen Teil verbreitert, gegenüber einer fast einheitlichen Breite von 15 km im Sharon. Im Osten grenzt die Küstenebene nicht direkt an das Bergland, sondern an eine hügelige Zwischenzone von 10–20 km Breite – die Shefela (s. Kap. 6.2.2.1).

Als nördliche Grenze der Judäischen Küste könnte man die Bruchlinie ansehen, die zum Yarqon-Ayyalon-Becken (s. Kap. 6.1.3.1) herabführt, während als Südgrenze am besten der Nahal Shiqma angenommen werden kann, der auch etwa der nördlichen Grenze des ariden Klimas entspricht (s. Fig. 11). Die Entfernung zwischen diesen beiden Grenzlinien beträgt 50 km, die Gesamtfläche der Region etwa 1150 km^2. Die Bevölkerung zählte 1990 500 000 Personen.

Eine Untereinteilung ergibt sich etwa entlang dem Nahal Lakhish, der bei Ashdod ins Meer mündet. Südlich des Flußbettes erreicht die Judäische Küstenebene ihre größte Weite und Höhe (180 m), und hier beginnt der Übergang zum semiariden Klima. In Verbindung damit taucht ein neuer Bodentyp auf – der Löß, dessen Anteil an der Bodendecke nach Süden zunimmt, bis er im nördlichen Negev die ganze Fläche bedeckt. Andererseits verschwinden die Rotsandböden, die für die zentrale Küstenebene und vor allem für den Sharon charakteristisch sind, fast völlig. Obwohl all diese physiogeographischen Unterschiede geringfügig erscheinen mögen, so hatten sie doch einen großen Einfluß auf die Siedlungsgeschichte der Region.

Die nach Süden hin ständig zunehmende Breite der Judäischen Küstenebene ist im wesentlichen auf stärkere Sedimentierung zurückzuführen. Die Hügel der Shefela bestehen aus Kreiden und Mergeln, die schnell erodieren und daher den Flüssen reichlich Schwemmaterial zur Verfügung stellen. Die Küste befindet sich in größerer Nähe zum Ursprungsland des Dünensandes (Nildelta und Sinaihalbinsel, s. Kap. 1.2.2) und erhielt daher eine weitaus größere Sandzufuhr als die Küste nördlich von Jaffa. Dies führte dazu, daß die pleistozänen Sanddünen höher waren als die des Sharon und daß die Entfernungen zwischen den verschiedenen Transgressionsküsten, die durch Kurkarhügel markiert sind, größer sind. Die Kurkarhügel selbst waren einer stärkeren Erosion ausgesetzt und verloren den Charakter von zusammenhängenden Ketten, die für den Sharon typisch sind. Dies ist vor allem an der Küste bemerkbar. Die Steilküste, die den Sharon fast in seiner ganzen Länge begrenzt, tritt an der Judäischen Küste nur in beschränktem Maße in der Nähe von Ashqelon und Gaza auf.

Die küstenparallel verlaufenden Kurkarrücken befinden sich in einer Entfernung von 2, 5, 7 und 12 km von der See. Aber nur der letztere kommt streckenweise in der Landschaft zum Ausdruck. Dahingegen begleiten die unkonsolidierten Sanddünen die Küste in einem 4–7 km breiten Streifen, der nur an den Flußmündungen unterbrochen ist.

Am Ostrande der Dünen verläuft eine Senke von 1–3 km Breite, die im Osten von den Segmenten des innersten Kurkarrückens begrenzt wird. Dieser ›Trog‹ bildet seit frühgeschichtlichen Zeiten den wichtigsten Nord-Süd-Durchlaß der Küstenebene (heute führen Bahnlinie und Fernstraße hindurch), an der die wichtigsten Städte der Antike angereiht waren (Gaza, Ashqelon, Ashdod, Yavne). Hier verlief die ›Via Maris‹, die am Nordrande der Judäischen Küstenebene nach Nordosten in Richtung Lod abbog, um die Sümpfe des Sharon von Osten her zu umgehen (s. voriges Kap.).

Die östliche Hälfte der Judäischen Ebene ist von alluvialem Charakter und weist nur geringe Höhenunterschiede auf. Ihre fruchtbaren Böden und die ebene Topographie machten sie zu allen Zeiten zum ausgedehntesten zusammenhängenden Ackerbaugebiet. Allerdings war dieses aus Gründen des Klimas und der Konsistenz der Böden nicht für Baumpflanzungen geeignet, die – wirtschaftlich gesehen – die wichtigsten Landwirtschaftszweige waren, aber im Bergland bessere Anbaubedingungen fanden. Dazu kam, daß die Alluvialebenen quellenarm sind und daß die Topographie und der Mangel an Felsen die Befestigung der Siedlungen fast unmöglich machten. Daher wies trotz günstiger Bedingungen für Ackerbau das Siedlungsbild den der Küstenebene typischen Mangel an Stabilität auf (s. Kap. 2.1 und 2.2), und das Gedeihen der ländlichen Siedlungen hing im wesentlichen von der Stärke der Hafenstädte ab.

Die natürlichen Bedingungen für die Entstehung von Hafenstädten sind ungünstig, da die gerade und sandige Küste keinerlei Ansatzpunkte für den Hafenbau liefert. Daher lagen die Städte der frühen Antike nicht am Meer, sondern entlang der inneren Handelsstraße. Erst in hellenistischer Zeit, als die Technologie die Anlage von Häfen mit Hilfe von Wellenbrechern ermöglichte, wurden künstliche Hafenbecken an solchen Stellen angelegt, wo eine Steilküste existierte, d. h. bei Gaza (Antedon), Ashqelon und Yavne. Zur Römerzeit wurde Ashqelon zum Haupthafen der Region, und Herodes, der dort geboren war, erbaute dort eine prächtige Stadt, die sich an Bedeutung allerdings nicht mit Caesarea vergleichen ließ.

Auch für die Kreuzfahrer wurde Ashqelon zum wichtigsten Hafen im südlichen Palästina, sie schlossen eine Stadt an, deren Mauerruinen noch heute stehen. Aber sie herrschten in Ashqelon nur von 1143 bis 1187 und 1191 bis 1247. Im Jahre 1270 wurde die Stadt – entsprechend der Politik der Mamelucken, jede Möglichkeit der Erneuerung des Seehandels Palästinas zu unterbinden – völlig zerstört und blieb eine Ruine bis in unsere Zeit, in der sie als Touristenattraktion den Mittelpunkt eines Naturparks bildet.

Die einzige Hafenstadt, die ihre Funktionen immer bewahrt hat, ist Gaza, am Rande der Negev- und der Sinaiwüste gelegen und der Ort Palästinas, der dem Nildelta am nächsten ist. Der Hafen diente sowohl dem Seeverkehr mit Ägypten als auch als Endstation für die Wüstenrouten nach Arabien und Transjordanien. In früher Zeit war die Stadt oft ägyptischer Vorposten. Wegen ihrer Verbindungen mit Ägypten blieb sie nach den Kreuzzügen auch unter der Mameluckenherrschaft, deren Sitz in Kairo war, als einziger Hafen Palästinas bestehen. Seine Funktion als Haupthafen Palästinas behielt er auch unter türkischer Herrschaft, mit Ausnahme der 50 Jahre der Blütezeit von Akko (1750–1799, s. Kap. 5.3). Im 19. Jahrhundert verlor dann der Hafen von Gaza seine Vormachtstellung an Yafo, blieb aber wichtig für den Küstenverkehr, vor allem mit Ägypten, bis in die britische Mandatszeit hinein.

Im 19. Jahrhundert war die Besiedlung der Judäischen Küste auf ihrem Tiefstand; der Kartierungsbericht des P. E. F. beschreibt jedes Dorf als ›eine enge Konzentrierung von Lehmhütten‹ und betont vor allem die geringe Anzahl von Obstbäumen. Die Zahl der Siedlungen betrug 25 im nördlichen und 55 im südlichen Sektor (davon 10 im äußersten Südwesten des ›Trogs‹, der im Jahre 1948 zum ›Gazastreifen‹ wurde). Im Inneren lag die aride Siedlungsgrenze etwa 30 km nördlich von der südlichsten Siedlung im ›Trog‹.

Im 20. Jahrhundert, bis zum Ende des britischen Mandates, erfolgte eine Konsolidierung der Verhältnisse, und in manchen Dörfern wurden auch einige Betonbauten errichtet, aber die Landwirtschaft blieb im wesentlichen auf der Subsistenzstufe stehen. Im Zensus von 1922 wurde eine arabische Bevölkerung von 82000 gezählt, davon 17000 in der Stadt Gaza. Gegen Ende der Mandatszeit (1945) wurde die arabische Bevölkerung auf 160000 geschätzt, davon 33000 in Gaza, 11000 in Khan Junis und 10000 in Majdal.

Dies weist auf einen starken Grad von Verstädterung hin, die vor allem dadurch verursacht wurde, daß im Zweiten Weltkrieg der gesamte Südwesten Palästinas das militärische Nachschubgebiet für die ägyptische Front darstellte.

Die *jüdische* Siedlungsphase in der Judäischen Küstenebene begann gegen Ende des 19. Jahrhunderts und konnte auch hier, wie überall in Palästina, nur auf den Sand- und Rotsandböden Fuß fassen (Sümpfe existierten in der Judäischen Ebene nicht). Die Siedlung blieb daher auf den nördlichen Sektor beschränkt, wo vor dem Ersten Weltkriege sieben Moshavot entstanden. Der einzige Versuch, eine jüdische Siedlung (Be'er Toviyya) südlich vom Nahal Lakhish zu errichten, scheiterte am Widerstand der Araber, die durch ständige Überfälle die Siedler schließlich zum Aufgeben des Dorfes zwangen.

In der Mandatszeit verbreitete sich auch hier die Zitruskultur auf den Rotsandböden, wo bis 1947 acht Moshavim und acht Kibbuzim gegründet wurden. Während des Zweiten Weltkrieges erfolgte die Gründung von vier Kibbuzim südlich des Nahal Lakhish – auf Sanddünen oder Kurkarhügeln.

Im Kriege von 1948 war die Judäische Küstenebene eines der entscheidenden Schlachtfelder. Mit der Ausrufung des Staates Israel rückte die ägyptische Armee von Süden her nach Palästina ein und besetzte den Großteil des südlichen Sektors der Ebene. Ihr Vormarsch nach Norden erreichte den Nahal Lakhish, wo er an der einzigen Brücke über den Fluß aufgehalten wurde. In den darauffolgenden Monaten spielten sich schwere Kämpfe im gesamten Gebiete ab, die mit dem Einschluß einer ägyptischen Brigade in der ›Tasche von Faluja‹ endeten. Dies führte zu den Waffenstillstandsverhandlungen in Rhodos (1949), in denen die Ägypter den ehrenvollen freien Abzug ihrer Truppen in den von ihnen beherrschten Gazastreifen erhielten. Während der heftigen Kämpfe und mit dem Abzug der Ägypter verließ die gesamte arabische Bevölkerung ihre Dörfer und konzentrierte sich im Gazastreifen, in dem ihr Großteil noch heute zum Teil in Flüchtlingslagern lebt.

Nach dem Waffenstillstand wurde die Judäische Ebene zum Hauptsiedlungsgebiet, vor allem für Neueinwanderer. Da diesen die ideologische Grundlage für ein Leben im Kollektiv fehlte, wurden fast alle in Moshavim angesiedelt, und im Laufe von wenigen Jahren entstanden 90 neue Moshavim und nur 8 Kibbuzim. Die Gesamtzahl der Siedlungen beträgt 145.

In der Landwirtschaft erfolgte eine völlig Umstrukturierung mit Einführung der Bewässerung. Zu diesem Zwecke wurde die Yarqon-Negev-Wasserleitung gelegt, die Wasser von den Yarqonquellen bei Rosh Ha'ayin nach dem nordwestlichen Negev führt und deren Abzweigungen die Judäische Ebene mit Wasser versorgen (s. Kap. 3.5.1). Später wurde diese Leitung an das Gesamtnetz angeschlossen. Trotz der Kombination von Nutzung örtlich gebohrter Brunnen aus der Saqiehschicht und der Landeswasserleitung ist nicht genügend Wasser vorhanden, um alles anbaufähige Land zu bewässern, und große Landflächen weisen nur unbewässerten Feldbau, vor allem Weizen, auf. Das Rotsand- und Hügelland im Westen und Norden wird hauptsächlich für den Zitrusanbau genutzt und enthält etwa die Hälfte der Zitrusfläche Israels. Im südlichen Teil gibt es ausgedehnte Pflanzungen von Mandeln und Pekannüssen. Der Ackerbau umfaßt neben Weizen im wesentlichen Baumwolle und Erdnüsse. In den neuen Moshavim spielt die Milchwirtschaft eine geringere Rolle als im Norden Israels und im Sharon, dafür aber ist der Gemüse- und Blumenanbau, z. T. unter Plastikbedeckung und in Gewächshäusern, von äußerster Bedeutung. Die Ausdehnung intensivster Bodennutzung und die Dichte der ländlichen Siedlungen finden in ganz Israel nicht ihresgleichen.

Die große Konzentration ländlicher Neueinwanderersiedlungen führte zur Ausarbeitung der ersten regionalen Planung in Israel in der Planungsregion *Lakhish* (The Lakhish Region 1970). Am Südostrande der Region gelegen, umfaßt sie auch Teile der Shefela, die weitaus weniger dicht bevölkert ist (Richter 1979, S. 272–283). Der Lakhishplan versucht, soziale und wirtschaftliche Probleme gleichzeitig zu erfassen, und ist auf den Prinzipien der Siedlungsplanung des Neulandgebiets der Zuiderzee in den Niederlanden aufgebaut. Die Siedlungsgrundlage ist der einzelne Moshav, der nach Möglichkeit von Einwanderern aus dem gleichen Herkunftsland bewohnt wird, um dadurch ethnische Reibungen zu verringern. Dies stand in völligem Gegensatz zu der bis dahin geübten Praxis, Einwanderer verschiedener Herkunft in einem Dorfe anzusiedeln, um schnellstens eine gegenseitige Anpassung zu erreichen. Nachdem sich dieses Prinzip als unwirksam erwiesen hatte, ließ der neue Plan die ethnische Einheit innerhalb eines Moshav bestehen und versuchte, die Integration über ein ›ländliches Zentrum‹ zu erreichen (Spiegel 1961, S. 122ff.). Dieses entspricht etwa dem ›Dorf‹ in der niederländischen Planung. Das Zentrum versieht die Dienstleistungen mittleren Grades für 4–6 umliegende Moshavim, die maximal 3–5 km voneinander entfernt liegen. Die wichtigste Dienstleistung ist die Grundschule, in der die Kinder von Eltern verschiedenen Ursprunges einheitlich erzogen werden. Weitere sind das Gesundheitszentrum mit mehreren Ärzten und dem Krankenhaus für Notfälle, die Vermarktungskooperative mit Verpackungszentrum und ein kooperatives Warenhaus, Banken, Post, Reparaturwerkstätten und einige Spezialgeschäfte. Da in diesen Betrieben ursprünglich hauptsächlich alteingesessene Israelis tätig waren, dienten diese auch der Integration, für deren Förderung später auch eine Versammlungs- und Kulturhalle gebaut wurde. Heute werden die meisten dieser Aufgaben auch von der zweiten Generation der Neueinwanderer erfüllt.

Bei der Einführung dieses Planungsprinzips im Jahre 1955 wurden drei solcher Zentren ins Leben gerufen, die, zusammen mit der zentralen Stadt Qiryat Gat, 21 Moshavim mit Diensten versorgten. Die Planung erwies sich als höchst erfolgreich und wurde bei späteren Siedlungsprojekten wieder angewandt.

Als nächsthöhere städtische Rangordnung sah der Plan eine Stadt (meist Entwicklungsstadt) vor, die etwa die Aufgaben einer Kreisstadt erfüllt. Sie versieht die höheren Dienstleistungen: Gymnasium, Krankenhaus, Gericht, Polizei, Spezialgeschäfte. Sie dient als Industriezentrum sowohl für verarbeitende wie für unabhängige Industrie. Für die Lakhishregion wurde die Stadt Qiryat Gat gegründet, die an der wichtigsten Straßenkreuzung und an der neugebauten Bahnlinie Tel Aviv–Be'er Sheva liegt. Die Stadt besitzt neben Betrieben der Verwertung landwirtschaftlicher Produkte zwei industrielle Großbetriebe (Zuckerfabrik, Textilien) und eine große Anzahl kleinerer und mittlerer Betriebe (Spiegel 1966, S. 120–132). Die Bevölkerung zählt 30000 Personen (1990).

Das Prinzip der ›ländlichen Zentren‹ wurde später auch auf andere Teile der Judäischen Ebene angewandt, obwohl bei der ursprünglichen Standortwahl der einzelnen Moshavim diese Form der Organisation noch nicht in Betracht gezogen worden war. Dagegen wurden nach der Theorie der städtischen Zentralorte gleich zu Beginn der fünfziger Jahre vier Entwicklungsstädte gegründet, deren Entfernung voneinander etwa 15 km beträgt: Ashqelon (59000), Yavne (22000), Qiryat Mal'akhi (15000), Sederot (10000).

Im nördlichen Sektor der Judäischen Ebene, wo die jüdische Siedlung bereits zur Zeit der türkischen Herrschaft begonnen hatte und wo während der Mandatszeit sich infolge des Zitrusanbaus größere Mashavot entwickelt hatten, nahm die Verstädterung eine Form an, die der des Sharon ähnelt. Vier Moshavot gewannen städtischen Charakter, davon entwickelten sich zwei – Rishon Le Zion und Rehovot – zu Mittelstädten.

Rishon Le Zion (15 km südöstl. Tel Aviv) wurde 1882 gegründet und entwickelte frühzeitig Industriebetriebe. Im Jahre 1887 wurde eine Weinkelterei errichtet, die die zweitgrößte im Lande ist, und während der Mandatszeit entstanden hier die erste Bierbrauerei Palästinas und eine Anzahl kleiner Industriebetriebe. Nach der Staatsgründung wurde eine ausgedehnte Industriezone nördlich der Stadt angelegt, vor allem mit pharmazeutischen und elektronischen Betrieben. Die Stadt verfügt über ausgedehnte Bodenreserven im Dünengürtel, an dessen Ostgrenze sie ursprünglich errichtet wurde. Sie wuchs außerordentlich schnell: 1948 hatte sie 10000 Einw.; 1960 – 26000; 1970 – 48000; 1980 – 92000 und 1990 – 140000.

Die Stadt besitzt eine große Landreserve in dem breiten Dünenstreifen, der sie vom Meer trennt. Dieser Bezirk wurde erst Ende der 70er Jahre entwickelt, und zwar als Wohngelände der wohlhabenden Bevölkerung. Im Süden des Bezirkes wurden ein großes Industriegelände für die modernste High-Tech-Industrie entwickelt und daneben zwei hochmoderne Wohnbezirke für die Ingenieure und sonstige Beschäftigte in den Industriebetrieben gebaut.

Von den mittleren Städten der Küstenebene zeigt Rishon Le Zion den am stärksten ausgeprägten städtischen Charakter. Es hat eine sehr große Kläranlage für die Abwässer des Ballungsraumes von Tel Aviv. Ihr bebautes Gelände berührt im Norden bereits die Außenbezirke des Ballungsraumes von Tel Aviv.

Rehovot, 1890 gegründet, liegt 8 km südlich Rishon Le Zion. Während der Mandatszeit bestand der Vorteil der Moshava gegenüber Rishon Le Zion darin, daß sie nahe der Bahnlinie Lod–Gaza lag und deshalb zum Versand- und Verarbeitungszentrum der sich entwickelnden südlichen Zitruszone werden konnte. Noch heute befinden sich an der fast stillgelegten Bahnstation sechs große Verpackungs- und Verwertungsbetriebe. Dadurch erhielt Rehovot einen Größenvorsprung über den nördlichen Nachbarort, der erst im Jahre 1965 wettgemacht wurde.

Die zweite Besonderheit erhielt Rehovot zufällig: Dr. Chaim Weizmann, ein Chemiker von Weltruf, der der erste Präsident des Staates Israel wurde, besaß in Rehovot eine Orangenpflanzung, in deren Mitte er sein Haus baute, das später zur Privatresidenz des Präsidenten wurde. Er liegt dort begraben, und die Stätte ist zu einem Nationalmonument geworden. Zu seinen Ehren wurde im Jahre 1944 ein wissenschaftliches Institut (das Weizmann-Institut) ins Leben gerufen, das sich zum größten Forschungsinstitut Israels entwikkelt hat und auf allen Gebieten der Naturwissenschaft, darunter der Kernkraftforschung, tätig ist. In Rehovot wurden auch das staatliche landwirtschaftliche Forschungsinstitut und daran anschließend die landwirtschaftliche Fakultät der Hebräischen Universität Jerusalem errichtet. Dieser Komplex von Instituten, in denen Hunderte von Wissenschaftlern tätig sind, versah die Stadt mit einer Bevölkerungsschicht, die sonst in Orten gleicher Größe nicht anzutreffen ist. Im Anschluß an die Institute entstanden auch eine Reihe von Industriebetrieben, die auf wissenschaftlicher Technologie aufgebaut sind. Die Bevölkerung von Rehovot liegt bei 80000 (1990).

Aber beide Städte können sich von ihrem Ursprung als Moshavot nicht freimachen. Das Stadtzentrum basiert auf der physischen Planung der landwirtschaftlichen Siedlung und hat keinen Raum für repräsentative Plätze oder Alleen, und die Wohnbezirke sind nach dem Standardschema der israelischen Wohnsiedlungen gebaut. Mit Ausnahme des Weizmann-Institutes könnte man kein eindrucksvolles Gebäude erkennen.

Dazu kommt, daß die Nähe von Tel Aviv sich negativ auswirkt. Das Warenangebot der Geschäfte entspricht dem einer Kleinstadt, da alle Waren für höhere Ansprüche nach einer kurzen Auto- oder Omnibusfahrt in Tel Aviv zu erreichen sind. Dasselbe trifft für Kulturveranstaltungen zu. Zur Erholung werden die Badestrände um Tel Aviv aufgesucht, und weder Rishon Le Zion noch Rehovot besitzen ein nennenswertes Angebot an Hotels oder Restaurants höheren Grades.

Im *südlichen* Sektor der Judäischen Ebene liegen die wichtigsten städtischen Zentren an der Küste und üben Funktionen aus, die weit über die Zentralortstheorien der Entwicklungsstädte hinausgehen. *Ashqelon* wurde im Jahre 1948 als Auffangzentrum für Neueinwanderer – noch vor der Idee der Entwicklungsstädte – gegründet. Die Grundlage der Siedlung war ein arabisches Städtchen namens Majdal, dessen Entwicklung von der aller arabischen Siedlungen Palästinas abwich. Der Ort war 1832, zur Zeit der ägyptischen Herrschaft über Palästina, von Ibrahim Pascha gegründet worden, der dort Ägypter ansiedelte. Der Ort erstreckte sich – im Gegensatz zu allen bestehenden Haufensiedlungen – entlang von Durchfahrtsstraßen, die für Wagenverkehr benutzbar waren, und wurde ein Zentrum für Textilindustrie, die auf der Benutzung ägyptischer Baumwolle aufgebaut war. Er entwickelte sich zu einer kleinen Industriestadt, die gegen Ende der Mandatszeit 10 000 Einwohner zählte. Während des Krieges von 1948 verblieb die Bevölkerung in der Stadt, auch unter israelischer Herrschaft, fand aber bald heraus, daß ihre Wirtschaftsbasis zerstört war, da sie sowohl von der Rohstoffquelle als auch vom Markte, die beide in Ägypten lagen, abgeschnitten war. Nach den Waffenstillstandsverhandlungen kam es zu einem Abkommen zwischen Israel und Ägypten, als dessen Folge die Einwohner Majdals freien Abzug mit all ihrem Besitz erhielten. Ihnen wurde die Einreise nach Ägypten erlaubt, so daß sie nicht zu Flüchtlingen wurden. Andererseits fand Israel eine unzerstörte Stadt vor, deren Bauplan und Hausbestand zwar nicht den Bedürfnissen moderner Siedler entsprachen, aber doch weit über dem standen, was in den übrigen verlassenen arabischen Siedlungen übrigblieb. In der leeren Stadt wurden bis 1950 etwa 5000 Neueinwanderer angesiedelt.

Wie alle historischen Orte der Judäischen Küste liegt Majdal 4 km von der Küste entfernt.

Nördlich der Ruinen der antiken Stadt Ashqelon wurde zu Beginn der fünfziger Jahre an der Küste eine Siedlung eigener Art geplant: ein Erholungsort, der sich zu einem Zentrum der Filmindustrie entwickeln und neben dem Angebot für den Tourismus auch Wohnungen für eine wohlhabende Bevölkerung zur Verfügung stellen sollte. Nach anfänglichen Erfolgen im Bau einer idealen Gartenstadt gerieten die großzügigen Pläne ins Stocken, und nur ein Hotel wurde an der Küste gebaut. Nach einiger Zeit beschloß die Regierung, die beiden in sozialer Hinsicht polar gegensätzlichen Orte, die durch 3 km landwirtschaftlichen Geländes getrennt waren, zu einer Stadt – Ashqelon – zu vereinen. Das wichtigste Bindeglied wurde eine ausgedehnte Industriezone im Norden von Majdal. Obwohl der Großteil der Bevölkerung in seinem sozialen Charakter dem anderer Entwicklungsstädte entsprach, führte die Existenz einer anderen sozialen Schicht in der Gartenstadt dazu, daß die Industriezone sich entwickeln konnte und zahlreiche Industrien anzog. Die Beschäftigungsmöglichkeiten führten zu einem schnellen

Wachstum der Bevölkerung – im Gegensatz zu den meisten Entwicklungsstädten –, und die Stadt zählte im Jahre 1961 24300 und 1965 36300 Einwohner. Sie hatte damit die kritische untere Grenze zur Selbständigkeit einer städtischen Siedlung überschritten.

Heute (1990) hat Ashqelon 60000 Einwohner. Die Wohngegenden erstrekken sich in einer küstenparallelen Zone von 7 km Länge, sind aber von der Küste durch einen Nationalpark getrennt, der auch die Ruinen der antiken Stadt umschließt. Zwischen beiden Gebieten liegt noch immer eine landwirtschaftliche Trennungszone von 2 km Breite. Dieser Bauplan verhinderte die Bildung eines echten Stadtzentrums, und das Einkaufszentrum für einen Großteil der Bevölkerung liegt noch immer in den engen Straßen von Majdal, das zum Teil zur Fußgängerzone geworden ist und den Charakter einer ›City‹ angenommen hat, während in den modernen Wohnsiedlungen nur Nebenzentren bestehen. Ein wirkliches Stadtzentrum, in dem sich die wichtigsten Einrichtungen (Stadtverwaltung, Krankenkasse, Banken, Schulen usw.) befinden, entsteht dort, wo sich die wichtigsten Straßen kreuzen. Auch Ashqelon hat ein riesiges Reservegelände in den Sanddünen, in dem jetzt ein großes Kraftwerk im Bau ist, und ein ausgedehntes Gelände für High-Tech-Industrie. Die Küstenzone nimmt erst jetzt allmählich den ihr ursprünglich zugedachten Charakter einer Erholungs- und Gartenstadt mit Badestränden und Hotels an. Sie stellt die einzige entwickelte Erholungszone an der 60 km langen südlichen Küste dar.

Die jüngste Stadt an der Judäischen Küste ist *Ashdod*. Hier war ursprünglich ein Aufnahmelager für Neueinwanderer geschaffen worden, das bis zum Jahre 1961 auf 4600 Einwohner angewachsen war. In diesem Jahre wurde beschlossen, den zweiten Mittelmeerhafen Israels in Ashdod zu errichten, und während der Periode der Bauarbeiten, die 1965 beendet waren, stieg die Bevölkerungszahl auf 23400. Sie erreichte 1972 40000, 1980 64400 und 84000 im Jahre 1990. Die Stadt ist völlig auf den Sanddünen gebaut (**Bild 12**), und für ihre Entwicklung steht Neubaugelände in unbegrenztem Maße zur Verfügung.

Bei der Planung der neuen Stadt wollte man von den Fehlern der Vergangenheit lernen, sowohl in sozialer wie in physischer Hinsicht (Spiegel 1966, S. 150–155). Sozial gesehen wurden alle Bemühungen unternommen, den Charakter einer Entwicklungsstadt zu vermeiden, und die Bevölkerung besteht aus einer Mischung von Neueinwanderern und eingesessenen Israelis, vor allem der jüngeren Generation. In der physischen Planung wurde eine Bevölkerung von etwa 200000 Einwohnern ins Auge gefaßt, die in 16 Wohnbezirke eingeordnet werden sollte. Die Wohnbezirke sind für eine größere Wohndichte geplant als in den ursprünglichen Entwicklungsstädten, mit 4- bis 6stöckigen Wohnblöcken, die um Grünflächen gruppiert sind. Zwischen den einzelnen Wohnbezirken sollen weite Hauptverkehrsstraßen mit Baum-

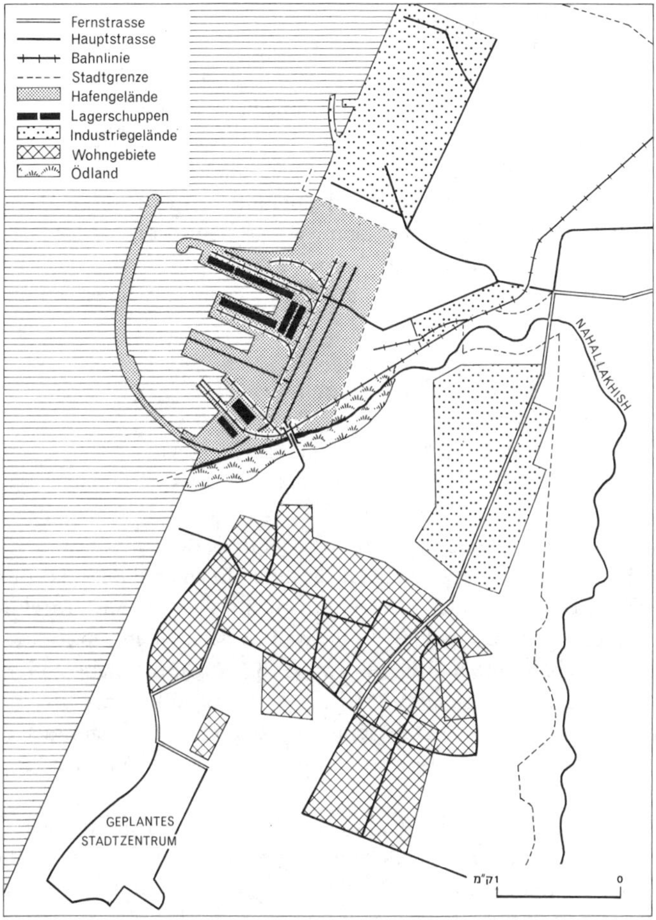

Fig. 23: Ashdod. Hafen und Stadt.

alleen eine klare Trennung schaffen. Ein Gebiet von der Größe eines ganzen Wohnbezirks ist im Süden der Stadt als Geschäfts- und Verwaltungszentrum ausgespart, mit dessen Bebauung aber erst begonnen werden soll, wenn die Hälfte der Wohnbezirke fertiggestellt sind. Zur Zeit sind sechs Wohnbezirke ganz oder teilweise beendet. Jeder Wohnbezirk besitzt ein Nebenzentrum sowie alle direkten Dienstleistungen. Das Zentrum des zuerst gebauten Bezirks dient als einstweiliges Stadtzentrum (Fig. 23).

Der Hafen von Ashdod (Karmon 1965) befindet sich nördlich der Stadt, fast ohne physische Berührungspunkte. Er spezialisiert sich auf die Ausfuhr der Mineralien des Negev (s. Kap. 3.7 und *Tabelle 17a*) und etwa der Hälfte der Zitrusfrüchte. Er besitzt auch moderne Anlagen für Containerverkehr, aber keine Vorrichtungen für die Beförderung von Passagieren. An den Hafen schließt sich eine ausgedehnte Industriezone an, deren größte Betriebe eine Gruppe von Kraftwerken und eine Erdölraffinerie sind.

Für viele gilt Ashdod als die ›Stadt der Zukunft‹, worauf auch das schnelle Anwachsen der Bevölkerung hinweist. Aber auch Ashdod leidet unter der Nähe von Tel Aviv, das auf einer autobahnähnlichen Fernstraße in einer halben Stunde Fahrt erreicht werden kann. Wie in Rehovot hat diese Nähe dazu geführt, daß sich in Ashdod keine eigenen Kulturinstitutionen, Geschäfte für höhere Ansprüche oder Tourismus und Hotelwesen entwickeln konnten.

6.1.3 Der Ballungsraum Tel Aviv

6.1.3.1 Die ländlichen Randgebiete

Etwa in der Mitte des Küstenstreifens zwischen Haifa und der ägyptischen Grenze liegt der Ballungsraum von Tel Aviv, der eine Konurbation von 1,8 Mio Einwohner bildet und als Großraum – in einem Umkreis von 20 km vom Stadtzentrum auf einer Fläche von 350 km^2 – etwa ein Drittel der Gesamtbevölkerung Israels umfaßt. In demselben Raum lebte am Ende der türkischen Herrschaft eine jüdische Bevölkerung von 15 000 neben 30 000 Arabern. Dieses etwa dreißigfache Ansteigen der Bevölkerungszahl in einem Zeitraum von 60 Jahren stellt ein siedlungsgeographisches Phänomen dar, das vielleicht nur in einigen städtischen Ballungsräumen Südamerikas eine Parallele findet.

Es fragt sich, ob diese Entwicklung nur auf historisch-politische Elemente zurückzuführen ist oder ob auch gewisse geographische Faktoren dabei mitgewirkt haben. Man könnte z. B. annehmen, daß die Lage in der Mitte der Küste eine Rolle gespielt hätte oder eine wirtschaftliche Infrastruktur, wie das Vorkommen von Mineralien, oder besonders günstige Bedingungen für eine landwirtschaftliche Entwicklung.

Um eine Antwort auf diese Fragen zu finden, ist es nötig, die geographische Grundlage des Ballungsraumes in Kürze darzustellen. Die Landschaft, in der sich der Ballungsraum entwickelt hat, das Yarqon-Ayyalon-Becken, bildet eine physiographische Region, in der sich Elemente des Sharon mit denen der Judäischen Ebene mischen. Es verdankt seine Entstehung einer tektonischen Bruchlinie, die sich von Yafo (Jaffa) nach Südosten bis Ramla hinzieht und weiter südöstlich nochmals im Tale von Ayyalon (s. Kap. 1.2.2) auftaucht. Das Becken ist nördlich dieser Linie abgesunken, so daß sein Talboden weniger als 20 m über dem Meeresspiegel liegt, während die es begrenzenden Rotsandhügel Höhen von 70–100 m erreichen. Das Becken hat die Form eines Dreiecks, dessen Spitze an der Küste liegt und dessen Basis, in einer Entfernung von 20 km östlich der Küste, sich von Norden nach Süden über eine Länge von 25 km hinzieht. Seine Form hat eine gewisse Ähnlichkeit mit der des Yizre'el-Tales, z. B. in der Richtung seiner Grenzlinien (s. Kap. 5.2.3). Auch in der Größe seiner Fläche (300 km^2) nähert es sich der des Yizre'el-Tales (360 km^2) an. Aber diese Ähnlichkeit geht noch weiter. Auch im Raum Tel Aviv hat sich infolge der tektonischen Senkung an der Küste des Beckens eine kleine Bucht gebildet (die einzige südlich des Karmelgebirges), die Gelegenheit für den Bau eines Hafens geboten hat, und wie der Emeq dient das Becken als eine der wichtigsten Durchgangsstraßen von der Küste über das Bergland zum Jordangraben.

Die Küstenformationen sind gleichfalls durch den tektonischen Prozeß beeinflußt worden. Die Kurkarhügel wurden zum Teil gehoben, und an Stelle einer zusammenhängenden Kette bilden sie isolierte Kuppen, die sich steil bis zu Höhen von 75–90 m erheben. Sie formen, zusammen mit den dazugehörigen Rotsandhügeln, einen Streifen von 3 km Breite, der sich quer durch das Becken zieht und dieses in zwei Abschnitte teilt. Der nördliche, kleinere, wird von der Aue des Yarqonflusses eingenommen, der von reichfließenden Quellen bei Rosh Ha'ayin – dem Ausgangspunkt der Yarqon-Negev-Wasserleitung – gespeist wird und daher ganzjährlich Wasser führt. Der sich in zahlreichen Mäandern windende Fluß ruft starke Überschwemmungen hervor, die das gesamte Gebiet in ein Sumpfgelände verwandelt haben, das erst im 20. Jahrhundert dräniert wurde.

Südlich der sandigen Hügel liegt das Becken von Lod, das vom Flusse Ayyalon durchzogen wird, der gleichfalls starke Überschwemmungen verursacht. Diese bedecken aber nicht die ganze Ebene und ließen Raum für landwirtschaftliche Siedlungen. In der Vorzeit, und vielleicht noch in frühgeschichtlicher Zeit, mündete dieser Fluß in die kleine Bucht am Fuße des Hügels von Yafo, wandte sich aber später 3 km vor der Küste in einem scharfen Knie nach Norden, durchschnitt die Sanddünen zwischen den Kurkarhügeln und fand seine neue Mündung im Yarqon, 3 km östlich von dessen Mündung. Der alte Flußlauf ist durch ein Sumpfgelände (›el Bassa‹) gekennzeichnet, das erst zur Mandatszeit trockengelegt wurde. Bisher ließ sich nicht mit Gewißheit feststellen, ob die Änderung des Flußlaufs von Menschenhand hervorgerufen wurde oder natürlichen Faktoren zuzuschreiben ist.

Der Südrand des Beckens von Lod diente seit frühester Zeit als die einzige Verkehrsroute von Yafo nach Jerusalem. Diese stieß am Südostrande des Beckens bei Lod auf die Alluvialebene, die sich am Ostrande des Sharon entlang erstreckt und die Hauptachse des Verkehrs (Via Maris) im nördlichen Sektor der zentralen Küstenebene bildet. Auf diese Weise wurde Lod zum wichtigsten antiken Verkehrsknotenpunkt in der Küstenebene. Diese Funktion wurde im 20. Jahrhundert wiederbelebt. Zur Mandatszeit war Lod der

Hauptknotenpunkt des Eisenbahnsystems, und im Staate Israel befindet sich bei Lod der einzige internationale Lufthafen (Ben-Gurion-Airport) des Landes.

Lod war in der Antike eine der wichtigsten Städte der Küstenebene. Die Araber erbauten im Jahre 717 eine neue Stadt 4 km südlich von Lod, die sie – wegen ihrer Lage auf Rotsandhügeln – Ramla nannten und die als Hauptstadt der Provinz Palästina diente. In historischen Quellen wird Ramla – die einzige von den Arabern gegründete Stadt in Palästina – als eine geplante, eindrucksvolle Stadt mit vielen öffentlichen Bauten geschildert, aber nur wenige Überreste aus dieser Zeit sind stehengeblieben (**Bild 4**).

Heute sind Ramla und Lod, die beide fast ausschließlich von Neueinwanderern bewohnt sind, aber wegen der Nähe zu Tel Aviv nicht den Status einer Entwicklungsstadt erhielten, faktisch Zwillingsstädte, von denen jede etwa 45000 Einwohner zählt. Im Flughafen von Lod befindet sich das größte Industrieunternehmen Israels, die Israel Aircraft Industries, mit fast 20000 Beschäftigten, die aber aus allen Teilen des Ballungsraumes zur Arbeitsstätte pendeln.

Während das Becken von Lod zu allen Zeiten dicht besiedelt war und damit der Judäischen Ebene ähnelt, hat die nördliche Hälfte des Yarqon-Ayyalon-Beckens den Charakter des Sharon im Nebeneinander von Kurkar, Rotsand und Sümpfen und blieb durch alle Zeiten hindurch fast unbesiedelt. Hier erfolgten die Anfänge moderner jüdischer Siedlung. Im Jahre 1870 wurde die erste ländliche jüdische Siedlung in Palästina errichtet: die landwirtschaftliche Schule Miqve Yisra'el. Sie existiert noch heute als ländliche Enklave mitten im Ballungsraum von Tel Aviv.

Die erste wirkliche landwirtschaftliche Siedlung war *Petah Tiqwa*, die ›Mutter der Moshavot‹, 15 km nordöstlich von Yafo. Sie wurde 1878 gegründet, litt schwer unter der Nähe zu den Yarqonsümpfen und entwickelte sich erst mit der Einführung des Zitrusanbaus. Zu Beginn der Mandatszeit bearbeitete sie die größte Zitrusanbaufläche von allen jüdischen Siedlungen und erhielt bereits im Jahre 1937 städtischen Status. Zu Ende der Mandatszeit hatte ihre Bevölkerung 20000 erreicht. Dann begann ein rapider Prozeß der Industrialisierung, der die Bevölkerung bis 1990 auf 145000 ansteigen ließ. Petah Tiqwa erfüllt zahlreiche Funktionen über den Rahmen der Stadt hinaus für den gesamten Ballungsraum. Es besitzt beispielsweise eine Reihe von Krankenhäusern, darunter ein ganz modernes und großes Kinderkrankenhaus. Im Norden der Stadt zieht sich der größte Industriebetrieb des Ballungsraumes über mehrere Kilometer hin, darunter zahlreiche High-Tech-Industrien, sowie mehrere Großfabriken (Eisen und Stahl, Gummi – insbesondere Autoreifen – Fahrzeugbau). Vom Ballungsraum ist Petah Tiqwa noch immer durch einen landwirtschaftlichen Streifen von 1–2 km Breite getrennt, ist aber funktionell bereits vollständig in den Großraum von Tel Aviv eingegliedert.

Am östlichen und südlichen Rande des Yarqon-Ayyalon-Beckens wurde nach der Staatsgründung eine große Zahl neuer landwirtschaftlicher Siedlungen errichtet, die auf den Alluvialböden hauptsächlich Gemüse und Blumen unter Plastikdecken und auf den sandigeren Böden Wein anbauen. Die Siedlungen im Westen und Norden des Beckens, die auf Rotsandböden und Kurkarhügeln errichtet wurden, sind alle im Ballungsraum von Tel Aviv aufgegangen.

6.1.3.2 Yafo (Jaffa)

Die physiographische Besonderheit des Beckens von Lod verlieh dem schmalen Küstenstreifen der Region eine besondere Bedeutung. Die kleine Bucht von Yafo und der sich südlich davon steil erhebende Kurkarhügel, der seine Fortsetzung in einer der Küste vorgelagerten Reihe von Inseln findet, schufen günstige Bedingungen für die Anlage eines Hafens, der zusätzlich den Vorteil der kürzesten Entfernung von Jerusalem (55 km Luftlinie) besaß. Der Hafen von Yafo wird bereits in ägyptischen Inschriften vom Beginn des 2. vorchristl. Jahrtausends erwähnt, die griechische Mythologie bezeichnet ihn als den ältesten Hafen der Welt. Zusätzlich zu einer für den Hafenbau geeigneten Küstenformation besaß die Stadt den Vorteil eines reichen landwirtschaftlichen Hinterlandes im Ayyalon-Becken und der von ihm geschaffenen günstigen Verkehrsverbindungen. In seiner 4000 Jahre alten Geschichte machten der Hafen und die Stadt viele Phasen von Blüte und Zerstörung durch, die die wechselreiche Geschichte Palästinas widerspiegeln. Dabei erweist sich die intime Verbindung des Schicksals von Yafo mit dem von Jerusalem, wobei die letztere der dominierende Faktor war. Jede Blütezeit Jerusalems verursachte eine verstärkte Tätigkeit des Hafens, und jeder Niedergang zog Yafo mit sich. In der Neuzeit erreichte Yafo wie Jerusalem den Tiefstand gegen Ende des 18. Jahrhunderts. Dieser Zustand wurde in Yafo noch dadurch verstärkt, daß Napoleon bei seinem Rückzug aus Palästina im Jahre 1799 die Stadt vollständig zerstörte.

Der Wiederaufstieg der Stadt begann erst 20 Jahre später, als der tatkräftige türkische Gouverneur Abu Nabud die ›Modernisierung‹ der Stadt einleitete. Die Altstadt auf dem Kurkarhügel wurde dadurch erweitert, daß zu Füßen des Hügels eine neue Moschee und ein anschließender Basar gebaut und die zerstörten Mauern wieder aufgebaut wurden. Öffentliche Brunnen wurden im Basar und auf dem Wege nach Jerusalem errichtet.

Der erneute Aufstieg Jerusalems, der im Jahre 1842 einsetzte (s. Kap. 2.6), wirkte sich sofort auf Yafo aus, das nun als Landeplatz für die einsetzende starke Pilgerfahrt nach Jerusalem diente. Für diesen Zweck wurden Hospize für die Wallfahrer eingerichtet, und Vertreter von christlichen Institutionen und später Konsuln der europäischen Staaten setzten sich in der Stadt fest. Im

Jahre 1868 gründeten Mitglieder der deutschen Tempelgesellschaft die ›Deutsche Kolonie‹ und vier Jahre später die große landwirtschaftliche Siedlung Sarona, in der Nähe des Ayyalonflusses, 4 km nordöstlich von Yafo.

Die Eröffnung des Suezkanals im Jahre 1869 brachte einen erneuten Wendepunkt. Anläßlich der Eröffnungsfeierlichkeiten besuchten zahlreiche Führer europäischer Staaten, darunter Kaiser Franz Joseph von Österreich, anschließend Jerusalem und landeten in Yafo. Für diesen Besuch wurde in Eile eine Wagenstraße nach Jerusalem gebaut – die erste ihrer Art in Palästina –, und damit wurden die Handelsbeziehungen zwischen beiden Orten bedeutend gesteigert. Mit dem Bau der Straße wurde die Möglichkeit geschaffen, auch sperrige und schwere Güter, wie Holzbalken oder Kirchenglocken, einzuführen, und die Nähe des Suezkanals machte es wirtschaftlich möglich, feste Schiffahrtslinien, darunter auch die ersten Dampfschiffe, in Yafo anlegen zu lassen. Im Jahre 1888 war die Bevölkerung Yafos auf 17000 angestiegen, und das Wachstum der Stadt machte die Niederreißung der Mauern notwendig. In demselben Zeitraum wuchs auch die jüdische Bevölkerung der Stadt auf etwa 1000, und es wurden gesonderte jüdische Wohnsiedlungen am Nordostrande der Stadt errichtet.

Im Jahre 1892 wurde die erste Eisenbahn in Palästina gebaut. Sie verband Yafo mit Jerusalem und legte damit endgültig die Position Yafos als Hauptha-fen des Landes und zweitgrößte Stadt (35000 Einwohner im Jahre 1898) nach Jerusalem fest.

Mit dem Wachstum der Stadt nahm auch die jüdische Bevölkerung zu, die im Jahre 1907 die Zahl von 7000 erreichte und im Jahre 1909 einen eigenen Vorort, Ahuzat Bayit, gründete, der sich zur Stadt Tel Aviv entwickelte.

Im Jahre 1921 – infolge schwerer Unruhen, bei denen viele Juden ums Leben kamen – erfolgte der Auszug der jüdischen Bevölkerung aus Yafo nach Tel Aviv, und Yafo entwickelte sich während der Mandatszeit zur fast rein arabischen Stadt neben Tel Aviv. Am Ende der Mandatszeit war Yafo mit 70000 arabischen Einwohnern die Stadt mit der größten arabischen Bevölkerung in Palästina. (In Haifa und Jerusalem lebten etwa je 55000 Araber.)

Im Kriege 1948 fanden schwere Kämpfe zwischen Yafo und Tel Aviv statt. Als Yafo von den jüdischen Truppen erobert wurde, verließ fast die ganze arabische Bevölkerung die Stadt. Heute leben dort 12000 Araber.

6.1.3.3. Tel Aviv

Ahuzat Bayit, die jüdische Wohnsiedlung, wurde im Jahre 1909 gegründet und erhielt ein Jahr darauf den Namen Tel Aviv. Sie liegt 2 km nordöstlich von Yafo und wurde als Gartensiedlung in rechtwinkligem Muster geplant (Fig. 24). Im Jahre 1914 standen bereits 140 Häuser in der Siedlung, als der

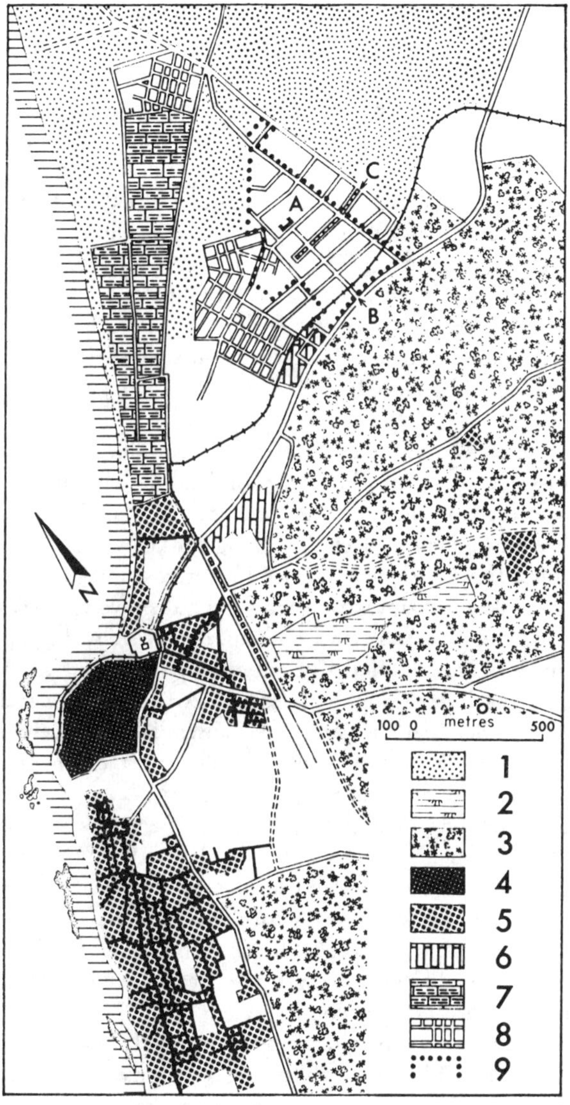

Fig. 24: Die Anfänge von Tel Aviv (1912).
1 Sanddünen. 2 Sumpf (frühere Mündung des N. Ayyalon). 3 Zitruspflanzungen. 4 Altstadt von Yafo. 5 Neuere Viertel von Yafo. 6 ›Deutsche Kolonie‹. 7 Manshiehviertel (mit rechtwinkligem Straßennetz). 8 Die ältesten jüdischen Viertel. 9 Grenze von Ahuzat Bayit, dem ursprünglichen Kern von Tel Aviv. A das Herzl-Gymnasium, das erste öffentliche Gebäude Tel Avivs (heute Shalom Tower, das höchste Hochhaus Israels). B Herzlstraße. C Rothschild-Boulevard.

Erste Weltkrieg dazu führte, daß die türkischen Behörden die gesamte Bevölkerung aus der Stadt verbannten; und erst mit der Eroberung Palästinas durch die britischen Truppen konnte der Ort sein normales Leben wiederaufnehmen. Aber der entscheidende Wendepunkt in den Anfängen Tel Avivs waren die antijüdischen Unruhen, die 1921 in Yafo ausbrachen. Als Folge davon verlegte der größte Teil der jüdischen Bevölkerung Yafos seinen Wohnsitz nach Tel Aviv, dessen Bevölkerung in einem Jahre von 3500 auf 13000 anstieg. Gleichzeitig verlieh die britische Verwaltung der Siedlung den Status einer Stadt, allerdings mit der beschränkten Autonomie, die zur Mandatszeit für alle Städte Palästinas galt. So ist das Jahr 1921 faktisch als das Gründungsjahr von Tel Aviv anzusehen.

Die Bevölkerung der neuen Stadt wuchs in einem erstaunlichen Tempo. Sie zählte Ende 1925 bereits 34000 und stieg im Laufe der nächsten 10 Jahre auf 120000.

Die Gründe für diesen rapiden Anstieg der Bevölkerung waren verschiedenen Charakters. In jedem Einwanderungsland besteht unter den Neueinwanderern die Tendenz, sich am Ankunftshafen anzusiedeln, und dieser war bis zum Jahre 1933 in Yafo. (Nach Eröffnung des Tiefwasserhafens von Haifa legte der größte Teil der Einwandererschiffe dort an, und gleichzeitig begann ein starker Bevölkerungszuwachs in Haifa, vor allem von Einwanderern aus Deutschland [s. Kap. 5.4].) Aber dazu kam, daß Tel Aviv die erste rein jüdische Stadt in Palästina (und in der gesamten Welt) war. Man kann sich heute – über 40 Jahre nach der Gründung des Staates Israel – schwer die Gefühle eines Juden vorstellen, der nach einer zweitausendjährigen Geschichte in der Diaspora zum ersten Male eine Stadt vor sich sieht, die vom Bürgermeister bis zum Polizisten und Straßenreiniger jüdisch war.

Der Begriff ›Tel Aviv‹ löste in der jüdischen Öffentlichkeit das erste Vorgefühl einer Eigenstaatlichkeit aus, die dann im Jahre 1948 Wirklichkeit wurde. Aber das Prestige der ›ersten jüdischen Stadt in der Welt‹ hat der Stadt Tel Aviv immer ein Übergewicht gegenüber allen anderen Städten Palästinas – einschließlich Jerusalems – gegeben. Bereits zehn Jahre nach der eigentlichen Gründung, d. h. im Jahre 1931, überstieg die Bevölkerung Tel Avivs diejenige von Yafo und im Jahre 1936 die von Jerusalem.

Mit dem Wachstum der Bevölkerung übernahm Tel Aviv fast alle Zentralfunktionen für die jüdische Bevölkerung Palästinas, mit Ausnahme der religiösen und geistigen Führung, die in Jerusalem konzentriert war. Alle jüdischen Zentralinstitutionen der Wirtschaft und Finanzen, des Erziehungs- und Gesundheitswesens, der Kunst und Literatur sowie die zentralen Leitungen aller politischen, gewerkschaftlichen und industriellen Verbände waren in Tel Aviv konzentriert, so daß Tel Aviv den Charakter der Hauptstadt eines (noch nicht existierenden) jüdischen Staates annahm, der in seinen Funktionen eine Art Nebenregierung neben der Mandatsregierung in Jerusalem aufstellte.

Die Zentralität der Funktionen Tel Avivs ist also nicht aus einer regionalen Position entstanden, sondern von vornherein aus Dienstleistungen des höchsten Ranges. Die Entstehung einer regionalen Zentralität war die Folge des Gewichtes von Tel Aviv in Bevölkerung und Finanzen. Tel Aviv bildete sehr bald den größten städtischen Markt für landwirtschaftliche und industrielle Produkte, so daß alle marktorientierten Wirtschaftszweige die Nähe zur Stadt suchten.

Während das Wachstum der Bevölkerung nur von wirtschaftlichen und politischen Faktoren abhing, waren der Entwicklung des bebauten Gebietes physische Grenzen gesetzt. Die wichtigsten landschaftlichen Faktoren im Raume von Tel Aviv sind der Yarqonfluß, der jahrzehntelang die nördliche Grenze von Tel Aviv bildete, und sein Nebenfluß, der Nahal Ayyalon, dessen Aue von etwa 1 km Breite über eine Länge von 7 km parallel zur Küste in einer Entfernung von etwa 3 km verläuft. Dieser Fluß bildet die östliche Grenze für den Entwicklungsraum der Stadt. Das Gelände zu beiden Seiten der Flüsse wurde von einigen arabischen Dörfern landwirtschaftlich genutzt, aber vor allem von der deutschen Kolonie Sarona, deren Grundbesitz westlich des Flusses sich dem Meere bis auf eine Entfernung von 1,5 km näherte. Unmittelbar westlich vom Stadtkern Tel Avivs erstreckte sich ein Stadtteil von Yafo (Manshieh, s. Fig. 24), der Tel Aviv von der Küste abschnitt. Diese konnte erst 1,5 km nördlich des Stadtkerns erreicht werden.

So blieb für die räumliche Entwicklung Tel Avivs nur ein schmaler Streifen von Sanddünen übrig, in dem die Bautätigkeit der ersten Jahre völlig ungeordnet vor sich ging; der einzige bestimmende Faktor war, daß Bauunternehmer Grundstücke käuflich von ihren arabischen Besitzern erwerben konnten. Im Jahre 1925 wandte sich die Stadtverwaltung an den bekannten englischen Städteplaner Sir Patrick Geddes mit der Bitte, einen Gesamtentwicklungsplan für Tel Aviv auszuarbeiten, aber als dieser vorgelegt wurde, war die Bevölkerung der Stadt bereits weit über die Zahl hinausgewachsen, die als Endzahl im Plan vorgesehen war.

Die physischen Grenzen für die Entwicklung Tel Avivs fielen erst mit der Staatsgründung weg, aber gleichzeitig damit begann die Masseneinwanderung, in deren Folge die Bevölkerung der Stadt von 220 000 (1948) auf 335 000 (1950) anwuchs.

Mit der Gründung des Staates erhielt Tel Aviv eine neue Funktion. Die Stadt wurde zur Hauptstadt Israels und Sitz von Regierung und Parlament erklärt. (Am Datum der Staatsgründung befand sich Jerusalem in einem Zustand der Belagerung durch transjordanische Truppen, ohne jede Verbindung mit dem Rest des Landes.) Die einzige Möglichkeit, Unterkünfte für die neugeschaffenen Regierungsämter zu finden, bestand in Sarona. Mit Ausbruch des Zweiten Weltkrieges waren die deutschen Bewohner der Siedlung zu feindlichen Ausländern erklärt und die Siedlung in ein ziviles Gefangenenlager umgewandelt worden. Kurz vor dem Abzug der Engländer aus Palästina wurden die Insassen nach Australien deportiert, und so standen ihre dörflichen Häuser leer. Sarona konnte so zum Regierungsviertel (Ha'Qirya) werden, und auch nach der Verlegung der Hauptstadt nach Jerusalem verblieben dort zentrale und regionale Regierungsämter. Heute stellt das Gelände mit seinen engen Straßen und einem Gewirr von Häusern und dazwischen gelegenen ›temporären‹ Gebäuden eines der größten Hindernisse für die Neuplanung eines Verwaltungszentrums dar.

Als Anfang 1950 Jerusalem zur Hauptstadt Israels erklärt wurde, erneuerte sich der Dualismus zwischen diesen beiden Städten, der für die Mandatszeit charakteristisch war. Die Funktionsteilung aus der Mandatszeit blieb auch im Staate bestehen, und Tel Aviv behielt seine Zentralität auf allen Gebieten außer der Zentralregierung und den religiösen Institutionen. Da der Status Jerusalems als Hauptstadt Israels international umstritten war, errichteten die meisten Staaten, die Israel überhaupt anerkannten, ihre Botschaften in Tel Aviv, so daß die Stadt auch das Zentrum der diplomatischen und konsularen Aktivitäten ist. Mit dem rapiden Ansteigen der Bevölkerung und wirtschaftlichen Aktivität Israels verstärkte sich das Übergewicht Tel Avivs noch mehr, auch auf geistigem Gebiete, und die Universität von Tel Aviv, die im Jahre 1956 gegründet wurde, ist heute die größte Universität des Landes mit 19 400 Studenten.

Die Konzentration und das ständige Wachstum der Geschäfts- und Verwaltungsfunktionen führte zu einer typischen Citybildung, die wie in den meisten Städten der Welt im historischen Stadtkern begann und von dort auf andere Stadtteile übergriff. Dieser Prozeß war von einem relativen Rückgang der Wohnbevölkerung begleitet, die sich mehr und mehr in den Außenbezirken und umliegenden Orten konzentrierte. Diese wuchsen so stark, daß ihre Bevölkerung heute doppelt so groß ist wie die von Tel Aviv selbst (*Tabelle 9*). So entstand ein Ballungsraum (Konurbation), in dem die zentrale Stadt alle Zentralfunktionen ausübt, während die Funktionen von Industrie und Residenz sich in den Außenbezirken konzentrieren. Nach dem ursprünglichen gewaltigen Bevölkerungsanstieg wuchs die Stadt nur langsam von 330 000 (1950) auf 392 000 (1965) an, und seitdem erfolgte eine allmähliche Verringerung der Bevölkerung, die bis 1980 auf 335 000 zurückging und bis heute bei dieser Zahl verblieb.

Aufgrund all dieser Entwicklungen änderte sich das Stadtbild Tel Avivs in starkem Maße; gleichzeitig erfolgte eine geographische Gliederung der *Funktionen*. Der am stärksten ins Auge fallende Faktor ist der Anstieg des Sozialprestiges von Süden nach Norden.

Im Süden des Munizipalraums liegt *Yafo*, das, kurz nachdem es von seiner arabischen Bevölkerung verlassen worden war, in Tel Aviv eingegliedert wurde. Die Stadt nahm danach den offiziellen Namen Tel Aviv-Yafo an. Yafo diente als Auffangzentrum für Neueinwanderer, wurde aber wegen der unzulänglichen Bausubstanz der meisten Häuser und der unzureichenden Bedingungen von Kanalisation, Straßenzustand und anderer öffentlicher Dienste, die für die arabische Stadt typisch waren, bald zum Wohnviertel der minderbemittelten Bevölkerung. Trotz aller Bemühungen der Stadtverwaltung, die Zustände zu verbessern und trotz des Baus von modernen Wohnblöcken in den äußeren Bezirken der Stadt konnte Yafo seine Prestigewertung nicht erhöhen. Dies wirkte sich auch auf andere Wirtschaftszweige aus. Größere Geschäfte konnten mit den verlockenden Auslagen der Läden Tel Avivs nicht konkurrieren und wurden oft zu Handwerks- oder kleinen Industriebetrieben umgebaut, und das Warenangebot in den Geschäften geht über das Mittelmäßige nicht hinaus.

Nur ein Teil von Yafo machte eine vollkommene Wandlung durch: die Altstadt auf dem Kurkarhügel, der sich unmittelbar über dem Hafen erhebt. Zur Mandatszeit war sie ein Slum-Viertel, in das sich der Besucher kaum hineintraute. Das Viertel wurde völlig abgebrochen, und dabei kamen unter den Lehmhütten verschüttete Überreste ehemaliger Bürgerhäuser zum Vorschein. Diese wurden wiederhergestellt und dienten zur Grundlage für die Errichtung eines romantischen Künstlerviertels mit Ateliers, Restaurants, Museum, zwischen denen Reste der antiken Stadt verstreut sind. Alt-Yafo ist heute vor allem abends ein wichtiger Anziehungspunkt, sowohl für die Bevölkerung von Tel Aviv als auch für Touristen. Der historische Hafen, der 1965 endgültig geschlossen wurde, sollte in das Gelände eingeschlossen werden, aber die Pläne dafür sind noch nicht durchgeführt worden.

Die südlichen Wohnbezirke von Tel Aviv, die zum ältesten Baubestand der Stadt gehören, haben einen ähnlichen Charakter wie Yafo und bilden heute eine Mischung von Handwerksbetrieben und ärmlichen Wohnungen.

Das wichtigste Problem der Umwandlung Tel Avivs zum Standort der Funktionen des obersten Ranges war die Bildung einer *City*. Wie in fast allen historischen Städten entwickelte sich auch in Tel Aviv die City aus dem ursprünglichen Stadtkern, der Siedlung Ahuzat Bayit, die ihre Wohnfunktion fast völlig verloren hat. Aber bereits zu Beginn der sechziger Jahre war das Gelände zu klein, um den Bedarf an Büro- oder Großhandelsraum zu dekken. Die Enge der vor 50 Jahren angelegten Straßen führte zu schweren Verkehrsstauungen, die auch den Bau von Hochhäusern unpraktisch erscheinen ließen. Nur ein Hochhaus – der Shalom Tower mit 32 Stockwerken – wurde an der Stelle des größten öffentlichen Gebäudes von Ahuzat Bayit, des Herzl-Gymnasiums, errichtet und beherrschte lange die Silhouette der Stadt. Heute gibt es bereits eine große Anzahl von Hochhäusern.

Schon zur Mandatszeit hatte sich der Detailhandel in nördlicher Richtung entlang einer Achse von 3,5 km entwickelt, die über die Straßen Allenby und Ben Yehuda bis zum Yarqon führt. Nach dem Anschluß von Yafo an Tel Aviv ergab sich die Möglichkeit, die City nach Westen bis zum Meere zu erweitern, das nur 600 m entfernt ist. Das Stadtviertel von Yafo, Manshieh, das zur Mandatszeit diesen Zugang versperrt hatte, war während der Kämpfe von 1948 fast völlig zerstört worden. Die Erweiterung der City in dieser Richtung, die dem Geschäftszentrum auch ein Erholungs- und Tourismusgebiet anschließen würde, entspricht auch stadtgeographischer Logik. So wurden eine Anzahl großzügiger Pläne ausgearbeitet, die alle eine Verbindung von Hochhäusern mit Fußgängerzonen vorschlugen.

Das Regierungs- und Verwaltungszentrum der Qirya, 2,5 km nordöstlich der City, war gleichfalls für eine moderne Entwicklung ungeeignet, da ihre zwei- bis dreistöckigen Häuser und schmalen Straßen den modernen Ansprüchen nicht gewachsen sind. Aber die zahlreichen Regierungsämter übten genügend Anziehungskraft aus, um das im Westen und Norden anschließende, ehemalige landwirtschaftliche Gelände zur Citybildung anzuregen. Hier war genügend Raum für breite Durchgangsstraßen und repräsentative Gebäude vorhanden.

Die Entwicklung dieser Stadtgegend begann mit der Errichtung eines Kulturzentrums rund um den Habima-Platz, wo das Nationaltheater Habima, ein städtisches Museum und ein Konzertsaal von größten Ausmaßen Platz finden. Einige hundert Meter weiter nördlich entstand das Gebäude der Stadtverwaltung mit einem großen dekorativen Vorplatz. Zwischen diesen beiden Zentren und der Qirya siedelten sich zahlreiche weiträumige und hohe Gebäude von Kultur- und Wirtschaftsinstitutionen, Krankenhäusern, diplomatischen Vertretungen, Gerichtsgebäuden und anderen an. In den Zwischenräumen entstanden Wohnsiedlungen der höheren Einkommensgruppen. Als Achse dieses Stadtteils von etwa 2 km^2 Fläche entwickelte sich die Ibn-Gevirol-Straße, die heute die Geschäftsstraße mit dem höchsten Prestigewert ist.

Das Bestehen zweier Geschäfts- und Verwaltungszentren in einer Entfernung von nur 2 km voneinander führt dazu, daß auch das dazwischen liegende Wohngebiet in den Prozeß der Citybildung hineingerissen wird und zahlreiche Wohnhäuser großen Bürogebäuden Platz machen. Die Achse dieser Entwicklung ist der Rothschild-Boulevard, dessen südlichster Teil die Zentralachse von Ahuzat Bayit gebildet hatte.

Eine weitere Zone mit ausgeprägtem Funktionscharakter ist die *Meeresküste*, deren Entwicklung allerdings erst gegen Ende der sechziger Jahre einsetzte. Der 3 km lange Küstenstreifen zwischen Tel Aviv und Yafo war unberührt geblieben, weil er in die Pläne des Manshiehprojekts eingeschlossen werden sollte. Die gegenwärtige Entwicklung ist daher provisorisch und bestand in der Anlage einer breiten Küstenstraße und eines Parkes auf einem trockengelegten Streifen des Meeres. Die eigentliche Entwicklung spielte sich in dem Küstenstreifen ab, der zum ursprünglichen Stadtgebiet von Tel Aviv gehört. Als Entwicklungsachse dient die 3 km lange Yarqonstraße. Entlang dieser Straße reihen sich Hotels, Reisebüros, Touristengeschäfte und diplomatische Vertretungen. Die Hotels im nördlichen Sektor der Straße sind Hochhäuser mit Hunderten von Zimmern. Der Sandstrand wurde erst in den letzten Jahren durch den Bau von Molen zum Badestrand umgewandelt, und ein Teil der Küste wurde zu einem Yachthafen ausgebaut. Parallel zum Strand wurde eine etwa 8 km lange Küstenpromenade vom alten Hafen im Norden bis Yafo im Süden gebaut, die zum Haupterholungsgebiet der Stadt geworden ist.

Zur Küstenzone gehören noch die zwei Straßen, die in einer kurzen Entfernung parallel zur Küste laufen: die Ben-Yehuda-Straße, ursprünglich die Hauptgeschäftsstraße der Stadt, ist jetzt in den Einflußbereich der Hotels einbezogen, und die Dizengoffstraße ist in der Touristenwelt untrennbar mit dem Namen Tel Aviv verbunden. Sie weist eine große Zahl von Straßencafés und Restaurants auf, die von Geschäften mit luxuriösem Warenangebot begleitet werden. Tel Aviv war bisher das größte Touristenzentrum Israels, ist aber letztlich von Jerusalem, wo zahlreiche neue Hotels errichtet wurden, überholt worden.

Die natürliche nördliche Grenze Tel Avivs ist der *Yarqon*. Dieser kleine Fluß bildet jetzt die Erholungszone der Stadt und ist in seiner ganzen Länge von Parkanlagen begleitet, die sich im Osten zu einem Messegelände erweitern. Sonst ist Tel Aviv an Parkanlagen arm, da keine verpflichtenden Entwicklungspläne bestanden und die private Bautätigkeit natürlich nur an Baugrundstücken interessiert war.

Seit den sechziger Jahren ist Tel Aviv über den Yarqon hinausgewachsen, wo es möglich war, neue Viertel nach genauer Planung anzulegen. Ein weitläufiges Straßennetz erleichtert den Zugang zu den verschiedenen Wohneinheiten, in denen hauptsächlich die wohlhabende Bevölkerung lebt. Die Wohngebiete sind umrahmt von einer Zone kultureller Aktivität, die die Universität und eine Reihe von Museen umfaßt. In Tel Aviv befand sich ursprünglich die größte Ansammlung von Industrien im Land. Im Jahre 1961 gab es in Tel Aviv 11 500 industrielle Betriebe mit 59 000 Beschäftigten, aber nur 2150 Betriebe beschäftigten mehr als 5 Arbeiter. Größere Betriebe siedelten sich in den Nachbarorten an. Die in Tel Aviv verbliebene ›Industrie‹ zieht sich in einem Streifen von 1,5 km Breite an beiden Ufern des Ayyalon-Flusses entlang, der sich von Yafo über etwa 7 km nach Norden erstreckt. Dieses Industriegelände macht zum Teil einen heruntergekommenen Eindruck und besteht aus einer ungeordneten Mischung von Büros, Lagerräumen, Werkstätten, Restaurants und Wohnhäusern.

6.1.3.4. Der Ballungsraum

Tel Aviv hat heute alle Charaktereigenschaften eines metropolitanen Zentralortes, der von einer Reihe von kleineren Orten umgeben ist, deren Hauptfunktionen Industrie und Wohngebiete, hauptsächlich für den Mittelstand, sind. Diese Orte besitzen eine eigene munizipale Verwaltung, sind aber mit dem Wirtschaftsleben der Metropole durch den Pendlerverkehr aufs engste verknüpft.

In den meisten Ländern entwickelt sich ein solcher Ballungsraum (conurbation) dadurch, daß historisch gewachsene Dörfer oder Kleinstädte durch Raumausdehnung mit einem Zentralort zusammengewachsen sind, aber ihre städtische und eventuell kulturelle Eigenständigkeit nicht aufgegeben haben.

Das Eigentümliche am Ballungsraum von Tel Aviv liegt darin, daß es sich bei all diesen Orten um Neugründungen ohne historische Tradition handelt und daß sich die Frage erhebt, warum sie sich nicht von vornherein als Außenbezirke Tel Avivs, aber unter einer einheitlichen Stadtverwaltung, entwickelt haben. Diese Frage ist damit zu beantworten, daß während der Mandatszeit dem Raume von Tel Aviv absolute Grenzen gesetzt waren. Orte, die jenseits dieser Grenzen entstanden, waren mit Tel Aviv nur durch wenige Straßen verbunden, die in manchen Fällen durch Gegenden mit feindseliger Bevölkerung führten. Andererseits entstanden diese Siedlungen meist aus dem Willen einer organisierten Gruppe, ihrer Siedlung einen speziellen Charakter zu geben, und dieser ist auch heute noch ausgeprägt.

Die wichtigsten Orte, die heute zum Ballungsraum gehören, entstanden östlich des Nahal Ayyalon, über den ursprünglich nur eine Brücke führte und dessen Gelände in nichtjüdischem Besitz war.

Zunächst ließen sich an verschiedenen Orten östlich des Nahal Ayyalon kleinere Gruppen nieder, die die Orte entweder als landwirtschaftliche Siedlung oder als Eigenheimsiedlung für Arbeiter gründeten. Sie schlossen sich nach der Gründung des Staates zur Stadt *Giv'atayim* zusammen, die heute 50000 Einwohner zählt. Auf ihrem Gebiet entstand eine Industriezone am Ufer des Nahal Ayyalon.

Nördlich davon erstreckt sich *Ramat Gan*, gleichfalls 1922 als landwirtschaftliche Siedlung gegründet. Sie wurde 1930 zu einer Stadt und sollte als Gartenvorstadt für Tel Aviv dienen, wo infolge der stürmischen Bauentwicklung die Anlage von Gärten völlig vernachlässigt worden war. Ramat Gan ist dieser Aufgabe treu geblieben. Die Stadt hat zahlreiche Parks, hauptsächlich auf den verstreuten steilen Kurkarhügeln, Sportplätze und den großen ›Nationalpark‹, der zum Teil zu einem Safari-Gelände ausgebaut wurde. Das gesamte Stadtgebiet, mit weiten Baumalleen, ist eine bevorzugte Wohngegend des Mittelstands und der Schicht von besser bezahlten Facharbeitern. Eine ursprünglich starke Entwicklung von Industriebetrieben ist zum Stillstand

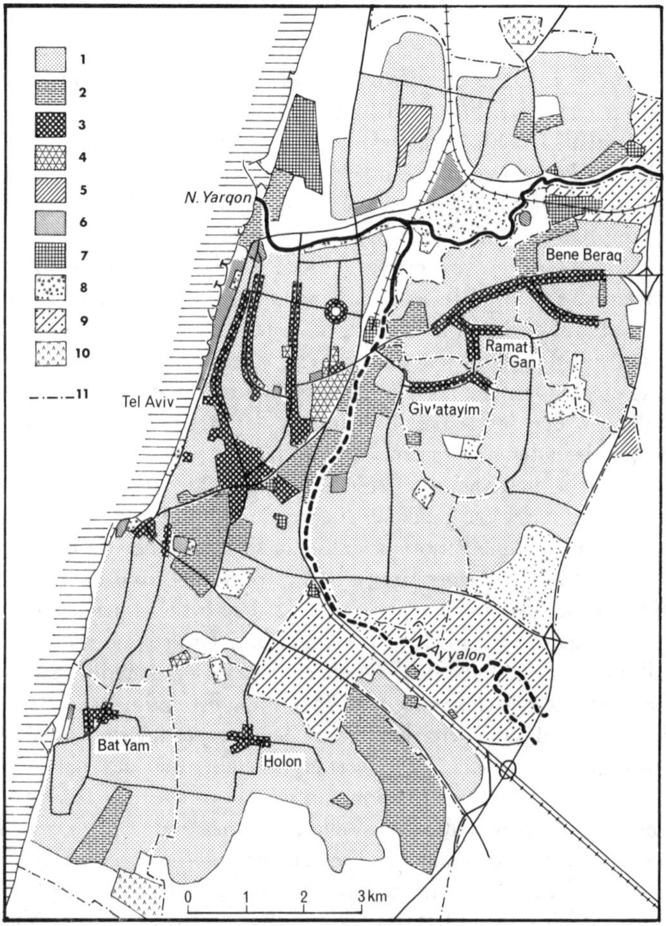

Fig. 25: Der Ballungsraum von Tel Aviv. Flächennutzung.
1 Wohnbezirke. 2 Industriegebiete. 3 Handel und Finanzen. 4 Verwaltungszentren. 5 Universität. 6 Tourismus. 7 Verkehrseinrichtungen. 8 Parkanlagen. 9 Landwirtschaft. 10 Friedhöfe. 11 Munizipalgrenzen.

gebracht worden, damit der Charakter der Stadt nicht gestört würde. Aber die Stadt beherbergt die Diamantenbörse, eine der wichtigsten in der Welt, mit ihren Begleitindustrien sowie die religiöse Bar-Ilan-Universität mit 10 200 Studenten. Die Bevölkerung von Ramat Gan beträgt 120 000 Personen.

Östlich von Ramat Gan befindet sich *Bene Beraq*, 1924 als landwirtschaftliche Siedlung von orthodoxen Juden aus Polen gegründet, die in ihrer Siedlung eine auf strenge Einhaltung aller religiösen Gesetze aufgebaute Lebensform einführten. Zahlreiche religiöse Einwohner von Tel Aviv und Neueinwanderer wurden davon angezogen, so daß der Ort bald zur Größe einer Stadt anwuchs. In Bene Beraq wurden viele Talmudschulen und Rabbinatsausbildungsstätten errichtet, so daß die Stadt als religiöses Zentrum nur Jerusalem nachsteht. Die Einwohnerzahl der Stadt beträgt 116000.

Die Stadt *Petah Tiqwa*, 5 km östlich von Bene Beraq, hat bisher eine eigenständige Entwicklung durchgemacht (s. Kap. 6.1.3.1), sich aber derartig ausgedehnt, daß sie jetzt an den Ballungsraum von Tel Aviv anstößt.

Die zweite Gruppe von eigenständigen Siedlungen wurde südlich von Yafo angelegt, doch ihre Entwicklung litt unter der Trennung von Tel Aviv durch die arabische Stadt. In unruhigen Zeiten litten sie unter totaler Isolierung und Angriffen von seiten der Araber. Daher begann die eigentliche Entwicklung dieser Orte erst nach der Staatsgründung, und der Anteil von Neueinwanderern, der den sozialen Charakter der Bevölkerung beeinflußt, ist hier größer als in den nördlichen Siedlungen.

Die westliche dieser Städte, Bat Yam, ist die einzige im Ballungsraum, die an das Meer angrenzt. Sie hat daher Anstrengungen unternommen, die Küste zu entwickeln und eine Panoramastraße zu schaffen, die von Badestränden auf der einen Seite und einer langen Reihe von Hotels und Restaurants und neuerdings vielen Altenheimen begleitet ist. Die östliche der beiden Städte, Holon, steht ganz auf Sanddünen und hat eine der größten Industriezonen des Ballungsraumes geschaffen. Obgleich erst spät gegründet, haben beide Orte in letzter Zeit den größten Bevölkerungsanstieg im Ballungsraum zu verzeichnen, da das Dünengelände, auf dem sie gebaut sind, größere und preisgünstige Bodenreserven zur Verfügung stellt. Bat Yam hat heute eine Bevölkerung von 141000 und Holon von 157000.

Neben den großen Städten des Ballungsraumes gibt es noch eine Anzahl kleinerer Orte, die sich meist aus Einwandererlagern entwickelt haben und die Lücken zwischen den verschiedenen Städten auffüllen. Das zahlenmäßige Wachstum der einzelnen Orte des Ballungsraums geht aus *Tabelle 9* hervor.

Jede Stadt besitzt ihre eigene Infrastruktur mit Haupt- und Nebenzentren und wacht eifersüchtig auf ihre munizipale Unabhängigkeit. Und es gibt keine übergeordnete Institution, die für eine Gesamtplanung des Ballungsraums verantwortlich wäre. Dies trifft vor allem auf die Verkehrsplanung zu. Der starke Pendlerverkehr zwischen den einzelnen Orten und die Tatsache, daß Tel Aviv als Einkaufs- und Dienstleistungszentrum für den Gesamtraum dient, belasten das Straßennetz in einem fast unerträglichen Maße. Um Abhilfe zu schaffen, wurde in Tel Aviv nach 15jähriger Bautätigkeit der Umbau des Ayyalon-Flusses in eine Schnellverkehrsstraße fertiggestellt. Im Jahr 1993 entstand auch ein Schienenweg für eine geplante Stadtbahn.

Im Jahre 1978 hatte der Ballungsraum von Tel Aviv die Einwohnerzahl von einer Million überschritten und hat in seiner räumlichen Ausdehnung bereits die Grenzen umliegender Orte erreicht, deren Eingemeindung den Großraum von Tel Aviv auf 1,8 Mio. Einwohner bringen würde.

6.2. Das zentrale Bergland

6.2.1. Das Bergland von Samaria

Das zentrale Bergland bildet die größte kompakte Gebirgsmasse Palästinas; es ist 130 km lang und im Durchschnitt 40 km breit. Das Gebirge unterscheidet sich vom Bergland von Galiläa vor allem dadurch, daß die Faltungszüge das Landschaftsbild stärker beeinflussen als die Bruchlinien, vor allem in Judäa. Die Grabentektonik wirkt sich in Gestalt kleiner Becken aus, die fast ausschließlich in Samaria zu finden sind, wo sie als Charakteristikum der Landschaft sowohl Siedlung als auch Verkehrsrouten bestimmen, im Gegensatz zu Judäa, wo die Bergrücken der Faltenzüge landschaftsbeherrschend sind.

Das Klima des Berglandes weist keinerlei Unterschiede zwischen Süden und Norden auf und ist fast ausschließlich orographisch beeinflußt. Temperaturunterschiede entsprechen den Höhenlagen, wobei die höchsten Kuppen etwa 2–3° C kühler sind als die Durchschnittstemperatur. Im Winter fällt sporadisch Schnee (in Abständen von 2–4 Jahren) auf Höhen über 700 m und jährlich (für wenige Tage) auf über 900 m. Bei dem Abfall zum Jordangraben erfolgt eine Erwärmung um etwa 10° C. Die Niederschläge erreichen auf dem Gebirgsrücken im allgemeinen 600–700 mm und nehmen am Ostabhang rapide ab; in dem Streifen des Jordantales, der an das Zentralgebirge angrenzt, fallen nur 100–200 mm Niederschläge.

Geologisch unterscheidet sich Samaria stark von Judäa, aber auch von Galiläa, sofern als im mittleren Sektor ein synklinales Becken auftaucht, während in allen anderen Teilen des Berglandes der Gebirgsrücken von einer Antiklinale geformt wird. Der Grund dafür liegt in der Inkongruenz der Streichrichtung der Faltung und der Bruchlinien, die das Bergland im Westen und Osten abgrenzen. Während die letzteren fast genau von Norden nach Süden verlaufen, haben die Faltungsachsen eine Südwest-Nordost-Richtung. So erscheint die Hauptantiklinale, die in Judäa den Scheitel des Gebirges bildet, in Samaria als Ostflanke, und der synklinale Trog, der in Judäa westlich des Gebirges als Hügelland (Shefela, s. Kap. 6.2.2.1) auftritt, nimmt in Samaria das Zentrum des Gebirges ein, allerdings unter Reliefumkehrung als der Folge von stärkerem Einfluß der Bruchtektonik. Daher bestehen die höchsten Berge Samarias, Eval (940 m) und Gerizim (881 m), aus Kreide und Mergel, obwohl diese zu den tertiären Formationen der Synklinalen gehören. Da sich aber östlich davon noch einmal eine Antiklinale befindet, erheben sich dort

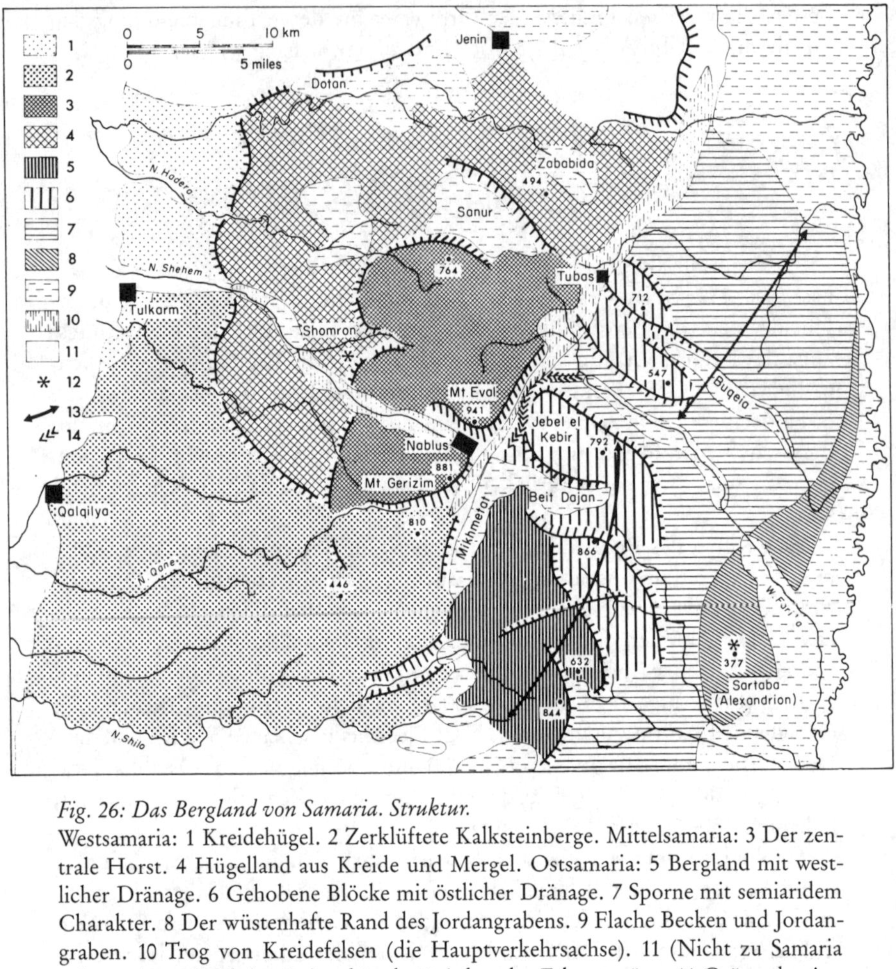

Fig. 26: Das Bergland von Samaria. Struktur.
Westsamaria: 1 Kreidehügel. 2 Zerklüftete Kalksteinberge. Mittelsamaria: 3 Der zentrale Horst. 4 Hügelland aus Kreide und Mergel. Ostsamaria: 5 Bergland mit westlicher Dränage. 6 Gehobene Blöcke mit östlicher Dränage. 7 Sporne mit semiaridem Charakter. 8 Der wüstenhafte Rand des Jordangrabens. 9 Flache Becken und Jordangraben. 10 Trog von Kreidefelsen (die Hauptverkehrsachse). 11 (Nicht zu Samaria gehörend.) 12 Wichtige Ruinenhügel. 13 Achse der Faltungszüge. 14 Cañon der Anzapfung des Wadi Fari'a.

die Berge zu Höhen über 700 m (Jebel el Kebir, 791 m). Eine scharfe Trennungslinie zwischen diesen beiden geologischen Formationen kann als geographische Grenze zwischen dem westlichen und östlichen Samaria angesehen werden (Fig. 26).

Der Kern des *westlichen Samaria* wird von dem Horst der gehobenen Synklinale gebildet, wird aber durch ein Einbruchstal, durch das der Hauptzufluß des Nahal Alexander fließt, in zwei Blöcke geteilt: in den Berg Eval im Norden und dem Gerizim im Süden. Im Tal liegt die Stadt Nablus, das biblische Shechem, das die Hauptstadt des historischen Samaria war. Der Horst ist von einem Kranz von Talbecken umgeben, die von seinen Rändern in alle Himmelsrichtungen ausstrahlen. Diese Becken bilden sowohl das wichtigste Siedlungsland Samarias als auch die günstigen Voraussetzungen für die wichtigsten Verkehrswege, und damit war die Zentralität von Shechem für alle Zeiten festgelegt.

Das weichere Gestein der Tertiärformationen, das zu Rendzinaböden verwittert und sanfte Landschaftsformen hervorruft, wurde schon immer für die landwirtschaftliche Siedlung bevorzugt, da sie auch die Bearbeitung der Abhänge ermöglichte (s. Kap. 3.4.1.1). Daher war das Kernland von Samaria außerordentlich dicht besiedelt. Die meisten Siedlungen gruppieren sich rings um die Becken, aber auch auf den Höhen befinden sich zahlreiche Dörfer. Die größten von ihnen umgeben das Tal von Dotan, das als die nördliche Grenze Samarias angesehen werden kann und das über den Engpaß von Jenin mit dem Yizre'el-Tal in Verbindung steht.

Am westlichen Rande Samarias spiegeln sich die Einflüsse der geologischen Struktur am deutlichsten wider. Hier erhebt sich wieder eine Antiklinale, die in Wellenbewegungen nach Norden verläuft und in der südlichen Antiklinale des Karmelgebirges ihre Fortsetzung findet (s. Kap. 5.2.4). An den Wellenkämmen tritt das harte Dolomitgestein der Kreidezeit zum Vorschein, auf dem sich nur kleine Dörfer verstreut ansiedeln konnten; aber in den Wellentrögen, die von Tertiärsedimenten bedeckt sind, war eine dichte Besiedlung möglich. Diese konzentriert sich um den Oberlauf des Nahal Hadera (Richter 1979, S. 283–304). Die Landschaft im östlichen Sektor Samarias ist völlig andersartig gestaltet. Da der antiklinale Rücken, der aus hartem Gestein besteht, unmittelbar an den Jordangraben grenzt, der etwa 900 m tiefer liegt, war die Erosionskraft der Flüsse so stark, daß sie cañonartige Täler schufen, die die ganze Breite der Region durchschneiden und sie in isolierte Sporne aufteilen. Der wichtigste dieser Flüsse ist der Wadi Fari'a, der sich bereits in einer Entfernung von 25 km vom Jordan bis unter den Meeresspiegel durchgeschnitten hat. Da sein Tal eine Reihe von Grundwasserhorizonten angeschnitten hat, entspringen entlang dem Flußbett eine Anzahl reichlich fließender Quellen, die hier einen der wenigen permanenten Flüsse schaffen. Sein Wasser wird heute entlang des gesamten Flußlaufs, vor allem bei seinem Austritt in die Jordansenke, zur Bewässerung genutzt (s. S. 282).

Das Klima des Ostsektors wird arid, sowie dieser sich auf 400 m über dem Meeresspiegel senkt, und daher ist die landwirtschaftliche Siedlung auf seinen westlichen Abschnitt beschränkt.

Die historische Stadt *Shechem* liegt an der Berührungszone der beiden Sektoren Samarias und am Treffpunkt von vier Talbecken. Sie kontrollierte die Kreuzung der Nord-Süd-Achse Palästinas mit einer wichtigen Ost-West-Achse, verfügt über ein reiches landwirtschaftliches Hinterland und einige

Quellen. Sie hatte also die ideale Position für eine zentrale Stadt und gehört zweifellos zu den ältesten Städten Palästinas. Archäologische Ausgrabungen fanden Siedlungsreste, die auf die chalkolitische Periode (4. vorchr. Jahrtausend) zurückgehen, und Shechem wird in ägyptischen Inschriften aus dem Beginn des 2. vorchristl. Jahrtausends bereits als wichtige Stadt erwähnt. In der jüdischen Tradition ist sie mit Abraham, Jakob und Joseph verbunden. Joseph wurde dort begraben. Später diente die Stadt als ein wichtiges Stammeszentrum und als die Hauptstadt der ersten israelitischen Stammesmonarchien und des Königreiches Israel, das nach Salomos Tode aus der Teilung Judäas entstand. Die antike Stadt lag auf einem Hügel – Balata – östlich des heutigen Nablus (Wright 1965), und die traditionsreichen Stätten von ›Jakobs Brunnen‹, ›Josephs Grab‹ und auch von der Tätigkeit Jesu werden von allen drei monotheistischen Religionen anerkannt. Der Berg Gerizim dient bis heute als die heilige Stätte der Samaritaner, wo sie das jährliche Passahopfer darbringen.

Der römische Kaiser Vespasian gründete im Jahre 72 n. Chr. eine neue Stadt im Tale zwischen den beiden Bergen, die er Neapolis (= Neustadt) nannte. Dieser Name wurde im Arabischen zu Nablus. Sie blieb für fast 2000 Jahre die einzige Stadt Samarias, und im Umkreis von 50 km gab es keine andere städtische Siedlung. Erst zur Mandatszeit entwickelten sich einige Dörfer an den Ausgängen des Berglandes in die Ebenen zu kleinen Städten: Jenin im Norden, Tulkarm und Qalqilya im Westen.

Samaria weist in Palästina die größte Stabilität hinsichtlich der landwirtschaftlichen Siedlung auf. Die meisten Orte tragen Namen, die sich aus biblischen Namen entwickelt haben. Aber die Landwirtschaft bewegte sich bis zur Mitte des 20. Jahrhunderts in traditionellen Bahnen, hauptsächlich Getreide und Ölbäume. Wegen der dichten arabischen Besiedlungen gab es keine Möglichkeit für Juden, Boden zu erwerben, und so blieb Samaria während der Mandatszeit ein rein arabisches Gebiet. Im Kriege von 1948 blieb es von militärischen Aktionen verschont; aber in den Waffenstillstandsverhandlungen in Rhodos trat Jordanien einige Dörfer am Westrande an Israel ab. (Zur Entwicklung Samarias als ›Westbank‹ Jordaniens seit 1948 s. Kap. 8.)

6.2.2. Judäa

Judäa ist die kompakteste Gebirgsmasse in Palästina (Kallner 1943). Sie erstreckt sich ohne Unterbrechung über 85 km von Norden nach Süden und erreicht in ihrem Südteil eine maximale Breite von 50 km. Der Gebirgsrükken, dessen Weite zwischen 15 und 25 km liegt, verbleibt in seiner ganzen Länge über einer Höhe von 750 m, und seine höchsten Kuppen überschreiten die Höhe von 1000 m. Er fällt nach Westen in einem Steilabhang von 500 m

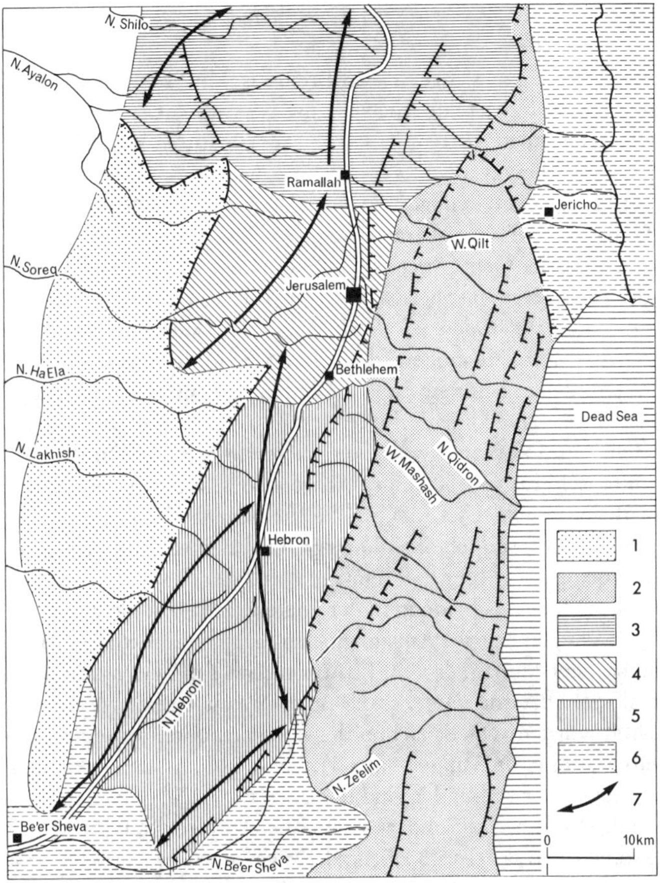

Fig. 27: Das Judäische Bergland.
1 Das Hügelland der Shefela. 2 Die Wüste Juda. 3 Die Berge von Bet El. 4 Der Jerusalemsattel. 5 Die Hebronberge. 6 Der Jordangraben. 7 Richtung der Faltungszüge. Die Hauptstraße entlang der Wasserscheide und die Steilhänge an den Flanken sind eingezeichnet.

Höhenunterschied ab, und im Osten über eine Reihe von Steilstufen sogar 1200–1400 m zum Jordangraben oder zum Toten Meere (Fig. 27).

Westlich der Hauptmasse des Gebirges erscheint die einzige Vorgebirgslandschaft Palästinas: das Hügelland der Shefela. Die Steilhänge im Osten bilden sowohl klimatisch wie morphologisch eine Landschaft eigener Art: die Judäische Wüste. So ergibt sich eine regionale Dreiteilung in die Shefela im Westen, die Gebirgsmasse in der Mitte, und die Wüste im Osten.

6.2.2.1. Die Shefela

Die Shefela (45 km Länge, 15 km Breite) ist ein Hügelland aus tertiärem Gestein, Mergel und Kreide, die stellenweise von einer Narikruste bedeckt sind. Die Landschaft besteht aus zwei Schichtstufen mit Steilabfall nach Osten. Die westliche erreicht Höhen bis zu 375 m und die östliche bis zu 500 m. Am Fuße jedes Steilhangs zieht sich ein Trog von Norden nach Süden, die stets als Verkehrswege benutzt wurden. Die zahlreichen Trockenbäche (Wadis), die aus der Gebirgsmasse herabkommen, vereinigen sich in den Trögen und durchqueren die Shefela in weiten Tälern. Dort stehen der Siedlung fruchtbare alluviale Böden zur Verfügung, aber auch auf den gerundeten Hängen liegen Rendzinaböden, die für Ackerbau geeignet sind. So ermöglichten die Bodenverhältnisse zu allen Zeiten eine intensive Besiedelung. Allerdings ist dieser eine klimatische Grenze gesetzt: An der nördlichen Grenze der Shefela, im Tale von Ayyalon, erreichen die jährlichen Niederschläge einen Durchschnitt von 500 mm, während der südliche Sektor nur noch 250 mm Regen erhält, eine Menge, die für Regenfeldbau unzureichend ist. Daher verläuft die südliche Siedlungsgrenze etwa entlang der historischen Straße Ashqelon–Bet Guvrin(–Hebron).

Eine besondere Erscheinung in der Shefela sind, vor allem in der Gegend von Bet Guvrin, eine große Anzahl glockenförmiger künstlicher Höhlen. Sie sind dadurch entstanden, daß ein Loch von etwa 1 m Durchmesser durch die Narikruste gebohrt und dann die darunterliegende Kreide von oben her ausgeschachtet wurden. Die Schächte, die sich nach unten erweitern (bis zu einem Durchmesser von 8 m und einer Tiefe von 5–10 m) und manchmal unterirdisch miteinander verbunden sind, lieferten wahrscheinlich das Material für die Produktion von Kalk und Mörtel (Ben Arieh 1962). Die Gesamtzahl dieser Höhlen beträgt etwa 3000, und einige von ihnen wurden später von den frühen Christen als Versammlungsplätze benutzt, wovon Inschriften, Kreuzzeichen und ›Columbarien‹ (anscheinend zum Aufstellen von Kerzen) zeugen.

In biblischer Zeit war die Shefela ein Streitobjekt zwischen den Philistern, die in der Küstenebene lebten, und dem Stamme Juda, der das Bergland bewohnte. Daher entstanden entlang der oben erwähnten Verkehrsrouten starke Festungen (Bet Shemesh, Azeqa, Maresha, Dvir, Lakhish). Der Hauptort zur Römerzeit war Bet Guvrin (Eleutheropolis).

Auch im Kriege von 1948 war die Shefela der Schauplatz schwerer Kämpfe, in deren Folge die arabische Bevölkerung in das Bergland floh.

Seit 1948 wurden in der Shefela 25 Moshavim und 10 Kibbuzim gegründet, von denen die im Südwesten gelegenen dem Lakhishprojekt angeschlossen wurden. Die Landwirtschaft machte, wie überall in Israel, den Übergang zur Bewässerungswirtschaft durch und produziert Baumwolle, Gemüse und Obst, vor allem Weintrauben und Kernobst. Aber nur ein Teil der Böden ist bewässert. Die Narikrusten wurden aufgeforstet, und unbewässerte Böden werden für Weizenbau und Weide benutzt.

Als städtisches Zentrum für den südlichen Teil der Shefela dient Qiryat Gat, während für den nördlichen Bereich eine Entwicklungsstadt, Bet Shemesh, gegründet wurde. Sie liegt an der Bahnlinie von Tel Aviv nach Jerusalem, die aber jetzt kaum befahren wird. Sie lag ursprünglich auch an der Straße nach Jerusalem, die jedoch durch eine Autobahn ersetzt worden ist. Daher liegt die Stadt jetzt abseits des Hauptverkehrs, was sich auf ihre Wirtschaftsentwicklung unvorteilhaft ausgewirkt hat. Ihre Bevölkerung stieg von 10000 (1965) auf nur 12200 (1980) an. Inzwischen hat sich die Stadt stärker entwickelt, da sie ein modernes Industriezentrum erhielt, dessen größtes Werk eine Fabrik für Flugzeugmotoren ist. Dazu kommt, daß viele Bewohner von Jerusalem Bet Shemesh als ihren Wohnort gewählt haben und für sie ein modernes Wohnviertel südlich der Stadt errichtet wurde. Im Jahre 1990 zählte die Stadt bereits 15000 Einwohner und zeigt ein schnelles weiteres Wachstum.

Die Zahl der ländlichen Bevölkerung der Shefela ist auf 25000 gestiegen. Dies wurde zum großen Teil durch den erfolgreichen Anbau (und Export) einer kernlosen Traubensorte (Lakhishtrauben) bedingt, deren Anbaugebiet sich über mehrere hundert Hektar erstreckt.

6.2.2.2. Das Bergland Judäa

Das Bergland Judäa im eigentlichen Sinne könnte, historisch gesehen, als eine ›Veste‹ bezeichnet werden (G. A. Smith 1897, S. 297–321). Die Steilhänge, in denen die Bergmasse nach drei Seiten abfällt, erschweren den Aufstieg. Die Siedlungen jedoch, die auf den Bergrücken liegen, genießen strategische Vorteile, die noch durch die Härte des Gesteins (Dolomit und Kalkstein) und die daraus resultierenden Klippen verstärkt werden. Dazu kommt, daß das Gebirge wegen seiner Schroffheit von den internationalen Verkehrsrouten gemieden wurde. Große Heere, die Palästina als Durchgangsland benutzten, zogen die Route entlang der Küstenebene (Via Maris) und die Pässe des Karmelgebirges und Untergaliläas vor, wo die entscheidenden Schlachten um den Besitz ganz Palästinas ausgefochten wurden (s. Kap. 5.2.3). Judäa war für den Durchzug großer Heeresmassen ungeeignet. Bedeutung erlangte die Landschaft nicht durch ihre geostrategische Situation – militärische Aktionen bestanden meist aus langandauernden Belagerungen –, sondern durch ihre religiösen Zentren.

Das Fehlen von tektonischen Querbrüchen und den daraus resultierenden Becken, die in allen anderen Teilen Palästinas auftreten, schafft eine Konformität zwischen geologischer Struktur und Relief. Die Faltung zeigt ein weites Antiklinorium, dessen Achse zwischen Hebron und Ramallah von Süden nach Norden verläuft und Jerusalem im Westen umgeht. Die Falte besteht aus einer steilen Westflanke (bis 35 % Neigung) und einem fast ebenen Rücken. Die Neigung der Ostflanke ist unklar, da hier das Relief durch die Abbruchstufen zum Jordangraben bestimmt wird. Entlang dem Rücken zieht eine Längsfalte, deren Wellenberge die Horste von Hebron im Süden und Ramallah im Norden bilden. Dazwischen liegt im Wellental der Sattel von Jerusalem, etwa 200 m niedriger als die beiden Horste.

Die Erosionstäler streben meist dem Mittelmeer zu; sie sind tief eingeschnitten und teilen den Bergrücken und den Westabhang in zahlreiche isolierte Höhenzüge auf. Die Möglichkeit einer Nord-Süd-Verkehrsverbindung bietet sich nur entlang der Wasserscheide zwischen dem Mittelmeer und dem Toten Meer. Diese befindet sich nahe dem Ostrande des Bergrückens, so daß die östliche Dränage erst auf dem Steilhang einsetzt. Infolge des größeren Höhenunterschiedes zur Erosionsbasis im Toten Meere und der kürzeren Entfernung bilden die Erosionstäler eine Reihe von Cañons. Die Beschränkung der Verkehrsmöglichkeiten auf die Linie der Wasserscheide führte dazu, daß alle historischen Städte entlang dieser Route liegen. Das Fehlen von Talbecken beschränkt die landwirtschaftliche Nutzfläche auf die Nähe der Wasserscheide. Um aber die Siedlungsmöglichkeiten zu vergrößern, entwickelte der Stamm Juda die Technik des Terrassenbaus, und weite Flächen auf den Hängen weisen noch heute Spuren antiker Terrassen auf (**Bild 6**).

Entsprechend der Höhenunterschiede des Bergrückens läßt sich das Bergland Judäa in drei Abschnitte unterteilen: die Berge von Bet El, der Jerusalemsattel und die Hebronberge.

Die *Berge von Bet El* bilden den breitesten Teil des Bergrückens; im Westen findet das Hügelland der Shefela sein Ende im Tale von Ayyalon, so daß nördlich des Tales der Bergrücken noch 10 km weiter nach Westen reicht und direkt an die Küstenebene (das Yarqon-Ayyalon-Becken) anstößt. Im Osten nähert sich die judäische Antiklinale dem Jordangraben bis auf eine Entfernung von 5 km, so daß der Bergrücken eine Breite von fast 40 km erreicht, gegenüber 15 km in den Hebronbergen. Damit gewinnt hier die Wasserscheide in Judäa zwischen dem Mittelmeer und dem Toten Meer ihre größte Entfernung vom Meere (Fig. 27), und die Flüsse, die alle in tief eingeschnittenen Tälern dem Yarqon zufließen, vereinigen sich bereits in der Mitte des Berges, so daß dieser in zahlreiche, fast isolierte Höhenzüge aufgeteilt ist. Diese Topographie macht die gesamte Landschaft fast weglos (mit Ausnahme der historischen Straße entlang der Wasserscheide).

Die tiefen Einschnitte bringen Gestein der unteren Kreidezeit an die Oberfläche; dieses ist besonders hart und kaum zu Boden verwittert, so daß die landwirtschaftliche Nutzfläche äußerst gering ist. Die Siedlungen sind daher klein und weit verstreut. Die einzige Ausnahme ist nahe der Wasserscheide zu finden, vor allem an der höchsten Kuppe (Ba'al Hazor, 1016 m), die aus Gestein der oberen Kreidezeit besteht, das zu einem tiefen Terra-rossa-Boden verwittert ist. Hier entstand um die Kuppe herum ein Ring von 10 Dörfern, von denen jedes 2500–4000 Einwohner zählt.

Die einzig städtische Siedlung der Region ist modernen Ursprungs: Die Zwillingsstadt Ramallah (christlich) – Bira (mohammedanisch) entstand in der Mandatszeit aus der Vereinigung zweier Dörfer, nicht aus Gründen der Zentralität, sondern wegen der kurzen Entfernung von Jerusalem (15 km). Zahlreiche Regierungsbeamte siedelten sich hier an, und die Stadt hatte am Ende der Mandatszeit 10000 Einwohner. Sie unterscheidet sich von den traditionellen arabischen Städten in der Modernität ihrer Gliederung und ihrer Häuser. Wegen ihrer Höhenlage (900 m) entwickelte sie sich auch zu einem Sommererholungsort, der nach 1948 auch zahlreiche Besucher aus den arabischen Ländern anzog. Im Jahre 1987 hatten die beiden Städte zusammen ca. 50000 Einwohner.

Der *Jerusalemsattel* ist die kleinste geographische Einheit des Gebirges, gleichzeitig aber von größter religiöser und politischer Bedeutung. Der Höhenunterschied gegenüber den angrenzenden Horsten wirkte sich nicht nur darin aus, daß er zum einzigen Paß über den Bergrücken wurde, sondern auch in einer siedlungsgünstigeren Topographie, wobei sich allerdings die Dörfer auf einen 10 km breiten Streifen zu beiden Seiten der Wasserscheide konzentrieren. Diese verbreitert sich stellenweise zu kleinen Ebenen von 2–3 km Breite. Eine dieser Ebenen bot genügend Platz für einen Flughafen, der zur Zeit der jordanischen Herrschaft als internationaler Flughafen benutzt wurde, aber jetzt nur zu Binnenflügen dient. Die größte Ebene erstreckt sich rings um das Dorf El Jib, das biblische Giv'on, das vor dem Aufstieg Jerusalems der Zentralort und das Heiligtum der nichtisraelitischen Stammesgruppe der Giv'oniten war. In der Talebene von Artas am Fuße des Aufstiegs zu den Hebronbergen wurden zur Römerzeit große Becken ausgeschachtet, die das Quell- und Regenwasser der Umgebung sammelten und in verschiedenen steinernen Röhrenleitungen Jerusalem zuführten.

Der Zentralort Judäas und ganz Palästinas ist seit Jahrtausenden Jerusalem (s. Kap. 6.2.3).

Ein weiterer zentraler Ort des Sattels ist *Bethlehem*, das stets im Schatten von Jerusalem gestanden hat. Es liegt 8 km südlich von Jerusalem, auf einem Kreidefelsen in etwa derselben Höhe wie der Tempelberg. Die umliegenden Abhänge und Täler sind, im Gegensatz zu den übrigen Teilen Judäas, mit Rendzinaböden bedeckt, die der Stadt ein landwirtschaftliches Umland mit ausgedehnten Olivenhainen sichern. Der Ort verdankt seine Bedeutung ausschließlich der christlichen Tradition, die sich in einer Reihe von heiligen Stätten ausdrückt. Die wichtigste ist die Geburtsstätte Jesu. Zu erwähnen sind auch das ›Hirtenfeld‹ und das Theodosius-Kloster, der Ruheort der ›Weisen aus dem Morgenlande‹.

Trotz seines religiösen Ansehens nahm die Bedeutung Bethlehems nach der mohammedanischen Eroberung ab. Es blieb ein kleines Dorf, das nur einmal im Jahre – zur Weihnachtszeit – sich mit Pilgern füllte. Es entwickelte sich eine kleine Andenkenindustrie, die Olivenholz- und Perlmutterschnitzereien herstellte und im 16. Jahrhundert von Franziskanern eingeführt worden war. Zur Mandatszeit begann die städtische Entwicklung, und im Jahre 1945 zählte die Stadt 7500 Einwohner.

Unter der jordanischen Herrschaft siedelten sich zahlreiche Mohammedaner in Bethlehem an, die heute die Mehrheit der Einwohner stellen. Aber nachdem die jordanische Regierung mit der Förderung auch des christlichen Tourismus begonnen hatte, entstanden rund um den alten Stadtkern einige moderne Hotels und Hospize. Die Entwicklung dehnte sich auch auf zwei nahe liegende christliche Dörfer aus – Beit Jala im Westen und Beit Sahur im Osten –, so daß der zusammengewachsene städtische Raum im Jahre 1967 eine Bevölkerung von 27000 Personen erreicht hatte. Im Jahre 1990 betrug die Gesamteinwohnerzahl 60000 (Bethlehem 34000, Beit Jala 11000, Beit Sahur 10000).

Die *Hebronberge* nehmen die halbe Länge des judäischen Berglandes ein, bilden aber seinen schmalsten Sektor, dessen Rücken sich in mächtigen Steilhängen 500 m über der Shefela im Westen und 1300 m über dem Toten Meer erhebt. Das weite Plateau mit geringem Relief überschreitet im allgemeinen die Höhe von 900 m. Diese Landschaftsform findet man in ganz Palästina nicht noch einmal. Die Hebronberge sind das am höchsten gelegene Bergland, wenn sich auch der höchste Punkt Palästinas in Galiläa befindet: im Berg Meron (1208 m). Aber dieser ist die Spitze eines Horstes, der steil nach allen Seiten auf 800 m abfällt, während das Hebronplateau eine Hochfläche bildet, deren höchster Punkt 1020 m erreicht. Es besteht im wesentlichen aus sehr hartem Kalkstein und Dolomiten mit ausgeprägten Karsterscheinungen, wie Höhlen und Poljen. Diese verändern das in ganz Palästina vorherrschende Dränagebild von west- und ostwärts gerichteten Flußläufen. Die letzteren treten nur an den Plateaurändern auf, während die mittlere Hochebene entweder abflußlos ist oder nach Süden hin durch die Zuflüsse des Nahal Hebron, der in den Nahal Be'er Sheva mündet, entwässert wird.

Die westliche Dränage hat tief eingeschnittene Täler geschaffen, deren steile Ränder die Landschaft für den Verkehr undurchdringlich machen.

Gegenüber der Steilheit der Ost- und Westflanke des Plateaus senkt sich dieses über zwei Sporne allmählich nach Süden, zum Becken von Be'er Sheva (s. Kap. 7.1.2), so daß der Aufstieg in das Bergland am leichtesten vom Süden her bewerkstelligt wird. Aber das Land im Süden gehört bereits zur Wüste und wird von Nomaden als Weideland benutzt. Der ständige Konflikt zwischen Nomaden und Ackerbauern zwang die Dörfer der Hochfläche dazu, als Bollwerk gegen Beduineneinfälle zu dienen. Um diese Aufgabe erfüllen zu können, brauchten die Siedlungen eine große Bevölkerung. Bis heute gehören die Dörfer des Hebronplateaus zu den größten in Palästina, mit Einwohnerzahlen, die zwischen 5000 und 30000 schwanken (Richter 1979, S. 323–337).

Die Höhenlage des Plateaus bestimmt auch in starkem Maße das Klima. Obwohl im Sommer die Tageshöchsttemperaturen fast so hoch sind wie in der Küstenebene, kommt es abends zu einer starken Abkühlung und frühmorgens zu einer starken Taubildung, die für die Landwirtschaft der Region von höchster Bedeutung ist. Im Winter sind die Temperaturen bedeutend niedriger als an der Küste. Niedrig streichende Wolken führen zu Nebelbildung, und Schnee fällt fast in jedem Jahre. Die Niederschläge sind höhenbedingt und nehmen gleichzeitig von Norden nach Süden ab. Am Nordrande des Plateaus fallen 700 mm Regen, aber bei Hebron nur noch 450 mm, und an den Südabhängen 300 mm. Am Ostrande des Plateaus beginnt die Judäische Wüste bereits nach einem Abstieg von 300 m.

Die Besonderheiten von Topographie und Klima führten zu einer eigenen Art der Landnutzung, die seit frühgeschichtlichen Zeiten und bis in unsere Tage hinein für die Hebronberge charakteristisch ist: zum Rebenanbau, der fast zur Monokultur geworden ist und die größte zusammenhängende Rebenfläche in Israel oder der Westbank umfaßt. Sie wird auf 6000–7000 ha geschätzt. Nicht nur weist die Hochebene die größte Anbaufläche auf, sondern sie produziert Trauben von besonderer Qualität. Schon in der Bibel werden die Trauben Hebrons als ungewöhnlich groß geschildert, und der Talmud preist die besondere Qualität der Weine und Tafeltrauben dieser Gegend.

Die Gründe für das Vorherrschen des Weinanbaus sind im wesentlichen klimatischer Natur. Im allgemeinen wurde in der Landwirtschaft Palästinas dem Ölbaum der Vorrang gegeben, aber dessen oberste Anbaugrenze liegt bei etwa 700 m. In größeren Höhen gefährden Stürme und vor allem Schnee den Ertrag oder sogar die Existenz des Ölbaums, während die Rebe ihre Blätter abwirft und der Stamm so bodennah bleibt, daß sie von den genannten Gefahren nicht berührt wird. Andererseits ermöglicht der reichliche Tau im Sommer Anbau ohne Bewässerung und eine Anpassung von verschiedenen Traubensorten an topographische Unterschiede, wobei die besten Trauben in den Poljen gewonnen werden, wo sich der meiste Tau ansammelt (Karmon 1971).

Als nach der Eroberung Palästinas durch die Araber der Anbau von Reben fast völlig eingestellt wurde, weil der Islam die Herstellung und den Genuß von Wein verbietet, blieb die Gegend um Hebron die einzige Landschaft, die weiterhin Trauben produzierte. Die Weinbauern verstanden es, die Erntezeit über mehrere Monate auszudehnen und die Trauben lange frisch zu halten, so daß sie zu einem konstanten Bestandteil der Diät wurden.

Aber auch das Hebronplateau erlebte alle Phasen des wirtschaftlichen Verfalls Palästinas, und erst zur Mandatszeit machte sich wieder eine Stabilisierung der Bevölkerung und auch des Rebenanbaus bemerkbar. In den vierziger Jahren begann auch jüdische Besiedlung in den Höhen nördlich von Hebron. Vier Siedlungen bildeten gemeinsam den ›Ezyon Block‹, der aber im Kriege 1948 von arabischen Streitkräften erobert und zerstört wurde. Er wurde nach dem Sechs-Tage-Kriege wieder aufgebaut und umfaßt jetzt 7 kleine Siedlungen.

Das städtische Zentrum des Plateaus ist seit Urzeiten *Hebron*. Eine Siedlung bestand bereits im 4. vorchr. Jahrtausend. In allen antiken Inschriften und Quellen wird sie als eine der ältesten Städte Palästinas erwähnt, und die Bibel berichtet über die Gründung einer befestigten Stadt (vermutlich in der Hyksosperiode, etwa 1720 v. Chr.). Diese Stadt, auch Qiryat Arba genannt, erhielt ihre Verbindung mit der jüdischen Tradition durch die biblischen Erzählungen über Abraham, der in Mamre, 3 km nördlich der Stadt, zeltete und kurz nach der Gründung der Hyksosstadt eine Grabeshöhle (Mahpela) erwarb, in der später er selbst und die ›Patriarchen‹ Isaak und Jakob begraben wurden. Seitdem galten Mamre und Hebron als heilige Stätten der israelitischen Stämme, und als David das Königreich Judäa schuf, wurde Hebron dessen Hauptstadt, bis David nach sieben Jahren diese Funktion auf Jerusalem übertrug. Tausend Jahre später errichtete König Herodes über der Höhle und in Mamre prunkvolle Mausoleen, von denen noch heute Mauerreste erhalten sind.

Nach der Eroberung Hebrons durch die Araber, die gleichfalls ihren Stammesursprung auf Abraham (und dessen Sohn Isma'el) zurückführen, wurden Hebron und dessen Umgebung zu religiösem Besitz (Waqf) erklärt. Sie haben noch heute diesen Status, der sie z. B. im Mittelalter davor schützte, Latifundien von Feudalherren zu werden. Über der Höhle wurde eine große Moschee (Haram el Halil) erbaut, die noch heute steht (**Bild 13**). Im späten Mittelalter wurde der Zutritt zur Moschee allen Nichtmohammedanern untersagt, und Juden wurde der Zugang nur bis zur fünften Stufe der Treppe, die zur Moschee führt, gestattet. Die ersten Juden, die das Grab wieder besuchten, waren israelische Soldaten, die Hebron im Sechs-Tage-Kriege eroberten.

Aber auch nach der arabischen Eroberung verblieb immer eine kleine jüdische Bevölkerung in Hebron. Im 14. Jahrhundert führten jüdische Einwanderer aus Venedig die Glasmanufaktur in Hebron ein, die sich bis heute, allerdings als arabisches Handwerk, erhalten hat und nun hauptsächlich Andenken für Touristen herstellt.

Im Jahre 1929 brachen antijüdische Unruhen aus, bei denen der größte

Teil der jüdischen Bevölkerung ermordet wurde, und im Jahre 1936 hatte die jüdische Gemeinde aufgehört zu existieren. Die Erinnerung an diese Ereignisse und Streitfragen um die Benutzung der Höhle bilden die Grundlage für die Spannungen zwischen der jüdischen und arabischen Bevölkerung der Stadt, die die Hochburg eines moslemischen Fanatismus ist.

Die Stadt erlebte ihren wirtschaftlichen Wiederaufstieg gegen Ende des 19. Jahrhunderts, nachdem eine Wagenstraße zwischen Hebron und Jerusalem gebaut worden war; die Bevölkerung stieg auf etwa 10000 und begann mit der Errichtung neuer Viertel außerhalb der ummauerten Altstadt. Nach 1948 förderte die jordanische Regierung die Entwicklung des Rebenanbaus für die Ausfuhr auf die Arabische Halbinsel, und die Anbaufläche stieg um ein Mehrfaches, wobei moderne Methoden des Terrassenbaus angewandt wurden. Die Bevölkerung wuchs auf 38000 Einwohner im Jahre 1967. Ein Drittel der Bevölkerung lebt in großen, modernen Einzelhäusern, die mitten in die Weingärten der einzelnen Familien hineingesetzt sind und bis 1967 weder Straßen- noch Wasser- und Elektrizitätsanschluß hatten. Dieser wurde erst nach 1967 geschaffen.

Hebron entwickelte auch eine Anzahl von Industrien in kleinem Maßstabe und zählt heute etwa 80000 Einwohner, und zusammen mit den umliegenden Großdörfern formt die Stadt einen Ballungsraum von etwa 120000 Einwohnern.

6.2.2.3. Die Judäische Wüste

Die Judäische Wüste bildet eine aride Region ganz besonderer Art (Schwoebel 1907). Einerseits herrschen hier physisch alle Erscheinungen der Wüste in Landschaftsformen, Klima und Vegetation, andererseits liegt das Gebiet so nahe bei den landwirtschaftlichen und städtischen Zentren, daß eine ständige Interaktion zwischen diesen beiden – diametral entgegengesetzten – Formen der Landnutzung stattfand. In den meisten Wüsten der Welt liegt zwischen dem vollariden Gebiet und der landwirtschaftlichen Siedlungszone ein Übergangsgebiet (z. B. Trockensavanne, Prärie) von Hunderten von Kilometern, und selbst in der Küstenebene Palästinas beträgt die Übergangszone etwa 30 km. In der Judäischen Wüste ist der Landschaftswechsel so schroff, daß höchstens 2–5 km die beiden Regionen trennen.

Der Grund für die Kürze der Entfernung liegt in der orographischen Verminderung der Niederschläge, die durch den abrupten Abfall zum Toten Meere verursacht wird. Nur 2 km östlich des Plateaurandes befindet sich das Gelände bereits 250 m tiefer und sinkt auf das Niveau des Meeresspiegels in einer Entfernung von weiteren 10 km. Die jährliche Niederschlagsmenge, die auf dem Plateau 500–700 mm ausmacht, verringert sich auf 300 mm bei einer Höhenlage von 300 m, auf 200 mm auf dem Niveau des Meeresspiegels und auf 50 mm am Ufer des Toten Meeres (400 m unter dem Meeresspiegel). Gleichzeitig steigen die Temperaturen mit dem Abstieg an, und sie sind am Toten Meere im Durchschnitt um 10 °C höher als im Bergland (s. Kap. 1.3.2).

Der Abfall zum Toten Meere erfolgt in 3–4 Steilstufen mit einem Höhenunterschied von jeweils 100–200 m. Die unterste Stufe bildet eine Klippe von 400 m Höhe und entlang der mittleren Küste des Toten Meeres von 700 m Höhe über eine Horizontalentfernung von 1000 m. Das Tote Meer ist daher fast in seiner gesamten Länge von einer Steilküste begrenzt, aus der nur an wenigen Stellen Trockenbäche herausbrechen, die an ihrer Mündung ein Delta aus Sand und Geröll in das Meer hinausgebaut haben. Die Klippenküste läßt nicht einmal Platz für einen Pfad. Dieses absolute Verkehrshindernis wurde zum ersten Mal in der Geschichte nach dem Sechs-Tage-Krieg beseitigt, als eine Küstenstraße von Jericho nach Sodom mit Hilfe zahlreicher Felssprengungen gebaut wurde.

Der stufenartige Charakter des Steilabfalls hat dazu geführt, daß die zahlreichen Trockenbäche, die einige Male im Winter gewaltige Sturzfluten mit sich führen, tiefeinschneidende Cañons geschaffen haben. Diese durchschneiden grundwasserführende Schichten. Daher entspringen in den Cañons einige Quellen, deren Wasser von Niederschlägen im Bergland herstammt und in den Karsthöhlen und -gängen des Kalkgesteins unterirdisch fließt. Die wasserreichsten Quellen tauchen im Wadi Qilt auf, das nordöstlich von Jerusalem nach Jericho fließt und einen großen Teil dieser Oase bewässert. Andere Quellen kommen erst nahe dem Ufer des Toten Meeres zum Vorschein, von denen die größten die Oase von En Gedi speisen, die in der Mitte der Küste liegt.

Die Stufenform der Landschaft und das Vorkommen von Quellen oder Brunnen ermöglichen die Entwicklung einer besonderen Form des Nomadismus. Im Winter schaffen die Regenfälle auf allen Stufen und Abhängen (mit Ausnahme der untersten Klippe) eine reiche Vegetation von Gras und Büschen, die in einem regenreichen Jahre europäischen Bergweiden gleichen. Dann belebt sich die Landschaft mit den Zelten und Herden der Nomaden (Kamele, Ziegen und Schafe). In den kältesten Monaten konzentrieren sie sich auf dem niedrigsten Niveau etwa in Höhe des Meeresspiegels, das das wärmste ist, und ziehen dann allmählich aufwärts. Zu Beginn des Sommers erreichen sie die oberste Stufe. Im Sommer lassen sie das Vieh auf den Stoppelfeldern der Ackerbauern weiden oder erwerben von den Bauern Futtermittel im Tausch gegen Wolle, Häute oder Fleisch. Im südlichen Teil des Berglandes wird diese Art von Wanderweidewirtschaft nicht von selbständigen Beduinenstämmen, sondern von einem Teil der Dorfbevölkerung selbst ausgeführt.

Aber die Wegelosigkeit der Wüste führte auch dazu, daß Individuen oder Gruppen, die sich vor den herrschenden Behörden verbergen wollten, hier einerseits eine Zuflucht suchten, andererseits aber in naher Berührung mit Teilen der seßhaften Bevölkerung bleiben wollten. So verbargen sich David und seine Leute hier vor König Saul; die jüdischen Propheten suchten hier Unterschlupf oder Möglichkeiten für Meditation, auch Jesus verbrachte einige Zeit in der Wüste. Zu Beginn der christlichen Zeitrechnung siedelten sich Gruppen von jüdischen oder frühchristlichen Sekten in den Oasen am Ufer des Toten Meeres an, um ein kommunales Leben entsprechend ihrer Lehre zu führen. Die Ideen und Lebensformen dieser Sekten wurden durch das Auffinden der ›Rollen vom Toten Meere‹ der modernen Geschichts- und Religionsforschung vermittelt und zugänglich gemacht.

Nachdem das Christentum zur Staatsreligion des römisch-byzantinischen Reiches geworden war, wurden in der Judäischen Wüste an Quellen der Cañons Klöster gegründet. In diesen lebten jeweils Hunderte von Menschen. Während die Mönche meist in den umliegenden Höhlen lebten, wurden im Kloster selbst prachtvolle Kirchen mit Bibliotheken und Versammlungsräumen errichtet. Die Lage der Klöster ermöglichte einerseits ein Leben religiöser Meditation abseits der Gesellschaft, andererseits konnten wegen der kurzen Entfernungen materielle und geistige Beziehungen zu Jerusalem aufrechterhalten werden. Im ganzen entstanden etwa 20 Klöster, vier davon im Wadi Qilt. Eine zweite Gruppe von Klöstern konzentrierte sich am Jordanfluß in der Nähe der Stätte, die von der christlichen Tradition als der Taufplatz Jesu angesehen wird.

Die persische Invasion zu Beginn des 7. Jahrhunderts zerstörte alle Klöster, und fast alle Mönche wurden umgebracht. Ihre Schädel wurden später gesammelt und sorgfältig in Grabhöhlen innerhalb der Klöster aufgestapelt. Ein Teil der Klöster wurde später wieder aufgebaut, aber heute leben in jedem weniger als 10 Mönche.

Nach den Kreuzzügen errichtete der Mameluckenherrscher Beibars ein mohammedanisches Heiligtum – Nebi Musa – in der Nähe von Jericho, an einem Ort, wo sich nach der arabischen Tradition das Grab Moses' befindet. Hier versammeln sich jährlich zur Zeit des christlichen Osterfestes große Massen von Mohammedanern, um damit ein Gegengewicht gegen die Anwesenheit zahlreicher Christen in Jerusalem zu schaffen.

Die einzige bedeutende Oase der Judäischen Wüste ist *Jericho*, das bereits im Jordangraben (250 m unter dem Meeresspiegel) liegt. Der Ruinenhügel (Tel-es-Sultan) liegt an einer starken Quelle (Ein-es-Sultan) und ist die älteste Stadtsiedlung in der Welt (KENYON 1957; s. Kap. 2.1). Die Stadt wurde im Laufe der Geschichte oft zerstört und wieder aufgebaut. Die großartigsten bestehenden Ruinen sind die eines Winterpalastes des Kalifen Abd el-Malik aus dem 8. nachchristl. Jahrhundert. Nach den Kreuzzügen verfielen die Bewässerungsanlagen, und nur ein armseliges Dörfchen blieb übrig. Nach dem Feldzug von Ibrahim Pascha (1832–1840) siedelten sich im Orte Flüchtlinge und Deserteure der ägyptischen Armee an, hauptsächlich Nubier, deren Nachkommen noch heute im rassischen Bild der Bevölkerung erkennbar sind.

Erst im 20. Jahrhundert nahm die Bevölkerung langsam wieder zu, und zur Mandatszeit begann die Entwicklung des Ortes zu einer kleinen Stadt mit einigen Wintererholungseinrichtungen. Die hauptsächliche Entwicklung stellte sich zur Zeit der jordanischen Herrschaft ein. Wegen des warmen Winterklimas und des Fehlens von Regen wurde Jericho zum wichtigsten Auffangort der arabischen Flüchtlinge bestimmt, und 50000 Flüchtlinge wurden in Lehmhütten in zwei riesigen Lagern nördlich und südlich der Stadt untergebracht. Infolge des großen Angebots an Arbeitskräften war es möglich, die Wasserversorgung aus den zahlreichen Quellen der Umgebung neu zu organisieren, das Kanalnetz zu erweitern und dadurch die bewässerte Fläche um ein Mehrfaches zu vergrößern. Die Oase verwandelte sich in einen dichtbepflanzten Frucht- und Gemüsegarten, dessen sattes Grün aus der kahlen Wüstenlandschaft hervorsticht. Die Oase konnte ihre Produkte in Ostjerusalem und in Amman zu Markte bringen und später auch bis auf die Arabische Halbinsel versenden. Gleichzeitig wurde sie ein beliebter Ausflugsort für die Bewohner beider Städte. Ihre Bevölkerung stieg zwischen 1948 und 1967 von 2000 auf 10000, und 1987 auf 12500 Einwohner.

Im Sechs-Tage-Kriege waren die Flüchtlingslager von Jericho die einzigen auf der Westbank, deren Bewohner die Lager verließen und ein zweites Mal zu Flüchtlingen wurden. In dem Übereinkommen zwischen Israel und der PLO vom September 1993 ist Jericho als Hauptstadt des vorläufigen autonomen Gebietes vorgesehen.

6.2.3. *Jerusalem*

6.2.3.1. Die ›Ewige Stadt‹

Eine geographische Darstellung und Analyse Jerusalems läßt sich nur sehr schwer in irgendein stadtgeographisches System einbauen. Die Stadt gehört zu den ganz wenigen Orten, die Jahrtausende hindurch denselben Standort eingenommen haben. Archäologische Funde weisen auf Besiedlung hin, die etwa 5000 Jahre zurückliegt; schriftliche Quellen erwähnen die Existenz einer Stadt dieses Namens seit dem 19. vorchristl. Jahrhundert. Eine derartige Kontinuität städtischer Aktivität ist selbst im Nahen Osten höchst selten, und wahrscheinlich nur Damaskus kann ein gleiches oder vielleicht sogar höheres Alter aufweisen. Viele andere Städte, die gleichzeitig mit dem frühesten Jerusalem existierten, liegen seit vielen Jahrhunderten in Ruinen.

Vor etwa 3000 Jahren machte König David Jerusalem zur Hauptstadt des vereinigten Königreiches von Juda und Israel, und 40 Jahre später errichtete

König Salomo den ersten Tempel auf dem Hügel Moriah oberhalb der David-Stadt. Es war dieser Tempel, der der Stadt eine Bedeutung verlieh, die weit über die der Hauptstadt eines relativ kleinen Königreiches hinausging. Die Sphäre seines religiösen Einflusses verbreitete sich zuerst über den antiken Nahen Osten mit der jüdischen Diaspora in Babylonien und Ägypten und erhielt Weltgeltung mit der Verbreitung des Christentums. Die Eroberung Jerusalems durch die Araber im 7. Jahrhundert verlieh der Stadt den dritten Platz in der Hierarchie der moslemischen heiligen Stätten und dehnte den religiösen Einflußbereich Jerusalems über einen Raum aus, der sich von Nordafrika bis Südostasien erstreckt. In der Zeit vom Mittelalter bis zum 19. Jahrhundert gab es wohl keine Stadt in der Welt, deren Name so weltweit bekannt war wie der Jerusalems. Mittelalterliche Karten stellten Jerusalem und das Heilige Land (allerdings in ihrer biblischen Geographie) in dem selben Maße dar wie europäische Länder, und vor der Entdeckung Amerikas waren die Projektionen aller Weltkarten so ausgerichtet, daß Jerusalem in ihrem Mittelpunkt lag. Die Negersklaven in Amerika sangen in ihren Spirituals mehr von Jerusalem und dem Jordan als von ihrer neuen Umgebung oder von ihrer afrikanischen Heimat.

Die emotionale Bedeutung Jerusalems führte dazu, daß Ereignisse in der Stadt oft ein weltweites Echo fanden. Kriege, Eroberungen und Zerstörungen, an denen die Geschichte der Stadt allzu reich ist, können nicht als örtliche oder dynastische Zwiste angesehen werden, sondern waren oft Teil globaler Konflikte und führten manchmal zu einem völligen Wechsel in der Bevölkerung, Zivilisation und sozialen Gliederung. Andererseits konnte ein Wiederaufbau nach einer jeweiligen Zerstörung mit internationaler Hilfe rechnen, einschließlich starker Wellen von Einwanderern. Wollte man die Situation von Jerusalem in Begriffen von Zentralität ausdrücken, könnte man feststellen, daß die Stadt zu Blüte und Bedeutung nur dann kam, wenn sie Funktionen als nationale Hauptstadt oder internationales Zentrum ausübte. In Perioden, in denen ihre Funktion auf die eines örtlichen oder provinziellen Zentrums beschränkt war, konnte die Stadt nur eine Bevölkerung von wenigen Tausenden erhalten und war nicht imstande, die Kosten aufzubringen, die die gebirgige Topographie und der Wassermangel nötig machten (s. weiter unten).

Für den größten Teil der letzten 1300 Jahre stand Jerusalem unter der Herrschaft verschiedener mohammedanischer Mächte. Nur in der Zeit zwischen 1099 und 1187, d. h. zur Zeit der Kreuzzüge, war sie unter christlicher Herrschaft, die die Folge der größten gemeinsamen Anstrengung der Mächte Europas war. Erst der Tiefstand des Osmanischen Reiches zu Anfang des 19. Jahrhunderts ermöglichte die Wiederbelebung christlicher Aktivität und jüdischer Einwanderung in größerem Maßstabe. Während der 30 Jahre des britischen Mandates wurde Jerusalem wieder die Hauptstadt eines von einer christlichen Macht regierten Staatswesens, bis die Stadt im Jahre 1948 zwischen Jordanien und Israel aufgeteilt wurde.

Für das jüdische Volk, für das die Zerstreuung über die ganze Erde (Diaspora) im Jahre 70 n. Chr. mit der Zerstörung Jerusalems und des Tempels einsetzte, blieb Jerusalem der Brennpunkt des geistigen und religiösen Lebens, das die Zerstörung niemals als volle Realität akzeptierte. Der jüdische Kalender, einschließlich des Feierns jahreszeitlich bestimmter Feste, richtet sich nach dem Klima Jerusalems; alle Gebetsstätten wurden in die Himmelsrichtung nach Jerusalem orientiert, was auch für Kirchen zutrifft, während alle mohammedanischen Gebete sich nach Mekka ausrichten. Die Wallfahrt der Juden nach Jerusalem wurde nicht nur als einmaliger Akt angesehen, sondern als Lebensziel, und wann immer politische Zustände es erlaubten, setzte eine starke Welle der Einwanderung nach Palästina ein, sei es auch nur zu dem Zwecke, auf dem Ölberg begraben zu werden.

Die moderne Einwanderungsbewegung begann in der zweiten Hälfte des 19. Jahrhunderts, und seit 1880 besitzt Jerusalem eine jüdische Mehrheit in der Bevölkerung.

Nach der Gründung des Staates Israel war es klar, daß für den jüdischen Staat nur Jerusalem als Hauptstadt in Frage kam, und sowie die militärische Situation es erlaubte, verlegte die israelische Regierung ihren Sitz dahin.

Die dramatische Veränderung in der Geschichte Jerusalems in unserer Generation kam im Sechs-Tage-Kriege 1967, als der jordanische Teil Jerusalems von israelischen Truppen erobert wurde und die Stadt wieder unter die Verwaltung einer einheitlichen Munizipalität gestellt wurde.

Die verschiedenen Stadien der langen Geschichte Jerusalems sind nicht nur von archäologischem oder historischem Interesse, sondern beherrschen noch heute in starkem Maße die städtische Topographie und Funktionsgliederung. Die durch die gebirgige Landschaft bestimmten Ausfallstraßen sind durch die Jahrhunderte hindurch dieselben geblieben. Das von den Römern geschaffene Straßenkreuz von ›cardo‹ und ›decumanus‹ gliedert noch heute die Altstadt. Der Tempelbezirk, der wahrscheinlich selbst auf ein vordavidisches Heiligtum zurückweist, wurde niemals für Profanbauten (außer Königspalästen) in Anspruch genommen, wie das zum Beispiel auf der Akropolis in Athen der Fall war. Die zahlreichen Kirchen, die zur byzantinischen Zeit an Orten errichtet wurden, die mit Ereignissen im Leben Jesu in Verbindung gebracht werden, wurden, nach ihrer Zerstörung im 7. Jahrhundert, von den Kreuzfahrern wieder auf den alten Fundamenten aufgebaut. Als diese wiederum nach den Kreuzzügen zerstört wurden, bildeten ihre Ruinen den Grundstock für moderne Kirchenbauten des 19. und 20. Jahrhunderts. Die Stadtmauern, und vor allem die Zitadelle, wurden nach jeder Zerstörung – mit geringen Änderungen – in der Linienführung vorhergehender Mauern und unter Benutzung derselben Steinblöcke wieder aufgebaut. Das jüdische

Viertel der Altstadt, das nach den Kämpfen von 1948 völlig zerstört worden war, befindet sich im Stadium des Wiederaufbaus auf dem Prinzip von winkligen engen Gassen und Treppen, das in der ganzen Altstadt vorherrscht, und neue Synagogen werden auf den Ruinen ihrer Vorgänger errichtet.

So besteht die Altstadt Jerusalems aus einer engen Verknüpfung aller Jahrtausende, die die Geschichte der Stadt bestimmen, und auch die Neustadt bemüht sich, keine zu krassen Unterschiede in Erscheinung treten zu lassen. Dies kommt zum Beispiel in der Verordnung zum Ausdruck, daß alle Bauten mit Blöcken aus dem in der Umgebung vorherrschenden Kalkstein verkleidet werden müssen.

6.2.3.2. Die Altstadt – Topographie von Menschenhand

Zum Verständnis der geographischen Entwicklung der Altstadt ist eine kurze geologisch-topographische Einführung notwendig (Dalman 1939). Die Stadt liegt nicht direkt an der Wasserscheide des Judäischen Berglandes, obwohl diese die natürliche Nord-Süd-Route des Landes ist (s. Kap. 6.2.2.2), sondern auf einem Sporn, der etwa 1,5 km östlich der Stelle liegt, wo die Wasserscheide ihren niedrigsten Punkt (770 m) erreicht. Die Lage Jerusalems weicht von allen anderen Teilen des Judäischen Plateaus dadurch ab, daß an dieser Stelle der Nahal Kidron (Qidron) sich durch Rückwärtserosion in die weichen Kreidesteine der Judäischen Wüste und durch Flußanzapfung bis in das Plateau selbst tief eingeschnitten hat. Damit wurde die Wasserscheide um einige Kilometer nach Westen verschoben, und Jerusalem befindet sich im Entwässerungsgebiet des Toten Meeres. Im Stadtgebiet schufen der Kidron und seine Zuflüsse ein engmaschiges Netz von steilen Tälern: Der Kidron selbst erstreckt sich von Norden nach Süden und bildet seit der Frühgeschichte die östliche Grenze der Stadt. Der wichtigste Zufluß ist das Hinnomtal, das die Altstadt in einem Bogen von Westen und Süden umgibt. Andere Zuflüsse, die sich in einer allgemein südöstlichen Richtung zum Kidron hin senken, zerschneiden das Gelände in eine Reihe von Höhenrükken. Alle weisen eine allgemeine Neigung vom höchsten Punkt der Altstadt (785 m) im Nordwesten nach Süden oder Südosten auf. Der tiefste Bereich der ältesten Stadt, die Davidsstadt, liegt bei 630 m. Bei diesem starken Gefälle und der steilen Zertalung gibt es in der natürlichen Topographie kaum ebenes Gelände, aber die Menschenhand hat große Veränderungen in der Topographie herbeigeführt.

Bei der rückwärtigen Erosion des Kidron ist ein Teil der ursprünglichen Plateaukante in Form schmaler Bergrücken stehengeblieben, die die Stadt bogenförmig von Osten her umgeben (Fig. 28). Diese sind der Skopusberg (826 m) im Nordosten, der Ölberg (818 m) im Osten und der ›Berg des Ärger-

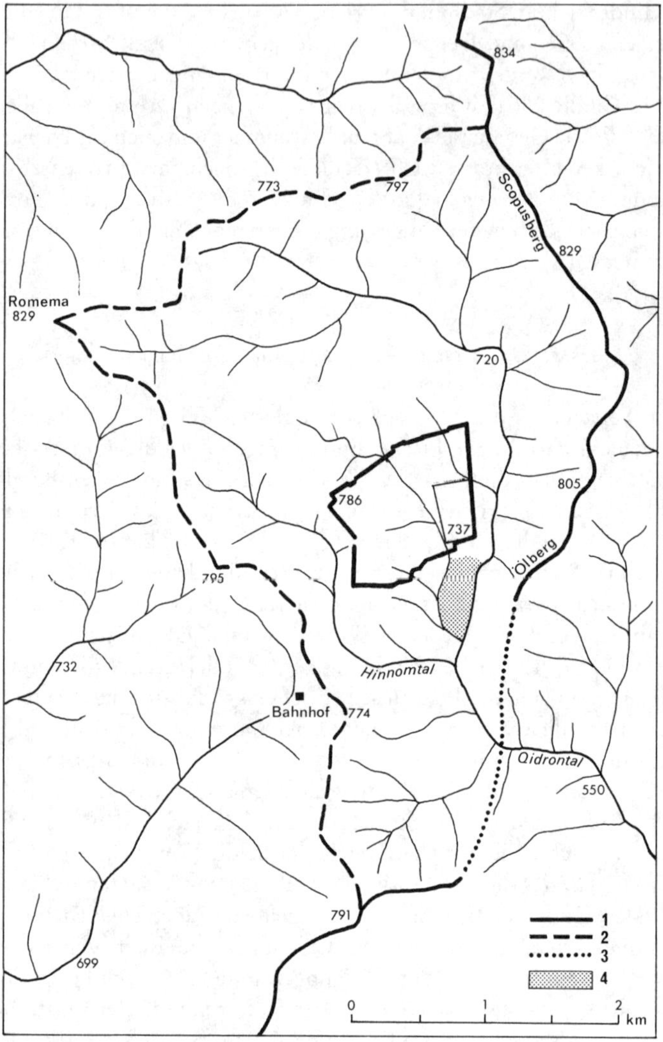

Fig. 28: Jerusalem. Der Talkessel des Kidron (Qidron).
1 Ursprüngliche östliche Kante des Plateaus. 2 Wasserscheide nach Anzapfung des Kidron. 3 Abhänge zum Durchbruchstal des Kidron. 4 Die ›Davidsstadt‹, das ursprüngliche Jerusalem. Die Mauern der heutigen Altstadt und des Tempelbezirkes sind eingezeichnet.

nisses‹ (795 m) im Südosten. Diese aus Kreide bestehenden Bergrücken erheben sich steil bis zu 200 m über dem Kidrontale und fallen nach Osten noch steiler zur Judäischen Wüste ab.

So liegt Jerusalem in einem Kessel, dessen Ostseite von den Kreiderücken eingenommen wird und der im Westen und Norden von der Wasserscheide des Plateaus eingeschlossen ist. Aber innerhalb des Kessels bildet die Stadt eine natürliche Festung, die sich steil über den Tälern des Kidron und Hinnom erhebt und dadurch fast uneinnehmbar ist.

Das Gelände der Stadt besteht aus einem außerordentlich harten Kalkstein, der das Material zum Bau der Mauern und Häuser geliefert hat. Dahingegen ist das weiche Gestein der östlichen Berge als Baumaterial ungeeignet, läßt sich aber leicht ausschachten. Daher dienten die Abhänge der Berge, und vor allem des Ölbergs, seit frühesten Zeiten bis in unsere Zeit hinein als Begräbnisstätten, und ein uralter jüdischer Friedhof steigt vom Kidrontale bis fast zum Rücken des Ölbergs auf.

Das größte Problem für Jerusalem war immer die Wasserversorgung (Harel 1976). Die Stadt selbst liegt noch in der mediterranen Klimazone (600 mm Regen im Jahresdurchschnitt), aber bereits am Ostabhang der Kreideberge beginnt die Wüste. Als Speisung für Grundwasser kommt nur der Regen über dem Talkessel in Frage, und dieser genügt nur, um eine einzige Quelle ganzjährig zu versorgen. Ihr biblischer Name ist Gihon; sie ist bei Christen als ›Quelle der Jungfrau‹ bekannt. Diese tritt an der Talsohle des Kidron zu Tage und war standortbestimmend für die Wahl der ursprünglichen Stadt (auf dem Sporn südlich der heutigen Altstadt). Da die Quelle wegen ihrer tiefen Lage nicht in die Ummauerung eingeschlossen werden konnte, wurde bereits vor Davids Zeit ein Schacht durch das Gestein hindurch bis zum Grundwasserhorizont getrieben. König Hiskija von Juda baute im Jahre 703 v. Chr. einen Tunnel von 533 m Länge, der das Wasser der Quelle in eine Zisterne innerhalb der Mauern ableitete. Der Tunnel ist noch heute begehbar und leitet das Quellwasser einigen Bewässerungskanälen zu.

Doch das Wasser dieser Quelle reichte nur für die ursprüngliche Davidstadt aus. Als die Stadt wuchs, bestand keine andere Möglichkeit als die Aufspeicherung von Regenwasser in öffentlichen und privaten Zisternen. Unterhalb der Häuser der heutigen Altstadt befindet sich ein Gewirr von antiken Zisternen, und fast der gesamte Tempelbezirk liegt über riesigen Wasserspeichern.

Zusätzlich dazu besitzt heute jedes Haus seine eigene Zisterne für das Auffangen von Regenwasser. Diese bildeten bis 1937 fast das einzige Mittel der Wasserversorgung. Zur Zeit des Mandates, als eine Wasserleitung aus der Küstenebene nach Jerusalem gelegt wurde, erhielten eine Anzahl von Häusern Anschluß an Leitungswasser. Nach der Teilung der Stadt war das jordanische Jerusalem von dieser Leitung abgeschnitten und erhielt Wasser in unzureichenden Mengen aus den Quellen des Wadi Qilt (s. Kap. 6.2.2.3). Nach der Wiedervereinigung der Stadt wurde auch die Altstadt an das israelische Wassernetz angeschlossen.

Zur Römerzeit wurden eine Anzahl von Aquädukten gebaut, die Wasser aus den ›Zisternen Salomons‹ bei Artas nach Jerusalem brachten und in den Zisternen unter dem Tempelgelände endeten. Diese Wasserversorgung brach im Mittelalter zusammen und wurde nur zeitweilig wieder instand gesetzt.

Die *Topographie* des Stadtgebietes schuf große Schwierigkeiten für den Haus- und Straßenbau, wobei die zahlreichen Täler die entscheidenden Faktoren waren. Die tiefsten Täler (Kidron und Hinnom) dienten als Verteidigungslinie, während die kleineren Täler im Laufe der Geschichte künstliche Veränderungen durchmachten. Das wichtigste der kleineren, mit dem griechischen Namen Tyropoion (Käsemachertal), oder kurz ›Das Tal‹ genannt, durchschneidet das Stadtgebiet von Norden nach Süden und teilt es in zwei Abschnitte ein, die bis heute für die Stadtgeographie maßgebend sind. Die Hügel östlich des Tales bis zum Kidron bildeten die historische ›Unterstadt‹, während der (größere) westliche Hügel, der vom Hinnomtale umgeben ist, die ›Oberstadt‹ war. Diese wurde ihrerseits von einem West-Ost ausgerichteten Tale durchschnitten, das heute fast völlig zugeschüttet ist und den ›David-Basar‹ bildet. Das unebene Gelände zwischen den Tälern machte es notwendig, die Häuser auf Abhängen mit verschiedenen Niveaus zu bauen, zwischen denen sich enge Gassen winden, die oft nur aus Stufen bestehen.

Die Niveauunterschiede schufen größte Probleme für Monumentalbauten, die eine ebene Grundlage benötigen, was ohne künstliche Veränderung der Topographie nicht zu schaffen war. Das bedeutendste Beispiel hierfür ist der *Tempelbezirk*. Als König Salomo den Tempel und seinen Palast auf dem Berge Moriah errichten wollte, war es notwendig, die Spitze des Berges abzutragen und mit Hilfe des Gerölls die Abhänge zu erhöhen. Nur eine besonders hervorstechende Felsenformation auf der Spitze des Berges wurde stehengelassen und in den Tempel eingebaut (vielleicht als Altar). (Dieser Felsen ist nach der jüdischen Tradition der ›Grundstein der Welt‹ und der Platz, auf dem Abraham seinen Sohn Isaak opfern wollte, und nach der moslemischen Tradition ist er der Stein, von dem aus Mohammed zum Himmel stieg, um den Koran zu empfangen. Über dem Felsen erbaute der Kalif Abd el-Malik im Jahre 691 den ›Felsendom‹ [fälschlich ›Omar-Moschee‹ genannt], eines der prächtigsten Bauwerke frühislamischer Kunst [**Bild 14**].) So wurde künstlich ein weites ebenes Gelände auf der Spitze des Berges geschaffen. Als König Herodes fast 1000 Jahre später den nach dem Babylonischen Exil erbauten kleinen ›Zweiten Tempel‹ durch einen neuen Prachtbau ersetzte, wurde der künstliche ebene Platz um mehr als das Doppelte vergrößert; seine Ausmaße betragen nun 475×275 m. Dieser Platz, der heutige ›Tempelbezirk‹, war wahrscheinlich der größte Platz (und sicherlich der größte künstliche

Platz) im Römischen Reiche. Noch heute bildet er in seiner Weite und Stille (außer zu Zeiten von Volksversammlungen, bei denen er 100000 Menschen aufnehmen kann) einen schroffen Gegensatz zu den engen, gewundenen Gassen der Altstadt mit ihrem dauernden Menschengewimmel. (Die Schaffung einer Ebene von so großer Ausdehnung verlangte die Erhöhung der Abhänge um viele Meter durch Aufhäufung von Felsblöcken und Geröll. Um dieser unkonsolidierten Masse einen Halt zu geben, war es notwendig, eine Stützmauer von etwa 500 m Länge und 39 m Höhe zu bauen, die auf dem Grunde des Tyropoiontales verankert war und für sich selbst eines der größten Bauwerke ihrer Zeit darstellte. Diese Mauer ist das einzige Bauwerk, das vom Tempel des Herodes übriggeblieben ist, da ihre Zerstörung den Einsturz des ganzen Berges zur Folge haben könnte. Dies war der einzige Platz, an dem Juden nach der Zerstörung des Tempels [und bis zum Jahre 1948] beten durften [**Bild 5**]. Er wurde daher die ›Klagemauer‹ genannt.)

Ein zweites Beispiel künstlicher Begradigung ist die Grabeskirche im Westen der ›Oberstadt‹. Hier stand der steile Golgathahügel, der von engen Tälern umgeben war. Als der römische Kaiser Konstantin hier die erste ›Grabeskirche‹ (vollendet im Jahre 335) bauen ließ, wurde ein Teil des Hügels abgetragen, und nur der Felsen auf seiner Spitze, wo nach der christlichen Tradition das Kreuz errichtet worden war, blieb als Zentrum der ›Golgathakirche‹ stehen. Da die Grabesstätte jenseits eines schmalen Tales lag, wurde die eigentliche Grabeskirche als separates Gebäude gebaut. Erst die Kreuzfahrer vereinten beide Kirchen unter einem Dach, wobei sie durch Auffüllung des Tales ein einheitliches Fußbodenniveau schufen.

Andere Beispiele von Veränderungen der Topographie sind überall zu finden. Die Schaffung öffentlicher Zisternen wurde durch Abdämmen von kleinen Tälern erreicht, wobei die Dämme als die einzigen gradlinigen Straßen benutzt werden konnten.

Nach der Zerstörung des Tempels im Jahre 70 wurden die Trümmer in das Tyropoiontal geschüttet, das dadurch fast völlig verdeckt wurde. Auf ihnen wurden später andere Bauten errichtet. Nur an einer Stelle blieb ein Teilstück der Mauer sichtbar, aber nur mit der oberen Hälfte.

Der Hinweis auf die außerordentlichen technischen Schwierigkeiten, mit denen jeder größere Bau in der Altstadt von Jerusalem zu kämpfen hatte, zeigt, daß die Entwicklung Jerusalems, über die Ausmaße einer Kleinstadt hinaus, mit munizipalen Mitteln nicht zu bewerkstelligen war. Nur zu Zeiten, in denen die Stadt nationale oder internationale Funktionen erfüllte, konnten Mittel von auswärts mobilisiert werden, um die notwendige Infrastruktur zu schaffen.

6.2.3.3. Geschichte in Stein geprägt

Dieser Gedankengang ist die Grundlage für den folgenden kurzen Abriß der Geschichte Jerusalems, der nur die stadtgeographisch wichtigsten Ereignisse aufzählt. Die vordavidische Stadt Jebus (Maisler 1933), die auf dem südöstlichen Sporn lag, wurde dadurch erobert, daß Davids Truppen durch den senkrechten Schaft, der zur Quelle führte, überraschend in die Stadt eindringen konnten. Der Hügel wurde zur ›Davidstadt‹, in der jetzt systematisch Ausgrabungen stattfinden (Kenyon 1967), die aber noch kein klares Bild der Entwicklung liefern können. (Die Encyclopedia of Archaeological Excavation [1976] gibt einen ausführlichen Bericht über alle Ausgrabungen in Jerusalem mit zahlreichen Karten auf S. 579–641 sowie mit chronologischer Tafel auf S. 642ff.) Unter Salomo erweiterte sich das Stadtgebiet bedeutend durch die Begradigung des Berges Moriah, auf dem der Tempel und der Königspalast errichtet wurden. Durch Auffüllung eines Tales wurden beide Hügel zu einem Berg vereinigt, den Zionsberg, später auch Unterstadt genannt. Während der Dauer des Königreiches Juda dehnte sich die Stadt auch auf den Hügel der ›Oberstadt‹ aus. Im Jahre 703 v. Chr. – während einer Belagerung durch den Assyrerkönig Sanherib – konstruierte König Hiskija den Shiloahtunnel, der das Wasser der Gihonquelle in die Stadt führte.

Im Jahre 586 v. Chr. wurde Jerusalem von Babylonien zerstört und die Bevölkerung in das ›Babylonische Exil‹ geführt, das mit der Eroberung Babylons durch den Perserkönig Cyrus endete. Ein Teil der Exilierten kehrte im Jahre 538 nach Jerusalem zurück, und ein neuer Tempel, der ›Zweite Tempel‹, der weitaus kleiner war als der erste, wurde im Jahre 516 vollendet. Während der Perserherrschaft und der darauf folgenden Periode Alexanders des Großen und seiner Nachfolger (der ›Hellenistischen Periode‹, 332–152 v. Chr.) war Jerusalem nur eine kleine Provinzhauptstadt mit einigen Elementen einer griechischen Polis. Nur ganz wenige archäologische Überreste dieser Zeit sind gefunden worden.

Mit der erneuten Selbständigkeit Judäas unter den Hasmonäer-(Makkabäer-)Königen begann eine neue Epoche des Aufstiegs Jerusalems, die ihren Höhepunkt unter König Herodes (37–4 v. Chr.), dem größten Baumeister Judäas in der Antike, fand (Avi-Yonah 1973). Während dieser Epoche dehnte sich Jerusalem weit über das Ausmaß der heutigen Altstadt nach Süden und Norden aus. Es hatte zur Zeit des Herodes etwa 70000–100000 Einwohner. Die öffentlichen Gebäude waren in griechisch-römischem Stil gebaut und umfaßten Paläste, Garnisonen, Märkte, Theater, Stadion. (Ein Modell der Stadt im Maßstab 1:40 wurde mit archäologischer und topographischer Genauigkeit auf einem Gelände von 50×50 m in einem der Hotels in Jerusalem konstruiert.) Im Kidrontale, am Fuße des Ölbergs, wurden einige prachtvolle Felsengräben in Form von Pyramiden und Tempeln aus dem

Berg herausgehauen, die zu den wichtigsten Überresten dieser Zeit gehören.

Die eindrucksvollsten Gebäude der Epoche waren die herodianischen Bauten, und an ihrer Spitze steht der neue ›Zweite Tempel‹, der zu den gewaltigsten technischen Leistungen im Römischen Reiche gerechnet werden kann. Zu seinem Schutze wurde in seinem Norden die Festung Antonia mit vier mächtigen Rundtürmen errichtet. Im Westen der Stadt baute Herodes die dreigetürmte Zitadelle, deren Grundmauern die Basis für alle späteren Festungen Jerusalems bildeten (**Bild 17**). Nach Süden anschließend folgte der Königspalast mit der Garnison der Palastgarde. Herodes baute vermutlich auch die erste Wasserleitung von den ›Zisternen Salomos‹. Auf einem Hügel, 10 km südlich der Stadt, der künstlich erhöht wurde, baute er das ›Herodion‹, einen in der Erhöhung versenkten Palast, der gleichzeitig als seine Grabstätte gedacht war. Die mit vier Rundtürmen gekrönte Rundmauer wurde in den letzten 20 Jahren ausgegraben. Dabei wurden auch die Grundmauern der Palastanlage freigelegt (**Bild 19**).

Zur Zeit der Tätigkeit Jesu war Jerusalem eine prachtvolle, dicht bevölkerte Großstadt – der Stolz der Juden in der ganzen damaligen Welt. Aber nach Herodes' Tod kam Jerusalem wieder unter die direkte Verwaltung römischer Prokuratoren. Als die jüdische Bevölkerung Palästinas gegen die Römerherrschaft revoltierte (67–70 n. Chr.), endete die Revolte mit der Einnahme Jerusalems durch Titus und der vollständigen Zerstörung des Tempels und des größten Teils der Stadt. Die Bedeutung, die die Römer der Eroberung Jerusalems beilegten, geht daraus hervor, daß Titus einen Triumphbogen neben dem Forum Romanum errichten ließ. Das Trauma der Zerstörung Jerusalems verfolgte die Juden der Diaspora durch die gesamte Geschichte hindurch, und der Wunsch zur Rückkehr nach Jerusalem war einer der Hauptinhalte der jüdischen Religion.

Nach der Zerstörung des Tempels verblieben nur noch wenige Juden in den Überresten der Stadt, aber als im Jahre 132–135 erneut eine jüdische Revolte im Lande ausbrach, wurden die letzten Juden aus der Stadt vertrieben, und Kaiser Hadrian erbaute eine neue Stadt an der Stelle der Trümmer, die er ›Aelia Capitolina‹ nannte. Sie war nach dem Muster aller römischen Kolonialstädte geplant mit einer Nord-Süd-(Cardo-) und Ost-West-(Decumanus-) Achse. Diese bilden noch heute das Gerüst der Altstadt und sind die beiden einzigen geradlinigen Basarstraßen. Sie bestimmten auch den Platz der wichtigsten Ausfallstore (Jaffator und Damaskustor). Aelia Capitolina war eine typische Garnisonstadt, aber die Hauptstadt des Landes, das jetzt Palästina genannt wurde, war Caesarea.

Zweihundert Jahre später erlebte die Stadt eine Wandlung von höchster geschichtlicher Bedeutung. Im Jahre 325 wurde das Christentum zur Staatsreligion erklärt, die ihre Wurzeln in Jerusalem hatte. Um den Charakter der

Stadt als Zentrum einer Weltreligion zu betonen, wurden unbegrenzte Mittel des Reiches zur Verschönerung der Stadt zur Verfügung gestellt. An allen Plätzen, die mit dem Geschehen um Jesus in Verbindung gebracht werden konnten, wurden Kirchen gebaut, deren Zahl mehrere Hunderte betrug und deren bedeutsamsten die Golgatha- und die Grabeskirche waren. Zum Zwecke der Identifizierung aller ›Heiligen Stätten‹ wurde eine religiöse Kommission unter der Leitung der Kaiserinmutter Helena ins Land entsandt. Die christliche Herrschaft erlaubte den Juden die Rückkehr nach Jerusalem, beschränkte aber ihr Zugangsrecht zu den ihnen heiligen Bezirken, auf die Klagemauer und die Begräbnisstätte auf dem Ölberg.

In den Jahren 614–629 wurde Jerusalem von den (zarathustragläubigen) Persern beherrscht, und diese zerstörten alle Kirchen und beraubten dadurch die Stadt ihrer Zentralfunktionen. Obwohl 629 die byzantinische Herrschaft unter Heraklius wiederhergestellt wurde, konnte nur die Grabeskirche wieder aufgebaut werden, denn im Jahre 638 mußte sich Jerusalem nach langjähriger Belagerung der neuen Macht im Nahen Osten – den Arabern – ergeben. Der Eroberer Jerusalems, Omar Ibn al-Ketab, wurde der Begründer der Omayyaden-Dynastie, die bis 750 herrschte. Die Araber zeigten Christen und Juden gegenüber Toleranz. Sie erwiesen besondere Verehrung dem Tempelbezirk, der von den Byzantinern absichtlich vernachlässigt worden war, räumten den Schutt hinweg, und der Kalif Abd el-Malik erbaute im Jahre 691 die El-Aqsa-Moschee und den Felsendom. Aber mit der Dynastie der Abbassiden begann sich das Verhältnis zu den Nichtmohammedanern zu verschlechtern. Die Hauptstadt der Provinz Palästina war schon im Jahre 711 nach Ramla verlegt worden, und Jerusalem fiel auf den Stand eines ländlichen Regionalzentrums zurück. Die Bevölkerung betrug nur noch etwa 20000, und das Stadtgebiet beschränkte sich auf ein Gelände, das etwa der heutigen Altstadt entspricht.

Eine erneute historische Wendung trat mit den Kreuzzügen ein. Die Kreuzfahrer eroberten Jerusalem im Jahre 1099 und dezimierten die Bevölkerung, so daß die Stadt nach wenigen Jahren nur 2000 Einwohner zählte. Unter großen Bemühungen, christliche Siedler anzuziehen, gelang es, bis zum Ende des 12. Jahrhunderts die Bevölkerung wieder auf den Stand von 20000 zu bringen.

Aber das Stadtbild veränderte sich vollständig. An allen Plätzen, an denen byzantinische Kirchen gestanden hatten, wurden neue Kirchen errichtet. Da mit den Kreuzzügen das orthodoxe Christentum durch das lateinische (= katholische) ersetzt wurde, zeigten alle Kirchen den neuen Geist durch romanische und gotische Architektur an. All dem wurde durch die mohammedanische Wiedereroberung im Jahre 1187 ein Ende gesetzt, und diesmal war es die christliche Bevölkerung, die fast völlig vernichtet wurde. Nur wenige Kirchen, darunter die Grabeskirche, wurden stehengelassen.

Im darauffolgenden Jahrhundert wechselte Jerusalem mehrmals die Herrscher zwischen Mohammedanern und Kreuzfahrern und wurde zweimal von den Mongolen überrannt. Erst mit der Eroberung durch die Mamelucken um 1260 trat wieder eine gewisse Stabilität ein, und die Bevölkerungszahl, die auf 4000 zusammengeschrumpft war, begann wieder zu steigen. Einige Gebäude aus der Mameluckenzeit sind in der Nähe des Tempelbezirks stehengeblieben.

Neue Hoffnung kam mit der Eroberung Palästinas durch die Türken, deren Herrschaft genau 400 Jahre – von 1517 bis 1917 – dauerte. Sultan Suleiman ›der Prächtige‹ stellte die Mauern wieder her, und dies sind die Mauern und Tore, die noch heute die Altstadt umgeben.

Glücklicherweise hatten diese nie eine Kraftprobe zu überstehen, denn sie waren zu einer Zeit, in der es bereits Kanonen gab, noch auf mittelalterlichen Prinzipien aufgebaut und hätten einem schweren Bombardement wohl nie standhalten können. Die Linienführung dieser Mauer folgt mehr oder minder der der Kreuzfahrermauer und umgibt ein Gebiet von 88 ha. Die innere Einteilung der Stadt war durch die römischen Straßenachsen bestimmt. Entsprechend der Gliederung nahöstlicher Städte nach ethnischen oder religiösen Gesichtspunkten ist sie in vier ›Viertel‹ eingeteilt. Die Christen wohnen in zwei Vierteln des westlichen Teils, wo die Grabeskirche liegt: das ›Christliche Viertel‹ nördlich und das ›Armenische Viertel‹ südlich der Ost-West-Achse. Die Juden verlegten ihren Wohnsitz von Norden nach Süden, bis schließlich das ›Jüdische Viertel‹ sich zwischen dem Armenischen Viertel und dem Tempelbezirk konsolidierte, aber ohne direkte Anlehnung an den letzteren oder die Klagemauer. Das ›Mohammedanische Viertel‹ nimmt den größten Raum ein und umgibt den Tempelbezirk von Norden und Westen, wobei die römische Nord-Süd-Achse die Grenze zwischen Moslems und Christen bildet.

Mit dem allgemeinen Niedergang des Osmanischen Reiches im 18. Jahrhundert setzte auch der Niedergang Jerusalems ein. Die Stadt wurde so klein und unbedeutend, daß Napoleon bei seinem Palästinafeldzug im Jahre 1799 es nicht einmal für nötig fand, sie zu belagern oder zu erobern. Jerusalem zählte weniger als 10000 Einwohner, und leere Plätze wurden als Weideland oder sogar für Getreideanbau benutzt. Erst in den vierziger Jahren des 19. Jahrhunderts trat ein Umschwung ein, der durch die von den europäischen Mächten erreichte Erlaubnis zur Wiederbelebung christlicher Aktivität herbeigeführt wird (**Bild 16**). Es begann ein Wettbewerb aller christlichen Denominationen um die Errichtung von Kirchen, Klöstern, Schulen, Krankenhäusern und anderen sozialen Einrichtungen, und innerhalb weniger Jahre füllte sich die Stadt mit modernen Bauten (Ben-Arieh 1977).

Auch die jüdische Bevölkerung genoß größere Freiheiten unter dem Schutz der europäischen Konsuln. Die Zahl der Juden stieg von 5000 im

Jahre 1844 auf 12000 im Jahre 1875, und auch sie waren imstande, repräsentative Synagogen, Schulen und Krankenhäuser zu errichten. Aber um diese Zeit war die Altstadt bereits überfüllt, und es wurde notwendig, neue Wohnbezirke außerhalb der Mauern zu suchen.

6.2.3.4. Die Neustadt – ein ethnisches Mosaik

Bis zur Mitte des 19. Jahrhunderts war es aus Sicherheitsgründen unmöglich gewesen, außerhalb der Mauern, deren Tore abends geschlossen wurden, zu wohnen, und erst als die Enge in der Altstadt unerträglich wurde, wurden die ersten Viertel außerhalb der Mauern als ›Wohnfestungen‹ errichtet. Die Häuser formten ein Rechteck, das nach außen hin nur ein oder zwei Tore aufwies, die nachts geschlossen wurden. Die Zugänge zu den Häusern – und bei größeren Vierteln Straßen – lagen innerhalb des Bezirks (Amiran 1973).

Das erste dieser Viertel war der ›Russenplatz‹, auf einem ehemaligen Exerzierplatz – 250 m von der Mauer entfernt. Die Mauer dieses Bezirks wurde von mehrstöckigen Häusern gebildet, die als Schulen, Krankenhäuser, Klöster und vor allem als Hospize für Tausende von russischen Pilgern dienten. In der Mitte des weiten Platzes, der das Innere dieses Komplexes einnimmt, wurde eine große Kirche im Stile des russischen Barock gebaut. Die Bauarbeiten an diesem Platze begannen im Jahre 1860. (Im Jahre 1994 wurde das ganze Gelände als Sitz der Stadtverwaltung neu gestaltet.) Ebenfalls im Jahre 1860 wurde mit dem Bau jüdischer Wohnsiedlungen nach demselben Festungsprinzip begonnen, aber in weitaus kleinerem und ärmlicherem Maßstabe. Bis Ende des 19. Jahrhunderts entstanden etwa 40 dieser Siedlungen. Da der wichtigste Standortfaktor die Möglichkeit des Bodenerwerbs war, waren die Siedlungen von uneinheitlicher Form und über das Gelände verstreut. Die Geschlossenheit des Baus schuf nicht nur eine Sicherheitsmauer, sondern auch eine gesellschaftliche Isolierung nach außen und führte dazu, daß sich die Bevölkerung eines jeden Viertels aus Juden eines gemeinsamen Herkunftslandes oder gemeinsamer religiöser Auffassung zusammensetzte. So wurde das ethnische Prinzip der nahöstlichen Stadt in veränderter Form auch auf die Wohnfestungen außerhalb der Mauern übertragen.

In der zweiten Hälfte des 19. Jahrhunderts stieg die Bevölkerung Jerusalems in starkem Maße. Im Jahre 1860 zählte sie 18000, davon 9000 Juden, 5000 Christen, und der Rest Mohammedaner. Im Jahre 1881 betrug sie 31000 und im Jahre 1900 55000, davon 35000 Juden, und je 10000 Christen und Mohammedaner. Während die Mohammedaner noch immer hauptsächlich in der Altstadt wohnten, lebte bereits die Mehrheit der Juden und Christen außerhalb der Mauern.

Die christliche Bautätigkeit in der Neustadt schuf hauptsächlich große, repräsentative Gebäudekomplexe, wobei jede nationale oder religiöse Institution die Bauweise ihres Landes nach Palästina übertrug. So bauten katholische Institutionen italienischen Ursprungs hauptsächlich im Stil der Renaissance, französische dagegen im Stil des Barock; englische protestantische Institutionen zogen viktorianische Gotik vor, während die Russen verschiedene Kirchen Moskaus als Vorbilder nahmen (Schick 1893–94).

Bei Ausbruch des Ersten Weltkrieges besaß Jerusalem bereits einen gewissen internationalen Charakter – der Ausdruck der Entwicklung von Funktionen eines religiösen Weltzentrums. Aber der Krieg brachte große Rückschläge, und die Bevölkerung ging um etwa ein Drittel zurück infolge von Hungersnot, Epidemien und politischen Verfolgungen von seiten der türkischen Behörden. Daher nahm die gesamte Bevölkerung die Eroberung der Stadt durch die Engländer im Jahre 1917 freudig auf.

Die englische Mandatsherrschaft brachte wichtige Entwicklungen für die Stadt. Diese erhielt zum ersten Male seit Jahrhunderten wieder den Status einer Landeshauptstadt, wenn auch unter kolonialer Verwaltung, die sich damit begnügte, Infrastrukturen zu errichten (Kendall 1948), aber davon absah, sich in die soziale oder wirtschaftliche Entwicklung der Bevölkerung einzumischen. In dieser Zeit wuchs die Bevölkerung in starkem Maße, hauptsächlich als Folge jüdischer Einwanderung. Bei Ende der Mandatszeit hatte die Stadt eine Bevölkerung von 165000 erreicht, davon 100000 Juden, 40000 Moslems und 25000 Christen. Juden und Araber lebten in getrennten Wohnbezirken, während die Geschäftszentren oft gemischt waren. Die hauptsächliche Konzentration der jüdischen Bevölkerung lag westlich und nordwestlich der Altstadt, aber einige weiter außerhalb liegenden Stadtviertel, darunter die Hebräische Universität auf dem Skopusberge, waren von den übrigen jüdischen Stadtteilen durch arabische Viertel getrennt. Im Jüdischen Viertel in der Altstadt wohnten nur wenige tausend Einwohner, doch waren wichtige religiöse Zentren angesiedelt.

Von der arabischen Bevölkerung lebte etwa ein Viertel in der Altstadt. Die wohlhabenden Schichten bewohnten moderne Stadtteile nördlich und südlich der Altstadt. Die zahlreiche europäische Bevölkerung, vor allem Engländer, lebte meistens in den arabischen Gegenden (Atlas of Jerusalem, Karte 3.15; 8.1). Nur die oberste Schicht von Beamten und Offizieren oder ausländische Vertretungen hatte sich in Villenvierteln niedergelassen, die meist zwischen arabischen und jüdischen Zentren lagen.

Die wirtschaftlichen und die Verwaltungsfunktionen der Stadt waren besonderer Art. Für die arabische Bevölkerung war die Stadt das nationale Zentrum der politischen und religiösen Institutionen, aber wirtschaftlich hatte sie den Charakter eines regionalen Zentralortes für die ländliche Bevölkerung eines beschränkten Umkreises, die ihre Produkte auf den arabischen und jüdischen Märkten der Stadt verkaufte und alle Dienstleistungen auf den Basaren erhielt.

Für die jüdische Bevölkerung war die Situation komplizierter. Da es in der Umgebung Jerusalems nur wenige jüdische Siedlungen gab, besaß die Stadt für die Juden keinerlei regionale Funktionen. Die wirtschaftlichen und kulturellen Funktionen des obersten Grades waren alle in Tel Aviv konzentriert (s. Kap. 6.1.3.3). Die politische Funktion beschränkte sich auf die Beziehungen zur Mandatsverwaltung, während alle Aufgaben der ›Nebenregierung‹ von Tel Aviv bewerkstelligt wurden. So verblieben nur die Aufgaben des religiösen und geistigen Zentrums sowie von Manufaktur und Dienstleistungen für die jüdische Bevölkerung der Stadt selbst. Daher war die wirtschaftliche Basis der jüdischen Bevölkerung schmal und der Lebensstandard bedeutend niedriger als der Tel Avivs. Dies wirkte sich stadtgeographisch darin aus, daß Jerusalem ein besonders kleines Geschäftszentrum besaß.

6.2.3.5. Die geteilte Stadt

Im Kriege von 1948 war Jerusalem eine der am heftigsten umstrittenen Fronten; im Verlaufe der Kämpfe wurde das Jüdische Viertel der Altstadt von den Arabern erobert und faktisch dem Boden gleichgemacht. Andererseits eroberten die Juden die von Arabern bewohnten südlichen Viertel der Neustadt, deren Bevölkerung in den arabischen Sektor der Stadt flüchtete. In den Waffenstillstandsverhandlungen von Rhodos (1949) wurde auch für Jerusalem das Prinzip angewandt, nach dem die Grenzlinie den am Tage der Waffenruhe existierenden Frontlinien folgte. Im Falle von Jerusalem liefen diese von Norden nach Süden und waren von einem Streifen von ›Niemandsland‹ begleitet, in dem Zehntausende von Minen vergraben waren.

Die arabische Stadt, die als zu Jordanien gehörend erklärt wurde, umfaßte die Altstadt und ihre Nachbargebiete im Norden, Osten und Südosten. Die jüdische Stadt erstreckte sich nach Westen und Süden, war aber ihrerseits von jordanischem Gebiete im Norden und Süden umklammert und war mit dem Rest Israels durch einen ›Korridor‹ verbunden, dessen Breite von 8 km im Stadtgebiet sich nach Westen bis auf 15 km vergrößerte und erst in einer Entfernung von 20 km von der Stadt sich mit dem eigentlichen Staatsgebiet Israels verband. So wurde Jerusalem zu einer geteilten Stadt, deren Teile fast hermetisch voneinander getrennt waren. (Nach dem Zweiten Weltkriege waren noch zwei geteilte Städte geschaffen worden: Triest [das aber durch das Abkommen von 1955 wieder unter italienischer Herrschaft vereinigt wurde] und Berlin.)

Durch die Teilung wurde ganz Jerusalem in schwerstem Maße getroffen, und es dauerte mehrere Jahre, bis sich in jedem Teil das Leben wieder einigermaßen normalisierte, wobei in den ersten zehn Jahren der Gang des Lebens häufig durch Schießereien unterbrochen wurde, was den Bau von hohen Schutzmauern auf der israelischen Seite notwendig machte, während die jordanische Seite durch die türkischen Mauern geschützt war. Beide Teile der Stadt verloren ihre vorigen Funktionen und mußten neue entwickeln. Es war natürlich, daß die Entfaltung beider Städte nicht nur verschiedenen geographischen Richtungen folgte, sondern auch verschiedene Tendenzen aufwies.

Für den *israelischen Teil* der Stadt war die erste Aufgabe die Wiederherstellung einer Infrastruktur. Alle Zufahrtsstraßen waren in jordanischen Händen, und auch die Wasserleitung von der Küste lief durch jordanisches Gebiet. So war es zunächst dringend notwendig, durch den ›Korridor‹ eine neue Straßenverbindung sowie Wasser- und Elektrizitätsleitungen zu legen, bevor überhaupt an die Wiederaufnahme eines normalen Lebens gedacht werden konnte. Durch den Korridor mußten auch alle Nahrungsmittel kommen, da die Verbindung zum landwirtschaftlichen Umland, dessen arabische Landwirte einen großen Teil der Produkte geliefert hatten, abgeschnitten war. Gleichzeitig waren alle Dienstleistungen, die jüdische Handwerker, Kaufleute und Akademiker der arabischen Bevölkerung geboten hatten, stillgelegt. Aber auch die höheren Funktionen hatten aufgehört. Die Mandatsregierung hatte das Land verlassen; die religiösen Zentren der Altstadt, einschließlich der Klagemauer und der Begräbnisstätte auf dem Ölberg, waren unzugänglich oder zum Teil zerstört; die Universität auf dem Skopusberge war zwar als Exklave in den Händen israelischer Polizei, aber der Lehr- und Forschungsbetrieb war unmöglich. Die Arbeitslosigkeit war so groß, daß innerhalb eines Jahres die Bevölkerung durch Abwanderung von 100000 auf 69000 zurückging.

Der Wendepunkt wurde erreicht, als Anfang 1950 die israelische Regierung ihren Sitz nach Jerusalem verlegte und damit offiziell Jerusalem zur Hauptstadt des Staates erklärte, obwohl es in der ganzen Stadt keinen Ort gab, der mehr als 3 km von irgendeiner jordanischen militärischen Position entfernt war. Ferner führte die Entfernung der Stadt von den Zentren der wirtschaftlichen Aktivität Israels und die Beschränkung der Verkehrsverbindungen auf einen einzigen Korridor dazu, daß nur die politischen und geistigen Funktionen nach Jerusalem zurückverlegt wurden, während Tel Aviv auch weiterhin das Zentrum aller übrigen Funktionen blieb (s. Kap. 6.1.3.3). Auch die Universität wurde wiedereröffnet, mußte aber wegen des versperrten Zugangs zum Skopusberg Unterkunft in etwa 50 über die ganze Stadt verstreuten Gebäuden suchen. Die religiösen Institutionen, darunter zahlreiche neugegründete Rabbinatsschulen, wurde gleichfalls über die ganze Stadt verstreut, wobei sich allmählich ein Schwerpunkt in den nördlichen Stadtvierteln herausbildete, in denen sich heute die Mehrzahl der extrem orthodoxen Bevölkerung konzentriert.

Um die Wirtschaftsbasis zu erweitern, wurden Anstrengungen gemacht, Industrien in Jerusalem anzusiedeln. Da wegen der hügeligen Topographie und des schwierigen Zugangs zur Stadt nur solche Industrien in Frage kamen, die wenig Rohstoffe benötigen, entwickelten sich meistens Betriebe, die zu den übrigen Stadtfunktionen in Beziehung stehen, wie Buchdruck, chemische und pharmazeutische Produkte, elektronische Geräte, aber auch Bekleidung und Lederwaren. Dadurch blieb Jerusalem bis heute vor den Problemen der Luftverschmutzung bewahrt.

Die Konzentration wissenschaftlicher Aktivität und das angenehme Klima führten auch dazu, daß Jerusalem zu einem Zentrum internationaler Kongresse wurde.

Das wichtigste Ergebnis der Hauptstadtfunktion war eine Umkehrung des Bevölkerungstrends und damit auch der psychologischen Situation der Bevölkerung, die von neuem Optimismus ergriffen wurde. Im Jahre 1951 hatte Jerusalem bereits 123000 Einwohner, 1961 167000 und 1966 196000.

In den sechziger Jahren ist der Beginn einer starken Ausdehnung des Stadtgebietes zu verzeichnen, das sich notgedrungen nur nach Westen erstrekken konnte. Da das Gelände dort von zahlreichen Tälern durchschnitten ist (Fig. 29), ergab sich ein Planungsprinzip, nach dem die Täler als Grünflächen entwickelt wurden (Parks oder Obstanpflanzungen), während die dazwischen liegenden Hügelstrecken für bauliche Zwecke genutzt wurden (Efrat 1964; Shapiro 1972).

Die wichtigste städtebauliche Entwicklung war die Schaffung eines Zentrums der nationalen Funktionen auf einem Parkgelände von 4 km^2 Fläche, das von breiten, blumengeschmückten Alleen durchzogen wird. Hier befinden sich das Parlament (Knesset), die Ministerien, die Nationalbank, die Universität, das Israelmuseum mit dem ›Schrein des Buches‹, das die Rollen vom Toten Meer enthält, und an seinem Nordende die gewaltige Kongreß- und Konzerthalle (mit 3500 Sitzen), in der auch in jedem zweiten Jahr eine internationale Buchmesse stattfindet, die nur der Frankfurter Buchmesse nachsteht.

Dahingegen hat sich das Geschäftszentrum nur wenig entwickelt. Das Fehlen von Finanzen, Industrie und Großhandel sowie eines Hinterlandes führte dazu, daß die Jerusalemer Bevölkerung über eine weitaus geringere Kaufkraft verfügt als die von Tel Aviv, und das Geschäftszentrum der Mandatszeit verblieb im wesentlichen im Flächen- wie im Warenangebot auch nach der Staatsgründung auf derselben Stufe (Schachar 1973).

Das *jordanische Jerusalem* wurde von der Teilung nicht weniger berührt als das israelische. Zwar blieben die wichtigsten Verkehrsverbindungen nach Norden, Osten und (mit Umwegen) nach Süden unberührt, und die Stadt blieb der Zentralort für ein dichtbesiedeltes ländliches Umland. Aber die Wasserversorgung aus der Küstenebene war völlig unterbrochen und konnte

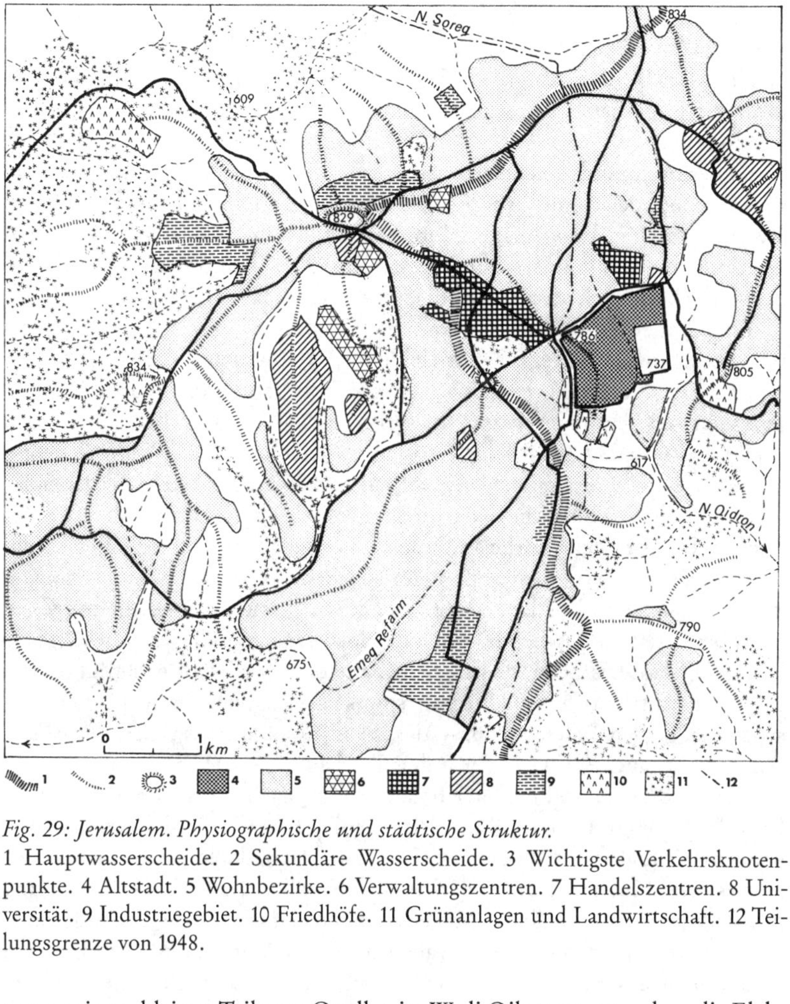

Fig. 29: Jerusalem. Physiographische und städtische Struktur.
1 Hauptwasserscheide. 2 Sekundäre Wasserscheide. 3 Wichtigste Verkehrsknotenpunkte. 4 Altstadt. 5 Wohnbezirke. 6 Verwaltungszentren. 7 Handelszentren. 8 Universität. 9 Industriegebiet. 10 Friedhöfe. 11 Grünanlagen und Landwirtschaft. 12 Teilungsgrenze von 1948.

nur zu einem kleinen Teile aus Quellen im Wadi Qilt ersetzt werden; die Elektrizitätsversorgung war völlig zusammengebrochen, und der spätere Bau eines kleinen eigenen Kraftwerks konnte mit Mühe den Strom für den Haushaltsbedarf der Bevölkerung liefern.

Wirtschaftlich wurde das jordanische Jerusalem noch schwerer getroffen als das israelische. Die Aufhebung der Funktionen als Hauptstadt des Mandatsgebiets traf die Araber schwerer als die Juden, da sie den größten Anteil der mittleren und niedrigen Beamtenschaft gestellt hatten. Dazu kam, daß die jordanische Regierung alles tat, um die Position Ammans als Landeshauptstadt zu stärken und alle fähigen Kräfte nach Amman abzuziehen. So wuchs Amman von etwa 40000 im Jahre 1948 auf etwa 350000 Einwohner im Jahre 1967 (1980: ca. 800000). Gleichzeitig wurden alle Finanz- und Großhandelsbetriebe nach Amman verlegt, da Ostjerusalem jede Verbindung zum Meere verloren hatte, während Amman die Häfen Beirut und Aqaba benutzen konnte.

So verlor Jerusalem seine wirtschaftlich und verwaltungsmäßig aktivste Bevölkerung; der damit verbundene Rückgang der Kaufkraft wirkte sich auf die gesamte Umgebung aus, die ihre Produkte nicht mehr auf den Märkten der Stadt absetzen konnte. Durch den Verlust aller Funktionen höheren Ranges verblieben der Stadt nur diejenigen eines regionalen Zentrums.

Eine Änderung in der Situation trat ein, nachdem die Regierung Jordaniens beschlossen hatte, die Entwicklung des Tourismus aktiv zu fördern. Die Zahl der Touristen, die nach Jordanien reisten und die in der Mehrzahl Jerusalem als Hauptziel hatten, stieg von 132000 im Jahre 1960 auf 323000 (1963) und 616000 (1966). Die Touristen waren hauptsächlich christliche Besucher, aber auch Mohammedaner, vor allem aus den Ölstaaten, die den Sommer im kühlen Gebirgsklima verbringen wollten. Der Tourismus regte nicht nur direkt das Hotelgewerbe an, indem eine Anzahl von Luxushotels errichtet wurden, sondern auch andere Wirtschaftszweige, wie Manufaktur von Andenkenartikeln, Taxidienste oder Restaurants, und die Wirtschaftslage der Stadt besserte sich zusehends. Auch die Spannung zwischen den beiden Sektoren der Stadt ließ nach, da jede Schießerei den Tourismus beeinflußte. Für Touristen wurde sogar ein Übergangspunkt geschaffen – ähnlich denen zwischen den beiden Teilen Berlins –, das ›Mandelbaumtor‹, das aber für israelische Bürger (auch Araber) oder Juden überhaupt gesperrt war.

Das Stadtgebiet dehnte sich hauptsächlich nach Norden aus, in einem Band längs der Straße nach Ramallah. An dieser Straße wurde auch ein internationaler Flughafen eingerichtet. Die Stadt entwickelte ein modernes Geschäfts- und Hotelzentrum in den Straßen nördlich des Damaskustores, und das Stadtgebiet außerhalb der Mauern nahm einen modernen Charakter an.

Aber trotz allem hielt die Abwanderung nach Amman und den Ölstaaten an und neutralisierte den Geburtenüberschuß, so daß die Bevölkerungszahl über 20 Jahre hindurch fast stagnierte. Sie stieg von etwa 60000 (1947) auf 65000 (1966). In derselben Zeitspanne stieg die Bevölkerung des israelischen Sektors – infolge der verschiedenen Funktionen und der starken Einwanderung nach Israel – von 100000 (1947) auf 196000 (1966).

6.2.3.6. Die Wiedervereinigung

Im Verlaufe des Sechs-Tage-Krieges (1967) wurde Jerusalem – gemeinsam mit der Westbank Jordaniens – von israelischen Truppen erobert, und kurz darauf wurde die gesamte Stadt unter Erweiterung des Munizipalgebietes (Fig. 30) einer einheitlichen Munizipalverwaltung unterstellt. Innerhalb kürzester Zeit verschwanden alle äußeren Zeichen der Teilung: Minenfelder, Stacheldrahtverhaue, Schutzmauern, Schützenpositionen; Verkehrs- und Telephonverbindungen wurden wiederhergestellt, und etwas später wurde die ›Oststadt‹ an das israelische Wassernetz angeschlossen – und zum ersten Male konnten alle Wasserbedürfnisse der Stadt in ausreichendem Maße befriedigt werden. Die örtliche Kraftstation konnte nun gleichfalls jeden Bedarf dekken, da sie zusätzlichen Strom aus dem israelischen Verbundnetz beziehen durfte. Schon nach wenigen Wochen hatte das Leben in beiden Teilen der Stadt einen völlig normalen Charakter angenommen.

Bei einer Analyse der Entwicklung Jerusalems seit 1967 muß man zwischen zwei grundlegenden Aspekten unterscheiden. Auf der politischen Ebene gleicht das Problem der arabischen Bevölkerung Jerusalems dem der gesamten Westbank. Die arabischen Einwohner sind weiterhin Staatsangehörige Jordaniens, besitzen aber das Wahlrecht zur Munizipalität (obwohl nur wenige bei den letzten Stadtratswahlen davon Gebrauch gemacht haben); die Schulen unterrichten nach dem jordanischen Lehrplan (haben aber Hebräisch als Fremdsprache eingeführt), die Ein- und Ausreise nach Jordanien und zurück sowie der Warentausch gehen über die ›Offenen Brücken‹ ungestört vor sich und sind nur Sicherheits- und Zollkontrollen unterworfen. Aber all dies rührt nicht an die Kernfrage des Problems: die politische Loyalität der Bevölkerung, die entweder Jordanien oder verschiedenen ›palästinensischen‹ Bewegungen zugewandt ist, und die Forderung der arabischen Bevölkerung nach ›Selbstbestimmung‹, die von den meisten Arabern als Recht auf einen eigenen Staat oder eine Verbindung mit Jordanien verstanden wird (s. Kap. 8.2.3).

Aber die Themen, die Gegenstand einer geographischen Behandlung sind, liegen auf einem völlig anderen Gebiet. Das Zusammenleben zweier verschiedener Bevölkerungsgruppen in demselben Raume über eine Zeit von fast 25 Jahren hinweg hat räumliche und wirtschaftliche Tatsachen geschaffen, mit denen alle Bemühungen um eine Lösung des Problems rechnen müssen. Denn ein neuer Krieg hätte unabsehbare Folgen. Die folgenden Ausführungen beschäftigen sich mit diesen geographisch greifbaren Tatsachen.

Die hervorstechendste Tatsache ist die Schaffung einer intimen wirtschaftlichen Verflechtung beider Teile der Bevölkerung. Wie bereits oben gesagt, besteht eine einheitliche Infrastruktur, die sich auch auf munizipale Dienste (Straßenreinigung, Beleuchtung, Schaffung von Grün- und Spielplätzen) sowie auf das Gesundheitswesen und Sozialarbeit erstreckt. Ein Netz der öffentlichen Verkehrsmittel umfaßt die gesamte Stadt, und in der Wahl der Geschäfte entscheidet nur das Warenangebot oder die Preislage.

Auf dem Arbeitsmarkt ist die Richtung der Integrierung einseitig: der jüdische Wirtschaftssektor hat Arbeitsplätze für die arabische Bevölkerung

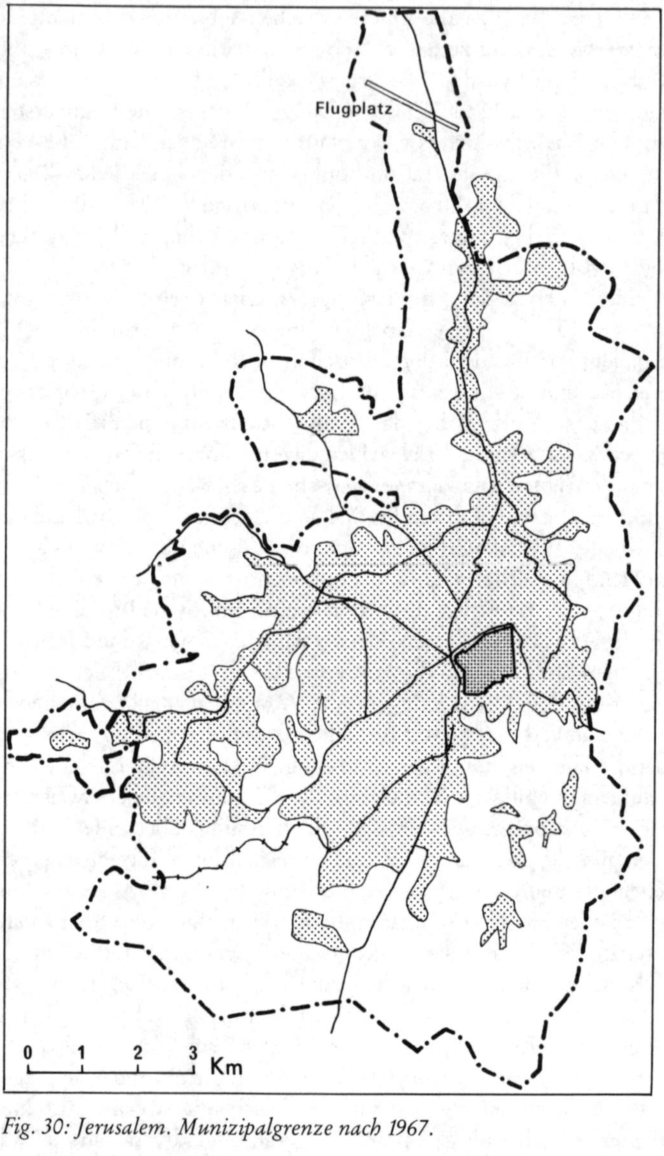

Fig. 30: Jerusalem. Munizipalgrenze nach 1967.

geschaffen, die während der Teilung unter starker Arbeitslosigkeit litt. Zehntausende von Arabern, nicht nur aus Jerusalem, sondern auch aus den umliegenden Dörfern, sind in den jüdischen Stadtteilen in Industrie, Handel, Hotels und Restaurants, Dienstleistungen und vor allem im Bau beschäftigt. Da die Löhne nach den in Israel geltenden Tarifen ausgezahlt werden, die weitaus höher sind als die im arabischen Sektor vorherrschenden Lohnbedingungen, stieg der Lebensstandard der arabischen Bevölkerung in hohem Maße, was sich in der Nachfrage nach Dauergütern – Kraftfahrzeuge, Fernseher, Sonnenheizanlagen, Möbel, elektrische Geräte u. a. – auswirkt. Vor allem läßt sich der erhöhte Lebensstandard in einer starken Bautätigkeit erkennen. Neubauten für die arabische Bevölkerung oder ganze Wohnviertel wurden im Norden und Osten der Stadt errichtet, d. h. in jenen Bereichen, in denen sich die Stadt auch während der Teilung erweitert hatte. Eine Neuerung sind kleine arabische Industriezentren, die im Norden der Stadt entstanden sind.

Im Gegensatz zur Verflechtung der Wirtschaft steht das Fortbestehen der Trennung in den Wohnbezirken, aber diese Erscheinung existierte auch zur Mandatszeit und entspricht den charakteristischen Eigenschaften der nahöstlichen Stadt.

Der wichtigste Faktor für die wirtschaftliche Entwicklung Jerusalems ist der Tourismus, der seit der Aufhebung der Trennungslinien in ungeahntem Maße angestiegen ist. Dabei gesellt sich zu der Zahl der Touristen aus der westlichen Welt und der Araber, die zu Verwandtenbesuchen oder zur Sommererholung nach Jerusalem kommen, auch die große Anzahl von Israelis, die hauptsächlich zu Wochenendbesuchen, aber auch zur Sommererholung nach Jerusalem strömen. Noch wichtiger ist die Tatsache, daß die Durchschnittsdauer eines Touristenaufenthaltes, die während der Teilung 1–2 Tage betrug, auf etwa eine Woche angestiegen ist. Im Handel ist der größere Nutznießer dieser Bewegung die arabische Bevölkerung, da die Besucher ihre Einkäufe hauptsächlich in den Basaren der Altstadt durchführen. Davon zeugt die Tatsache, daß die Zahl der Touristenläden in der Altstadt von etwa 200 im Jahre 1966 auf 450 im Jahre 1979 gestiegen ist. Allerdings läßt das Hotelwesen im jüdischen Sektor der Stadt ein weitaus größeres Wachstum erkennen: Die Zahl der Hotels mit anerkanntem Standard stieg von 19 (1092 Zimmer) im Jahre 1966 (gegenüber 35 Hotels mit 1894 Zimmern im damals jordanischen Sektor) auf 29 mit 3788 Zimmern im Jahre 1980, während im Ostsektor der Stadt die Zahl der Zimmer sich nur um 350 vermehrte. Im Jahre 1991 verfügte der Westsektor über 31 Hotels mit 5200 Zimmern und der Ostsektor über 32 Hotels mit insgesamt 2000 Zimmern. Aber auch im Westen ist viel arabisches Personal beschäftigt. Übernachtungen in anerkannten Touristenhotels betrugen 1980 im jüdischen Sektor 1,6 Mio. gegenüber 703 000 im arabischen Sektor, und im Jahre 1991 1,8 Mio. im jüdischen gegenüber 400 000 im arabischen

Sektor. Mit insgesamt 2,2 Mio. Übernachtungen hat Jerusalem das Touristenzentrum Tel Aviv (1,24 Mio. Übernachtungen) überflügelt.

Die wirtschaftliche und räumliche Entwicklung des *jüdischen* Sektors Jerusalems bestand im wesentlichen in der Verstärkung bestehender Tendenzen und vor allem in der Ausdehnung der Stadt, die aus ihrer Isolierung und Umschließung herausgewachsen war. Die wichtigste substantielle Veränderung waren der freie Zugang zur Klagemauer und zum Tempelbezirk sowie die Wiedererrichtung des Jüdischen Viertels in der Altstadt. Dieses lag im Jahre 1967 in Schutt und Ruinen, deren Beseitigung mehrere Jahre dauerte. Der Wiederaufbau ist augenblicklich in vollem Gange und erfolgt nach dem Prinzip der Anpassung an den allgemeinen Charakter der Altstadt und wird entlang enger, gewundener Gassen durchgeführt, die für Kraftwagenverkehr gesperrt sind. Die äußere Architektur der Häuser besteht in stilisierter Nachahmung der Häuser der Altstadt, wobei allerdings die nicht sichtbare Inneneinrichtung allen modernen Ansprüchen entspricht. Besonderer Wert wird auf den Wiederaufbau der zahlreichen zerstörten Synagogen gelegt (Bild 16). Ein großer Teil des Viertels ist für religiöse Institutionen reserviert, während die Planung eine Wohnbevölkerung von 1500 Familien vorsieht, von denen bereits zwei Drittel in der Altstadt leben.

Auch die Universität auf dem Skopus, die nach 20jähriger Trennung von der Stadt ihren Lehrbetrieb wiederaufgenommen hat, ist im Stadium des Wiederaufbaus, allerdings in weitaus größerem Maßstabe und nach modernen architektonischen Richtlinien. Auf dem Ölberg wurden die zerstörten Grabsteine wieder aufgerichtet.

In der funktionellen Gliederung der ›Weststadt‹, dem ursprünglichen jüdischen Sektor, erfolgten wichtige Veränderungen. Das verhältnismäßig kleine Geschäftszentrum erweiterte sich auf einige Nebenstraßen oder durch den Bau von Hochhäusern, ist aber noch immer zu klein für eine Stadt von den Ausmaßen Jerusalems. Südlich des Geschäftszentrums zieht sich ein Gelände von 1,5 km Länge und 1 km Breite bis ungefähr zur Bahnstation hin, das das Zentrum der großstädtischen Funktionen bildet: Bürohäuser, Hotels, Theater, diplomatische Vertretungen, die Residenz des Staatspräsidenten, die Akademie der Wissenschaften, Wohnhäuser der höchsten Einkommensstufe und weitausgedehnte Parkanlagen. Das Zentrum der nationalen Funktionen (s. S. 246) ist so großflächig gebaut, daß es mit Leichtigkeit eine Anzahl von Neubauten aufnehmen konnte. Eine funktionelle Neuerung ist in der Errichtung zweier großer Industriezentren zu finden: das eine im äußersten Süden und das andere im äußersten Westen.

Die hauptsächliche Gebietserweiterung erfolgte durch Wohnungsbau, der sowohl die Aufgabe hatte, die Wohnbedingungen eines großen Teiles der Bevölkerung, die noch immer unter dem Normalstandard leben, zu verbessern, wie den großen Bevölkerungszuzug aufzufangen. Im kompakten Stadtgebiet erfolgte dies im wesentlichen durch Bausanierung und Aufstockung. Aber die wichtigste Bautätigkeit spielte sich an den Rändern des Kerngebietes ab. Dort entstanden Wohnsiedlungen von 6- bis 10stöckigen Blöcken, die jede über ein Nebenzentrum von Geschäften und öffentlichen Diensten verfügt. Aber der einheitliche Charakter der Stadt wird durch die Bestimmung gewahrt, daß alle Häuser eine Steinfassade besitzen müssen.

Die hervorstechendste Veränderung im Stadtbilde sind die zahlreichen Parks, Gärten und Blumenbeete, die in allen Teilen der Stadt entstanden sind und die Hauptverkehrsachsen über mehrere Kilometer hin begleiten. Dies ist deshalb möglich, weil die Wasserversorgung Jerusalems an das Netz der nationalen Wasserleitung durch zusätzliche Rohrleitungen angeschlossen wurde. Während die historische Stadt (bis zum Ende der Mandatsperiode) durch das fast völlige Fehlen von Grün die Nähe zur Wüste betonte, besitzt die Stadt heute den Charakter einer Gartenstadt und zählt damit nicht nur zu den interessantesten, sondern auch zu den schönsten Städten der Welt.

Die letzte stadtgeographische Entwicklung Jerusalems ist durch den Bau von jüdischen Trabantenwohnsiedlungen gekennzeichnet, die in einem Halbkreis (von Norden über Westen und Süden) in einer Entfernung von 6–8 km vom Stadtzentrum angelegt werden, während in einem ähnlichen Halbkreis (über den Osten) sich arabische Wohnsiedlungen entwickeln. Die letzteren haben sich so weit ausgedehnt, daß das bebaute Gebiet im Norden bereits an Ramallah und im Süden an Bethlehem anstößt.

Durch diese Erweiterung ist es möglich, den andauernden Zustrom von jüdischer und arabischer Bevölkerung aufzunehmen. Gegenüber einer Gesamtbevölkerung von 160000 (davon 65000 Araber) im Jahre 1967 beträgt die Bevölkerung Jerusalems im Jahre 1980 407000, davon 115000 Araber, und im Jahre 1991 534000 Einwohner (davon 146000 Araber und andere). Das Stadtgebiet wurde mehrere Male erweitert und umfaßt jetzt 108 km^2 (gegenüber 38 km^2 zur Zeit der Teilung). Damit ist Jerusalem flächenmäßig die größte Stadt Israels.

In der 25jährigen Periode des vereinten Jerusalem hat die Stadt einen völlig veränderten Charakter angenommen; von einer mittelgroßen Stadt, z. T. mit Kleinstadtcharakter, wuchs Jerusalem zu einer Weltstadt heran, in der der internationale Charakter sich immer stärker bemerkbar macht. Dabei wird allmählich eine Aufteilung in funktionelle Bezirke deutlich, bedingt durch eine Verlegung bestimmter großstädtischer Funktionen in Außenbezirke. Hierbei spielt die Topographie eine maßgebende Rolle. Diese wird beherrscht von den Flußtälern, die sich von der Landeswasserscheide nach allen Richtungen erstrecken. Im Norden und Westen dominieren der Nahal (Trockenfluß) Soreq und seine Nebenflüsse. Den Süden beherrscht das Emeq (Tal) Refaim, das von Osten nach Westen abfällt und sich nach 15 km mit dem Nahal Soreq vereinigt. Den Osten beherrscht das Kidrontal mit seinen Nebenflüssen, das in Cañons die Judäische Wüste durchschneidet und ins Tote Meer mündet.

Die Sporne zwischen den Flußtälern dienen als Verkehrswege und Bebauungsflächen, während die Flußtäler selbst als Grünflächen genutzt werden. Daher ist Jerusalem heute von großen Waldgebieten umgeben.

Beispiele für die neuen funktionellen Bezirke sollen im folgenden genannt werden: Als wichtigste Tatsache sollte dabei vorausgeschickt werden, daß Jerusalem keine eigentliche City besitzt und daß das geistige Zentrum der Stadt (die Altstadt mit all ihren religiösen Funktionen) sich am östlichen Rande des Stadtgebietes befindet. Andere prestigereiche Gebäude und Institutionen suchen die Nähe der Altstadt, wie z. B. der Sitz des Präsidenten, der des Ministerpräsidenten und des Oberrabiners, weiterhin Theater- und Konzertgebäude, wissenschaftliche Akademien sowie Konsulate, Luxushotels u. a. An diese prestigereichen Viertel schließen sich gehobene Wohngegenden an, die zum Westen hin in das Regierungs- und Museumsviertel übergehen. Weiter nach Westen befinden sich wieder Wohngegenden gehobenen Stils, die zum Herzlberg und der nationalen Erinnerungsstätte ›Yad VaShem‹, der Gedenkstätte für die Shoa, führen. Ein ganz anderes Bild findet man im Norden der Stadt, wo sich die ältesten und ärmsten Wohngegenden (aus dem 19. Jh.) bis weit nach Norden hinziehen. Diese Gebiete sind ausschließlich von jüdischen religiösen Gruppen jeder Art bewohnt und gewinnen an Wohlstand, je weiter sie sich vom Zentrum entfernen. Im Nordosten der Stadt befinden sich die Viertel der wohlhabenderen arabischen Bevölkerung, von der jüdischen Bevölkerung durch eine breite Verkehrsstraße getrennt. Die ärmere arabische Bevölkerung lebt zum Teil in der Altstadt oder in östlichen Außenbezirken.

In den Randbezirken Jerusalems befinden sich vier Trabantenstädte, die in den 70er Jahren für Neueinwanderer oder junge Paare geplant wurden und die die Stadt von drei Seiten umgeben. Jede dieser geplanten modernen Siedlungen zählt bis zu 30000 Einwohnern.

Zu bemerken ist der geringe Anteil von Industrie in Jerusalem. Der Grund dafür ist geographischer Natur: die Erschwerung des Verkehrs durch die Höhe und die Zerklüftung des Geländes, die Entfernung von den wirtschaftlichen Zentren des Landes, der Mangel an Rohstoffen und Wasser. Daher gibt es nur Leichtindustrie und in letzter Zeit einige Konzentrationen von High-Tech-Industrien.

7. DER SÜDEN – DIE URBARMACHUNG DER WÜSTE

7.1. Der nördliche Negev – die Siedlungsgrenze

Der Negev – der aride Süden Israels – umfaßt zwei Drittel der Fläche des Staates, aber nur 6,8 % der Gesamtbevölkerung, und diese ist im wesentlichen im nördlichen Sektor konzentriert, so daß drei Viertel des Negev menschenleer sind. Im nördlichen Sektor erreicht der Durchschnitt der Niederschläge noch immer 150–300 mm, und dies ermöglicht nomadische Viehweide sowie etwas Ackerbau in regenreichen Jahren. Dazu kommt, daß weite Gebiete in diesem Sektor mit Löß bedeckt sind, während der zentrale und der südliche Sektor des Negev felsig oder mit Wüstenkies (Hammada) bedeckt sind (Sharon 1962).

Der *nördliche* Negev kann in vier Regionen eingeteilt werden, die sich sowohl topographisch wie siedlungsmäßig stark voneinander unterscheiden (Fig. 32).

7.1.1. Die Küstenzone

Die Küstenzone kann als der südlichste Teil der Küstenebene angesehen werden und unterscheidet sich von den übrigen Teilen der Küste im wesentlichen durch ihr semiarides Klima und das Vorherrschen von Lößböden. Ihr küstennaher Teil zeigt noch immer die Merkmale der judäischen Küste, bildet aber eine ethnische und verwaltungspolitische Einheit – den Gazastreifen (s. Kap. 8.1.3). Die nördliche Grenze der Region ist Nahal Shiqma, die südliche die Sanddünen von Haluza. Die physiographische Ähnlichkeit mit der judäischen Küste drückt sich in dem etwa 6 km breiten Dünengürtel aus sowie in dem Auftreten von isolierten Kurkarhügeln, die aber hier bis zu einer Entfernung von 25 km von der Küste vorhanden sind und eine tief zerschnittene, fast unpassierbare Hügellandschaft bilden, die bei Ruhama eine Höhe von 211 m erreicht. Das dazwischen liegende wellige Gelände ist mit einer mächtigen Lößschicht bedeckt, die noch zu Ende der Mandatszeit als landwirtschaftlich nicht nutzbar angesehen wurde (s. Kap. 3.4.1.1). Nachdem es der agrotechnischen Forschung gelungen war, Mittel und Wege zur Nutzbarmachung der Lößböden auf der Grundlage von Bewässerung ausfindig zu machen, wurde die Yarqon-Negev-Wasserleitung (s. Kap. 3.5.1) angelegt, wodurch die Anlage von 24 Kibbuzim und 36 Moshavim innerhalb von 10 Jahren möglich wurde. Nach dem Sechs-Tage-Kriege wurden etwa 10 weitere

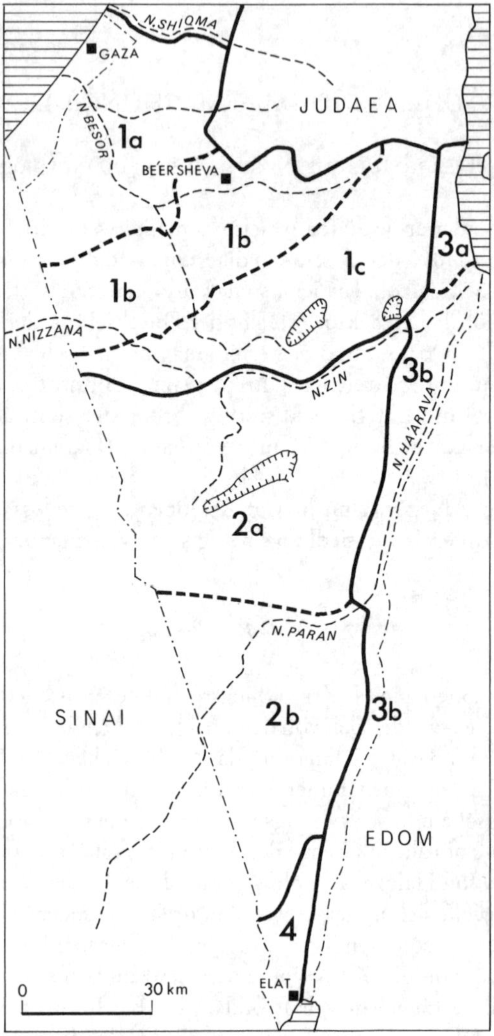

Fig. 31: Der Süden. Regionale Einteilung.
1 Die nördliche Negevwüste: a Der Küstensektor, b Plateaus und Beckenlandschaft, c Das Faltengebirge. 2 Der mittlere Negev: a Das Hochland, b Die zentralen Becken. 3 Der Graben: a Die Südküste des Toten Meeres, b Die Aravasenke. 4 Die Berge von Elat.

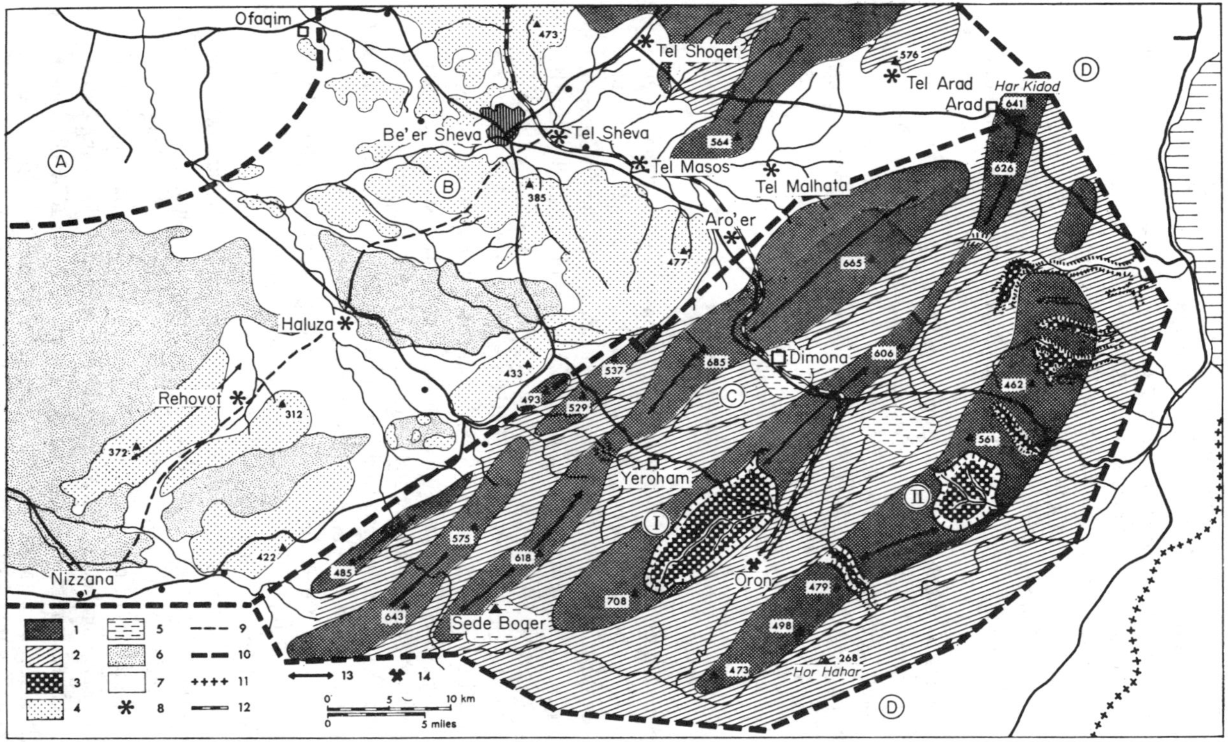

Fig. 32: Der nördliche Negev.

1 Antiklinaler Rücken. 2 Synklinaler Trog. 3 Erosionskrater (Makhtesh). 4 Tertiäre Kreidehügel. 5 Ebenen von Flußanzapfung. 6 Sanddünen. 7 Lößebene. 8 Ruinen antiker Städte. 9 Historische Verkehrsrouten. 10 Physiographische Grenzen: A Küstenebene, B Plateaus und Beckenlandschaft, C Faltengebirge, D Angrenzende Regionen. 11 Internationale Grenze. 12 Bahnlinie. 13 Antiklinale Achse. 14 Phosphatmine.

Siedlungen errichtet, von denen ein Teil über die Grenzlinie zum Sinai hinübergriff. (Nach dem Friedensabkommen mit Ägypten wurden die letzeren mit der Übergabe des östlichen Sinai im Jahre 1982 geräumt.) Obwohl die Region Wasser aus der Landeswasserleitung erhält, kann nur etwa ein Viertel der Anbaufläche ganzjährig bewässert werden. Der Rest wird zum Anbau von Getreide genutzt, das im Notfalle eine Teilbewässerung erhält. Auf dem bewässerten Gelände werden Obstbäume gepflanzt, aber der größte Teil dient der Produktion von Frühgemüse und Blumen unter Plastik und in Glashäusern, wobei wassersparende Bewässerungsmethoden angewandt werden.

Die landwirtschaftliche Besiedelung der Lößflächen war einer der größten Erfolge im Kampfe Israels gegen die Wüste. Gleichzeitig wurden drei Entwicklungsstädte gegründet, die über die Probleme der geplanten Zentralorte noch nicht hinweggekommen sind. Nach 35 Jahren ist ihre Einwohnerzahl wie folgt: Ofaqim 14000, Netivot 11000, Sederot 10000.

7.1.2 Die Beckenlandschaft

Die Beckenlandschaft zieht sich von Südwesten nach Nordosten über eine Länge von 80 km bei einer Breite von 30 km hin, ist also an Fläche weitaus größer als der Sharon oder das Judäische Bergland, aber die landwirtschaftliche Siedlung spielt nur eine geringe Rolle. Ihre morphologische Struktur beruht auf einer Reihe von kahlen, gerundeten Hügeln aus tertiären Kreiden und Mergeln, die sich von der Grenze des Sinai bis zu den Abhängen des Judäischen Berglandes hinziehen. Die Höhe der Hügel steigt von Südwesten nach Nordosten (Fig. 32); dazwischen sind weite ebene Becken eingesunken. Die Becken im Westen sind mit Sand bedeckt und bilden das größte Dünengebiet Israels. Kleinere Becken, westlich und südlich von Be'er Sheva, sind mit Löß bedeckt; und nur dort hat landwirtschaftliche Besiedelung stattgefunden. Da aber das Wasser der Landeswasserleitung nicht bis hierher gelangt und die Siedlungen auf örtliche Wasservorkommen angewiesen sind, konnten sich nur vier Kibbuzim halten.

Östlich von Be'er Sheva befinden sich die beiden größten Becken, das von Be'er Sheva (in 350 m Höhe) und das von Arad (400–500 m). Sie sind mit Löß bedeckt und erhalten im Jahresdurchschnitt 200 mm Niederschlag. Eine Anzahl von Ruinenhügeln (Tels), die an Wadis liegen, deutet darauf hin, daß in biblischer Zeit hier Landwirtschaft mit Hilfe von Teilbewässerung betrieben wurde. Heute wird das Gelände hauptsächlich von etwa 20000 Beduinen als Weideland benutzt (Marx 1967). Diese säen jährlich Gerste auf etwa 300000 Dunam (30000 ha). Da niemals eine Ernte garantiert ist, kann diese Landnutzung keine feste Siedlung erhalten, sondern nur Nomaden. Falls die

Regenmenge für eine Ernte nicht ausreicht, können die Halme noch immer als Futter benutzt werden.

Aber die Wirtschaft der Beduinen ist immer weniger auf Weide und temporäre Landwirtschaft aufgebaut; die sie umgebende industrielle Wirtschaftsentwicklung hat zahlreiche Arbeitsplätze, vor allem in Bau und Transport geschaffen, die hauptsächlich von der jüngeren Generation gesucht werden. Doch dafür sind feste Wohnsitze nötig, und so entwickelten sich spontane Ansiedlungen, ursprünglich in Zelten, dann in Wellblech- und Holzbaracken und schließlich in festen Häusern. Die Siedlungen haben die Form der Zeltlager beibehalten, wobei Großfamilien je eine Gruppe von 5–6 Häusern bewohnen und sich im Umkreis – in einer jeweiligen Entfernung von Hunderten von Metern – andere Großfamilien desselben Stammes angesiedelt haben. Für diese Streusiedlungen entwickelten sich kleine Zentren – meist an einem Brunnen – mit einigen Geschäften und Reparaturwerkstätten, und die Regierung legte auch öffentliche Dienste, vor allem Schule und Klinik, an diese Treffpunkte. Es wurden auch zwei moderne Zentren für feste Ansiedlung mit kompaktem Bau entlang der Straßen angelegt. Diese fanden aber weniger Anklang, da sie den Sippengewohnheiten der Beduinenbevölkerung nicht Rechnung tragen. In diesen Zusammenballungen, die einen Übergang zu fester Ansiedlung darstellen, sind einige 10000 Beduinen seßhaft geworden. Es entstand sogar ein städtisches Zentrum, *Rahat*, das mit über 20000 Einwohnern offiziell als Stadt anerkannt worden ist. Drei andere Orte mit städtischem Charakter und einer Bevölkerung von zusammen 10000 Einwohnern bilden eine Regionalverwaltung, der die kleineren Beduinensiedlungen angeschlossen sind. Dieses ist die einzige Region in Israel, die nur von und für Beduinen verwaltet wird. Die Einwohner der zahlreichen Streusiedlungen leben noch überwiegend in provisorischen Bauten und betreiben im wesentlichen Schaf- und Ziegenweide. Eine ständig wachsende Zahl von jungen Leuten besucht bereits die Universität in Be'er Sheva oder höhere Schulen und bildet die geistige Führungsschicht der Beduinen.

Der Zentralort des nördlichen Negev ist *Be'er Sheva*, das als Hauptstadt des gesamten Negev angesehen werden kann. Die Stadt liegt am Wadi gleichen Namens, 4 km westlich des Tels der biblischen Stadt Be'er Sheva. Sie wurde dort im Jahre 1900 als die einzige von den Türken gegründete Stadt errichtet und sollte als Zentrum für die Beduinen und gleichzeitig als militärischer Stützpunkt zu deren Kontrolle dienen. Sie wurde unter dem Einfluß eines deutschen Vermessungsoffiziers in striktem Schachbrettmuster mit Feldern von 60×60 m Fläche gebaut, aber ohne Zentrum. Als solches diente ein offener Markt im Osten der Stadt, während die öffentlichen Gebäude – Moschee, Krankenhaus, Garnison, Polizei, Regierungssitz – im Westen konzentriert waren. Die Stadt erreichte zur Zeit des Ersten Weltkriegs eine Bevölkerungszahl von 2000. Zur Mandatszeit blieben die Funktionen und der Aufbau von Be'er Sheva fast unverändert, und die Bevölkerung stieg bis 1947 auf 6500 Personen.

Im Jahre 1948 wurde die Stadt von ihrer Bevölkerung verlassen und wurde zunächst zum militärischen Zentrum für die israelische Armee (Berman 1965). Nach ihrer Öffnung für Zivilbevölkerung wuchs die Stadt rapide und erhielt den Status einer Entwicklungsstadt (Spiegel 1966, S. 132–150). Ihre Bevölkerung stieg von 8000 im Jahre 1950 auf 20000 (1955), 40000 (1960), 85000 (1972), 109000 (1980) und 122000 im Jahre 1990. Dieser rapide Bevölkerungszuwachs spiegelt die Übernahme von ständig neuen Funktionen wider. Die wichtigste Funktion hat Be'er Sheva als Einfallstor für alle Entwicklungsobjekte des Negev und als Fokus des gesamten Straßennetzes gewonnen. Be'er Sheva ist die einzige wirkliche Regionalhauptstadt in Israel. Hier befinden sich die regionalen Abteilungen sämtlicher Regierungsämter sowie die Hauptquartiere aller großen Werke im Negev (Totes Meer, Phosphate, Sand und Ton) und der Transportkooperativen. Im Jahre 1966 wurde die ›Ben-Gurion-Universität im Negev‹ gegründet, zu deren medizinischer Fakultät die Zentralkliniken für den gesamten Negev gehören und der das Institut für Wüstenforschung und Sonnenenergie angeschlossen ist. Heute lernen dort über 6500 Studenten.

Neben dem Verwaltungssektor spielt Industrie eine große Rolle. Die größeren Betriebe (Chemikalien, Keramik, Baumaterialien) bearbeiten die Rohstoffe, die der Negev produziert. Daneben gibt es zahlreiche ›neutrale‹ Industrien, unter denen die Textilindustrie den ersten Platz einnimmt.

Das starke Wachstum der Bevölkerung und der Funktionen machte eine ständige Anpassung der physischen Struktur erforderlich. Ursprünglich war die Stadt nach dem Schema aller Entwicklungsstädte geplant: Einfamilienhäuser in Nachbarschaftseinheiten mit einem Netz gekrümmter Straßen und weiten ›Grünflächen‹ (in einer Wüstenstadt, die unter Wassermangel leidet) dazwischen. Zwischen diesen Einheiten sollte ein weiträumiges Zentrum entstehen, das aber von nirgendwo zu Fuß erreicht werden konnte. Die Folge davon war das Fehlen jeder realen Sozialstruktur und – entgegen aller Planung – die spontane Entstehung eines Geschäfts- und Gewerbezentrums in der von den Türken gegründeten ›Altstadt‹.

Dies zwang die Stadtverwaltung, von allen in Israel üblichen Planungsideen abzugehen und die städtische Struktur völlig neu zu entwerfen. Nach dem neuen Plan von 1966 wurden weite Verkehrsachsen geschaffen (die zum Teil den Abbruch von Häusern nötig machten), deren hohe Häuser die alten Stadtteile verdeckten und die aus allen Himmelsrichtungen einem neuen Zentrum in der Nähe der Universität zuströmen. Alle neuen Stadtviertel wurden als kompakte Gebiete von vielstöckigen Häusern mit öffentlichen Grünflächen im Innern und gradlinigen Straßen gebaut, wodurch die Stadt einen großstädtischen Charakter erhielt. Aber all dies half nicht, die Anziehungskraft des alten Zentrums zu brechen, und langsam setzt sich jetzt die Idee durch, diese Tatsache anzuerkennen und durch Sanierung die Altstadt zum Geschäftszentrum Be'er Shevas zu gestalten.

Jedenfalls hat Be'er Sheva den Mantel der ›Entwicklungsstadt‹ abgelegt, auch in der Bevölkerungszusammensetzung, in der jetzt Familien aus orientalischen Ländern 53% ausmachen, gegenüber 90% in den meisten Entwicklungsstädten.

7.1.3. Das Faltengebirge

Die östliche Hälfte des nördlichen Negev bildet eine ganz eigenartige Landschaft, in der die Faltenstruktur und das Relief identisch sind (Fig. 32). Eine Reihe von Faltungsrücken zieht sich von Südwesten nach Nordosten; sie sind asymmetrisch mit einem sanften Aufstieg von Westen und einem Steilabfall nach Osten und bestehen aus hartem Kalkstein der Cenomanzeit. Dazwischen ziehen sich synklinale Becken in derselben Richtung, deren Böden von weicherem Material des Senon (Kreide, Mergel, mit Bändern von Feuerstein) bedeckt sind. Diese Becken bilden die natürlichen Verkehrsrouten der Landschaft.

Die Besonderheit der Landschaft liegt in den Erosionskratern (Makhtesh, Mehrzahl Makhteshim; Amiran 1950–51). Dabei handelt es sich um kreisrunde bis ovale Öffnungen, deren Boden 400–500 m unter ihren Rändern liegt und die als ›Fenster‹ den Einblick in ältere geologische Schichten – bis zum Jura und Nubischen Sandstein – zulassen. Sie bildeten sich am Ostrande der asymmetrischen Rücken, wo die Faltung so stark ist, daß die Schichten senkrecht abfallen. Die starke Spannung der Falte verursachte ein Aufsplittern der Schichten, was verstärkte Erosion ermöglichte, die schließlich die riesigen Krater aushöhlte. Die gesamte innere Dränage fand einen einzigen Ausfluß, der die östliche Wand in einem Steiltal durchbricht. Der Formen- und Farbenreichtum dieser Gebilde ist sowohl für den Geographen wie für den Besucher außerordentlich reizvoll. Dazu kommt, daß die freigelegten älteren geologischen Schichten Minerale enthalten, die sonst in Israel nicht gefunden werden, darunter Kaolin, Glassand und etwas Gips. Die synklinalen Becken im Osten der Region enthalten Phosphatvorkommen, die bei Oron und im Nahal Zin ausgebeutet werden.

In der Region befinden sich wenige Spuren antiker Besiedelung, hauptsächlich aus der Römerzeit. Es handelt sich dabei meistens um Militärposten an wichtigen Wegen. Nur die Ruinen von Kurnub (Mamshit) weisen auf das Bestehen einer städtischen Siedlung hin (s. Kap. 7.2). Später verödete die Landschaft völlig, und selbst die Existenz der Makhteshim war bis ins 20. Jahrhundert unbekannt.

Nach der Gründung des Staates Israel erfolgte eine Besiedelung entlang der Synklinale zwischen dem dritten und vierten Rücken. An ihrem Südende, oberhalb des Steilabfalls zum Nahal Zin (Bild 21), entstand der Kibbuz Sede Boqer, der sich wahrscheinlich als landwirtschaftliche Siedlung nicht hätte halten können. Aber der erste Ministerpräsident Israels, David Ben Gurion, der die Entwicklung des Negev als eine seiner Hauptaufgaben ansah, wählte diesen Kibbuz als seinen Wohnsitz und ist auch dort begraben. Zu seiner Erinnerung entstand neben dem Kibbuz ein Lehr- und Forschungsinstitut, das 1975 zum Sitz des Wüstenforschungsinstituts der Ben-Gurion-Universität in Be'er Sheva wurde.

Eine zweite Siedlung in der Furche ist die Entwicklungsstadt Yeroham, die als Wohnsiedlung für die Arbeiter der Phosphatwerke errichtet wurde. Später kamen noch andere Industriewerke hinzu, darunter eine Glasfabrik, die Flaschen für ein angeschlossenes Werk zur Herstellung nichtalkoholischer Getränke produziert. Die Stadt leidet schwer unter ihrer Isolierung und hat sich nur wenig entwickelt. Sie hat (1990) 6300 Einwohner.

Wo am Nordende die Furche auf die Straße stößt, die von Be'er Sheva nach Sedom (und später nach Elat) führt, entstand Dimona, die größte der Entwicklungsstädte im ariden Teil des Negev. Sie wurde 1955 nach dem Muster aller Entwicklungsstädte für die Aufnahme von Neueinwanderern gebaut und wurde jahrelang als ein Beispiel für alle Probleme von Entwicklungsstädten zitiert. Sie liegt auf flachem, völlig ödem Gelände, ohne Grünflächen, und als ihr einziger Vorteil wurde die Lage in 550–600 m Höhe angesehen, die einige Kühlung der Wüstenhitze bringt. Sie war ursprünglich als Wohnstadt für die Arbeiter der Kaliwerke am Toten Meere gedacht, wo die unerträgliche Hitze einen Wohnaufenthalt unmöglich macht. Aber die Beschäftigungslage war immer schwierig und wurde nur zum Teil durch zwei subventionierte Textilwerke erleichtert. Obwohl in einer Entfernung von 15 km die große israelische Kernforschungsstation errichtet wurde, hatte diese keinen Einfluß auf die Arbeitslage, da die hochqualifizierten Beschäftigten der Station es vorzogen, in Be'er Sheva zu wohnen, obwohl diese Stadt 35 km weiter im Nordwesten liegt.

Trotzdem wuchs Dimona beträchtlich, da Neueinwanderer direkt vom Schiff in die Stadt gebracht wurden, und Hausbau war der wichtigste Beschäftigungsfaktor. So zählte die Stadt 1961 7400 Einwohner, 1965 18400 und 1980 28000. Der Größenfaktor (s. S. 89) begann zu wirken, und allmählich wurden auch junge Israelis angezogen, die zum Teil aus idealistischen Gründen, zum Teil wegen des Wohnungsmangels in anderen Teilen Israels sich in Dimona niederließen und die Stadt um ein aktives Element bereicherten, das bald die Führung übernahm. Da sich unter ihnen auch Fachleute befanden, siedelten sich auch neue Industriebetriebe an, und allmählich verlor Dimona den Charakter einer reinen ›Entwicklungsstadt‹; heute nähert sich ihre Wirtschaftsstruktur bereits dem Normalen.

Die Erfahrungen von Dimona und anderen Entwicklungsstädten dienten als Richtlinien für die Planung der jüngsten Entwicklungsstadt im Negev: Arad (Spiegel 1966, S. 168–183). Die Stadt wurde 1962 gegründet, als der Druck der Masseneinwanderung bereits nachgelassen hatte und Zeit für sorgfältige Planung blieb, und die Stadt wurde nicht für Neueinwanderer geplant, sondern als Anziehungspunkt für junge Israelis mit guter technologischer und sogar akademischer Ausbildung.

Arad liegt gleichfalls in einer völlig öden Wüste, am Schnittpunkt dreier geographischer Regionen: am östlichen Ende des Aradbeckens und am nördlichen Ende der Faltungsregion, wo ein unmerklicher Übergang zur Judäischen Wüste stattfindet. Die Stadt liegt auf einer Höhe von 600 m am Rande des Steilabfalls zum Toten Meere, das in einer Entfernung von 15 km Luftlinie 1000 m tiefer liegt. Das Sommerklima ist angenehm, aber der Winter kann empfindlich kalt sein.

Einer der Gründe für die Standortwahl war die Nähe zu Erdgasvorkommen, in die man ursprünglich große Hoffnungen gesetzt hatte, die aber in ihrer Quantität enttäuschten. Als Beschäftigungsbasis waren die Werke am Toten Meere vorgesehen, für die Arad die Fachkräfte liefern sollte. Dazu kam eine Konzentration von chemischen Werken, die 30 km südlich von Arad angelegt wurden und zum Teil Produkte des Toten Meeres verarbeiten. Aber bald siedelten sich auch eine große Anzahl von mittleren Industriebetrieben in der Stadt selbst an. Im Gegensatz zu den anderen Entwicklungsstädten spielte die Beschäftigungsfrage nie eine Rolle; der wichtigste hemmende Faktor ist der Mangel an Neubauten, die einen weitaus höheren Standard haben als die der Entwicklungsstädte. Die Bevölkerung wuchs von 1000 im Jahre 1965 auf 11 400 im Jahre 1980 und 1990 17 500, aber Tausende von Anwärtern warten auf die Möglichkeit, nach Arad zu ziehen.

Zu allem kam, daß das Klima von Arad sich als besonders günstig für Asthmakranke erwies, und so wurde Arad auch zu einem Luftkurort. Ein Hotelbereich wurde 3 km östlich der Stadt errichtet, wo der Steilabhang eine phantastische Aussicht bietet.

In der physischen Planung der Stadt wurden neue Gedankengänge, die auch die klimatischen Verhältnisse in Betracht ziehen, ausprobiert, die sich bisher als geglückt erwiesen haben. So wurde Arad zu einem Musterbeispiel für städtische Siedlung in der Wüste.

7.1.4. Das Tote Meer

Das Tote Meer (Nir 1968), ein Restsee des pleistozänen Lissanmeeres (s. Kap. 1.2.2), ist 80 km lang. Mit etwa 15 km nimmt es die ganze Breite des Grabens ein. Daher ist das Meer auf beiden Seiten von Steilwänden begleitet, die sich fast senkrecht bis zu einer Höhe von 700 m über seinem Spiegel erheben. Die Lissanhalbinsel, die sich von Osten her fast bis in die gegenüberliegende Seite vorschiebt, teilt es in zwei Teile. Der größere Nordteil erreicht Wassertiefen bis zu 400 m (ATLAS OF ISRAEL, Karte V/2 E), während der südliche Sektor normalerweise nicht tiefer ist als 5 m. Der Wasserspiegel von (–) 396 m ist infolge von Dürrejahren und der Nutzung durch die israelischen und die jordanischen Bewässerungswerke um etwa 5 m abgesunken, so daß der Südsektor des Meeres fast ausgetrocknet ist (KLEIN 1961).

Das Klima am Toten Meere gehört zu den trockensten und heißesten Klimaten der Erde. Die durchschnittliche jährliche Regenmenge beträgt 50–75 mm, die in 20 Regentagen fällt, und das tägliche Temperaturmaximum übersteigt 30 °C zwischen April und Oktober und 40 °C in den Monaten Juli bis August. Daher ist die Verdunstung außerordentlich hoch, und die Salinität des Wassers erreicht 26,3 %, verglichen mit 3,5 % Salzgehalt der Ozeane.

Das spezifische Gewicht des Wassers ist daher höher als das des menschlichen Körpers, Badende können bewegungslos auf der Oberfläche schwimmen (KARMON 1965). Unter den Mineralien der Salzlösung sind neben Kochsalz Kali, Brom und Magnesium zu erwähnen (AMIRAN & KARMON 1964).

Als besondere geomorphologische Erscheinung an den Ufern des Meeres ist der Sodomberg (Har Sedom) zu verzeichnen, der die Spitze eines Salzdoms von 2000 m Mächtigkeit bildet. Er wurde – wahrscheinlich in frühhistorischer Zeit – mit einer solchen Geschwindigkeit emporgepreßt, daß sich auf seinem Rücken noch Ablagerungen von Lisssanmergel erhalten haben, während die Flanken, die aus reinem Salz und Gips bestehen, durch Erosion zu phantastischen Formen geprägt worden sind. Salznadeln an den Kanten sind von der Legende als ›Lots Frau‹ bezeichnet worden.

Die Landschaft des Toten Meeres gehört zu den bizarrsten in der Welt. Die große Hitze läßt die Luft flimmern, die riesige Wasserfläche liegt oft unbeweglich und bleifarben still, der Lissanmergel schafft phantastische Formen, und die Steilhänge glühen in Farben von weiß bis violett. Infolge des hohen Salzgehalts gibt es im Meer keine Fische oder andere Lebewesen, und daher sind auch Vögel höchst selten. Alles dies gab dem See den Namen ›Totes Meer‹, aber trotzdem sind aus dem Altertum Spuren menschlicher Siedlung überliefert. An den Rändern gibt es einige Süßwasserquellen, deren Wasser von Niederschlägen im Judäischen Bergland stammt (s. Kap. 6.2.2.3), die im Untergrund abfließen und in der Nähe des Toten Meeres zutage treten und manchmal Wasserfälle bilden. Sie boten die Grundlage für Oasen, deren größte die von En Gedi (halbwegs zwischen dem Nord- und Südende) ist. An dieser seit dem 4. Jahrhundert verlassenen Stelle wurde im Jahre 1953 ein Kibbuz errichtet, der neben dem Anbau subtropischer und tropischer Produkte einige Touristeneinrichtungen (Jugendherberge, Restaurant, Badestrand) betreibt.

Die wichtigste Veränderung der Landschaft am Toten Meere verursacht die Ausnutzung der Kalisalze durch die Werke der Palestine Potash Ltd., die im Jahre 1932 am Nordende des Meeres errichtet wurden und Kalisalze durch Verdunstung aus dem Meerwasser gewinnen. Im Jahre 1937 wurde ein Zweigwerk am Südende bei Sedom errichtet, wo größeres flaches Gelände für die Verdunstungsbecken zur Verfügung steht.

Das nördliche Werk wurde im Kriege von 1948 von Jordanien erobert und zerstört, das südliche, das nur mit Booten auf dem Toten Meer zu erreichen war, blieb in israelischen Händen, konnte aber wegen des Fehlens von Wegen im Negev nicht in Betrieb gesetzt werden. Erst im Jahre 1953 wurde die Straße Be'er Sheva – Sedom in dem außerordentlich schwierigen Gelände gebaut. Sie eröffnete nicht nur den Weg nach Sedom, sondern ermöglichte auch die Gründung von Dimona und den Bau des Kernkraftzentrums.

Um die Kapazität der Kaliwerke, die jetzt ›Dead Sea Works‹ genannt werden und ein Regierungsunternehmen sind, zu steigern, wurde das Verdunstungsgelände um ein Vielfaches vergrößert. Ein Damm von 22 km Länge und 11 m Höhe wurde entlang der (gedachten) Grenze zwischen Israel und Jordanien vom Süden bis zur Lissanhalbinsel gebaut. Im Jahre 1979 begann Jordanien den Bau eines Dammes für ein eigenes Kaliwerk – parallel zum israelischen Damm, in einer Entfernung von 200 m. Dieses ist seit den 80er Jahren in Betrieb. Von diesem Damm gehen weitere Dämme bis zum Westufer, wodurch das südliche Tote Meer in eine Reihe großer Verdunstungsbecken aufgeteilt ist. Die Gesamtfläche der Becken umfaßt 130 000 Dunam (13 000 ha), und damit gehört das Gebiet der Kaliwerke zu den größten Industrieflächen der Welt.

Neben Kali (2 Mio. t) werden Brom (20 000 t), Kochsalz und andere Mineralien in kleineren Mengen gefördert. Der größte Teil der Produktion wird über die Häfen von Ashdod und Elat exportiert. Zum Transport der Produkte über einen Höhenunterschied von 1200 m wurde ein Transportband von den Werken bis zur Ebene von Eph'eh (600 m über dem Meeresspiegel) gebaut, von wo eine Bahnlinie zum Hafen von Ashdod führt. Der Transport zum Hafen von Elat erfolgt mit Hilfe von riesigen LKW's. Die Werke sind gleichzeitig das größte Unternehmen, das Sonnenenergie ausnutzt.

Letzthin wurde ein Verfahren erfunden, um aus dem Toten Meer Magnesium in großem Maßstab zu gewinnen, und es wurde mit dem Bau eines neuen großen Werkes neben dem bestehenden Werk begonnen.

Das oben erwähnte Absinken des Meeresspiegels hat die Verdunstungsbecken nicht beeinflußt, da sie eingedämmt sind. Aber es ist nötig, zur Füllung der Becken Wasser aus dem tiefen nördlichen Teil des Meeres zu pumpen und durch einen Kanal den Becken zuzuführen. Die Frage der Wiederherstellung des ursprünglichen Niveaus hat den von LOWDERMILK geäußerten

Gedanken wiederbelebt, wonach ein Kanal vom Mittelmeer zum Toten Meer geführt werden soll (s. Kap. 3.5.1 und Kap. 7.4).

Wegen der schwierigen klimatischen Verhältnisse leben die im Werk Beschäftigten nicht in Sedom, sondern in den Negevstädten Arad, Dimona und Be'er Sheva.

Die Straße von Be'er Sheva nach Sedom und die später gebaute Straße von Arad nach Sedom eröffneten das seit der Römerzeit unzugängliche Südende des Toten Meeres auch anderen Tätigkeiten, vor allem dem Tourismus. Nördlich von Sedom treten nahe dem Meeresufer heiße Schwefelquellen zutage, und zusammen mit den chemischen Eigenschaften des Meeres bilden sie die Grundlage für einen Badeort, der vor allem für Rheuma und Hautkrankheiten empfohlen wird. Er besteht aus einer Reihe von Luxushotels mit Klimaanlagen und wird von einigen europäischen Krankenkassen als Kurort anerkannt.

Die Verkehrserschließung des Toten Meeres gab auch den Anstoß für die Ausgrabungen von Mezada (Masada; Yadin 1966), der antiken Bergfestung, die für Israel eine wichtige historische Denkstätte ist. Auf diesem unzugänglichen Berg, der von drei Seiten durch Steilwände von 300 m Höhe aus dem Massiv herausgeschnitten ist, wurde von König Herodes ein Winterpalast erbaut (Bild 20), dieser diente nach dem Fall Jerusalems im Jahre 70 n. Chr. als die letzte jüdische Festung. Nach dreijähriger Belagerung durch die römischen Legionen beging die gesamte Besatzung Selbstmord, um nicht in die Hände der Römer zu fallen. Die Legende von Masada wurde geistiges Erbgut der Juden, und nach den Ausgrabungen in den Jahren 1962–66 wurde die Festung ein Ziel für nationale Zusammenkünfte und unzählige Touristen.

Das Südende des Toten Meeres ist ein überzeugendes Beispiel für die Entwicklungsmöglichkeiten der Wüste durch Mineralausbeutung und vor allem durch Verkehrserschließung.

7.2. Der aride Negev

Südlich der Senke des Nahal Zin beginnt der zentrale Negev, der mit einer Länge von 110 km und einer durchschnittlichen Breite von 50 km etwa ein Viertel der Gesamtfläche Israels einnimmt. Er ist zu seinem größten Teil kahle Felswüste, deren Vegetation selbst im Winter nicht für Nomadenweide ausreicht (Shanan et al. 1967). Auch nach der Gründung des Staates Israel wurde nur ein einziger Ort in dieser Einöde gegründet, die Entwicklungsstadt Mizpe Ramon. Der nördliche Teil hat gebirgigen Charakter, während die Südhälfte aus einer Reihe von Kies- und Sandplateaus besteht. Das ganze Gelände senkt sich nach Osten zum Graben der Arava.

Der nördliche Teil des zentralen Negev ist ein wildzerklüftetes Gebirge, dessen Rückgrat eine antiklinale Domstruktur bildet, die sich von Südwesten nach Nordosten über eine Länge von 75 km erstreckt und im Südwesten Gipfel von über 1000 m Höhe erreicht. Dieses Faltengebirge findet seine strukturale Fortsetzung nördlich des Nahal Zin in den Faltenzügen des nördlichen Negev, und wie dort hat sich auch hier entlang der Zone der stärksten Spannung der Schichten (s. Kap. 7.1.3) ein Erosionskrater (Makhtesh Ramon) gebildet, mit demselben Formenschatz wie bei den oben erwähnten Kratern, der sie aber an Größe weit übertrifft. Er ist 40 km lang, und seine größte Breite beträgt 11 km. Am Boden des Kraters sind Schichten der Trias und auch vulkanisches Gestein freigelegt, die in ihrer Vielfarbigkeit an die großen Cañons in den USA erinnern.

Von der Höhe des Rückens fällt das Gelände nach Norden in einer Reihe von Schichtstufen über einige Plateaus zu den Sanddünen von Haluza ab; der Abfall nach Süden erfolgt in Steilstufen von mehreren hundert Metern Höhe, in denen einige Wadis cañonartig tief eingeschnitten sind. Der größte Teil des Gebirges ist völlig unzugänglich, aber gerade hier wurde die erste Straße im zentralen Negev gebaut. Der natürliche Weg einer Straße nach Elat folgt dem Aravagraben; da es aber hier nötig gewesen wäre, die Trasse der Straße unmittelbar entlang der jordanischen Grenze zu legen, zog man es aus Sicherheitsgründen vor, die Straße über das Bergland zu führen.

Zu diesem Zwecke war es nötig, den Makhtesh Ramon zu kreuzen und dabei eine Steilwand von 300 m (bei einer Horizontalentfernung von 500 m) zu überwinden. Am Plateau über der Steilwand wurde 1953 ein Arbeiterlager errichtet, das später zur Entwicklungsstadt Mizpe Ramon erweitert wurde. Als Wirtschaftsbasis für die Stadt wurden Wegedienste vorgesehen, da die nächste Siedlung im Norden 60 km und im Süden 110 km entfernt lag. Zusätzlich hoffte man, einige Mineralvorkommen, wie Gips, Schamotte, Kaolin und Glassand, auszubeuten, die sich aber zum Teil als unergiebig erwiesen. Als die Stadt die Einwohnerzahl von 2000 erreicht hatte, wurde nach dem Sinaikriege von 1956 der Hafen von Elat geöffnet, und für die Verkehrsbedürfnisse eines Hafens war die Straße über den Makhtesh ungünstig, und so wurde doch die Fernstraße nach Elat im Jahre 1966 in die Arava verlegt. Seitdem liegt Mizpe Ramon abseits der Verkehrsverbindungen, und nur wenige Fahrzeuge durchfahren die Stadt. Etwa zur selben Zeit wurde der Beschluß gefaßt, die israelische Armee hauptsächlich im Negev zu stationieren, und Mizpe Ramon wurde als Garnisonzentrum vorgesehen. Doch nach dem Sechs-Tage-Kriege breitete sich die Armee auf der Sinaihalbinsel aus, und Mizpe Ramon lag wieder abseits aller Verkehrswege. Trotzdem hielten ihre 2000 Einwohner stand.

Da nach dem Friedensabkommen mit Ägypten Israel sich verpflichtet hatte, seine Truppen aus dem Sinai bis 1982 abzuziehen, wurde es notwendig, für die Truppen, die in Sinai über ein weites Gelände verstreut waren (dessen

Fläche zehnmal so groß ist wie die des zentralen Negev), im Negev Auffangplätze vorzubereiten und drei neue Flugplätze zu bauen. Dabei ist Mizpe Ramon wieder zum Leben erstanden. Die alten Pläne einer Garnisonstadt (aber diesmal in weit größerem Ausmaße) wurden wieder hervorgeholt, und bereits jetzt profitiert die Stadt von den Konstruktionsprojekten, die den gesamten zentralen Negev erfassen. Da auch diese Projekte nicht halfen, begann Mizpe Ramon Tourismus zu entwickeln, der vor allem die überwältigende Schönheit des Ramon-Kraters sowie das im Sommer kühle Wetter der Höhenlage ausnutzt.

Der südliche Teil des zentralen Negev ist weitaus niedriger als der nördliche und besteht aus einer Reihe von flachen Depressionen und Plateaus, die nur 200–300 m über dem Meeresspiegel liegen. Da am Ostrande dieser Plateaus der Aravagraben gleichfalls 200 m über dem Meere liegt, findet sich hier eine der wenigen Stellen, an denen der Grabenbruch im Westen nicht von Steilhängen begrenzt wird, sondern fast unmerklich in das Plateau übergeht. Dieser Grabenbruch diente im Altertum als Karawanenstraße von Ägypten nach Petra in Transjordanien. Aber seitdem war das Gelände völlig wüst und wurde vom Staat Israel nur für Truppenübungen benutzt. Jetzt wird dort einer der geplanten Flugplätze angelegt; es ist aber anzunehmen, daß keine neue Garnisonstadt hier entstehen wird, sondern daß Elat diese Aufgabe erfüllen wird.

Trotz der negativen Bedingungen für ein Leben in der Wüste gab es zwei Perioden in der Geschichte, in denen am Nordrande des zentralen Negev landwirtschaftliche Siedlungen bestanden. Die erste war zur Zeit des Königreiches Juda, als zahlreiche Festungen und Brunnen angelegt wurden, wahrscheinlich um die Route nach Elat zu sichern (Aharoni 1958–60). N. Glueck (1959) hat einige von ihnen ausgegraben. Die zweite Periode ist gekennzeichnet durch die Städte der Nabatäer, eines arabischen Volksstammes, dessen Zentrum Petra in Transjordanien war. Ihre Siedlungszeit begann in der hellenistischen Periode im 2. Jahrhundert v. Chr. und dauerte mit Unterbrechungen etwa 800 Jahre. Ihre Blütezeit erlebten diese Städte, deren Einwohner damals Christen waren, während der byzantinischen Periode (4.–7. Jahrhundert n. Chr.). Es ist nicht klar, ob diese Bewohner die direkten Nachkommen der Nabatäer waren.

Die Existenz der nabatäischen Siedlungen war auf eine besondere Art der Bewässerungswirtschaft aufgebaut. Täler von Trockenbächen wurden durch Querwälle aus Stein und Erde in kleine Feldeinheiten eingeteilt. Jeder dieser Einheiten wurde mit Hilfe von kleinen, oft in den Felsen eingehauenen Kanälen Regenwasser zugeführt. Das Besondere an dieser Bewässerungsmethode lag darin, daß jedes Feld von mehreren Kanälen gespeist wurde, die auf den Abhängen ein Einzugsgebiet erfaßten, das etwa 10- bis 20mal so groß war wie das Feld selbst. Dadurch konnte bei einer durchschnittlichen Niederschlagsmenge von 50 mm ein Feld mit Wasser versorgt werden, das etwa einer Regenmenge von 400–500 mm entsprach, genügend nicht nur für Getreideanbau, sondern auch für Obst und Gemüse.

Trinkwasser wurde in größere Kanäle am Rande größerer Wadis geleitet und floß von dort in Zisternen, die in die Steilufer aus Kreide gebrochen waren (Evenari et al. 1961; 1963).

Die Funktion von Tausenden von Steinhaufen von etwa 1 m Durchmesser mal 50–60 cm Höhe, die die Abhänge in regelmäßigen Reihen bedecken, ist noch immer unklar. Da die örtlichen Araber diese Steinhaufen Tuleit el-Inab (= Traubenhügel) nannten, nahm man zuerst an, daß die Steine einer Methode dienten, um Reben mit Hilfe des Taus, der sich an den Steinen ansammeln könnte, zu züchten, aber Laboratoriums- und offene Versuche, dieses Verfahren nachzumachen, brachten keine Ergebnisse. Evenari nimmt an, daß die Steine auf den Abhängen in Reihen konzentriert wurden, um den Wasserabfluß zu beschleunigen, während Kedar (1957) der Ansicht ist, die Steine seien zusammengehäuft worden, um das darunterliegende Geröll und Staub in die Täler zu schwemmen und so die Tiefe des Bodens zu vergrößern.

Die Blütezeit der Bewässerungszivilisation war in der byzantinischen Epoche, aus der 6 Städte, jede mit mehreren Kirchen und wahrscheinlich jede mehrere tausend Einwohner zählend, bekannt sind: Haluza (griech. Elusa), Rehovot, Mamshit (Mampsis), Shivta (Subeita), Nizzana (Nessana) und Avedat (Eboda). Die letztgenannte war die größte dieser Städte und die höchstgelegene (621 m). Alle lagen sie an wichtigen Verkehrsrouten.

Historiker nehmen an, daß die Städte Militärgarnisonen zum Schutze des Limes waren, obwohl dieser weiter südlich verlief, und als Raststätten für Handelskarawanen dienten, die entweder aus Arabien oder, mit Salz beladen, vom Toten Meere her kamen und auf dem Wege nach Ägypten oder dem Hafen von Gaza waren. Sie waren imstande, den Reisenden frisches Obst und Gemüse zu liefern, das sonst nicht erhältlich wäre, da die Städte 3–5 Tagesreisen von den Produktionsorten dieser verderblichen Güter entfernt waren. Daher konnten diese Produkte hohe Preise erzielen.

Der Beweis für diese Theorie wird darin gesehen, daß nach der Eroberung des Landes durch die Araber der Limes bedeutungslos wurde und der Handel seine Routen änderte, so daß die Städte ihre Funktion verloren und allmählich von ihrer Bevölkerung aufgegeben wurden. Jedenfalls weist keine der Städte Anzeichen gewaltsamer Zerstörung auf.

In den letzten Jahrzehnten wurden in den meisten Städten Ausgrabungen durchgeführt, die wertvolles Material zur Kenntnis der nabatäischen Kultur und der Lebensweise zur byzantinischen Zeit lieferten. Für Israel war die Erforschung der Bewässerungswirtschaft von besonderem Interesse als Beweis für die Möglichkeit landwirtschaftlicher Erschließung der Wüste.

In der Nähe der Ruinen von Avedat wurde eine landwirtschaftliche Versuchsstation errichtet, die es sich zur Aufgabe gemacht hatte, die Wirksamkeit dieser landwirtschaftlichen Methoden praktisch auszuprobieren und Schlüsse für Anwendungsmöglichkeiten in unserer Zeit zu ziehen. Die Versuche haben bewiesen, daß auch heute zahlreiche Pflanzen- und Obstsorten auf die traditionelle Art angebaut werden können, haben allerdings keine Schlußfolgerungen auf die wirtschaftlichen Aspekte dieser Landwirtschaft zugelassen.

Die Schlußfolgerungen aus den Versuchen zielen darauf hin, daß zwar in der Antike die Produkte dieser Landwirtschaft hohe Preise erzielen konnten, weil die Transportmöglichkeiten schwierig und teuer waren, daß sie unter modernen Bedingungen aber nicht mit Produkten anderer Regionen konkurrieren könnten.

7.3. Die Arava und Elat

Die Aravasenke ist die südliche Fortsetzung des Jordangrabens und erstreckt sich vom Toten Meere bis zum Golf von Elat (am Roten Meere) über eine Entfernung von 175 km. Ihre Breite schwankt zwischen 10 km (im Süden) und 25 km im Zentrum und im Norden. Der Unterschied zwischen der Ostflanke und dem westlichen Rande ist größer als in den anderen Sektoren des Grabens. Die Ostflanke besteht zum größten Teil aus präkambrischem Gestein und Nubischem Sandstein und erhebt sich zu einer Maximalhöhe von 1728 m (Jebel Mabrak); sie bleibt fast in ihrer gesamten Länge auf Höhen von 1300–1500 m. Die Westflanke besteht fast völlig aus Kalkstein und steigt kaum auf Höhen über 600 m. Quennell (1958) erklärte diese Diskordanz mit einer nordwärtigen Verschiebung der Ostflanke (s. Kap.1.2.1).

Der Höhenunterschied wirkt sich auch klimatisch aus. Niederschläge von über 400 mm Jahresdurchschnitt fallen über den nördlichen zwei Dritteln der Flanke, und die Siedlungsgrenze des Regenfeldbaus liegt 70 km südlicher als auf der Westflanke. Infolge des Höhenunterschiedes und der stärkeren Niederschläge ist die Ostflanke durch Cañons so tief zerklüftet, daß diese völlig weglos ist und der Zugang zur Arava von Osten her nur am Nord- und Südende möglich ist. Andererseits stammen fast alle Sedimente auf dem Boden der Arava aus dem Osten.

Im Längsschnitt weist die Arava im Gegensatz zum Jordangraben erhebliche Höhenunterschiede auf. Vom Südende des Toten Meeres steigt sie 400 m bis zur Höhe des Meeresspiegels auf eine Horizontalentfernung von 50 km, wobei der nördliche Teil von Lissanmergel bedeckt ist, in den zahlreiche Wadis tiefe Cañons geschnitten haben.

Der Anstieg vom Meeresspiegel setzt sich in sanfterer Neigung nach Süden fort, bis auf einer Höhe von etwa 200 m die Wasserscheide zwischen dem Toten Meere und dem Roten Meere erreicht wird. Diese ist 100 km vom

Toten Meer (Höhenunterschied 600 m) und 75 km vom Roten Meer entfernt. Der Abstieg zum Roten Meer hat ein so geringes Gefälle, daß es keine ausgeprägten Wasserrinnen gibt, sondern die Gewässer, die hauptsächlich vom Osten kommen, verdunsten in mehreren Salzpfannen.

Im allgemeinen bietet die Arava eine günstige Verkehrsroute; nur im Nordsektor ist der Lissanmergel für den ungehinderten Durchgang zu stark zerschnitten. Diese Route konnte sich aber nicht zu einer internationalen Verkehrsstraße entwickeln, da ihr das Tote Meer ein absolutes Ende setzt und seine Flanken keinen Durchgang ermöglichen (s. Kap. 7.1.4). Die historischen Karawanenwege aus dem Süden waren gezwungen, 30 km vor dem Nordende die Arava zu verlassen und über das Faltengebirge des nördlichen Negev nach Be'er Sheva zu ziehen, von wo sich Routen zum Mittelmeer oder dem Judäischen Bergland öffneten.

Die Arava ist quellenarm, und nur eine einzige Quelle (bei Yotvata) ermöglichte in der Antike die Existenz einer kleinen Oase. Aus all diesen Gründen konnte die Arava (und mit ihr der Hafen von Elat) trotz der günstigen Topographie in geschichtlichen Zeiten keine Bedeutung gewinnen. Die erste Straße, die die Arava in ihrer ganzen Länge durchzieht, wurde erst vom Staate Israel (1966) gebaut, und eine Durchquerung des ganzen Jordangrabens wurde erst möglich, als Israel im Jahre 1970 eine Straße entlang dem Westufer des Toten Meeres unter größten technischen Schwierigkeiten fertigstellte.

So blieb die Arava seither immer eine Wüstenei; ihre Erschließung wurde erst vom Staate Israel in Angriff genommen. Die Arava besitzt ein gewisses Siedlungspotential, da die Sturzfluten aus dem Osten Böden angeschwemmt haben, die allerdings meistens auf der jordanischen Ostseite liegen. Diese wurden aber bisher wegen Mangel an Wasser und Verkehrsverbindungen nicht erschlossen. Etwas Schwemmaterial aus dem Westen und Lößstaub aus dem Osten haben jedoch auch auf israelischem Gebiet Bodenbedingungen geschaffen, die landwirtschaftliche Nutzung ermöglichen (Philipp 1976). In den 80er Jahren gelang es Wissenschaftlern des Wüstenforschungsinstituts der Ben-Gurion-Universität (das Institut selber befindet sich in Sede Boqer, wo auch Ben Gurion begraben ist), fossiles Grundwasser in Tiefen von 200 bis 1200 m zu entdecken und auszunutzen (Finkel 1979). Damit konnte mit der Besiedlung, meistens durch Kibbuzim, begonnen werden. In den 15 Jahren seit dem Bau der Straße wurden 10 landwirtschaftliche Siedlungen gegründet. Ihre Wirtschaft beruht hauptsächlich auf der Ausnutzung der besonderen klimatischen Verhältnisse, die es ermöglichen, frühes Gemüse und Obst für den Export zu produzieren. Zusätzlich bietet die Stadt Elat einen nahen Absatzmarkt.

Im südlichen Sektor der Arava, in einer Entfernung von etwa 30 km vom Roten Meere, finden sich völlig andere Entwicklungsbedingungen. Hier greifen präkambrisches Gestein und Nubischer Sandstein aus der Sinaihalbinsel auf israelisches Gebiet über. Das absolut kahle, buntfarbige Gestein schaffte eine bizarre Landschaft von Cañons (Bild 3), Felsbändern, Zacken und Steilhängen – durchzogen von einigen sandbedeckten Wadis mit spärlicher Vegetation, die aber nicht als Verkehrsrouten dienen können, da sie in steilen Talschlüssen enden. Nur Menschenhand kann hier mit großen Mühen Pfade schaffen, wie dies z. B. im 8. Jahrhundert n. Chr. geschah, als die Ägypter den Aqabat-el-Eila (= Elat-Stiege) schufen, der von dem Plateau des nördlichen Sinai zur Küste des Roten Meeres führte, um den Durchzug von Pilgern von Nordafrika nach Mekka zu ermöglichen.

Vom Gesichtspunkt wirtschaftlicher Nutzung her gesehen, ist der wichtigste Teil des Gebirges der halbkreisförmige Kessel von Timna (25 km nördlich von Elat), der einen Radius von 8 km besitzt und von Steilwänden von 400 m Höhe begrenzt wird. Aus ihm steigen zahlreiche isolierte steile Hügel aus Nubischem Sandstein auf, deren eindrucksvollster den Namen ›Salomos Säulen‹ erhielt. Einige der Hügel sind von Bändern aus Kupfererz durchzogen, das im Altertum ausgebeutet wurde (ROTHENBERG 1962). Geologische Forschungen führten zu der Entdeckung weiterer Erzvorkommen, und im Jahre 1959 wurden die Kupferminen von Timna ins Leben gerufen. Zuerst konnten die Erze im Tagebau gefördert werden, aber später mußte man die Förderung unter Tage fortsetzen. Das Erz besitzt einen geringen Kupfergehalt von 1,1–1,5 %, und der Mangel an Wasser machte besondere chemische Prozesse zur Befreiung des Kupfers notwendig. Seit 1966 wurden im jährlichen Durchschnitt 1 Mio. t Erz gebrochen, aus denen 16 000 t Kupferzement (mit 11 000 t reinen Kupfers) gewonnen wurden. Die Werke sind ein Regierungsunternehmen mit etwa 1000 Beschäftigten. Als im Jahre 1975 die Kupferpreise auf dem Weltmarkt plötzlich zusammenbrachen, mußte das Unternehmen geschlossen werden. Das stillgelegte Werk wurde zum Zentrum eines großen Naturschutzgebiets, das den Timna-Krater ausfüllt und Gesteinsformationen, vor allem aus rotem Sandstein, anzeigt.

Der für Israel wichtigste Punkt der Arava ist deren Südende – die Küste des Roten Meeres und der Hafen von *Elat*. Dieser Ort ist von außerordentlicher geopolitischer Bedeutung, da er Israel die Position einer Landbrücke verleiht, die den Atlantischen Ozean (über das Mittelmeer) mit dem Indischen Ozean über den Golf von Elat (Aqaba) und das Rote Meer verbindet. Allerdings kann sich diese Landbrücke an Bedeutung nicht mit der von Ägypten oder dem Suezkanal messen; sie wurde aber sehr wichtig, als der Suezkanal von 1967 bis 1975 geschlossen war, und ermöglicht Wirtschaftsverbindungen mit Ländern des Indischen Ozeans und des Fernen Ostens.

In historischer Vergangenheit spielte diese Route eine geringe Rolle wegen der schwierigen Navigationsverhältnisse im Roten Meere. Die bekannteste Episode der Benutzung der Seeroute war die Expedition König Salomos nach dem (unbekannten) Lande Ophir. Die historische Stadt Elat lag nicht auf dem Gelände der heutigen Stadt im Nordwestzipfel der Bucht, sondern an deren Nordostende, wo die jordanische Stadt Aqaba liegt. Der Grund dafür ist die Wasserversorgung. Da – wegen der zu Beginn dieses Kapitels erwähnten Gründe – am Ostrande der Arava stärkere Niederschläge fallen, befindet sich Grundwasser nur am Ostufer der Bucht, während auf der israelischen Seite keinerlei Wasservorkommen gefunden wurden. Die Bibel erwähnt auch den Hafen von Ezyon Gever bei Elat, den Archäologen mit der Koralleninsel Jezireth Phar'un (15 km südlich von Elat) zu identifizieren versuchen.

Das nördliche Ende des Golfes von Elat war zur Zeit der Gründung des Staates Israel unter vier Staaten aufgeteilt. Von dem 6 km langen Nordufer besitzt Israel 2,5 km und Jordanien 3,5 km. Das israelische Gelände erstreckt sich im Nordwesten über weitere 9 km, bis es auf ägyptisches Territorium stößt; Jordanien besaß im Nordosten 4 km und grenzte weiter südlich an Saudi-Arabien. Im Jahre 1965 erhielt Jordanien durch Gebietsaustausch einen Küstenstreifen von 17 km Länge von Saudi-Arabien, während Israel im Sechs-Tage-Kriege die gesamte Westküste des Golfes eroberte. Das Friedensabkommen mit Ägypten verpflichtete Israel, dieses Gelände im Jahre 1982 an Ägypten zurückzugeben.

Als Israel im Jahre 1952 beschloß, einen Hafen am Golf zu errichten, stand dafür nur der kurze Küstenstreifen an der Nordwestecke zur Verfügung, der völlig wasserlos ist. Die Wasserversorgung ist noch immer eines der größten Probleme Elats. Sie basiert heute auf Entsalzung von Brackwasser und einer Wasserleitung, die z. T. brackiges Wasser von Bohrungen in der Arava, die bis zu 70 km von Elat entfernt sind, liefert (Karmon 1963).

Kurz nach der Gründung der Stadt sperrte Ägypten die Zufahrt zu Elat durch Befestigung der südlichen Einfahrt in den Golf (die Meerenge von Tiran). Erst nach dem Sinaikriege von 1956 wurde die freie Durchfahrt nach Elat durch die Stationierung von UNO-Truppen bei Tiran garantiert. (Der auf ägyptische Forderung hin zustande gekommene Rückzug der UNO-Truppen 1967 führte zum Ausbruch des Sechs-Tage-Krieges.)

Erst die Öffnung der Meerengen für freie Fahrt ermöglichte die Entwicklung des Hafens und der Stadt Elat (Elat 1975). Die Stadt war damals nicht mehr als ein Arbeitslager mit weniger als tausend Einwohnern. Die Bevölkerung stieg seitdem auf 5000 (1961), 10000 (1966), 19400 (1980) sowie 26300 Einwohner im Jahre 1990. Die Stadt hatte von Anbeginn mit schweren Problemen zu kämfpen, die bis heute noch nicht völlig gelöst sind (Spiegel 1966, S. 158–168). Neben dem Problem der Wasserversorgung stehen die schwierigen klimatischen Verhältnisse. Von April bis Oktober erreichen die Temperaturen täglich ein Maximum von über 35 °C und steigen oft auf über 40 °C. Aus finanziellen Gründen und wegen Wassermangels war es unmöglich, alle Wohnungen mit Klimaanlagen zu versehen, und die Arbeitszeiten im Sommer sind auf die frühen Morgenstunden und den späten Abend konzentriert. Dahingegen ist das Winterklima während fünf Monaten angenehm und zieht zahlreiche Touristen aus dem In- und Ausland an. Die ursprüngliche Stadtplanung war großflächig und schuf große Laufentfernungen, ohne das Fehlen des Schattens und die anstrengende Hitze in Betracht zu ziehen. Erst später angelegte Wohneinheiten sind kompakter gebaut. Der Hausbau wird durch die Topographie erschwert. Die ganze Stadt liegt auf einem Schwemmkegel, der bis ans Meer herabreicht. Die Stadtviertel steigen ziemlich steil bis zu einer Höhe von 130 m, wo das Granitgestein jeder Bautätigkeit eine Grenze setzt (**Bild 22**).

Ein weiteres Problem ist die Isolierung. Der nächste städtische Ort ist Be'er Sheva – in einer Entfernung von 250 km, und selbst die nächstgelegene ländliche Siedlung ist 45 km entfernt. Die Autobusfahrt nach den Hauptzentren von Israel dauert 7 Stunden, und die wichtigste Verkehrsverbindung ist der Luftweg mit 12–15 Flügen pro Tag in jeder Richtung; sie ist aber außerordentlich teuer. Die großen Entfernungen verteuern auch den Warenverkehr, so daß alle Güter in Elat teurer sind als anderswo in Israel. Dies wird z. T. durch höhere Löhne wieder wettgemacht, die aber die Errichtung von Industrie erschwert haben, für die zu den höheren Transportkosten nun auch höhere Löhne kommen (Karmon 1976).

Diesen Nachteilen gegenüber stehen die regionalen Lagevorteile, die aber auch nicht problemlos sind. Der Hauptfaktor zur Gründung der Stadt war der Hafen, und er spielt noch immer eine große Rolle im Wirtschaftsleben der Stadt (für den Hafenumschlag vgl. *Tabelle 17a*).

Der wichtigste Teil des Hafens ist der Ölhafen. Da der Golf von Elat ein Teil des Grabenbruches ist, verfügt er über große Wassertiefen in direkter Küstennähe und ist für die Aufnahme von Großtankern bis zu einer Kapazität von 1 Mio. t geeignet, ohne daß besondere Installationen erforderlich sind. Er dient als der Haupteinfuhrhafen von Öl für Israel. Nach der Schließung des Suezkanals wurde eine Transitölleitung nach dem Mittelmeerölhafen von Ashqelon gelegt, die eine Transportkapazität von jährlich 42 Mio. t hat. Der Hauptlieferant für Rohöl war Iran, aber nach der ›Islamischen Revolution‹ des Jahres 1979 wurde jede Ölausfuhr von dort nach Israel gesperrt, und der Hafen erhält nur noch Öl, das Ägypten aufgrund des Friedensvertrages von den Feldern in Sinai liefert. Nach der Wiedereröffnung des Suezkanals verlor der Hafen allmählich auch den Import von anderen Gütern und heute dient er hauptsächlich dem Import von Kraftfahrzeugen aus Japan (etwa 50000 im Jahr), und die Hafennähe ist auf mehrere Kilometer von Kraftfahrzeugen bedeckt, die auf Weitertransport warten.

Ein weiterer Lagevorteil sind die Kupferminen von Timna, deren Schließung aber ein schwerer Schlag für die Wirtschaft Elats bedeutete.

So bleibt als wichtigster positiver Faktor die Landschaft selbst. Das

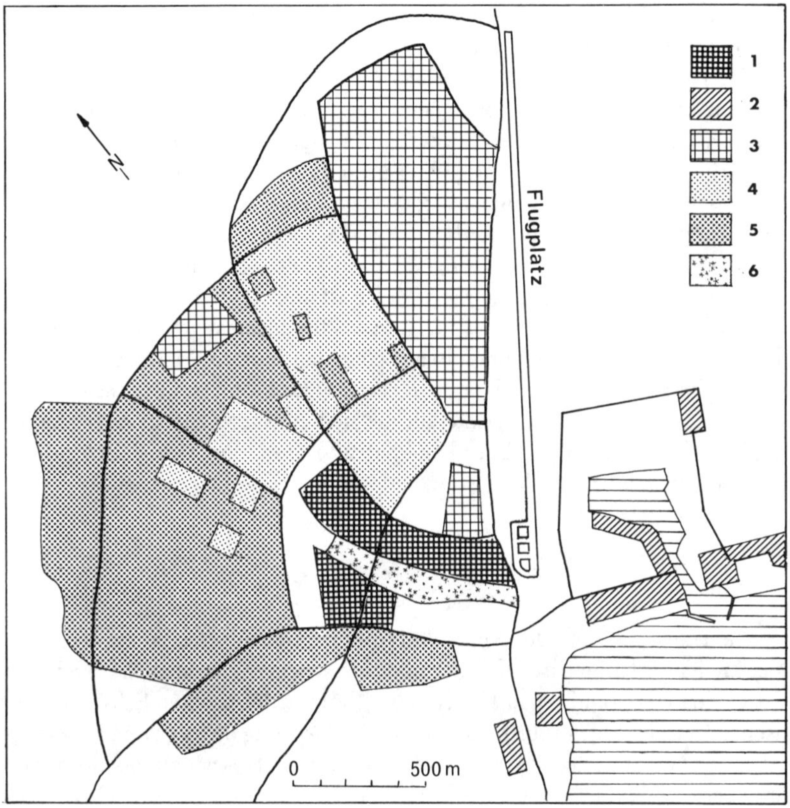

Fig. 33: Elat. Flächennutzung.
1 Handel und Verwaltung. 2 Tourismus. 3 Gewerbe und Industrie. 4 Der ursprüngliche Stadtkern (einstöckig). 5 Mehrstöckige Wohnbezirke. 6 Grünanlage.

bizarre Gebirge, das angenehme Winterklima und vor allem die Küste haben Elat zu einem Anziehungspunkt für den Welttourismus gemacht. Die Küste bildet dort, wo die Berge direkt an sie herantreten, zahlreiche Buchten und ist von Korallenbänken begleitet, deren reichhaltige buntfarbige Fauna ein Paradies für Taucher darstellt oder für Besucher, die sie in Booten mit Glasboden oder von einem Unterwasseraussichtsturm aus beobachten können. Schwimmen und Wassersport ist das ganze Jahr über möglich.

Heute bildet der Tourismus die wichtigste Einkommensquelle der Stadt, und ihm dienen 25 Luxus-Hotels mit 4000 Zimmern, zusätzlich zu Campingmöglichkeiten, Jugendherbergen und Privatunterkünften. Etwa 10 neue Hotels sind im Bau. Um den israelischen Tourismus zu fördern, wurden für

Besucher in Elat besondere Steuervergünstigungen eingeführt, vor allem durch den Wegfall von Mehrwertsteuer.

Die Küstenlinie von Elat unterliegt einer starken Konkurrenz der Landnutzung, denn neben den Hotels und Badestränden muß sie Platz zur Verfügung stellen für den Handelshafen, für Sporthäfen, den Ölhafen und einen Militärhafen. Es war daher nötig, die Küstenlinie künstlich zu erweitern, und dies geschah durch den Bau eines Kanals und eines künstlichen Sees im Gelände eines Salzsumpfs am Nordufer (Fig. 33).

Für die Bevölkerung von Elat sind – infolge der schweren Bedingungen – besondere Merkmale charakteristisch. Sie ist weitaus jünger als die Durchschnittsbevölkerung Israels und auch unternehmungslustiger. Zusammen mit den zahlreichen Touristen, unter denen gleichfalls jüngere Menschen vorherrschen, gibt sie dem Stadtbild den Charakter einer Pionierstadt.

Trotz allem ist Elat ein Beispiel für die Siedlungsprobleme in einer absolut siedlungsfeindlichen Umgebung, und das Wachstum der Stadt steht weit hinter den Plänen oder dem Wachstum anderer Städte im Negev zurück.

7.4. Schlussbetrachtung

Die Transformation des Negev von einer menschenleeren Wüste in ein Gebiet intensiver landwirtschaftlicher und industrieller – wenn auch verstreuter – Aktivität im Verlaufe einer Generation gehört zu den größten Erfolgen israelischer Entwicklungspolitik, ähnlich der Besiedlung des Sharon eine Generation früher. Innerhalb von 30 Jahren nach der Staatsgründung entstanden im Negev 83 ländliche und 9 städtische Siedlungen, darunter eine Großstadt, und die Bevölkerung, die im Jahre 1948 nur aus 13000 Beduinen bestand, betrug im Jahre 1980 176000 Personen, darunter 50000 Araber, und im Jahre 1990 im Unterbezirk von Be'er Sheva 335000 Juden und 71000 Nichtjuden.

Im Laufe der Jahre verstanden es die Planer, aus Fehlern zu lernen und neue Gedankengänge zu entwickeln (Golani 1979). Am bedeutsamsten war die Erkenntnis, daß städtische Entwicklung für die Besiedelung der Wüste wichtiger ist als Landwirtschaft. Diese Erkenntnis beruht auf der Berechnung, daß dieselbe Menge Wasser, die notwendig ist, um eine Fläche zu bewässern, auf der eine landwirtschaftliche Familie existieren kann, für die Bedürfnisse von 50 städtischen Familien ausreicht. Daher wurde im vollariden Teil des Negev die Errichtung von ländlichen Siedlungen auf die Plätze beschränkt, in denen örtliche Wasservorkommen existieren.

In den letzten Jahren wurde eine integrale Gesamtplanung des Negev in Angriff genommen, die die Errichtung zweier Industriegebiete im nördlichen Negev vorsah. Diese sollten unter anderem als Standort für luftverschmutzende Industrien dienen, da in der Einöde der Umweltschaden am geringsten wäre. Ein weiterer Entwicklungsplan beschäftigte sich mit der Schaffung eines Seewasserkanals vom Mittelmeere zum Toten Meer, der das Gebirge in Tunneln durchqueren und mehreren Zwecken dienen soll.

Der Kanal soll Kühlwasser für die geplanten Industrien und vor allem für Kernkraftwerke transportieren. An geeigneten Stellen kann er zu Seen erweitert werden, die Erholungszwecken dienen könnten. In seiner letzten Phase würde das Wasser beim Abfall in das Tote Meer Elektrizität erzeugen und gleichzeitig den Spiegel des Meeres auf das ursprüngliche Niveau heben. Damit würde die Wasserzufuhr auf eine Menge begrenzt werden, die der jährlichen Verdunstung des Meeres entspräche.

Dieser Plan hat noch nicht die Stufe konkreter Planung erreicht, aber jede einzelne Komponente wird bereits eingehend geprüft.

Doch inzwischen hat sich die Notwendigkeit ergeben, in Erfüllung des Friedensvertrages mit Ägypten den Hauptteil der israelischen Armee im Negev zu konzentrieren und vor allem drei riesige Militärflugplätze zu erbauen. Dieses Projekt erfordert eine vollständig neue Raumnutzungsplanung des gesamten Negev, und die zivile Raumplanung muß erst auf die Ergebnisse dieser Planung warten. Es ist zur Zeit unklar, ob die militärischen Notwendigkeiten die Industrie- und die Stadtentwicklung des Negev behindern werden oder ob die neu zu schaffende Infrastruktur einen Ansporn zu einer kräftigen Wirtschaftsentwicklung geben wird. Im Augenblick kann auf diese Frage noch keine Antwort gegeben werden.

8. DIE RESTLICHEN TEILE DES MANDATSGEBIETS
(Bevölkerung und Wirtschaft nach 1948)

8.1 1948–1967

8.1.1. Chaos

Die militärischen Aktionen des Jahres 1948 versetzten ganz Palästina in einen Zustand des Chaos. Zu Beginn des Jahres brachen örtliche Kämpfe zwischen benachbarten jüdischen und arabischen Siedlungen oder Stadtteilen aus, die später den Charakter regionaler Zusammenstöße annahmen. Nach der Gründung des Staates Israel im Mai rückten die regulären Armeen Ägyptens, Transjordaniens, des Irak, Syriens und halbreguläre Truppen aus dem Libanon in Palästina von allen Seiten ein, und der Konflikt entwickelte sich zu einem vollen Kriege, einschließlich des Einsatzes von Panzern und Luftwaffen. Die Fronten erstreckten sich über das gesamte Mandatsgebiet mit Ausnahme des zentralen Berglandes nördlich und südlich von Jerusalem.

In dem Hin und Her der Fronten wurden Städte und Dörfer zerstört oder schwer beschädigt, Hunderttausende von Menschen gerieten in Bewegung. Bestehende Verkehrs- und Handelsbeziehungen wurden unterbrochen, die landwirtschaftliche Produktion vermindert und ein großer Teil des Wirtschafts- und Kulturlebens lahmgelegt.

Erst der Abschluß des Waffenstillstands in Rhodos zu Anfang des Jahres 1949 gab Gelegenheit, die Lage zu überprüfen und mit dem Wiederaufbau zu beginnen. Durch den Waffenstillstand hatten sich drei politische Einheiten auf dem ehemaligen Mandatsgebiet herauskristallisiert: 1. der Staat Israel, 2. das zentrale Bergland mit Ausnahme des ›Jerusalemkorridors‹ (s. Kap. 6.2.3.5), das an Transjordanien angeschlossen wurde und als ›Westbank‹ des neu geschaffenen Königreichs Jordanien bezeichnet wurde, 3. der ›Gazastreifen‹, der unter ägyptische Militärverwaltung gestellt wurde. Alle drei Teile hatten mit ähnlichen Problemen zu ringen, von denen neben dem Aufbau einer neuen Verwaltungsstruktur die Unterbringung von Flüchtlingen das wichtigste war. Beim Vergleich von Bevölkerungsstatistiken aus den letzten Jahren des Mandates mit dem ersten Zensus, der in Israel im Jahre 1948 stattfand, zeigt sich, daß von einer Bevölkerung von 1,3 Mio. Arabern (1948) im Mandatsgebiet etwa 780000 in Teilen des Landes gelebt hatten, die israelisches Territorium geworden waren (Bopst 1968). Da 150000 Araber in Israel verblieben waren, ergab sich eine Zahl von etwa 630000 Flüchtlingen, von denen schätzungsweise 200000 in der ›Westbank‹, 100000 in der ›Eastbank‹ von Jordanien und 180000 im Gazastreifen Zuflucht fanden. (Alle Zahlen sind Schätzungen, da in den Flüchtlingslagern niemals ein Zensus unternommen wurde.) Nur etwa 150000 überschritten die nördlichen Grenzen, davon der Großteil in den Libanon.

Auch Israel hatte mit dem Flüchtlingsproblem zu ringen. Unmittelbar nach der Staatsgründung strömten die Überlebenden der Vernichtungslager und sonstige Opfer der Naziverfolgung ins Land, und unmittelbar darauf begann der Strom der Flüchtlinge oder Vertriebenen aus dem ganzen Nahen Osten, von Marokko und dem Jemen bis nach Irak, und später aus den kommunistischen Ländern Osteuropas. In den ersten drei Jahren nach der Staatsgründung betrug die Zahl der Flüchtlinge aus Europa 335000 und aus dem Nahen Osten 330000. In den nächsten 5 Jahren kamen weitere 150000 Flüchtlinge aus dem Nahen Osten hinzu.

Die Siedlungslandschaft, die von den Flüchtlingswellen geschaffen wurde, hatte auf beiden Seiten der Grenze große Ähnlichkeit: Zeltstädte oder temporäre Bauten aus jedem verfügbaren Material, unzureichende Wasserversorgung, mangelnde Sanierung und ähnliches. Der Unterschied zwischen den Lagertypen lag darin, daß die israelischen Lager ›Einwandererlager‹ genannt wurden, und dieser Unterschied bestand nicht nur semantisch. Während es Israel gelang, die Lager in einem Zeitraum von etwa 10 Jahren durch permanente Wohnungen vor allem in den ›Entwicklungsstädten‹ zu ersetzen, existieren die Flüchtlingslager in den Nachbarstaaten noch immer.

Die darauf folgende Entwicklung nahm je nach dem herrschenden Staate und Gesetz so verschiedene Formen an, daß es angemessen ist, jeden der drei Teile getrennt zu behandeln, wobei die Entwicklung in Israel selbst ausführlich in Kap. 2 dargestellt ist.

8.1.2. Die Westbank Jordaniens

Der Anschluß der Westbank an Jordanien wurde zwar formal nur von Großbritannien und Pakistan anerkannt, aber alle Staaten, inklusive Israel, nahmen den Anschluß als eine De-facto-Tatsache an. Die wichtigste Folge für die Bewohner der Westbank war die Verleihung der jordanischen Staatsangehörigkeit an alle, einschließlich der Bewohner der Flüchtlingslager (was in anderen Aufnahmeländern der Flüchtlinge nicht der Fall war), und die Freizügigkeit innerhalb und außerhalb Jordaniens. Das jordanische Recht ersetzte das Recht des britischen Mandates, und die Einwohner der Westbank erhielten das Wahlrecht sowie parlamentarische und ministeriale Vertretung in Amman.

Die Wirtschaftslage der Region war außerordentlich schwierig. Sie war von allen ihren früheren Markt- und Verkehrsverbindungen abgeschnitten, die alle in den Städten der Küstenebene und deren Häfen konzentriert gewesen waren.

So konnten die Einwohner von Tulkarm – 17 km östlich von Netanya – von ihrem Hügel aus zwar das Meer sehen, aber niemals am Strande baden oder frische Fische erhalten. Um für ihre Waren einen Hafen zu erreichen, mußten die Einwohner der Westbank diese erst nach Amman senden (eine Entfernung von 80–120 km) und von dort über Damaskus nach Beirut, eine Entfernung von weiteren 300 km, wobei die Grenze zwischen Syrien und Libanon wegen Zwistigkeiten oft monatelang gesperrt war. Dies führte dazu, daß sich der gesamte Außenhandel der Region in Amman konzentrierte, wo allerdings manche Export- und Importzweige in Händen von Personen lagen, die aus der Westbank nach Amman gezogen, aber durch Familienbande eng mit ihrem Heimatort verbunden waren.

Die Wirtschaft war hauptsächlich auf Landwirtschaft aufgebaut, in der 53 % der Berufstätigen beschäftigt waren. Zu Ende der Mandatszeit stand die Landwirtschaft der Araber Palästinas noch meist auf der Stufe der Subsistenz und war im Bergland noch weniger entwickelt als in den Ebenen. Durch das Abgeschnittensein von den Märkten wurde diese Tatsache noch verstärkt, und das Einkommensniveau der Bevölkerung sank noch gegenüber der Mandatszeit. Zieht man dazu noch in Rechnung, daß die Bewohner der Flüchtlingslager landlos waren und nur wenige von ihnen überhaupt Beschäftigung fanden, so ergibt sich ein sehr niedriger Lebensstandard fast in der gesamten Bevölkerung der Westbank (Harris 1958).

Die kultivierbare Fläche beträgt 2,6 Mio. Dunam (260000 ha), etwa die Hälfte der Gesamtfläche der Westbank, wovon 20 % jährliche Brache darstellten. Nur 3 % der landwirtschaftlichen Fläche waren bewässert; 40 % der Anbaufläche waren Baumpflanzungen, davon 650000 Dunam Oliven und 50000 Dunam Reben. Im ganzen produzierte die Landwirtschaft 23 % des Nationalprodukts (Stat. Yearbook of Jordan).

Ein besonderes Problem war die ungleichmäßige Verteilung des Bodenbesitzes. 50 % der Anbaufläche befanden sich in den Händen von 10 % der Landwirte, von denen jeder mehr als 100 Dunam (10 ha) Land besaß. Aber 65 % der Landwirte bearbeiteten jeder nur 10–40 Dunam (1–4 ha).

Auch die Industrie war unzureichend entwickelt. Meist handelt es sich um Kleinbetriebe zur Bearbeitung landwirtschaftlicher Produkte oder von Leder und Textilien.

Unter diesen Umständen machte sich eine starke Auswanderungsbewegung bemerkbar, die aber nicht so sehr die ländliche Bevölkerung erfaßte als vielmehr die städtische, die eine bessere Berufsausbildung oder allgemeine Bildung besitzt. Sie wirkte sich auch auf die Flüchtlingslager aus, in denen die Jugend in den Schulen der Flüchtlingsorganisation der UNO (UNRWA) eine bessere Schulausbildung genoß als die ländliche Bevölkerung.

In den sechziger Jahren setzte eine Wendung zum Besseren ein, die vor allem in der Schaffung eines Absatzmarktes für landwirtschaftliche Produkte bestand. Das rapide Wachstum von Amman von 40000 Einwohner im Jahre 1948 auf 108000 im Jahre 1952, 246000 im Jahre 1961 und 330000 im Jahre 1966, das im wesentlichen auf Zuzug von der Westbank beruhte, schuf einen großen Bedarf an landwirtschaftlichen Produkten. Dazu kam der steigende Reichtum der ölreichen Länder der Arabischen Halbinsel, die selbst kaum Landwirtschaft betreiben konnten, aber genügend Kaufkraft besaßen, um Produkte der Westbank selbst über eine Entfernung von 1400–1800 km Straße erwerben zu können. Dieser Markt regte eine Verstärkung der landwirtschaftlichen Produktion der Westbank an, die zwei Drittel der landwirtschaftlichen Gesamtproduktion Jordaniens lieferte.

Ein zweiter Entwicklungsfaktor waren die Geldsendungen der Auswanderer nach Amman oder Arabien, speziell Kuwait, an ihre Familien, die diese mit Entwicklungskapital für Landwirtschaft und Hausbau versorgten. So bahnte sich in den sechziger Jahren ein Ansteigen des Lebensstandards auch in der Westbank an.

Auf der Basis dieser Prozesse ist die Entwicklung der Bevölkerung der Westbank zu verstehen. Sie zählte im Jahre 1946 (nach britischen Quellen) 387000 und 5 Jahre später (nach dem jordanischen Zensus von 1952) 686000 Personen. Nach Abzug der natürlichen Vermehrung weist diese Zahl auf eine Zuwanderung von Flüchtlingen in Höhe von etwa 230000 hin. Im nächsten jordanischen Zensus von 1962 (Hashemite Kingdom 1961) betrug die Bevölkerung 729000, das heißt, daß der natürliche Bevölkerungszuwachs in starkem Maße durch Auswanderung ausgeglichen wurde.

Die Gründe für die Auswanderung waren wirtschaftlicher Art, und sie erfaßt hauptsächlich Männer im Alter von 20–50 Jahren; viele davon waren ledig oder ließen ihre Familien im Heimatort zurück. Daher ist ein außerordentlicher Frauenüberschuß zu verzeichnen: 813 Männer kamen auf 1000 Frauen, während von den im Ausland Lebenden 79 % Männer waren. Die Kinderzahl war sehr groß: 48,6 % der Bevölkerung waren unter 14 Jahren. Nach 1961 stieg die Auswanderungsbewegung gewaltig. Ein Zensus in Kuwait im Jahre 1965 wies 78000 jordanische Staatsangehörige auf, die zum allergrößten Teil von der Westbank kamen. Jordanische Angaben über Aus- und Einreisen in den Jahren 1962–66 weisen einen Überschuß der Ausreisenden von 28000 im Jahresdurchschnitt auf, von denen anzunehmen ist, daß sie für die Dauer oder temporär in den arabischen Ländern Arbeit gefunden hatten (Schmelz 1977).

So ist es zu verstehen, daß der erste israelische Zensus von September 1967 (I.D.F. 1967) in der Westbank (außerhalb Jerusalems) nur 596000 Einwohner feststellte.

Bei dem allgemeinen Entwicklungsbild lassen sich einige regionale Besonderheiten hervorheben. Die Stadt *Nablus* entwickelte sich dank ihrer zentralen Verkehrslage (s. Kap. 6.2.1) zum regionalen Zentrum des nördlichen Teiles der Westbank. Sie liegt in dem engen Tale zwischen den Bergen Eval und Gerizim und war bis zu Beginn der Mandatszeit auf die enge Altstadt beschränkt, die in einer Talausweitung liegt. Sie diente als unterentwickelter Zentralort für das ganze Bergland von Samaria und hatte etwa 15 000 Einwohner. Sie behielt diese Funktion auch während der Mandatszeit bei, entwikkelte sich aber größenmäßig erst zur Zeit des Zweiten Weltkrieges, als sich einige Industrien ansiedelten (Ölmühlen, Seife, Streichhölzer). Ihre Bevölkerung stieg bis auf 25 000, und Neubauten erstreckten sich über mehrere Kilometer auf den Bergabhängen zu beiden Seiten des Tales. Nach 1948 stieg die Zahl der Einwohner, hauptsächlich durch die Aufnahme von Flüchtlingen, die auch in Lagern außerhalb der Stadt untergebracht wurden. Im Jahre 1966 war ihre Einwohnerzahl 42 000, aber mit den Lagern und einigen Dörfern, die in die Bauzone der Stadt einbezogen wurden, zählte sie 60 000 Einwohner und war damit fast so groß wie das jordanische Jerusalem.

Nach 1967 wurde Nablus zur größten Stadt der Westbank und zum nördlichen Ausgangspunkt der landwirtschaftlichen Ausfuhr nach Jordanien.

Eine siedlungsgeographisch interessante Entwicklung erfolgte im Jordangraben und seinen Seitentälern. Die hier austretenden (örtlich begrenzten) Quellen, die jahrhundertelang unbenutzt in Sümpfen endeten, wurden seit Beginn der vierziger Jahre in Kanäle geleitet, von denen offene Bewässerungskanäle abgeleitet wurden. Dies geschah durch die Initiative wohlhabender Bewohner der Städte Nablus und Ramallah. Die so gewonnene landwirtschaftliche Nutzfläche wurde verpachtet, unter Bedingungen, die denen in Ägypten oder Irak glichen: 50 % des Ertrages als Abgabe an den Bodenbesitzer für Land und Wasser und manchmal noch höhere Abgaben für die Benutzung von Arbeitstieren und Saatgut. Dies schuf einen großen Kontrast in der Landschaft: eine Oase von grünen Feldern und Pflanzungen, in der armselige Dörfer aus Lehmhütten verstreut liegen.

Anders ist die Situation im Süden des Jordangrabens, vor allem in Jericho, wo die Landwirte ihre eigenen Grundstücke bearbeiten und eine der blühendsten Oasen im Nahen Osten entstand (s. Kap. 6.2.2.3).

Eine starke Siedlungstätigkeit erfolgte auch im Bergland von Hebron. Hier war bis zur Mandatszeit die Bevölkerung aus Sicherheitsgründen in großen Dörfern zusammengeballt, während die weit entfernten Felder nur zu Zeiten der Bearbeitung oder Ernte zeitweilig besetzt wurden, wobei die Bauern in Ruinen oder temporären Bauten lebten. Diese Wüstungen (›Hirbe‹) wurden nach 1948 ständig besetzt und entwickelten sich zu eigenständigen Dörfern. Der Daueraufenthalt der Landwirte auf ihrem Gelände ermöglichte die Umwandlung des steinigen, oft nicht nutzbaren Geländes in Rebenpflanzungen mit Hilfe von Terrassierung (s. Kap. 6.2.2.2). Dabei wurden Klima-

und Bodenunterschiede geschickt ausgenutzt. Nach Süden neigende Abhänge wurden mit frühreifenden Sorten bebaut (Juli–August), Nordabhänge mit herbstreifen (September–Oktober). Die besten und ertragreichsten Sorten werden in den Karstdepressionen angebaut, wo sich tieferer Boden angesammelt hat und starker Morgentau das Wachstum verlangsamt. Auf diesem Gelände werden bis zu 5 t Trauben pro Dunam erzielt, und die Ernte zieht sich bis in den Dezember hin.

8.1.3 Der Gazastreifen

Der Gazastreifen ist der südlichste Teil der Judäischen Küstenebene und umfaßt als politisches Gebiet eine Fläche von 303 km^2. Er ist 40 km lang, und seine Breite schwankt zwischen 6 und 12 km. Etwa die Hälfte der Fläche besteht aus Sanddünen. Als die ägyptische Armee im Jahre 1948 sich von ihrem Feldzug in das südliche Palästina zurückzog, gelang es ihr, diesen Streifen in der Hand zu behalten, und hierher strömten alle arabischen Flüchtlinge aus dem südlichen Palästina, deren Zahl etwa 180000 betrug.

Ägypten war am Gazastreifen interessiert als einem Brückenkopf jenseits der Sinaiwüste und an der Bevölkerung, um einen Herd der Unruhe an Israels Grenze zu schaffen, der Druck auf Israel und die Weltmeinung ausüben könnte. Andererseits war die ägyptische Ökonomie nicht imstande, Flüchtlinge in großen Mengen aufzunehmen oder Wirtschaftshilfe zu leisten. Daher wurde der Gazastreifen nicht an Ägypten angeschlossen, sondern blieb ein militärisches Verwaltungsgebiet. Dies bedeutete, daß die Bevölkerung des Gazastreifens nicht die ägyptische Staatsangehörigkeit erwerben konnte, sondern staatenlos wurde. Sie konnte weder frei nach Ägypten noch – wegen Mangel an Ausweisen – ins Ausland fahren. Dies führte dazu, daß anders als in der Westbank das Ventil der Abwanderung für die Bewohner des Gazastreifens geschlossen war und der natürliche Zuwachs die Zahl der Bevölkerung stark anschwellen ließ.

Die beschränkte Fläche des Gazastreifens machte es notwendig, die ständig wachsende Bevölkerung auf engstem Raume zu konzentrieren, und dies geschah in großen Flüchtlingslagern, die von der UNRWA verwaltet und erhalten wurden. (Als Grundlage für die Lager dienten die riesigen verlassenen britischen Militärlager, die als Nachschub- und Reparaturlager für die ägyptische Front im Zweiten Weltkriege gedient hatten.) Da weder in den Lagern noch unter der einheimischen Bevölkerung je ein Zensus unternommen wurde, sind Bevölkerungszahlen nur auf Schätzung der ägyptischen Verwaltung aufgebaut und oft widersprüchlich. Gegen Ende des britischen Mandates lebten im Gazastreifen etwa 70000 Personen, davon die Hälfte in der Stadt Gaza. Einem Teil der Flüchtlinge gelang es, in die bestehenden Siedlungen umzuziehen, doch die Zahl der Ausziehenden aus den Lagern wurde vom Geburtenzuwachs aufgefüllt, so daß im Jahre 1967 noch immer 172000 Personen in den Flüchtlingslagern lebten.

Die bestehenden Siedlungen wuchsen durch natürliche Vermehrung und Zuzug aus den Lagern in einem solchen Maße, daß die meisten von ihnen städtischen Charakter annahmen, und 92% der Bevölkerung können als ›städtisch‹ angesehen werden.

Die Gesamtbevölkerung im Jahre 1949 wird auf 250000 geschätzt, und der Zensus, der von Israel im Jahre 1967 durchgeführt wurde, wies 356000 Einwohner auf, davon 172000 in Flüchtlingslagern. Der Altersaufbau der Bevölkerung gleicht dem der arabischen Bevölkerung Israels, wobei der Anteil der Jugendlichen unter 14 Jahren 50,4% beträgt.

Die wirtschaftliche Entwicklung kam vor allem in einer starken Ausweitung der landwirtschaftlichen Produktion zum Ausdruck, für die die Flüchtlingslager einen ausreichenden Markt boten. Der unter dem Rotsand des ›Trogs‹ liegende Grundwasserhorizont der ›Saqieh‹ wurde durch Brunnenbohrungen erschlossen, aber jeder Bodeneigentümer bohrte seinen eigenen Brunnen, und im Jahre 1965 arbeiteten 1400 Pumpen ohne jede Kooperation oder Kontrolle, was zu einer beginnenden Versalzung des Grundwassers führte. (Eine der ersten Handlungen der israelischen Militärverwaltung nach 1967 war die Einführung einer Wassernutzungskontrolle.) Von dem durch Bewässerung erschlossenen Gelände wurden 90000 Dunam (9000 ha) mit Zitrus bepflanzt. Die Produkte wurden hauptsächlich nach Osteuropa ausgeführt. Zu diesem Zwecke wurde der Hafen von Gaza mit Molen für Boote versehen, aber die Schiffe mußten weiterhin auf offener Reede ankern. Der Hafen diente auch dem Warenverkehr mit Ägypten und der Einfuhr von Produkten für die UNRWA. Auf unbewässertem Land wurden 30000 Dunam Mandelbäume angepflanzt, von deren Ertrag 70% ausgeführt wurden. Der Anbau von Weizen und Gerste wurde auf die Gebiete mit marginalen Niederschlägen verlegt. Im ganzen wurden 200000 Dunam, etwa zwei Drittel der Gesamtfläche, landwirtschaftlich genutzt.

Die fast völlige Abgeschlossenheit des Gazastreifens führte auch zu einer starken Entwicklung von Handwerk und Kleinindustrie zur Befriedigung des örtlichen Bedarfs. Dafür standen in den Flüchtlingslagern ausreichende Arbeitskräfte zur Verfügung, deren Lohn ungefähr dem eines ägyptischen Arbeiters entsprach. Auch ein außerordentlich großer Verwaltungsapparat arbeitete nach den Prinzipien ägyptischer Verwaltung, die auf extrem niedrigen Gehältern basiert. Trotz allem war der größte Teil der Bevölkerung arbeitslos und auf Rationen der UNRWA angewiesen.

Das Siedlungsbild wurde durch die starke Vergrößerung der Einwohnerzahl völlig verändert. Aus einer von Sanddünen und Ödland beherrschten Landschaft, in der neben der Stadt Gaza nur wenige ländliche oder halbstädtische Siedlungen bestanden, wurde eine im wesentlichen städtische Landschaft. Die Bevölkerung der Stadt Gaza wuchs bis auf 125 000 im Jahre 1967 und zählt im Jahre 1978 wahrscheinlich 150 000. Der historische Stadtkern liegt auf einem Kurkarhügel in einer Entfernung von 4 km von der Küste. Nach 1948 wurde eine gerade Verbindungsstraße mit der Küste zur Hauptachse der städtischen Entwicklung; sie ist heute in ihrer ganzen Länge von 4 km – eine ungewöhnliche Erscheinung in einer arabischen Stadt – von Geschäften, Handwerksbetrieben und öffentlichen Gebäuden flankiert. Die neuen städtischen Viertel konzentrieren sich in Küstennähe auf beiden Seiten der Achse, wobei eine starke soziale Polarisierung bemerkbar ist. Neben Vierteln, in denen große, von Gärten umgebene Häuser vorherrschen, gibt es Stadtteile, deren Häuser aus Lehm gebaut sind und in denen eine unglaubliche Bevölkerungsdichte vorherrscht.

Die Stadt *Deir el Balah* liegt 12 km südlich von Gaza und ist der einzige Ort in Küstennähe. Die Zahl der Einwohner stieg von 2000 im Jahre 1948 auf 18 000 im Jahre 1967, von denen 7000 in Lagern leben. Weitere 10 km südlich liegt Khan Yunis (am Ostrande der Sanddünen), der einzige historische Ort neben Gaza. Die Stadt wurde im Mittelalter gegründet und besitzt eine Moschee, die im Jahre 1389 gebaut wurde. Sie liegt eine Tagesreise von Gaza entfernt und diente daher als Rastort für Karawanen und als Zentrum für Beduinen. Im Jahre 1967 hatte sie 53 000 Einwohner, von denen 23 000 in Lagern lebten. Südlich angrenzend liegt die Stadt Rafah, die zu Beginn der Mandatszeit als Grenzposten an der ägyptischen Grenze gebaut wurde und heute 10 000 Einwohner zählt. Sie ist umgeben von der größten Konzentration von Flüchtlingslagern, in denen 40 000 Menschen leben. Trotz der Grenznähe erlaubten die Ägypter nicht ein Übergreifen der Siedlung auf ägyptisches Gebiet.

Der Gazastreifen bietet ein merkwürdiges Landschaftsbild. Unmittelbar an Sanddünen anschließend erscheinen die Grünflächen der Zitrus- und Mandelplantagen und der bewässerten Gemüsefelder. Die weitausgedehnten unbewässerten Getreidefelder sind nur im Winter grün und verschmelzen mit ihrer Bräune im Sommer mit dem Ödland der Löß- oder Wüstenböden. Verstreut zwischen den landwirtschaftlichen Flächen sieht man die gelbgrauen enggebauten Lehmhütten der Flüchtlingslager, die sich von den Außenbezirken der Städte kaum unterscheiden.

8.2. Nach 1967

8.2.1. Die Westbank

Im Sechs-Tage-Kriege vom Juni 1967 dauerten die kriegerischen Handlungen in jedem der beiden hier behandelten Gebiete tatsächlich nur ein bis zwei Tage und spielten sich zwischen regulären Armeen ab, so daß die Zivilbevölkerung kaum davon betroffen wurde. Von Siedlungen wurden nur einige, die an der Westgrenze der Westbank lagen, schwerer betroffen, und nur drei wurden zerstört. Daher fand – im Gegensatz zum Krieg von 1948 – keine Massenflucht der Bevölkerung statt (Cattan 1970), und nur das Flüchtlingslager von Jericho – das größte aller Lager in der Westbank und nahe am Jordanflusse gelegen – wurde verlassen, aber die ansässige Bevölkerung der Stadt verblieb am Orte.

So war es möglich, kurz nach dem totalen Schock über die plötzliche Änderung der militärischen und politischen Lage und der damit verbundenen Lähmung, Versuche zu unternehmen, die zu einer Normalisierung des Lebens zurückführen sollten. Die israelische Regierung war an einer schnellen Normalisierung interessiert, da sie nicht imstande gewesen wäre, die Aufgabe der Lebensmittelversorgung für die gesamte Bevölkerung auf sich zu nehmen; auch war sie daran interessiert, durch humanes Verhalten der Bevölkerung gegenüber die Aufnahme eines Friedensprozesses mit Jordanien zu beschleunigen.

Der erste Weg zur Wiederherstellung des Alltagslebens war die Politik der ›offenen Brücken‹, die kurz nach Beendigung des Krieges eingeführt wurde und die seitdem – selbst in Zeiten äußerster politischer Spannung – niemals aufgegeben wurde. Sie erlaubte den Bewohnern der Westbank die unbeschränkte Ausfahrt und Rückkehr nach und von Jordanien über zwei improvisierte Brücken über den Jordanfluß, die die Stelle der zerstörten Damia- und Allenby-Brücke einnahmen. Dem Passagierverkehr folgte bald ein Warenaustausch, der nur Sicherheits- und Zollkontrollen unterworfen war. Jordanien nahm die Lösung an, obwohl sie eine Art De-facto-Anerkennung des Zustandes darstellte, da es sich ja um jordanische Staatsangehörige handelte. Die jordanische Behörden erlaubten aber nicht den Übergang von Arabern israelischer Staatsangehörigkeit.

In den folgenden Jahren ließ Israel auch ›Sommerbesuche‹ von Arabern jeder Staatsangehörigkeit zu, die eine schriftliche Einladung von einem – noch so weitläufigen – Verwandten aus der Westbank vorweisen konnten. Da zwischen der Westbank und dem eigentlichen Staat Israel keine Zoll- oder Paßkontrolle besteht, kann damit faktisch jeder Araber während der Sommerferien Israel besuchen. Die Bewohner der Westbank können frei mit Jordanien verkehren; ihre politischen Führer fahren öfters zu Beratungen nach Amman, und Beamte staatlicher Behörden, wie z. B.Lehrer, beziehen weiter ihr jordanisches Gehalt, zusätzlich zu den von der israelischen Militärverwaltung oder von lokalen Stellen gezahlten Gehältern.

Die ›offenen Brücken‹ stellten die Ausfuhr landwirtschaftlicher Produkte nach Amman und den arabischen Staaten wieder her, und die Händler können bei ihrer Rückkehr jede Art von Waren aus arabischen Staaten einführen. Der wichtigste Markt für diese Waren sind die Touristenbasare von Jerusalem (s. Kap. 6.2.3.6).

Da die Mehrzahl der Bevölkerung ländlich ist, legte die israelische Regierung ihr Hauptaugenmerk auf Modernisierung der Landwirtschaft durch die Einrichtung von Landwirtschaftskommissionen, durch Vorführungstage einfacher landwirtschaftlicher Maschinen und durch Einrichtung landwirtschaftlicher Beratungsstellen, die oft von israelischen Arabern besetzt waren. Die Folge davon war das Steigen des Wertes der landwirtschaftlichen Produktion von 1967–76 um das Zweieinhalbfache des Realwertes. Vor allem wurde die Pflanzung von Obstbäumen an Stelle von Getreide gefördert, eine Entwicklung, die bereits vor 1967 eingesetzt hatte und nachher verstärkt fortgeführt wurde. Die Fläche der Olivenpflanzungen, die bis 1967 auf 650000 Dunam (65000 ha) angewachsen war, stieg bis 1974 auf 810000 Dunam und der Rebenbau, vor allem im Bergland von Hebron, von 50000 auf 75 000 Dunam. Die Anzahl der Schafe und Ziegen verdoppelte sich durch Einführung von Zuchtwahl und neue Fütterungsmethoden auf 450000. Die Anzahl der Traktoren, die 1966 134 betrug, stieg bis 1973 auf 1250 (West Bank Agriculture 1974) und bis 1978 auf 1673 (Stat. Yearbook Israel 1979).

Im Ackerbau wurde der Anbau solcher Produkte angeregt, die auch auf dem israelischen Markt Absatz finden konnten, und so gelang es, die Landwirtschaft vom Subsistenzstadium auf kommerzielle Basis umzustellen, der neben den Märkten von Jordanien und Arabien jetzt auch die Märkte in Israel offenstanden.

Während es auf diese Weise gelang, den Lebensstandard der landwirtschaftlichen Bevölkerung bedeutend zu heben, blieb das hauptsächliche Problem der Wirtschaft der Westbank die landlose Bevölkerung der Dörfer und die Einwohner der Flüchtlingslager. In beiden Bevölkerungsgruppen war der Großteil der Arbeitskräfte arbeitslos. Da Israel in den fünfziger Jahren mit demselben Problem bei der Aufnahme seiner Neueinwanderer zu ringen hatte, konnte es aus seiner Erfahrung schöpfen. Zunächst wurden öffentliche Arbeiten organisiert, vor allem Straßenbau und Bau von öffentlichen Gebäuden wie Schulen und Kliniken. Dann wurde der israelische Arbeitsmarkt für die Einwohner der Westbank geöffnet, und im Jahre 1973 erreichte die Zahl der Beschäftigten in Israel eine Höhe, die seitdem mehr oder minder bei 31–33 % der Gesamtbeschäftigten stabil geblieben ist (Facts about Areas 1974). Sie betrug im Jahre 1978 68200, davon 16,8 % in der Landwirtschaft,

Tabelle 22: Verbreitung von Dauergütern in der Westbank und im Gazastreifen (in % aller Haushalte)

Art der Güter	Jahr	Westbank (incl. Flüchtlingslager)		Gazastreifen	
		städt.	ländl.	städt.	ländl. (incl. Flüchtlingslager)
Kocher	1968	–	–	–	–
(Gas o. elektrisch)	1973	55,2	11,6	12,1	3,0
	1978	84,4	58,5	61,3	53,2
	1992	95		93,9	
Elektr. Kühlschrank	1968	10,2	–	4,4	–
	1973	40,7	3	14	2
	1978	77,7	18,6	52,4	28,6
	1985	93	55	83	75
	1992	96	75	93	90
Elektr.	1968	–	–	–	–
Waschmaschine	1973	–	–	–	–
	1978	52,8	4,7	15,8	2,5
	1985	75	23	47	34
	1992	82	46	79	60
Radio	1968	57,9		47,4	
	1973	86,8	71	87,4	84,4
	1985	91	77	84	85
	1992	94	94	94	95
Fernseher	1968	–	–	–	–
	1973	28,7	2,5	14,3	3,4
	1978	73,2	27,9	54,8	41,1
anscheinend	{1985	65		77	
Farbfernseher	{1992	45	57	53	65
Pkw	1972	5,2	–	2,4	–
	1978	10,5	1,7	6,8	1,6
	1985	22	7	20,6	7,9
	1992	26	13	21	10
Fließend Wasser	1981	79	29	51	39
	1992	96	72	93	95
Solarboiler	1981	25		52	35
	1992	51		77	64

Elektr. Strom	1981	85	26	89	84
	1992	100	64	97	99
Telefon	1981	15	–	15	–
	1992	23	3	15	–
Kraftwagen (Anzahl)					
Gesamt	1972		4893		2930
	1978		17783		10456
	1990		70000		24000
Pkw	1972		1626		1293
	1978		7448		4936
	1990		47000		18000

22,2 % in Industrie und 44,8 % im Bauwesen. Die Zahlen geben nur diejenigen Beschäftigten an, deren Arbeitsvermittlung über die öffentlichen Arbeitsämter gegangen ist; die wirkliche Zahl ist voraussichtlich viel größer. Täglich fahren Hunderte von Autobussen aus den Dörfern der Westbank in die israelischen Städte, die 20–40 km von ihnen entfernt sind. Faktisch ist damit das Problem der Arbeitslosigkeit in der gesamten Westbank gelöst worden.

Die Industrie machte nur geringe Fortschritte. Die Entwicklungspolitik der jordanischen Regierung war darauf ausgerichtet gewesen, die Westbank als Agrargebiet zu entwickeln, und die industrielle Entwicklung, vor allem der Großbetriebe, auf dem Ostufer und speziell im Ballungsraum von Amman zu konzentrieren. Die Industriebeschäftigten machten nur 14 % aller Beschäftigten aus, und der Anteil der Industrie am Nationalprodukt erreichte sogar nur 9 %. Die Industriebetriebe bearbeiten in der Hauptsache landwirtschaftliche Produkte und Kleidung. 90 % von ihnen beschäftigten weniger als 10 Arbeiter, und zwei Drittel davon sogar weniger als 5 Arbeiter.

Die Situation änderte sich nur wenig nach 1967, aber der Prozentsatz der Industriebeschäftigten stieg auf 17,1 % im Jahre 1977.

Das große Defizit im Außenhandel wird durch einen Überschuß der Zahlungsbilanz mehr als ausgeglichen. Die große Anzahl der in Israel Beschäftigten bringt große Summen in die Westbank, und die (zeitweiligen oder festen) Auswanderer in die arabischen Staaten, deren Zahl noch viel größer ist als die der in Israel Arbeitenden, senden Unterstützungsgelder an ihre Familien. So kam es zu einer nicht geringen Kapitalbildung, die in der Landwirtschaft, im Bau und in Dauergütern des Verbrauchs investiert wurde (s. Tabelle 22). Der Unterschied zwischen städtischen und dörflichen Haushalten ist nicht nur auf den Unterschied im Einkommen der beiden Bevölkerungsgruppen zurückzuführen, sondern auch auf die Tatsache, daß die meisten Dörfer noch nicht an das Elektrizitätsnetz angeschlossen sind und einige von ihnen nur Generatoren besitzen.

Die Stabilisierung und später der Anstieg der Wirtschaft änderte den Trend des Bevölkerungswachstums, bei dem vor 1967 der natürliche Zuwachs durch Auswanderung fast ausgeglichen wurde. In den Jahren unmittelbar nach dem Sechs-Tage-Kriege verstärkte sich sogar noch die Auswanderungsbewegung, und die Bevölkerung ging in den Jahren 1968 und 1969 um etwa 5000 Personen pro Jahr zurück. Aber seit dem Jahre 1970 machte sich ein Rückgang der Auswanderung bemerkbar, und die Beschäftigung in Israel ermöglichte es den Arbeitern, täglich in ihre Wohnorte zurückzukehren. Die Bevölkerung wuchs seit 1970 jährlich um 15000–20000 Personen und stieg von 596000 im Jahre 1967 (und wieder 1970) auf 700000 (1980) und 995000 im Jahre 1990. Eine wichtige demographische Änderung als Folge des Rückgangs der Auswanderung ist die Umkehrung im zahlenmäßigen Verhältnis der Geschlechter: im Jahre 1989 kamen 1014 Männer auf 1000 Frauen.

8.2.2. Der Gazastreifen

Die Probleme der Reorganisierung des Lebens unter der israelischen Militärverwaltung waren im Gazastreifen weitaus schwieriger als in der Westbank, genau wie die Situation unter der ägyptischen Militärverwaltung schwieriger gewesen war. Der Prozentsatz der Flüchtlinge und der Arbeitslosen war weitaus größer, und vor allem hatte die Möglichkeit der Auswanderung in andere Länder nie bestanden. Dazu kam, daß die Haltung der Bevölkerung gegenüber der israelischen Militärverwaltung anfänglich weitaus feindseliger war als in der Westbank, wo sich durch die offenen Brücken ein gewisser Modus vivendi entwickelt hatte. Diese Haltung vereitelte alle Versuche einer Kooperation, selbst auf wirtschaftlichem Gebiete.

Andererseits erlaubten die israelischen Behörden – im Gegensatz zu den ägyptischen – die Ausreise und den freien Verkehr mit der Westbank, und zum ersten Male nach 19 Jahren waren die Einwohner des Gazastreifens von ihrer Isolierung befreit. Von der Westbank aus konnten sie mit Hilfe jordanischer Papiere auch in arabische Länder weiterreisen. Dies führte zu einer sofortigen Auswandererwelle, und im Jahre 1969 verringerte sich die Bevölkerung um 25000.

Nach dem Rückgang der Bevölkerung auf 326000 im Jahre 1969 begann wieder der Anstieg durch natürlichen Zuwachs, 1980 hatte die Zahl der Bevölkerung 442000 und im Jahre 1990 642000 erreicht.

Erst in den Jahren 1970–71 entwickelte sich langsam eine gewisse wirtschaftliche Kooperation. (Es kann sein, daß gewisse Imponderabilien dabei eine Rolle spielten, z. B. als Saudi-Arabien den Bewohnern des Gazastreifens zum ersten Male die ›Haj‹ [Wallfahrt nach Mekka] erlaubte und eine Riesenkarawane von Autobussen mit wehenden Fahnen durch Israel und

Jerusalem nach Jordanien fuhr, um sich der dortigen Pilgerkarawane anzuschließen.) In diesen Jahren begannen die ersten Arbeiter aus Gaza in Israel Arbeit zu suchen. Ihre Zahl stieg rapide von anfänglich 6000 auf 17500 im Jahre 1972 und 33500 im Jahre 1980. Das sind 42% der gesamten Arbeitskräfte im Gazastreifen.

Gleichzeitig damit setzte die Kooperation auf dem Gebiete der Landwirtschaft ein. Zwar konnte die Fläche des Ackerlandes, vor allem der bewässerten Böden, nicht vergrößert werden, aber die Methoden der Bewässerung, Bearbeitung und Vermarktung wurden unter israelischer Anleitung völlig modernisiert. Der Zitrusexport wurde in sieben ultramodernen Verpackungshäusern konzentriert, und die Methoden in der arabischen Landwirtschaft Israels – Gemüse- und Erdbeeranbau unter Plastikdecken und in Gewächshäusern – wurden auch im Gazastreifen eingeführt (Zeev 1974). In 10 Jahren stieg der reale Wert der landwirtschaftlichen Produktion um das Sechsfache.

Ein wesentlicher Unterschied zur Entwicklung auf der Westbank liegt im Gazastreifen in der Gründung zahlreicher kleiner Industriebetriebe, die zum Teil als Zulieferer für die israelische Industrie arbeiten und nicht nur landwirtschaftliche Produkte verarbeiten, sondern solche Güter wie moderne Textilien, Papierprodukte, Sonnenheizgeräte und Bestandteile für Fernsehgeräte herstellen. Die Zahl der Betriebe mit über fünf Beschäftigten wuchs von 57 im Jahre 1969 auf 465 an (1978), und die Anzahl der Industriearbeiter nähert sich 8000 oder 15% aller örtlich Beschäftigten. Dazu kommen viele Tausende von Handwerkern in Kleinbetrieben. In der Handelsbilanz spielt der Export eine größere Rolle als auf der Westbank.

8.2.3. Die Problematik

Der eindrucksvolle wirtschaftliche Fortschritt in der Westbank und im Gazastreifen und der damit verbundene allgemeine Anstieg des Lebensstandards können nicht darüber hinweghelfen, daß das Kernproblem des Verhältnisses zwischen Israel und Arabern politischer und psychologischer Art ist. Mit Ausnahme Ägyptens hat sich bisher noch kein arabischer Staat bereit erklärt, die Existenz Israels anzuerkennen, und Israel befindet sich psychologisch in einer Verteidigungssituation, die durch die Erinnerung an die Geschehnisse des Zweiten Weltkrieges noch verstärkt wird. Daher spielt in der israelischen Argumentation das Wort ›Verteidigung‹ bzw. ›Sicherheit‹ die größte Rolle. Die Araber gehen von dem Grundgedanken aus, daß ihnen durch die Gründung des Staates Israel und die Folgen der Kriege, die sie mit Israel geführt hatten, ein so schweres Unrecht zugefügt worden ist, daß dieses nur durch die Beseitigung Israels (nach Ansicht der extremen Staaten und Gruppen) oder durch Beschränkung der Fläche des Staates (nach Ansicht der

Gemäßigten) wiedergutgemacht werden kann (Harkabi 1974). Die bisher zwischen Israel und seinen Nachbarn geführten vier Kriege brachten keinerlei Lösung, aber bisher wurde auch kein Kompromißvorschlag ernsthaft erörtert.

Es ist nicht die Aufgabe einer geographischen Studie, politische Ereignisse zu analysieren, vor allem wenn diese so rezent sind wie im Nahen Osten und die Situation sich mit großer Häufigkeit ändert. Es sollen daher in dieser Schlußbetrachtung nur solche Ereignisse erwähnt werden, die geographische Konsequenzen hatten (Mena 1979, S. 432–436, und Literaturverzeichnis, S. 467).

Die Entwicklungspolitik Israels war auf dem Gedanken aufgebaut, die arabische Bevölkerung davon zu überzeugen, daß eine Kooperation mit Israel nicht nur möglich, sondern für sie auch vorteilhaft sein könnte, und dadurch ein günstiges psychologisches Klima für eventuelle Friedensverhandlungen zu schaffen. Diese Meinung erwies sich als irrig; vielmehr kann man erkennen, daß – wie es sich in vielen Ländern der Welt gezeigt hat – eine Steigerung des Lebensstandards, die mit der Entstehung einer neuen Schicht von jungen Akademikern und Gebildeten verbunden ist, zu einer Verstärkung nationaler Forderungen führt.

Die israelische Grundidee einer politischen Lösung war der ›territoriale Kompromiß‹, d. h. die Schaffung einer eigenständigen politischen Einheit in den ›Gebieten‹, wenn möglich in einer politischen Verbindung mit Jordanien, und der Schaffung eines ›Sicherheitskorridors‹ entlang der Jordansenke, von wo andauernde Terrorangriffe und Artilleriebeschießung aus jordanischem Territorium auf israelische Siedlungen erfolgten. (Diese Angriffe ließen mit den Ereignissen des ›Schwarzen September‹ 1971 in Jordanien nach, nach denen die PLO ihre Haupttätigkeit in den Libanon verlegte.) Als Antwort auf diese Angriffe wurden in der Jordansenke und am Westufer des Toten Meeres 10 Wehrsiedlungen angelegt, die die zusätzliche Aufgabe hatten, anzudeuten, wo Israel den Sicherheitsgürtel errichten wollte. Bei der Planung der Siedlungen wurde Wert darauf gelegt, daß sie in einer bestimmten Entfernung von arabischen Bevölkerungszentren liegen, nur unbearbeitete Wüstenböden landwirtschaftlich erschließen sollten und keine bestehenden Wasserquellen benutzten, sondern durch geologische Forschung neu erschlossene tiefliegende Grundwasserhorizonte anzapften. Die Erschließung dieser Böden stieß daher bei der arabischen Bevölkerung nur auf geringen psychologischen Widerstand und führte sogar zu einer agrotechnischen Zusammenarbeit mit den bestehenden arabischen Siedlungen.

Eine grundlegende Änderung der Situation erfolgte nach dem Oktoberkriege von 1973. Die Überraschungserfolge der ägyptischen Armee bei der Überschreitung des Suezkanals und die erfolgreiche Benutzung der Ölwaffe durch die arabischen Staaten führten zu einer Verhärtung der arabischen Haltung. In Neuwahlen zu den Munizipalverwaltungen wurde die alte – zu pragmatischen Lösungen neigende – Führungsschicht durch junge, ideologisch motivierte Kräfte abgelöst, die die Aufgabe einer nationalen Führung der Araber übernahmen.

Gleichzeitig wurde der Einfluß Jordaniens, auf den Israel seine politischen Hoffnungen gesetzt hatte, durch die Beschlüsse der Konferenz in Rabat (1974) außerordentlich geschwächt, wobei Jordanien – trotz der Tatsache, daß die Einwohner der Westbank jordanische Staatsangehörige waren, und trotz des wirtschaftlichen Einflusses Jordaniens – die Vertretung der Palästinenser der arabischen Welt gegenüber entzogen und in die Hände der PLO gelegt wurde.

Eine Eigenschaft des Extremismus ist es, daß er auf der Gegenseite gleichfalls Extremismus erzeugt. Die israelische Reaktion machte sich in den Wahlen von 1977 bemerkbar, aus denen eine nationalistische Regierung hervorging. Dazu kam die verstärkte Tätigkeit einer bis dahin bedeutungslosen extrem nationalistischen religiösen Bewegung, des ›Gush Emunim‹, die ihre Ideologie einer israelischen Herrschaft über ganz Palästina aus biblischen Verheißungen herleitet. Diese Bewegung begann, ihre Ideologie durch die Gründung von Siedlungen zu demonstrieren, die mit der historischen Siedlungsbewegung Israels nichts gemeinsam haben. Im Gegensatz zu den sozialen Idealen der traditionellen Siedlungen, die eine ›Rückkehr zum Lande‹ (s. Kap. 3.3.1) und die Urbarmachung der Wüste zum Ziele hatten, war das Ziel der ›Gush‹-Siedlungen die Demonstration des von ihnen geforderten Rechtes auf Siedlung in ganz Palästina. Zu diesem Zwecke suchten sie für ihre Siedlungen – im Gegensatz zu den Siedlungen der Jordansenke – mit Absicht die Nähe arabischer Bevölkerungszentren. Da aber dort kein Land für eine landwirtschaftliche Siedlung zur Verfügung steht, wählten sie meistens eine felsige Hügelkuppe, auf der eine Siedlung errichtet wurde, die oft aus 10–20 Wohnwagen oder fahrbaren Häusern besteht. Die Einwohner dieser Siedlungen, die von fanatischem religiösem oder nationalem Eifer beseelt sind, arbeiten nicht in der Siedlung, sondern in ihren alten Arbeitsplätzen in der israelischen Wirtschaft.

Diese Art von Siedlung wird von etwa der Hälfte der israelischen Bevölkerung abgelehnt. Die Ablehnung durch die arabische Bevölkerung ist natürlich total, obwohl es nicht zu gewaltsamen Zusammenstößen gekommen ist. Aber die Folge ist eine scharfe Reaktion der Weltmeinung und eine Verstärkung des Extremismus unter den Arabern, was wiederum als Ursache für den Extremismus in jüdischen Kreisen angeführt wird.

So verstärkt sich die Spannung zwischen Israel und den Arabern der Westbank immer mehr, und das Problem einer politischen Kompromißlösung wird immer schwieriger. Auch der Friedensvertrag mit Ägypten, auf den man – zumindestens in der westlichen Welt – so große Hoffnungen gesetzt hatte, konnte die Lage nicht ändern, und die Verhandlungen über die Verleihung einer Autonomie (bis in fünf Jahren eine politische Lösung ausgearbeitet werden kann) sind ins Stocken geraten.

Das Absurde an der ganzen Situation ist, daß sich das Leben in Israel faktisch auf zwei Ebenen abspielt. Die politische Spannung ist im Alltagsleben kaum spürbar, wird aber ab und zu deutlich, wenn irgendeine Aktion durch Individuen oder kleine Gruppen zum Ausbruch von Demonstrationen, Streiks und Terror- oder Vergeltungsakten führt, die meistens örtlich und zeitlich begrenzt sind. Im Alltag verstärkt sich immer mehr die Verflechtung und gegenseitige Abhängigkeit der beiden Wirtschaften; die Badestrände und Naturparks Israels wimmeln von arabischen Besuchern, Schulen und Kulturverbände versuchen, gegenseitige Beziehungen zu untermauern, und der Tourismus nach Israel wächst ständig und merkt kaum etwas von dem politischen Konflikt.

9. DAS JAHRZEHNT ZWISCHEN 1983 UND 1993:

DIE WENDE (?)

Das Jahrzehnt zwischen 1983 (Libanonkrieg) und 1993 brachte eine grundlegende Veränderung der wirtschaftlichen und politischen Situation nicht nur in Israel, sondern in der ganzen Welt. Da das Geschehen in Israel eng mit dem Weltgeschehen verbunden ist, ist es notwendig, das Weltgeschehen (soweit es Israel berührt) in Kürze darzustellen.

1. Weltweit: Wollte man einen Faktor hervorheben, der das neue Jahrzehnt hindurch und in fast allen Teilen der Welt wirksam war, so ist dieser der *Hunger.* Diese Erscheinung, die Hunderte von Millionen Menschen betrifft, ist am stärksten in Afrika, d. h. in der Sahara und der angrenzenden Savanne, spürbar.

Die Gründe hierfür sind sowohl naturbedingt wie auch die Folge von politischen und militärischen Erscheinungen, wobei aufgrund der engen Zusammenhänge nicht festzustellen ist, welcher Faktor der dominante ist. Die Naturfaktoren sind zunächst die Jahre der Trockenheit und infolgedessen das Massensterben von Vieh, welches auch den Tod von Millionen von Nomaden nach sich zog. Eine andere Folge der Dürre sind die geringen Erträge von Getreide aller Art, wie auch der Mangel an Wasser zur Bewässerung und an manchen Orten sogar Trinkwasser.

Die Folgen der Dürre für die Menschen bestehen in der übermäßigen Nutzung der Weideflächen, Schlachtung von Vieh und Verbreitung von Krankheiten. In bewaldeten Gebieten werden zu viele Bäume geschlagen, mit den entsprechenden ökologischen Folgen. Noch schlimmer sind die politischen Folgen. In den meisten ›Entwicklungsländern‹ herrscht Diktatur, und öfters brechen zwischen zwei Diktaturen Kriege aus. All diese Bedingungen bringen eine völlige Nichtachtung des menschlichen Lebens mit sich.

2. Die Sowjetunion und Osteuropa: Der Kommunismus in der Sowjetunion und ihren Trabanten war an die Grenzen seiner Möglichkeiten gelangt und der sich entwickelnden Wirtschaftskrise nicht gewachsen. Die Produktion von Gütern konnte nicht länger den Bedarf decken, was zu einer rasenden Inflation führte. Dieser Zustand führte zu einer derartigen Empörung der Bevölkerung, die die herrschende Spitze nicht mehr im Zaum halten konnte. In verschiedenen Teilen des Riesenreiches brachen Aufstände aus, die sich zum Schluß auch auf die Zentren der Macht erstreckten, die nicht mehr imstande waren, die Herrschaft über das Gebiet der Sowjetunion aufrechtzuerhalten. So entstand allmählich eine Ablösung der Trabantenstaaten und schließlich auch der Staaten, die zum Kern der Sowjetunion gehörten.

Heute ist dieser Ablösungsprozeß noch nicht vollendet und führt sogar zu Kriegen zwischen Ländern, die noch vor kurzem durch die eisernen Bande der Zentralregierung zusammengehalten wurden (z. B. ehemaliges Jugoslawien, Georgien, Aserbaidschan). Außergewöhnliche Beispiele einer Abspaltung ohne Blutvergießen sind die ehemalige DDR und die Tschechoslowakei.

3. Der Nahe Osten: Die Entwicklung im Nahen Osten verlief auf anderen Bahnen, vermutlich durch die überwältigende Dominanz des Islam, die allerdings durch die Spaltung in Sunniten und Schiiten gebrochen wird.

Ein Großteil der islamisch-arabischen Länder wurde durch ihre Ölvorkommen zu einer Finanzmacht, die weit über den zahlenmäßigen Einfluß oder die technische Entwicklung dieser Staaten hinausgeht. Dieses Machtgefühl, das all diesen Staaten gemeinsam ist, hat aber nicht verhindern können, daß schwere Kriege zwischen den einzelnen Staaten ausbrachen. Der am längsten dauernde Krieg dieser Art war der Krieg zwischen Irak und Iran, der gewaltige Opfer an Soldaten und Zivilisten forderte und nur durch eine totale Erschöpfung beider Seiten beendet wurde. Bei diesem Krieg spielte nicht nur das Streben nach Öl und Herrschaft eine große Rolle, sondern auch die Verschiedenheit im islamischen Dogma: Schiiten im Iran und Sunniten im Irak, die dort die Hälfte der Bevölkerung darstellen. Eine vollständige Spaltung der islamischen Welt folgte im *Golfkrieg* (wobei die Hauptrolle von den USA gespielt wurde), wo die Beteiligung am Kriege nicht von unterschiedlichen religiösen Auffassungen bestimmt wurde. Als Sieger in diesem kurzen Golfkrieg gingen hervor: Iran, die Türkei und in gewissem Maße Syrien. Die Hauptverlierer waren – nach dem Irak – Jordanien und die PLO, die sich auf seiten Iraks gestellt hatten.

4. Israel: Alle diese oben erwähnten Erscheinungen betrafen Israel in stärkerem oder geringem Maße: Am irakisch-iranischen Krieg nahm Israel zwar keinen direkten Anteil und blieb neutral, unterstützte aber indirekt den Irak. Der Grund dafür war, daß Iran ständig erklärte, das Hauptziel seiner Politik sei die totale Vernichtung Israels. Die indirekte Hilfe für den Irak bestand darin, daß Israel die Lieferung von Gütern über den Hafen von Aqaba, der ja direkt an Israel angrenzt, nicht störte. Aqaba war der einzige Hafen, über den Güter in den Irak geliefert wurden, wobei täglich etwa 30 Schiffe mit Waren für den Irak vor dem Hafen vor Anker gingen.

Einen unmittelbaren Zusammenstoß zwischen Arabern und Israelis stellte die *Intifada* dar, ein Ausbruch des aufgestauten Hasses der *Palästinenser* gegen Israel. Sie war zunächst eine Auflehnung von Jugendlichen, die in der Form von Steinewerfen und Anzünden von Autoreifen ihren Ausdruck fand. Der Protest richtete sich im wesentlichen gegen die beginnende Gründung von jüdischen Ansiedlungen auf der Westbank und im Gazastreifen, breitete sich aber später auch auf andere jüdische Ziele aus. Darüber hinaus wuchs die Intifada bis hin zu einer Massenbewegung, die allmählich die Führung der Palästinenser für sich beanspruchte. Die Intifada spielt auch heute noch eine führende Rolle in der Organisierung von gewalttätigem Widerstand gegen die Israelis.

Zur gleichen Zeit fanden in der Welt umwälzende Ereignisse statt, die auch auf Israel entscheidenden Einfluß hatten. Das wichtigste war die Schwächung und Zersplitterung der Sowjetunion, die bereits oben (S. 295) dargestellt wurde. Die Folge dieses Zusammenbruchs war die Öffnung der Tore für jüdische Auswanderung aus allen Gebieten der ehemaligen Sowjetunion. Es folgte eine Einwanderung nach Israel von Hunderttausenden von Juden. Im Jahre 1991 wanderten 190000 Juden aus der Sowjetunion nach Israel ein, und die Zahl der Einwanderer stieg bis 1993 auf 500000.

Im selben Jahr wanderten auch etwa 20000 Juden aus Äthiopien ein, zusätzlich zu den Einwanderern aus anderen Ländern. Obwohl dieser Bevölkerungszuwachs große Probleme der Eingliederung, vor allem der Wohnungsbeschaffung mit sich brachte, wurden die Neueinwanderer von der gesamten jüdischen Bevölkerung mit offenen Armen empfangen; aber die arabische Bevölkerung sah in diesem Ansteigen der jüdischen Bevölkerung eine Bedrohung, was zu einer weiteren Steigerung der Aggressionen führte.

Eine weitere Verschärfung der Situation brachte der Golfkrieg im Jahre 1991, in dem Israel (neben Saudi-Arabien) das einzige Opfer der Beschießung durch Scud-Raketen wurde. Dies führte zu Jubelausbrüchen der palästinensischen Bevölkerung, was seinerseits verstärkten Haß bei der jüdischen Bevölkerung hervorrief.

Bei dem schnellen Ende des Krieges mußten beide Seiten versuchen, die durch den Krieg geschaffene neue Situation zu analysieren: die israelische Regierung sah sich genötigt, ihr gesamtes militärstrategisches Denken neu zu formulieren. Anstelle einer Strategie, die mit einer Weite von etwa 100–150 km rechnete, mußte sie ihre Kalkulationen auf Hunderte von Kilometern und nichtkonventionelle Waffen umstellen und das ganze Verteidigungssystem darauf einstellen.

Noch größer war die Notwendigkeit des Umdenkens bei den arabischen Staaten. Die größte Stütze und Waffenhilfe der Araber war die Sowjetunion gewesen. Diese fiel nun weg. Auch die finanzielle Hilfe von seiten arabischer Staaten fiel jetzt aus. Am meisten betroffen waren die arabischen Flüchtlinge, die inzwischen in Jordanien eine neue Heimat gefunden hatten und durch die Umsiedlung nach Kuweit eine Geldquelle für ihre Angehörigen in Jordanien (und auch in Israel) geworden waren.

Da Jordanien und auch die PLO auf Irak gesetzt hatten, wurden bei der Rückkehr der kuweitischen Regierung alle Palästinenser von dort vertrieben.

Ihre Zahl wird auf 150000–250000 geschätzt. Durch diese Ereignisse fiel ein großer Teil der Finanzierung der PLO aus.

Diese Veränderungen auf israelischer wie auch auf palästinensischer Seite führten zu einer Bereitschaft, anstelle eines Krieges die Möglichkeit einer friedlichen Lösung zu erwägen.

Da in der gesamten Welt inzwischen eine kriegerische Bedrohung der Großmächte nur noch geringe Wahrscheinlichkeit besaß, war der Boden bereitet für eine internationale Friedensinitiative. Diese fand ihren Ausdruck in der internationalen Konferenz in Madrid (1992) und war schließlich der Beginn der Verwirklichung einer Annäherung an den Frieden durch die Formel: ›Gaza-Jericho zuerst‹ (1993). Diese Formel wurde von beiden Seiten angenommen und führte zum Beginn ernsthafter Gespräche und eines Versuchs der Verwirklichung.

Dies ist die Situation am Ende des Jahres 1993. Ob die Zukunft zu einer Verminderung des Hasses und zum Beginn des Versuches eines Zusammenlebens oder zu einer Verschärfung des gegenseitigen Hasses und zum Kriege führen wird, weiß nur die Zukunft.

HISTORISCHE ZEITTAFEL

Vorgeschichte	
Unteres und mittleres Paläolithikum	500 000–35 000 v. Chr.
Oberes Paläolithikum	35 000–10 000 v. Chr.
Mesolithikum (frühes Jericho)	10 000–7500 v. Chr.
Neolithikum (früheste Siedlungen)	7500–4000 v. Chr.
Chalkolithikum	4000–3150 v. Chr.
Frühgeschichte	
Frühe Bronzezeit (befestigte Dörfer)	3150–2200 v. Chr.
Mittlere Bronzezeit (befestigte Städte; Patriarchenzeit)	2200–1550 v. Chr.
Späte Bronzezeit (ägyptische Vorherrschaft)	1550–1200 v. Chr.
Biblische Zeit	
Landnahme durch Israeliten und Philister	ca. 1200 v. Chr.
Königtum Davids (die ›Davidstadt‹ in Jerusalem)	1004–965 v. Chr.
Königtum Salomos (der erste Tempel)	965–928 v. Chr.
Teilung des Reichs in Juda und Israel	928 v. Chr.
Zerstörung Israels (assyrisches Exil)	722 v. Chr.
Zerstörung Jerusalems (babylonisches Exil)	586 v. Chr.
Persische Epoche	
Rückkehr der Verbannten. Wiederaufbau des Tempels	538–518 v. Chr.
Eroberung durch Alexander den Großen	332 v. Chr.
Hellenistische Epoche	
Diadochenherrschaft	332–141 v. Chr.
Die Hasmonäerkönige	141–37 v. Chr.
Römisches Protektorat (Pompeius)	69 v. Chr.
Königtum Herodes' I.	37–4 v. Chr.
Römisch-byzantinische Epoche	
Caesarea wird Hauptstadt der Provinz Judäa (bis 639)	6 n. Chr.
Pontius Pilatus als Prokurator	26–36 n. Chr.
Zestörung Jerusalems und des Tempels	70 n. Chr.
Fall der letzten jüdischen Festung (Masada)	73 n. Chr.
Aufstand des Bar Kochba. Jerusalem wird Garnisonstadt (Aelia Capitolina)	135 n. Chr.
Das Christentum wird Staatsreligion (Beginn der byzantinischen Epoche)	325 n. Chr.
Besetzung Palästinas durch Persien	614–629 n. Chr.

Araber und Kreuzfahrer

Arabische Eroberung	640 n. Chr.
Bau des Felsendoms	691 n. Chr.
Ramla wird Hauptstadt der Provinz Falestin	715 n. Chr.
Eroberung durch Seldschuken	1071 n. Chr.
Eroberung Palästinas durch die Kreuzfahrer	1099 n. Chr.
Rückeroberung Jerusalems durch Salah ed-Din	1187 n. Chr.
Vereitelung der mongolischen Invasion. Mameluckenherrschaft	1260 n. Chr.
Fall von Akko, der letzten Kreuzfahrerfestung	1291 n. Chr.

Die osmanische Herrschaft (1517–1917)

Wiederaufbau der Mauern Jerusalems	1537 n. Chr.
Blütezeit von Zefat	1524–1579 n. Chr.
Das autonome Emirat von Akko	1745–1804 n. Chr.
Feldzug Napoleons. Belagerung von Akko	1799 n. Chr.
Ägyptische Herrschaft (Ibrahim Pascha)	1832–1840 n. Chr.
Erteilung konsularer und religiöser Rechte an die europäischen Mächte	1841 n. Chr.
Bau der ersten Straße (Yafo – Jerusalem)	1869 n. Chr.
Bau der ersten Eisenbahn (Yafo – Jerusalem)	1892 n. Chr.

Das britische Mandat (1920–1948)

Eroberung durch General Allenby und Militärverwaltung	1917–1920 n. Chr.
Eröffnung des Tiefwasserhafens in Haifa	1933 n. Chr.
Bau der Ölleitung von Irak und einer Ölraffinerie in Haifa	1939 n. Chr.
Palästina als Militärbasis der Alliierten	1939–1946 n. Chr.
Teilungsbeschluß der UNO und Ausbruch örtlicher Kämpfe	29. 11. 1947 n. Chr.
Ende des Mandats und Einmarsch arabischer Armeen	15. 5. 1948 n. Chr.

Der Staat Israel

Gründung des Staates und Ausbruch des Krieges	15. 5. 1948 n. Chr.
Waffenstillstandsverträge in Rhodos und Schaffung ägyptischer und jordanischer Gebietseinheiten neben Israel	1949 n. Chr.
Blockade der Meerenge von Tiran durch Ägypten	1951 n. Chr.
Der erste Sinaikrieg und Aufhebung der Blockade	1956 n. Chr.
Der ›Sechs-Tage-Krieg‹	Juni 1967 n. Chr.
Der ›Aufreibungskrieg‹ am Suezkanal	1970–1971 n. Chr.
Der ›Oktoberkrieg‹ (›Yom-Kippur-Krieg‹)	1973 n. Chr.
Verträge des Disengagements	1974 n. Chr.
Beginn der Friedensverhandlungen mit Ägypten	1977 n. Chr.
Abschluß des Friedensvertrags mit Ägypten	1979 n. Chr.
Libanonkrieg	1982 n. Chr.
Beginn der ›Intifada‹	1987 n. Chr.
Golfkrieg	1991 n. Chr.
Friedenskonferenz in Madrid	1992 n. Chr.
Der ›Händedruck‹ zwischen Arafat und Rabin	1993 n. Chr.
Beginn der Verhandlungen über Gaza/Jericho	1993 n. Chr.

LITERATURVERZEICHNIS

Vorbemerkung

Eine vollständige Liste von Veröffentlichungen über Palästina oder Israel würde Bände füllen. Selbst vor Jahrhunderten, als über die Geographie anderer Länder nur wenige Bücher erschienen, wurden zahlreiche Berichte über Reisen ins Heilige Land veröffentlicht, und im 19. Jahrhundert allein erschienen über 2000 Bücher, die das Interesse der christlichen und jüdischen Welt am Geschehen im Lande – in Vergangenheit und Gegenwart – widerspiegeln.

Eine umfassende Liste dieser Veröffentlichungen wurde zusammengestellt von R. Röhricht: Bibliotheca Geographica Palaestinae, Berlin 1890 (und von Amiran im Jahre 1963 neu herausgegeben). Spätere Veröffentlichungen wurden von H. Thomas in ›Die Palästina Literatur‹, 6 Bände, 1911–1960 gesammelt.

Die erste wissenschaftliche Kartierung mit Darstellung der Siedlungen und archäologischen Funde wurde durchgeführt von C. R. Conder und H. H. Kitchener: The Survey of Western Palestine. Memoirs of the Topography, Orography, Hydrology, and Archäology, 3 Bände, 1881–83, und in 26 Blättern einer Karte im Maßstabe von 1 : 63 360 (one mile = one inch). Beide Werke wurden vom Palestine Exploration Fund organisiert und sind daher als die ›PEF Karte‹ bekannt.

Von modernen Veröffentlichungen sind nur wenige zu nennen, die sich mit der Geographie des gesamten Raumes befassen, dafür gibt es aber zahlreiche Monographien über Einzelgebiete oder einzelne Regionen, und die Zahl der Zeitschriftenartikel ist noch weitaus größer. Nach Erscheinen der Erstauflage dieses Buches beschäftigten sich nur wenige deutsch- und englischsprachige geographische Veröffentlichungen mit Israel. Das Interesse richtete sich seither neben Archäologie und Geschichte vor allem auf den israelisch-palästinensischen Konflikt.

In der hier zusammengestellten Bibliographie sind nur solche Veröffentlichungen aufgezählt, die entweder bahnbrechend waren oder als neueste Veröffentlichungen auch die ältere Literatur angeben. Die Literaturangabe ist daher nicht als Quellennachweis für bestimmte Feststellungen gedacht, sondern als Hinweis, wo weiteres und ausführliches Material über ein bestimmtes Gebiet gefunden werden kann. Allerdings mußten dabei Hinweise auf hebräische Literatur mit Ausnahme der wichtigsten Werke weggelassen werden. Die Literaturhinweise sind innerhalb der beiden Hauptteile des Buches alphabetisch geordnet.

Die wesentlichen seit 1982 erschienenen Bücher und Aufsätze werden zur leichteren Auffindbarkeit am Ende des Literaturverzeichnisses in einem gesonderten Abschnitt zusammengefaßt.

Allgemeine Literatur und Informationsquellen

Abel, F. M.: Géographie de la Palestine. Tome I: Géographie physique et historique. Zweite Aufl. Gabalda, Paris 1933. Tome I: Géographie politique. Les villes. Zweite Aufl., Gabalda, Paris 1938.
Abel, F. M.: Histoire de la Palestine. 2 Bände, Gabalda, Paris 1952.
Atlas of Israel (hebr.). Jerusalem 1956. Englische revidierte Ausgabe, Elsevier, Amsterdam 1970, revidierte Ausgabe, engl + hebr., Tel Aviv 1985.
Avi-Yonah, M. (Hrsg.): A History of the Holy Land (Übers. aus dem Hebr.). Jerusalem–London 1969.
Baly, D.: The Geography of the Bible. Harper, New York 1957.
Berendson, W. H.: Das Volk der Bibel im Land der Väter. Seewald, Stuttgart 1962.
Brawer, A. J.: Erez Israel (Das Land Israel) (hebr.). Tel Aviv 1969. (Eine verbesserte Ausgabe des ersten wissenschaftlichen Buches über die Geographie Palästinas, das vom selben Verfasser im Jahre 1929 veröffentlicht wurde.)
Encyclopaedia Hebraica (Hebr. Bd. 6: Israel). Tel Aviv 1957.
Israel, Central Bureau of Statistics: Statistical Abstract. Erscheint jährlich. Tabellen in Hebräisch und Englisch.
Israel Foreign Ministry Information Division: Facts about Israel. Erscheint jährlich in mehreren Sprachen.
Israel Today. Eine Reihe von Broschüren über Einzelthemen. Hrsg. von Israel Digest, Jerusalem, seit 1960. Bisher sind über 40 Hefte erschienen.
Karmon, Y.: Israel, a Regional Geography. John Wiley and Sons, London–New York 1971.
Kenyon, K. M.: Archaeology in the Holy Land. Dritte Aufl., Benn, London 1970.
Mazar, B. (Hrsg.): Illustrated History of the Jews. Israel Publishing Institute, Jerusalem 1963, und mehrere Bände in späteren Jahren.
Nir, D.: Landscapes of Israel (Übers. aus dem Hebr.). 1969.
Orni, E. u. E. Efrat: Geographie Israels (Übers. aus dem Hebr.). Jerusalem 1966.
Smith, G. A.: The Historical Geography of the Holy Land. Erste Aufl., Hodder and Stoughton, London 1894. Seitdem 26 Auflagen.
Zusätzlich existiert eine große Anzahl von Reiseführern.

Karten

Survey of Israel. 1:250000 (2 Blätter, hebr. und engl.). – 1:100000 (26 Blätter, hebr.). – 1:50000 (hebr., noch unvollständig). – 1:20000, Topokataster (hebr., nur für Dienstgebrauch).

Historische Luftbilder

Koeppel, R.: Palästina. Die Landschaft in Karten und Bildern. Tübingen 1930.
Luftgeographische Beschreibung von Syrien, Palästina. Hrsg. Der Reichsminister der Luftfahrt und Oberbefehlshaber der Luftwaffe. 2. Aufl., Berlin 1941.

Erster Teil

Agi, M.: Wetter und Klima im östlichen Mittelmeergebiet, unter besonderer Berücksichtigung des Zyperntiefs. Meteor. Abh. Inst. f. Meteorologie und Geophysik der FU, Berlin, Bd. 75, Heft 4, 1968.

Agricultural Settlement Department: The Composite Rural Structure; a Settlement Pattern in Israel. Jewish Agency, Jerusalem 1960.

Aharoni, Y.: The Land of the Bible. A Historical Geography. London 1968.

Air Ministry: Weather in the Mediterranean, Vol. I: General Meteorology. Meteor. Office, London, 2nd ed. 1962.

Albright, W. F.: The Archaeology of Palestine. Penguin 1949.

Albright, W. F.: Westminster Historical Atlas of the Bible. 1956.

Alexander, L. M.: The Arab Israel Boundary Problem. World Politics, VI, 1956, S. 322–331.

Amiram, D. u. A. Shahar: Towns of Israel. Geogr. Rev., 51, 1961, S. 348–369.

Anati, E.: Palestine before the Hebrews. New York 1963.

Ashbel, D.: The Intensity of the Ultra-violet Rays in Palestine. Folia Ophtalmol. Orientalia, Jerusalem 1937.

Ashbel, D.: Bio-Climatic Atlas of Israel. Meteor. Dept. of the Hebrew University, Jerusalem 1950.

Avnimelech, M.: The latest History of the Mediterranean Coast of Israel. Dept. of Geology, Publication No. 241, Jerusalem 1960.

Baker, N. u. Harza Engineering: Yarmouk-Jordan Valley Project. Master Plan Report, 1955.

Bank of Israel: Annual Reports.

Banse, L.: Die Türkei. Eine moderne Geographie, Braunschweig 1916, S. 359–372.

Baratz, J.: A Village by the Jordan. The Story of Degania. New York 1955.

Beaumont, P., Blake, G. H. u. J. M. Wagstaff: The Middle East, a Geographical Study. London, New York 1976.

Bein, A.: The Return to the Soil. A History of Jewish Settlement in Israel. Jerusalem 1952.

Benvenisti, M.: The Crusaders in the Holy Land. Jerusalem 1970.

Ben Zvi, I.: The Druze Community in Israel. Isr. Exploration Journ. 4, 1954, S. 67–76.

Beyer, G.: (Verschiedene Abhandlungen über die Kreuzfahrergebiete in Palästina.) Zeitschr. Deutsch. Palästina Vereins. 59, 1936, S. 1–81; 63, 1940, S. 155–209; 65, 1942, S. 165–211; 67, 1945, S. 183–260; 68, 1946–51, S. 148–280.

Blake, G. S.: The Stratigraphy of Palestine and its Building Stones. Jerusalem 1928.

Blake, G. S. u. M. G. Goldschmidt: Geology and Water Resources of Palestine. Jerusalem 1947.

Bopst, W. D.: Die arabischen Palästinaflüchtlinge. Münch. Stud. z. Sozial- und Wirtsch.-Geogr., Bd. 3, Regensburg 1968.

Brawer, M.: The Geographical Background of the Jordan Water Dispute. In: Essays in Political Geogr. (ed. C. A. Fisher), London 1968.

Brice, W. C.: South West Asia. A Systematic Regional Geography. London 1966.

Brutzkus, E.: Physical Planning in Israel. Problems and Achievements. Broschüre. Jerusalem 1964.

Brutzkus, E.: Planning of Spatial Distribution of Population in Israel. Ekistics, Athen, 21, 1966.

Butzer, K. W.: Late Glacial and Postglacial Climate Variations in the Near East. Erdkunde II, 1957 (a), S. 21–35.

Butzer, K. W.: Mediterranean Pluvials and the General Circulation of the Pleistocene. Geografiska Annaler, 39, 1957 (b), S. 48–53.

Butzer, K. W.: Quaternary Stratigraphy and Climate in the Near East. Bonner Geogr. Abhandlungen, 24, 1958.

Carmel, A.: Die Siedlungen der württembergischen Templer in Palästina, 1868–1918. Stuttgart 1973.

Cattan, N.: The Arabs and Israel. London 1970.

Census of Palestine: 1922, Jerusalem. 1931 (ed. E. Mills), Alexandria 1933.

Chigier, M.: Rabbinical Courts in the State of Israel. Isr. Law Review, 2, 3, 1967.

Chorin, Y.: Citrus in Israel. Tel Aviv 1966.

Cohen, A.: Palestine in the 18th Century. Jerusalem 1973.

Cotton, J. S.: Master Plan for Development of Irrigation and Hydroelectrical Power in the State of Israel. 2 vols., Tahal, Tel Aviv 1955.

Dalman, G. H.: Orte und Wege Jesu. 3. Aufl., Gütersloh 1924.

Darin-Drabkin, J.: The Pattern of Cooperative Agriculture in Israel. Tel Aviv 1962.

Dash, J. u. E. Efrat: The Israel Physical Master Plan. Jerusalem 1964.

Efrat, E.: Geographical Influences on the Physical Planning of Israel's Coasts. In: Geography in Israel, 1976, S. 145–162.

Eig, A.: A Contribution to the Knowledge of the Flora of Palestine. Agric. Experimental Stat. Bull., 4, 1926, S. 1–77; 6, 1927, S. 1–88.

Eisenstadt, S. N.: The Oriental Jews in Israel. Jewish Social Studies, 12, 1950, S. 199–222.

Eisenstadt, S. N.: The Absorption of Immigrants in Israel. London 1954.

Eisenstadt, S. N.: Israel Society, London 1967.

Enzer, M.: The Moshav. In: Israel Today, 33, Jerusalem 1966.

Encyclopedia of Archaeological Excavations in the Holy Land. (ed. of English Edition: Avi-Yonah, M. u. E. Stern, 4 vols., Jerusalem 1975–78.

Epstein, E.: The Druzes in Palestine. Journ. Roy. Central Asian Soc., 29, 1942, S. 52–62.

Fedden, R. u. G. Thomson: Kreuzfahrerburgen im Heiligen Lande. Wiesbaden 1959.

Feige, R. u. N. Rosenan: Rainfall in Palestine and Transjordan. Appendix to Blake & Goldschmidt, 1947.

Frischwasser-Ra'anan, H. F.: The Frontiers of a Nation. London 1955.

Garrod, D. A. E. u. D. M. A. Bate: The Stone Age of Mount Carmel. Excavations in the Wadi-el-Mughar. Oxford 1937.

Geography in Israel. A Collection of papers offered to the 23rd Int. Geogr. Congress, USSR, 1976. Jerusalem 1976.
Gil, N. u. S. Rosensaft: Soils of Israel, and their Land Use Capabilities. Min. of Agric. Publ., 54, Tel Aviv 1955.
Goren, Y.: The Villages of the New Immigrants in Israel, their Organization and Management. Agric. Public. Division, No. 33, Tel Aviv 1969.
Granott, A.: Land System in Palestine. History and Structure (Übers. aus dem Hebr.). London 1952.

Halperin, H.: Changing Patterns in Israel Agriculture. London 1957.
Halperin, H.: Agrindus. Integration of Agriculture and Industry, London 1963.
Hitti, Ph. K.: The Origin of the Druze People and Religion. Columbia Univ. Oriental Studies, vol. 28, New York 1928.
Hitti, Ph. K.: A Short History of the Near East. New York 1966.
Hütteroth, W. D. u. K. Abdulfattah: Historical Geography of Palestine, Transjordan and Southern Syria in the late 16th Century. Erlangen 1977.

Jewish Agency for Palestine: 1. Documents Relating to the Palestine Problem. London 1945. – 2. Jewish Agriculture and Agricultural Settlement in Palestine. Jerusalem 1947. – 3. Statistical Handbook of Jewish Palestine. Jerusalem 1947.

Kendall, H.: Village Development in Palestine during British Mandate. London 1949.
Kimche, J. u. D.: Both Sides of the Hill. Britain and the Palestine War. London 1960.

Leon, D.: The Kibbutz, a New Way of Life. Pergamon Press, 1964.
Le Strange, G.: Palestine under the Moslems (Übersetzte Quellentexte). London 1890.
Levedag, R.: Industrialisierungstendenzen in den Kibbutzim. Münchner Studien zur Sozial- und Wirtschaftsgeographie, Bd. 11, 1974.
Lorch, N.: The Edge of the Sword: Israel's War of Independence, 1948–49 (2nd ed. transl. from Hebrew). Jerusalem 1965.
Lowdermilk, W. C.: Palestine, Land of Promise. New York 1942.

Maoz, M. (Hrsg.): Studies on Palestine during the Ottoman Period. Jerusalem 1975.
ME & NA = Middle East & North Africa, Europa Publications, London (jährlich).
Meteorological Survey of Israel. Climatological Normals (Engl. u. Hebr.). 2 vols., Meteor. Notes, No. 3 A, 3 B, Tel Aviv 1958, 1961.
Meyer, E.: Der Moshav, die Dorfkooperative in Israel. Veröff. d. List Gesellschaft, 52, Basel 1967.

Orni, E.: Reclamation of the Soil. Israel Today, 26, 1963.

Pallmann, M.: Der Kibbutz. Zum Strukturwandel eines konkreten Kommunetyps in nicht-sozialistischer Umwelt. Veröff. List Gesellsch. 48, Basel 1966.
Paran, U.: Kibbutzim in Israel. Their Development and Distribution. Jerusalem Studies in Geography, 1, 1970, S. 1–36.

Parkes, J. W.: History of Palestine from 135 A. D. to Modern Times. London 1949.
Parkes, J.: Whose Land? A History of the People of Palestine. Penguin Books 1970.
Pfannenstiel, M.: Das Quartär der Levante. I. Die Küste Palästina-Syriens. Akad. Wiss. Lit. (Mainz), Math. Nat.-Wiss. Kl., 1952, S. 185–210.
Picard, L.: Structure and Evolution of Palestine. Geol. Dept. of Hebrew Univ., Jerusalem 1943.
Picard, L.: Geomorphogeny of Israel. Part I. The Negev. Bull. Research Council Israel, I, Jerusalem 1951.
Prushansky, Y.: Water Development. Israel Today, II, Jerusalem 1960.

Quenell, A. N.: The Structure and Geomorphic Evolution of the Dead Sea Rift. Quart. Journ. Geol. Soc. London, 114, 1958, S. 1–24.

Reichmann, S.: The Evolution of Land Transport in Palestine, 1920–1947. Jerusalem Studies in Geography, 2, 1971, S. 55–90.
Reifenberg, A.: The Soils of Palestine. 2nd ed., London 1947.
Reifenberg, A.: The Struggle between the Desert and the Sown. Jerusalem 1955.
Reinhold, H. G.: Citruswirtschaft in Israel. Heidelb. Geogr. Arbeiten, Heft 43, 1975.
Richter, W.: Trickle Irrigation. Ztschr. f. Bewässerungswirtsch., Heft 1–2, 1972, S. 1–17.
Richter, W.: Israel und seine Nachbarräume. Ländliche Siedlungen und Landnutzung seit dem 19. Jahrhundert. Wiesbaden 1979.
Ritter, W.: Some Geographical Aspects of Tourism and Recreation in Israel. Tijdsch. f. Econ. Soc. Geog., 1967, S. 169–182.
Rosenan, N.: Hundred Years of Rainfall in Jerusalem. Isr. Explor. Journ., 5, 1955, S. 137–153.
Rubinstein, A.: Law and Religion in Israel. Israel Law Review, 2, 3, 1967.
Runciman, St.: A History of the Crusades. 3 vols. (new ed. 2 vols.), New York 1965.

Sharon, A.: Physical Planning in Israel (Hebr. mit engl. Übersetzung). Tel Aviv 1952.
Shuval, J.: Immigration on the Threshold. New York 1963.
Sikron, M.: Immigration to Israel 1948–52. Jerusalem 1957.
Spiegel, E.: Neue Städte in Israel. Stuttgart–Bern 1966.
Statistical Abstracts of Palestine: 1937–38; 1943; 1944–45.
Steckelis, M.: A new Neolithic Culture: The Yarmukhian of Palestine. Isr. Expl. Journ., 1, 1950–51, S. 1–19.
Steckelis, M.: Archaeological Excavations at Ubeidiye, 1960–63. Isr. Acad. of Science and Humanities, Jerusalem 1966.

Tahal: The Jordan Project. General Description. Tel Aviv 1963.

Weintraub, D., Lissak, M. u. Y. Azmon: Moshava, Kibbutz and Moshav. Ithaca u. London 1969.
Weitz, R. u. A. Rokach: Agricultural Development, Planning and Implementation (Israel Case Study). Dordrecht 1968.
Weitz, R.: Agriculture and Rural Development in Israel. Jerusalem 1974.

Wirth, E.: Die Nutzung des Jordanwassers und ihre Probleme. Geogr. Rundschau, 17, 1965.
Wright, G. E.: Biblical Archaeology. Rev. ed., Philadelphia 1962.

Zahn, U.: Der Fremdenverkehr in israelischen kooperativen und kollektiven Siedlungen. Mitt. Geogr. Ges. München, 1976, S. 205–220.
Zohari, M.: Vegetation Map of Western Palestine. Journ. Ecol., 34, 1947, S. 1–19.
Zohari, M.: Plant Life of Palestine: Israel and Jordan. New York 1962.

Zweiter Teil

Vorbemerkung. Die Literaturangaben zum regionalen Teil sind weitaus geringer. Infolge der rapiden Änderungen im Landschaftsbilde sind die meisten regionalen Einzelstudien veraltet. Dazu kommt, daß auf diesem Studiengebiet Veröffentlichungen hauptsächlich in hebräischer Sprache erschienen sind. In den letzten Jahren erscheint eine Serie von Sammelbänden (hebräisch), die die neuesten Forschungsergebnisse auf allen relevanten Gebieten in Einzelartikeln zusammenfassen. Die wichtigsten Veröffentlichungen sind: Schmu'eli, A., Großmann, D. u. R. Zeevi (Hrsg.): Judaea und Samaria. 2 Bde., Jerusalem 1977. – Schmu'eli, A. u. Y. Grados (Hrsg.): Der Negev. Der Mensch und die Wüste. 2 Bde., Tel Aviv 1979. – Grados, Y. u. E. Stein (Hrsg.): Be'er Sheva. Jerusalem 1979. – Ben-Arieh, Y.: Jerusalem im 19. Jahrhundert. 2 Bde., Jerusalem 1977–79. – Shmu'eli, A. u. D. Großmann (Hrsg.): Der Sharon. 2 Bde. (in Druck). In Vorbereitung sind: Die Sinaihalbinsel. Galiläa.

Aharoni, Y. u. a.: The Ancient Desert Agriculture in the Negev. Part I: Ktavim (Rehovot), 8, 1958, S. 127–130. Part II: Ktavim, 9, 1959, S. 107–129. Part III: Isr. Expl. Jour., 8, 1958, S. 231–268. Part IV: Isr. Expl. Jour., 10, 1960, S. 23–30, 87–111.
Albright, W. F.: The Jordan Valley in the Bronze Age. Ann. Amer. School of Oriental Research (AASOR), 6, 1924/25, S. 13–74.
Amiran (Kallner), D. H.: Geomorphology of the Central Negev Highlands. Isr. Expl. Jour., I, 1950/51, S. 103–120.
Amiran, D. H. K.: Sites of Settlements in the Mountains of Lower Galilee. Isr. Expl. Journ., 6, 1956, S. 69–77.
Amiran, D. H. K.: The Development of Jerusalem 1860–1970. In: Urban Geography of Jerusalem 1973, S. 20–52.
Amiran, D. H. K. u. Y. Karmon: The Expansion of the Dead Sea Works. Tijdschr. Econ. Soc. Geog., 55, 1964, S. 210–223.
Atlas of Jerusalem (Hrsg.: D. H. K. Amiran u. a.), Berlin–New York 1973.
Avi-Yonah, M.: Jerusalem. Building History from the Earliest Times to the 19th Century. Urban Geography of Jerusalem 1973, S. 13–20.

Ben-Arieh, Y.: Caves and Ruins in the Beth Govrin Area. Isr. Expl. Journ., 12, 1962, S. 47–61.
Ben-Arieh, Y.: Tentative Water Balance of the Lissan Lake. Isr. J. Earth Sci., 13, 1964, S. 42–47.

Dalman, G.: Jerusalem und sein Gelände. Gütersloh 1930.

Evenari, M., Shanan, L. u. N. H. Tadmor: Runoff Farming in the Negev Desert of Israel. Progress Report. National University Inst. of Agric., Rehovot, Vol. I, 1963. Vol. II, 1964.

Elat: Sondernummer des Israel Magazin, vol. VI, Nr. 3, 1975, zum 25jährigen Bestehen der Stadt Elat (engl.).

Facts about the Administered Areas. Jerusalem 1974.

Finkel, H. J.: Water Resources in Arid Zone Development. Golani, 1979, S. 440–473.

Glueck, N.: Rivers in the Desert: A History of the Negev. New York 1959.

Golani, G. (Hrsg.): Arid Zone Settlement Planning. The Israel Experience. The Pergamon Press, 1979.

Gurevich, D.: The Jewish Population of Jerusalem. Dept. of Stat. Jew. Agency for Pal., Jerusalem 1940.

Har-El, M.: The Ancient Water Supply System of Jerusalem. Geography in Israel, 1976, S. 36–53.

Harkabi, Y.: Palestinians and Israel. Jerusalem 1974.

Harris, G. L.: Jordan, its People, its Culture. New Haven, Conn., 1958.

Hashemite Kingdom of Jordan. Dept. of Stat. Census of Population, 1961.

Hashemite Kingdom of Jordan, Dept. of Stat.: Yearbook of Jordan (jährlich).

IDF (= Israel Defence Forces). Census of Population, 1967 (Hebr. und Engl.).

Karmon, Y.: The Settlement of the Northern Huleh Valley since 1838. Isr. Expl. J., 3, 1954, S. 33–50.

Karmon, Y.: Geographical Aspects in the History of the Coastal Plain. Isr. Expl. J., 6, 1956, S. 33–50.

Karmon, Y.: The Drainage of the Huleh Swamps. Geog. Rev., 50, 1960, S. 168–193.

Karmon, Y.: Geographical Influences on the Historical Routes in the Sharon Plain. Pal. Expl. Quarterly, 1961, S. 43–60.

Karmon, Y.: Eilath, Israel's Red Sea Port. Tijdschr. Econ. Soc. Geog., 54, 1963, S. 117–125.

Karmon, Y.: The Vineyards of Hebron. Geografisch Tijdschr., 1971, S. 501–510.

Karmon, Y.: Elat, Problems of a Port on a Desert Coast. Geography in Israel, 1976, S. 106–137.

Karmon, Y.: Ports Around the World. Jerusalem–New York 1980.

Kedar, Y.: Water and Soil from the Desert. Geog. J., 123, 1957, S. 179–187.

Kedar, Y.: Ancient Agriculture in Shivtah. Isr. Expl. J., 7, 1957, S. 178–189.

Kendall, H.: Jerusalem, the City Plan. London 1948.

Kenyon, K. M.: Digging up Jericho. 3rd ed., London 1957.

Kenyon, K. M.: Jerusalem, Excavating 3000 Years of History. London 1967.

Kipnis, B. A.: The Functioning of a New Town as a Regional Centre. A Case Study in Northern Israel. Geography in Israel, 1976, S. 239–254.

Klein, G.: On the Fluctuations of the Level of the Dead Sea. Min. Agric. Water Comm. Hydrolog. Papers, 7, Jerusalem 1961.

Lakhish Region: Settlement Study Centre. Rehovot 1970.

Marx, E.: Bedouin of the Negev. Manchester 1967.

Neumann, J.: Tentative Energy and Water Balance for the Dead Sea. Sci. Bull. Res. Counc. Israel, 7 G, 1958, S. 137–163.

Philipp, G.: Die Arava (Israel). Voraussetzungen, Probleme und Entwicklung landwirtschaftlicher Siedlung in einem Wüstengebiet. Diss. Freiburg 1976.

Picard, L.: The Geology of New Jerusalem. Bull. Geol. Dept. Hebrew University, II, No. 1, Jerusalem 1929.

Picard, L.: Zur Geologie des Mittleren Jordantals. Ztschr. Deutsch. Palästina Ver., 55, 1932, S. 169–237.

Picard, L.: Zur Geologie der Besan Ebene. Ztschr. Deutsch. Palästina Ver., 52, 1969, S. 1–67.

Port of Haifa Authority: 25 Years Port of Haifa, 1932–1958. Haifa 1958.

Reifenberg, A.: Caesarea, a Study in the Decline of a Town. Isr. Expl. J., I, 1950/51, S. 20–32.

Rothenberg, B.: Ancient Copper Industries in the Western Arava. Palästina Expl. Quarterly, 1962, S. 1–65.

Schachar, A.: The Functional Structure of Jerusalem. Urban Geography of Jerusalem, 1973, S. 76–90.

Schattner, I.: Haifa – a Study in the Relation of City and Coast. Isr. Expl. J., 4, 1954, S. 26–46.

Schattner, I.: The Lower Jordan Valley. Scripta Hierosolymitana, Jerusalem 1962.

Schick, C.: Die Baugeschichte der Stadt Jerusalem. Ztschr. Deutsch. Palästina Ver., 16, 1893, S. 237–246; 17, 1894, S. 1–24, 75–88, 165–179 u. 251–276.

Schmelz, U.: Population Changes in Judaea and Samaria. The Jerusalem Quarterly, 4, 1977, S. 95–110.

Schwoebel, V.: Die geographischen Verhältnisse des Menschen in der Wüste Juda. Palästina Jahrbuch, 3, 1907, S. 76–132.

Shanan, L., Evenari, M. u. H. W. Tadmor: Rainfall Patterns in the Central Negev. Isr. Expl. J., 17, 1967, S. 163–184.

Shapiro, S.: Planning Jerusalem. The First Generation: 1917–68. Urban Geography of Jerusalem, 1973, S. 139–153.

Sharon, D.: On the Nature of Hamadas in Israel. Z. Geomorph., 6, 1962, S. 127–147.

Sofer, A. u. Y. Bar-Gal: Urban Elements in Non-Jewish Villages in the North of Israel. Geography in Israel, 1976, S. 275–296.

Tolkovsky, S.: The Gateway to Palestine. History of Jaffa. London 1924.

Urban Geography of Jerusalem. A Companion Volume to the Atlas of Jerusalem, Jerusalem 1973.

West Bank Agriculture, 1974. West Bank Department of Agriculture, Beit-Eil 1975.

Yadin, Y.: Masada. Herod's Fortress and the Zealots' Last Stand. London 1966.

Zeev, H.: The Gaza Strip. Jerusalem 1974.

Neuere Veröffentlichungen seit 1982

Abu-Maila, Y. F.: Water Resource Issues in the Gaza Strip. Area, Vol. 23, Nr. 3, Sept. 1991, S. 208–228.

Bischof-Elterer, G.: Israel. Luzern 1986.

Blum, A.: Use of Extension Services by Traditional Arab Farmers in Israel and the Gaza Strip. Quarterly Journal of International Agriculture, Vol. 27, Nr. 3–4, 1988, S. 314–326.

Bowman, D.: The Declining but Kon-rejuvenating Base-Level, the Lisan Lake, the Dead-Sea Area, Israel. Earth surface Processes and Landforms, 1988, Vol. 3, Nr. 3, S. 239–250.

Brawer, M.: „Der Kanal vom Mittelmeer zum Toten Meer." Geographische Rundschau 34, H. 12, 1982, S. 576–580.

Büren, R.: Ein palästinensischer Teilstaat? Zur internen, regionalen und internationalen Dimension der Palästinafrage. Internationale Politik und Sicherheit, Band 8, Baden-Baden 1982.

Eichler, H. u. A. Scheuerbrandt: Yamit – Planung, Aufstieg und Ende einer israelischen „Stadt in der Wüste" (Nord-Sinai). Zeitschrift für Wirtschaftsgeographie 27, H. 3/4, 1983, S. 222–231.

Evenari, M.: Ökologisch-landwirtschaftliche Forschung im Negev. Analyse eines Wüsten-Ökosystems. Darmstadt 1982.

Falah, G.: Trends in the Urbanization of Arab Settlements in Galilee. Urban Geography, Nr. 2, 1993, S. 145–164.

Giordano, R.: Israel zwischen Wüste und Wasser. Die Wüstenlandschaft des Negev und die Mühen Israels, diese Wüste fruchtbar zu machen. Natur, H. 8, 1991, S. 36–49 u. S. 90–91.

Großman, D. u. Y. Katz: Rural Settlement Patterns in Eretz-Israel. Geografiska Annaler, Vol. 74 B, Nr. 1, 1992, S. 57–73.

Hahn, I. u. E. Hahn: Sturzwasserlandwirtschaft in Israel, Geographie und Schule 15, H. 81, 1993, S. 24–29.

Hamadneh, A.: Aims and Dimension in the Israeli Mediterranean – Dead Sea Canal

Project. Israel and Arab Water. An International Symposium. Amman, 25.–26. 2. 1984, S. 45–51.
Heinzmann, R.: Naturschutz in Israel. Zeitschrift für Wirtschaftsgeographie 27, H. 3/4, 1983, S. 232–246.
Hofmann, S.: Israel auf dem Weg zu neuen Märkten. Erdkunde, H. 6, 1993, S. 208–214.

Joegner, K.: Der Verwitterungsgrad von Geröllen auf Terrassenoberflächen – eine Methode der historischen Geomorphologie bei Forschungen in ariden Gebieten. Die Erde 119, H. 1, 1988, S. 31–45.

Kellerman, A.: Settlement Frontiers Revisited: The Case of Israel and the West Bank. TESG, Jg. 84, Nr. 1, Amsterdam 1993, S. 27–39.
Kliot, N. u. S. Waterman: The Political Impact on Writing the Geography of Palestine/Israel. Progress in Human Geography, Vol. 14, Nr. 2, 1990, S. 237–260.

List, H.: Israelische und syrische Generalstabskarten im Vergleich. Kartographische Nachrichten 38, H. 2, 1988, S. 78–81.

Maresch, W.: Neulanderschließung im Negev. Praxis Geographie 13, H. 5, 1983, S. 32–36.
Möller, H.: Elat – Stadtplanung und Stadtentwicklung. Die Erde 114, H. 4, 1983, S. 275–288.

Newman, D. u. L. Applebaum: Defining the Rurban Settlement: Planning Models and Functional Realities in Israel. Urban Geography, Vol. 10, Nr. 5, 1989, S. 281–295.

Richter, W.: Landschaftsgefüge im Bereich der Jordanquellflüsse (Luftbildinterpretation). Zeitschrift für Agrargeographie 1, H. 2, 1983, S. 179–191.
Richter, W.: Satellitenbilder und Karte: Israel und Jordanien. Geographische Rundschau 34, H. 7, 1982, S. 328–335.
Richter, W.: Das Nomadentum im Negev und auf der Sinaihalbinsel. Phasen und Probleme der Seßhaftwerdung mobiler Lebensformgruppen seit dem 19. Jahrhundert. Vechta 1985.
Riyadh, M.: Israel and the Arab Water in Historical Perspective. Israel and Arab Water. An international Symposium. Amman, 25.–26. 2. 1984, S. 10–16.
Rögner, K. J.: Geomorphologische Untersuchungen im Negev und Sinai, Paderborner Geographische Studien, Bd. 1, 1989.

Sabbagh, J.: Jerusalem – Stadt dreier Religionen. Entwicklung und Konflikte seit der Mitte des 19. Jahrhunderts. Geographische Rundschau 45, H. 1, 1993, S. 50–57.
Schmidt, S.: Die israelische Wirtschaft heute: Problemfelder und Perspektiven. Orient. Zeitschrift des deutschen Orientinstituts, 31. Jg., H. 2, 1990, S. 227–244.

Tenbergen, B.: Vergleichende landschaftsökologische Untersuchungen im nördlichen Negev-Hochland von Israel. Arbeitsberichte 1991, H. 12.

Weingrod, A.: Saints and Shrines. Politics and Culture: A Maroccan-Israel Comparison. Muslim Traveller, New York 1990, S. 217–235.

Zohary, M.: Vegetation of Israel and Adjacent Areas. Beihefte zum Tübinger Atlas des Vorderen Orients, Reihe A, 7.

ORTS- UND SACHREGISTER

Abraham 226
Abwässer 115
Aelia Capitolina 239
Afula 169
Ahuzat Bayit 204. 205
Akko 18. 50. 54. 172–174
Altstadt (Jerusalem) 233. 235. 236. 243. 252
Amelioration 91. 94
Amman 248. 281. 286. 287
Andenkenartikel 248
Andenkenindustrie 224
Äpfel 145
Apollonia 185
Aqaba 273
Aquädukt 185
Aquifer 115
Araber 67. 187. 240
arabisches Dorf 81. 82. 86
Arad 263. 266
Arava 270f. 273
Arbeitslosigkeit 251
Aschkenasen 70
Ashdod 198f.
Ashqelon 119. 197f. 274
Äthiopien 66
Aufforstung 131
Ausfuhr 98
Auswanderung 281. 290
Autobusse 125
Autonomie 206
Avedat 269
Avocado 105
Ayyalon 207. 214

Ba'al Hazor 223
Badestrand 18
Bahnhof 124
Bahnlinien 146. 148
Balfour Declaration 57
Ballungsraum (Tel Aviv) 200
Bananen 105
Banias 139. 144
Bankenkrise 81
Bar-Ilan-Universität 213
Basalt 146. 156
Bat Yam 214
Baumwolle 45. 106. 145. 152. 169. 194
Beduinen 54. 151. 276
Be'er Sheva 88. 258f. 271
Be'er Toviyya 193
Beirut 56
Beit Jala 224
Beit Sahur 224
Bene Beraq 213
Berufsschulen 122
Bet El 222
Bet Guvrin 220
Bethlehem 223
Bet Netofa 113. 163
Bet She'an 150f.
Bet She'arim 161
Bet Shemesh 221
Bevölkerung 66. 67
Bewässerung 96. 99. 142. 152f. 193
Bewässerungswirtschaft 268
Bierbrauerei 195
Blumen 106. 187. 194. 203
Brom 264
Brunnen 93. 284
Burg 51

Caesarea 45. 185. 190. 239
Cañon 156. 222. 228. 270
Cardo 232. 239
chemische Industrie 121
Christen 70. 268

City (Tel Aviv) 209f.
Container 126. 149. 173

Damaskus 5
Dan 139. 144
Dattelpalmen 149
Dead Sea Works 265
Deganya 71
Deir el Balah 285
Dekapolis 151
Diamanten 188. 213
Diaspora 231. 232. 239
Dimona 262f.
Dolomit 33
Dotan 217
Drusen 53. 70. 157. 164. 170
Dünen 13. 14. 182. 258
Dürre 30. 152. 163

Ebla 41
Efeh 124
Eichenwald 182
Eier 101
Einwanderung 66. 67. 243
Eisenbahn 123. 204
Eiszeit 13
El-Aqsa-Moschee 240
El Arish 63
Elat 119. 273f.
Elektrizität 120
El Jib 223
Energieversorgung 118
En Gedi 264
Entsalzung 115
Entwicklungsstadt 85f. 123. 135. 160. 165. 197. 260. 261. 274
Eozän 12
Erdbeben 146. 159. 163
Erdbeeren 105
Erdgas 118. 263
Erdöl 4
Erholung 131. 174. 189
Erosion 13
Erosionskrater (Makhtesh) 261. 267
Ezyon Gever 273
›Ezyon Block‹ 226

Faltenketten 4
Faltung 215. 222
›Familienvereinigung‹ 68
Feldfrüchte 106
Feldzüge 7
Felsendom 236
Festung 268
Fischerei 147
Fischteiche 145. 152
Fischzucht 102
Flüchtlinge 229f. 278f. 281. 283
Flüchtlingslager 65. 218. 279
Flutwasser 115
Frost 40. 95. 143. 148
Frostgefahr 27
Frühgemüse 258
Futterpflanzen 102

Gaza 192. 265
Gazastreifen 63. 193. 283
Geflügel 101. 158
Geflügelzucht 100. 102
Gemüsebau 106
Genezareth-See (Kinneret) 19. 140
Gerizim 218
Gerste 107
Getreideanbau 107
Ghawarina 144
Ghor 150
Ghorprojekt 112. 141. 142
Gihon 235
Gips 267
Giv'atayim 212
Giv'on 223
Glashäuser 258. 291
Glasherstellung 176. 178. 226
Golanhöhen 62
Golfkrieg 128
Golgatha 237. 240
Gondwana 3f.
Grabeskirche 51. 237. 240
Grenzlinien 61
Grundwasser 108. 110. 186. 235
Gütertransport 124

Habima 210.
Hadar Hakarmel 178 f.
Hadera 186. 189
Hafen 125. 172 f. 178. 185. 199
Haifa 57. 85. 176 f.
Hakenpflug 33. 92
Handelsflotte 126
Harodtal 167
Hasmonäer 43
Hazor 144
Hebron 226. 282
Hebronberge 225
Hedschasbahn 177
heilige Stätten 70. 150. 166
Hermon 138. 144
Herodion 239
Herzliyya 189
Histadruth 117
Holon 214
Hotelgewerbe 75

Industrie 115 f. 260. 288. 291
Industriegebiete 251 f.
Infrastruktur 58
Interpluvial 14. 143
Investitionskapital 116 f.

Jaffa 18
Jericho 40. 48. 229 f.
Jerusalem 41. 50. 85. 230 f.
Jesus 229. 239
Jewish Agency 57. 117
Jisr Banat Ya'aqub 38. 143
Jordan 62. 111. 138 f.
Jordan-Arava-Graben 12
Jordanbrücken 131
Jordangraben 4. 6. 18. 45. 150. 163. 220
Jordanien 65. 112. 244 f. 286. 292 f.
Jordanwasser 64
Judäa 221 f.
Judäische Wüste 227
›Jüdisches Viertel‹ 241
Jura 9. 261

Kalisalze 265
Kalkstein 224. 233. 235
Karmel 169. 175
Karmi'el 165
Kartierung 55. 56. 91
Kartoffeln 107
Kefar Sava 189
Keltereien 105
Kernforschungsstation 262
Kernobst 105
Khan Yunis 285
Kibbuz (-im) 74 f. 88. 98. 102. 123. 145. 148 f. 158. 168
Kidron (auch Qidron) 233. 235
Kinneretsee (= See Genezareth) 112. 140
Kirche(n) 46. 50. 54. 70. 164. 166. 173. 232. 240
Klagemauer 240 f. 252
Kleinvieh 102
Kloster 94. 105. 163. 229
Kollektivsiedlungen 73
Königreich Jerusalem 50
Kraftwerk 120. 200. 247 f.
Kreide 215. 258
Kreuzfahrer 7. 144. 149
Kreuzzüge 8. 46. 172. 185. 231
Kupfermine 272
Kurkar 16. 172. 191. 201. 202
Küste 16. 55. 192
Küstenebene 14. 87
Kuwait 281

Lakhish 190. 194. 195
Landeswasserleitung 111. 113. 141. 193. 258
Landwirte 90
Landwirtschaft 99
Lava 3. 5. 143. 163
Lebensstandard 292
Libanon 65. 70. 153. 278 f.
Lissanmeer 18. 143. 263
Lissanmergel 18. 264. 270
Lod 201 f.
Löß 35. 91. 93. 190. 255. 258. 271
Luftfahrt 127
Lufthafen 128. 202. 222. 248. 277

Ma'alot 160
Majdal 197
Makhtesh (-im) 261. 267
Makkabäer 238
Mamelucken 192. 241
Mamre 226f.
Mandat 56. 60
Mandelbäume 284
Maquis 37
Masada (Mezada) 44. 266
Megiddo 52. 168f.
Mekka 272
Meqorot 110
Mergel 215
Meron 154
Migdal Ha'Emeq 165
Milchwirtschaft 101f.
Minderheiten 156
Minerale 261. 264. 267
Mizpe Ramon 266f.
Mongolen 52. 241
Moriah 231
Moschee 226
Moshav (im) 77f. 98f. 135. 158. 193f.
Moshava (Moshavot) 72. 78. 85. 196

Na'aman 172
Nabatäer 268f.
Nablus 46. 216. 218. 282
Nahalal 78
Nahal Alexander 216
Nahal Hadera 217
Nahal Qidron, s. Kidron
Nahal Zin 266
Nahariyya 174
Nari (Kalkkruste) 161. 220
Nationalfond 57. 73. 93. 94
Nationalpark 94
Naturschutzgebiet 145
Nazareth 165f. 176
Nebi Musa 229
Nebi Schu'eib 70. 164
Negev 27. 72. 271. 276
Netanya 188
Neueinwanderer 79. 80. 100. 116. 194. 198. 206. 262
Niederschläge 154. 215. 225. 255. 270
Nomaden 39. 52. 224. 228
Nubischer Sandstein 270. 261

Oase 111. 264. 282
Obernazareth 167
›Offene Brücken‹ 123. 249
Ölbaum 103. 225
Ölberg 232. 233. 240. 245. 252
Ölfeld 118f.
Ölhafen 119. 274
Ölraffinerie 119. 178. 180. 200
Oliven 270. 287
Omaijaden 48
Ophir 273
Orogonese 9

Palestine Exploration Fund (P.E.F.) 55
Papyrus 143
Park (Jerusalem) 253
Parlament 207
Passagierflotte 126
Petah Tiqwa 202
Phönizier 41
Phosphat 262
Pilgerfahrt 203
Planung 89
Pluvial 14
Pumpwerk 113f.

Qidron, s. Kidron
Qirya 180
Qiryat Arba 226
Qiryat Gat 194. 221
Qiryat Shemona 145
Qishon 168. 172. 175. 178
Quelle 40. 151. 156. 218. 228. 235. 282

Rafah 61
Ramallah 223
Ramat Gan 212f.
Ramla 202. 240
Ras Taba 61
Reben 225. 282. 287
Regenzeit 29

Regierung 207
Rehovot 196
Reliefumkehr 154
Religion 41
Rendzina 34. 92. 154. 158
Rishon Le Zion 194f.
Rohölleitung 177
Rosh Ha'ayin 201
Rosh HaNiqra 172
Rotes Meer 270. 272
Rotsand 14. 93. 104. 184. 186. 190. 201f. 284
Russenplatz 242

Salinität 152
Salz 12. 148. 172. 269
Samaria 215f.
Samaritaner 41. 218
Sand 33. 171
Sanddünen 198. 207. 214. 255. 283
Saqieh 284
Sarona 204. 207
Schafe 102. 287
Schwefelquellen 266
Scythopolis 151
Sebastia 46
Sechs-Tage-Krieg 112f. 286
Sedom 264. 266
Seebrise 25. 27
Seehafen 8
Seevölker 40
Seewasserkanal zum Toten Meer 266
Sede Boqer 262
Sekte 229
Seldschucken 49
Sepharden 70
Sharav 23
Sharon 167. 182f.
Shechem 218
Shefar'am 161
Shefela 219. 220f.
Shelomi 175
Shiloahtunnel 238
Shiqmona 176
Siedlungen 76. 157. 293
Sinaihalbinsel 63
Skopus (Skopusberg) 233. 243. 252
Sodomberg 264
Sommer 19. 23
Sonnenblumen 105
Sonnenenergie 31f. 120. 265
Sonnenstrahlung 31. 96
Staudamm 108
Strahlstrom 22. 29
Stratonsturm 185
subtropische Früchte 105
Suezkanal 204
Sümpfe 47. 144. 168. 183. 185f.
Sumpfgebiete 93
Synagoge 147. 157. 164
Synhedrium 164

Tabor 163
TAHAL (Wasserforschungsgesellschaft) 108f.
Tau 225
Technion 180. 186
Tefen 160
Tel 39
Tel Aviv 58. 80. 85. 203–212. 214
Tempel 42. 44. 46. 58. 231. 236. 239
Tempelbezirk 241. 256
Temperatur 95. 148. 150
Templer (Tempelgesellschaft) 55. 176. 186. 204
Terra rossa (Terra-rossa-Boden) 33. 92. 158. 223
Terrassen 34. 48. 92. 93. 157
Terrassierung 222. 282
territorialer Kompromiß 292
Tertiär 215
Tiberias 53. 148. 149
Timna 272
Tiran 273
Totes Meer 228. 262f.
Tourismus 116f. 128f. 149f. 160. 166. 189. 248f. 275
Touristen 128. 209f. 251f.
Transgression 9
Tulkarm 280
Tunnel 235
Türken 52. 241

Ubeidiya 38. 147
Umweltschaden 276
Universität 58. 208. 213. 243. 245. 252
Unruhen 59
Urbanisierung 83. 87
Urgestein 5. 9

Verkehr 5. 56
Verkehrswesen 123f.
Vermarktung 97
Versalzung 141
Verstädterung 165. 188
Via Maris 8. 143. 147. 170. 184. 191. 201
Viehweide

Wadi Fari'a 217
Wadi Quilt 225. 229
Waffenstillstand, allgemeiner 193. 244
Waffenstillstand v. Rhodos 244. 278f.
Wald 46. 93. 94. 154. 158. 170. 184
Wasser-Kontrollamt 110
Wasserleitung 183. 239
Wasserscheide 13. 224. 232
Wasserversorgung 233. 246. 253
Wehrsiedlungen 292
Weide 184
Wein 187
Weinbau 104. 203
Weinkelterei 171. 195
Weizen 107
Weizmann-Institut 121. 196
Westbank 63. 71. 82. 279
Wiedergutmachungsgelder 116
Winter 23
Wirtschaftshilfe 116
Wohnbezirke 251
Wohnfestungen 242
Wüste 6. 29. 33. 61. 227. 262

Yafo (Jaffa) 203f. 208f.
Yarmouk 62. 141
Yarqon 113. 200f. 211
Yarqon-Ayyalon-Becken 200. 203
Yeroham 262
Yishuv Kehilati 165
Yizre'el-Tal 167

Zefat 53. 157
Zensus 283
Zevuluntal 171f.
Ziegen 102
ZIM (Schiffahrtsgesellschaft) 126
Zippori 164
Zisternen 235f.
Zitrus 104. 187f. 194. 202. 284. 291
Zor (Jordanaue) 150
Zucker 45
Zuckerrüben 107
Zuwachsrate 68
Zyklone 22

BILDTAFELN

Bild 1: Lissanmergel im Jordangraben am Rande des Toten Meeres (im Hintergrund). Die Lamellenschichtung und steilen Erosionstäler sind typisch für das weiche Gestein.

Bild 2: Höhlen im Kalkstein des Karmelgebirges ergaben wichtige Funde paläolithischer Zivilisation.

Bild 3: Der ›Cañon der Inschriften‹ im Nubischen Sandstein in der Nähe von Elat.

Bild 4: Der Turm der ›Weißen Moschee‹ in Ramla, errichtet 1318, ist einer der wenigen Überreste der Mameluckenperiode. Der Einfluß gotischer Architektur ist beachtenswert.

Bild 5: Tel Bet She'an, einer der größten Ruinenhügel im Lande.

Bild 6: Das Judäische Bergland vor dem Beginn der Aufforstung. Die Überreste antiker Terrassen sind deutlich erkennbar.

Bild 7: Fischteiche im Bet-She'an-Tal. Dazwischen eine Konzentration von Kibbutzim.

Bild 8: Blick auf Haifa und den Hafen vom Karmelberg. Die Kuppel im Vordergrund ist das Heiligtum der Bahai. Die gerade Straße links davon war die Hauptstraße der ›Deutschen Kolonie‹. Das große Gebäude am Hafen ist der Getreidesilo, der größte im Nahen Osten.

Bild 9: Die moderne ›Kirche der Verkündigung‹ in Nazareth ist die größte katholische Kirche im Nahen Osten.

Bild 10: Die Altstadt von Akko. Der große Khan aus dem 18. Jahrhundert, zu dessen Bau Säulen der herodianischen Zeit aus Caesarea benutzt wurden, liegt nahe am alten Hafen. Er wird von einem Uhrturm aus dem Anfang des 20. Jahrhunderts überragt.

Bild 11: Erdbeerpflanzung im östlichen (arabischen) Sektor des Sharon.

Bild 12: Die Stadt Ashdod ist vollständig auf Sanddünen gebaut. Die Reihenfolge der Häuser von links nach rechts zeigt die verschiedenen Phasen des Hausbaus.

Bild 13: Hebron, die Hauptstadt des südlichen Judäischen Berglandes. Die Moschee über der Höhle Mahpela, der Familiengruft Abrahams, Isaaks und Jakobs, ist von dem Gassengewirr der Altstadt umgeben.

Bild 14: Jerusalem. Der ›Felsendom‹, eine der wichtigsten mohammedanischen heiligen Stätten, steht im Zentrum des ›Tempelbezirks‹, wo der Tempel Salomos (und Herodes') gestanden hatte.

Bild 15: Jerusalem. Die Stützmauer, die von Herodes erbaut wurde, um die künstliche Begradigung des Tempelbezirks zusammenzuhalten, war der einzige Ort in der Nähe des Tempels, an dem Juden beten durften. Sie wird von ihnen die ›Westliche Mauer‹ genannt, während andere Völker sie als ›Klagemauer‹ bezeichnen. Sie ist die wichtigste heilige Stätte des Judentums.

Bild 16: Die ›Via Dolorosa‹, die größte Konzentration christlicher heiliger Stätten in Jerusalem.

Bild 17: Jerusalem. Das Jaffator, im wesentlichen ein türkischer Bau aus dem 16. Jahrhundert. Rechts die Zitadelle auf Fundamenten der Hasmonäer- und der herodianischen Epoche. Der Rundturm, eines der Wahrzeichen der Stadt, ist ein Minarett aus der türkischen Zeit.

Bild 18: Jerusalem. Der Wiederaufbau des zerstörten ›Jüdischen Viertels‹ in der Altstadt. Rechts die Front einer alten Synagoge, links ein Neubau auf zerstörtem Gelände.

Bild 19: Die Festung Herodion, südöstlich von Bethlehem, mit Überresten der vier Rundtürme. Auf dem Grunde der Ausgrabung sind Grundmauern des Palastes von Herodes zu sehen.

Bild 20: Der isolierte – 400 m hohe – Felsen von Masada, der letzten Festung des jüdischen Aufstandes gegen die Römer (67–73). Die Ruinen auf den Terrassen im linken Vordergrund sind Teile vom Palast des Herodes.

Bild 21: Die Senke des Nahal Zin bildet die Grenze zwischen dem nördlichen und dem zentralen Negev.

Bild 22: Elat. Moderne Wohnviertel, eingeklemmt zwischen dem Meer (rechts unten) und dem buntfarbigen Gebirge aus Granit, Kalkstein und Sandstein.